LIBERDADE POLÍTICA
E LIBERDADE RELIGIOSA

LIBERDADE POLÍTICA E LIBERDADE RELIGIOSA

ENSAIO SOBRE A CONCEPÇÃO REPUBLICANA DE JOHN LOCKE

2021

Rodrigo Ribeiro de Sousa

ALMEDINA

LIBERDADE POLÍTICA E LIBERDADE RELIGIOSA
ENSAIO SOBRE A CONCEPÇÃO REPUBLICANA DE JOHN LOCKE
© Almedina, 2021
AUTOR: Rodrigo Ribeiro de Sousa

DIRETOR ALMEDINA BRASIL: Rodrigo Mentz
EDITORA JURÍDICA: MANUELLA Santos de Castro
EDITOR DE DESENVOLVIMENTO: Aurélio Cesar Nogueira
ASSISTENTES EDITORIAIS: Isabela Leite e Larissa Nogueira

DIAGRAMAÇÃO: Almedina
DESIGN DE CAPA: FBA

ISBN: 9786556272733
Agosto, 2021

Dados Internacionais de Catalogação na Publicação (CIP)
(Câmara Brasileira do Livro, SP, Brasil)

Sousa, Rodrigo Ribeiro de
Liberdade política e liberdade religiosa : ensaio sobre a concepção republicana de John Locke / Rodrigo Ribeiro de Sousa. -- 1. ed. -- São Paulo : Almedina, 2021.

ISBN 978-65-5627-273-3

1. Direito 2. Filosofia 3. Política 4. Religião I. Título.

21-67904 CDD-192

Índices para catálogo sistemático:

1. Locke : Filosofia inglesa 192
Aline Graziele Benitez - Bibliotecária - CRB-1/3129

Este livro segue as regras do novo Acordo Ortográfico da Língua Portuguesa (1990).

EDITORA: Almedina Brasil
Rua José Maria Lisboa, 860, Conj.131 e 132, Jardim Paulista | 01423-001 São Paulo | Brasil
editora@almedina.com.br
www.almedina.com.br

SOBRE O AUTOR

Professor da Universidade Estadual de Campinas (UNICAMP). Possui graduação em Direito e em Filosofia, ambas pela Universidade de São Paulo (USP), mestrado em Filosofia pela Universidade de São Paulo (USP) e doutorado em Filosofia pela Universidade de São Paulo (USP), com estágio de doutoramento na Université Paris 1 Panthéon-Sorbonne. É integrante do Laboratório de Estudos do Setor Público (LESP) da UNICAMP, membro dos grupos de pesquisa "Matrizes do Republicanismo" e "Res publica" e do Grupo de Trabalho (GT) "Direito e Filosofia" da Associação Nacional de Pós-Graduação em Filosofia (ANPOF).

"(...) O que é então a república? É um grande ato de confiança. Instituir a república é proclamar que milhões de homens saberão traçar eles mesmos a regra comum de suas ações; que saberão conciliar a liberdade e a lei, o movimento e a ordem; que eles saberão combater sem se destruir; que suas divisões não irão até um furor crônico de guerra civil e que eles não procurarão jamais em uma ditadura, mesmo passageira, uma trégua funesta e um covarde descanso"[1].

Jean Jaurès, *Discours à la jeunesse,* proferido no Liceu de Albi
em 30 de julho de 1903.

[1] "Dans notrre France moderne, qu'est-ce donc que la république? C'est um grand acte de confiance. Instituer la république, c'est proclamer que des millions d'hommes sauront concilier la liberté et la loi, le mouvement et l'ordre; qu'ils sauront se combattre sans se déchirer; que leurs divisions n'irons pas jusqu'à une fureur chronique de guerre civile, et qu'ils ne chercheront jamais dans une dictature même passagère une trêve funeste et un lâche repos". Jean JAURÈS, *Textes choisis,* Paris: Bruno Leprince, *L'encyclopédie du socialisme,* nº 6, 2003, p. 127. Tradução livre.

Para Manuela, sempre.

PREFÁCIO

O livro de Rodrigo Ribeiro de Sousa, fruto de uma tese de doutorado defendida na Faculdade de Filosofia, Letras e Ciências Humanas da Universidade de São Paulo, em 2017, vem preencher uma inexplicável lacuna. Salvo algumas raras iniciativas – por exemplo, o capítulo de Rolf Kuntz, "Locke, Liberdade, Igualdade e Propriedade", no livro *Clássicos do Pensamento Político* (1998) e o livro de Antônio Carlos do Santos, *John Locke Político: a marca da tolerância* (2021) – são escassos os estudos brasileiros sobre o pensamento político de John Locke.

A escolha do conceito de liberdade como fio condutor de análise dos escritos políticos desse importante filósofo inglês do século XVII é plenamente justificada. Trata-se de um conceito fundamental a partir do qual é possível compreender sua teoria política. A tentativa de desvinculá-la da origem do liberalismo e de aproximá-la da tradição republicana é, sem dúvida, a principal contribuição do livro. Diferente de intérpretes que a identificam com valores presentes na tradição liberal, por estar fundamentada numa concepção de liberdade negativa, no sentido de não-interferência, o autor procura identificá-la com o republicanismo, em razão da dupla origem do conceito moderno de liberdade: de um lado, a origem que decorre da noção do indivíduo como portador de direitos que devem ser assegurados pelo governo; do outro, a origem que advém da ideia de que todo indivíduo, enquanto cidadão, deve ter garantida a condição de não estar submetido à vontade arbitrária de outro ser humano.

A opção pelo procedimento metodológico proposto por historiadores da chamada Escola de Cambridge, como John Pocock e Quentin Skinner, é um dos grandes acertos do autor. Entre uma abordagem que busca o significado de um texto do passado nele mesmo, sem qualquer referência externa, como se ele fosse completamente autônomo em relação ao contexto de seu surgimento, e um enfoque que considera o texto um mero reflexo de fatores sociais e econômicos, como se as ideias fossem apenas expressões de uma realidade ontologicamente anterior, esses historiadores ressaltam a importância do contexto intelectual e discursivo. Eles sustentam que é necessário recuperar as convenções linguísticas e normativas do período histórico dentro das quais as ideias de um autor foram concebidas, as questões específicas para as quais elas foram dirigidas e o debate político no qual se inseriram. No caso de Locke, o resultado do procedimento adotado foi o distanciamento das tradicionais leituras, como a liberal e a marxista, e uma ampliação do horizonte interpretativo. Seguindo o espírito desses historiadores das ideias políticas, o autor procura então recuperar, na primeira parte de seu livro, o contexto social, político e intelectual do século XVII inglês, para que o leitor possa ter a dimensão da intenção dos escritos políticos de Locke, em particular da obra *Two Treatises of Government*, na qual se encontra de maneira mais explícita a sua concepção de liberdade.

Na segunda parte do livro, o autor reconstrói com admirável rigor os argumentos do panfleto publicado pelos realistas em 1680, intitulado *Patriarcha, or the naturall Power of kings defended against the unnatural liberty of the people* de autoria de Robert Filmer, que vai ser o texto refutado por Locke. Este panfleto deve ter sido redigido entre 1628 e 1631, numa fase de intenso conflito entre o rei inglês e o Parlamento no tocante à liberdade dos súditos. Ele vinha dar apoio à política de Carlos I, sustentada cada vez mais no uso abusivo das prerrogativas reais. O seu principal objetivo era atacar a ideia, presente em autores como Berlarmino e Suarez, de que os homens eram naturalmente livres para escolher a forma de governo mais conveniente aos seus propósitos, e de que o poder político era uma concessão do povo, que delegava seu exercício a magistrados escolhidos; e a ideia ainda mais radical, defendida por alguns reformadores como Calvino e Buchanan, de que o povo tinha a liberdade para punir ou depor seus magistrados, se eles infringissem as leis divinas e humanas.

A contestação à doutrina da liberdade natural era feita em duas frentes. A primeira estava sustentada na defesa da submissão natural dos homens à autoridade política constituída por Deus. A segunda frente estava amparada principalmente em três objeções: se os homens fossem naturalmente livres, eles deveriam em algum momento da história ter decidido estabelecer um governo e não havia nenhum relato histórico neste sentido; se cada homem fosse naturalmente livre para viver como desejasse, então seria preciso conhecer a razão pela qual os homens consentiram em abandonar a liberdade natural para se submeter a um governo e esta razão não era apresentada de maneira convincente por nenhum autor; e se os homens deram seu consentimento para o estabelecimento do governo, eles também poderiam retirá-lo quando lhes fosse conveniente, o que causaria a dissolução do governo, resultando na destruição da propriedade e da ordem pública. Além destas objeções, Filmer argumentava que a ideia do consentimento pressupunha a existência de alguma forma de organização social prévia, como a família com sua hierarquia naturalmente estabelecida. Desse modo, se houve algum consentimento, este teria sido de chefes de família que juntaram seus domínios particulares e transferiram parte de sua autoridade para o estabelecimento do governo civil. A autoridade política era, assim, uma extensão da autoridade paterna e a obrigação política era decorrente do dever natural de obediência incondicional dos filhos.

Na avaliação de Filmer, a autoridade paterna não era meramente similar ou análoga à autoridade política, mas idêntica. Por isso, se a submissão dos filhos ao pai era natural, pois não havia igualdade entre pais e filhos, natural também seria a submissão dos súditos ao rei; e como era contrário à natureza que os filhos desobedecessem aos pais, também seria contrário à lei natural julgar, castigar ou depor um rei. O poder real era então arbitrário, no sentido de ser exercido de acordo com o arbítrio do rei, já que não havia superior neste mundo capaz de controlá-lo. Como o poder real procedia exclusivamente de Deus, não havendo qualquer lei humana que pudesse limitá-lo, o rei estava acima das leis civis, cuja origem residia exclusivamente em sua vontade.

Ao publicar o *Patriarcha*, em 1680, os realistas pretendiam conter a crescente oposição ao governo de Carlos II. O Parlamento que havia sido bastante favorável às demandas reais, reunido após a restauração da monarquia em 1661, foi finalmente dissolvido em janeiro de 1679. No período das eleições para a Casa dos Comuns, intensificou-se o debate em torno da sucessão de Carlos II, cuja saúde estava cada vez mais fragilizada. O primeiro na linha de sucessão era seu irmão Jaime Stuart, duque de York, que sofria forte resistência dos súditos protestantes por ser declaradamente católico. A imagem do catolicismo como uma forma de despotismo clerical era constantemente evocada para ressaltar a insegurança para a vida, liberdade e propriedade dos súditos protestantes com a coroação de um rei católico.

Em maio de 1679, logo após a instauração do novo Parlamento, foi apresentada na Casa dos Comuns a proposta de exclusão do duque de York da linha de sucessão. Mas esta proposta nem chegou a ser votada, porque o Parlamento foi dissolvido poucas semanas depois. Em outubro do mesmo ano, um novo Parlamento foi convocado, mas teve sua reunião prorrogada, apesar das inúmeras petições endereçadas ao rei. Quando finalmente se reuniu, em outubro de 1680, foi novamente apresentada na Casa dos Comuns a proposta de exclusão do duque de York, desta vez votada e aprovada em 11 de novembro de 1680, mas imediatamente rejeitada na Casa dos Lordes, no mês seguinte. Poucas semanas depois, este Parlamento foi dissolvido. Em março de 1681, um novo Parlamento foi reunido em Oxford, com a justificativa de fugir da efervescência política de Londres, mas também logo dissolvido pelo rei, por causa da forte oposição parlamentar.

Nesses três curtos Parlamentos sucessivos, os opositores à coroa defenderam o direito de excluir o duque de York do processo sucessório, escolher outro sucessor da família real e impor limites bem definidos ao exercício do poder real, reivindicando a superioridade do Parlamento sobre o rei inglês. A polarização cada vez mais intensa entre os realistas e os opositores à coroa contribui para o surgimento de dois grupos rivais, com a respectiva denominação de Tory e Whig: de um lado, Tories defendiam o poder absoluto do rei, a sucessão por direito hereditário e o uso extensivo das prerrogativas reais; do outro, Whigs alertavam para os riscos de um futuro governo católico e ainda mais arbitrário, que colocaria em risco a vida, liberdade e propriedade dos súditos.

Locke escreve *Two Treatises of Government* para combater as ideias de Filmer, em particular, a origem patriarcal da autoridade real, a submissão natural ao rei e a obrigação política incondicional dos súditos. Ele refuta a exegese realizada das Escrituras e contesta a interpretação de que Deus havia conferido a Adão um domínio supremo e irrestrito sobre todos os seres do mundo e que deste domínio privado seria derivada uma autoridade política absoluta, transferida aos seus descendentes por direito hereditário. A rejeição da tese da soberania de Adão se fundamenta basicamente em três argumentos. Primeiro, a soberania não poderia estar fundada na criação, porque era impossível que Adão tivesse sido monarca do mundo numa época em que não existiam ainda governos ou súditos. Depois, ela não poderia estar sustentada na doação divina, porque as Escrituras descreviam claramente a concessão do domínio comum sobre todas as coisas criadas ao gênero humano e não de maneira exclusiva a Adão. Finalmente, ela não poderia estar baseada na submissão natural de sua família, porque Adão detinha, como marido, apenas um poder conjugal sobre Eva, exercido no âmbito familiar e limitado às coisas que dizem respeito ao casal; e, como pai, um poder paterno sobre seus filhos, exercido também no âmbito privado, limitado ao período de menoridade e destinado somente a garantir a manutenção e a educação dos filhos. Mesmo se Adão tivesse sido designado senhor supremo de toda a criação, com poder absoluto sobre todas as coisas e, como consequência deste poder, tivesse sido o primeiro monarca do mundo e tivesse transmitido aos seus descendentes este poder absoluto, seria impossível identificar os seus verdadeiros herdeiros, uma vez que não havia lei de natureza ou lei positiva de Deus determinando com exatidão a sua transmissão; e mesmo se os seus descendentes tivessem herdado este poder, a linha de sucessão havia se perdido de tal modo ao longo do tempo que nenhuma pessoa ou família poderia reclamar este poder como herança.

A fim de compreender a origem, extensão e finalidade da autoridade política, Locke propõe então descrever o estado no qual os homens se encontrariam naturalmente antes do estabelecimento das sociedades civis. Esta condição é apresentada como um estado de perfeita liberdade e igualdade: os homens são naturalmente iguais, no sentido de uma jurisdição recíproca, ou seja, não há qualquer sujeição de um indivíduo em relação a outro; e são naturalmente livres, no sentido de dispor de liberdade para regular suas ações e para dispor de sua pessoa e de tudo que lhes pertence como julgarem mais adequado, sem ter de pedir permissão ou depender da vontade de seu semelhante.

É possível dizer que há assim um vínculo estreito entre liberdade e igualdade na descrição lockeana do estado de natureza, no sentido de que a liberdade só é compreensível por meio da referência à igualdade: por serem iguais, os homens são livres e não devem estar subordinados ou sujeitos à vontade ou à autoridade de outrem. Em outros termos, é necessário conceber os homens como iguais, sem relações naturais de sujeição, para vê-los como livres.

Se a liberdade natural consiste na independência do indivíduo em relação aos seus semelhantes, ela não é considerada ilimitada por Locke. Ele adverte que a condição natural não se caracteriza por um estado de licenciosidade ou de ausência total de restrições ou obrigações, uma vez que a liberdade natural deve ser exercida dentro dos limites da lei natural, que governa e obriga a todos igualmente.

Embora não haja uma exposição sistemática sobre a lei natural, ela é comumente caracterizada como uma norma moral obrigatória, clara e inteligível à razão, imposta por Deus a todos os seres racionais, que fixa deveres e fundamenta direitos naturais. Na descrição de Locke, ela visa guiar a ação dos indivíduos, tendo em vista o seu bem, não prescrevendo mais do que exige este bem; e o seu principal preceito, para quem se disponha a consultá-la, é que não se deve prejudicar a si mesmo nem ao outro no que diz respeito à vida, liberdade e propriedade. Desse modo, no caso da liberdade, ela estaria assegurada pelo respeito à lei natural. O principal argumento é de que, se os indivíduos pudessem agir sem quaisquer limites, nenhum deles seria realmente livre. A lei natural não suprimiria então a liberdade, como sustentava Filmer, mas a garantiria.

Apesar de a lei natural ser evidente e inteligível, os indivíduos nem sempre são capazes de respeitá-la, na opinião de Locke. Nos casos de transgressão, como a lei natural visa a preservação da vida, liberdade e propriedade de todos os indivíduos, aquele que a infringe comete uma injuria não apenas contra seu semelhante, mas também contra a humanidade, pois ameaça a segurança de todos. Ao agir de maneira contrária aos preceitos da lei natural, o seu infrator assume seguir outra regra que não a da razão, deixa de fazer parte da comunidade de seres racionais e passa a ser um perigo para a espécie humana. Por isso, ele pode ser punido por qualquer indivíduo, sem que a própria lei natural seja violada, pois a sua punição visa restaurar a ordem racional e preservar a humanidade. Na condição natural, marcada pela jurisdição recíproca, todos são assim juízes e executores da lei natural, com igual direito de julgar e de punir os seus transgressores, em grau suficiente para impedir nova violação e com pena proporcional ao dano causado.

A parcialidade dos julgamentos, principalmente quando os interessados estão envolvidos nas contendas, e o possível exagero nas punições, fruto do descontrole das paixões, transforma o estado de natureza em estado de guerra, de acordo com Locke. A introdução da força, seja pela violação da lei natural, seja pela aplicação desproporcional das penas aos seus transgressores, desencadeia então uma condição bélica que coloca em risco o direito natural à vida, liberdade e propriedade dos indivíduos.

A terceira parte do livro de Rodrigo Ribeiro de Sousa é dedicada à análise da concepção lockeana de liberdade política e de liberdade religiosa. No caso da liberdade política, o autor reconstrói de maneira minuciosa a descrição da passagem da condição natural para a condição civil feita pelo filósofo inglês. A saída apontada pela razão, segundo Locke, para que todos os indivíduos tenham seu direito natural preservado é que eles concordem reciprocamente em formar uma comunidade, renunciando ao poder natural de julgar e executar a lei natural em favor desta comunidade; e quando eles se reúnem e transferem mutuamente seu poder natural para esta comunidade e ela se torna árbitra por meio de leis fixas, conhecidas, indiferentes e iguais para todos, decidindo as controvérsias entre os seus membros com base nessas leis e punindo os seus transgressores com as penalidades previstas por essas leis, os indivíduos reunidos formam um povo e estabelecem uma sociedade política ou civil.

Assim, ao ingressar na sociedade política, cada indivíduo assume a obrigação de submeter-se à vontade e à resolução da maioria, que é considerada a única maneira desta comunidade agir: na vida política, o ato da maioria deve ser assumido como o ato de todos e, ao decidir, decide por todos. O primeiro ato do povo, que decide e age sempre por consentimento majoritário, é a instituição do governo, a quem é concedido em confiança o poder legislativo, poder supremo da comunidade, que será responsável por estabelecer as leis civis e assegurar a justiça por meio de juízes autorizados.

De acordo com Locke, a forma de atribuição do poder legislativo determinará a forma de governo adotada pelo povo, já que esta depende do número de pessoas que vai exercer o poder supremo da comunidade: se uma só pessoa, o governo será monárquico; se algumas pessoas, oligárquico; se a maioria das pessoas, democrático. Porém, se o poder legislativo é considerado o poder supremo da comunidade, ele não deve ser discricionário: não pode, por exemplo, atentar contra a vida, liberdade e propriedade dos súditos, destruindo, escravizando ou propositadamente empobrecendo os súditos; não pode estabelecer decretos arbitrários improvisados; não pode confiscar ou taxar a propriedade dos súditos sem o seu consentimento; não pode transferir o seu encargo ou colocá-lo em outro lugar que não o indicado pelo povo; entre outras restrições.

Locke argumenta que, se o poder legislativo não tem necessidade de estar continuamente reunido, pois a elaboração das leis exige um curto período de tempo, é indispensável a existência de um poder permanente que assegure a execução das leis civis. Mas este poder executor não deve estar nas mesmas mãos daquele que detém o poder legislativo, já que seria temeroso que o responsável pela elaboração das leis também fosse responsável pela sua execução.

Com o estabelecimento da sociedade civil e do governo, com a respectiva atribuição do poder legislativo e do poder executivo, a liberdade natural dá então lugar à liberdade política ou civil, caracterizada pela não submissão a nenhum outro poder legislativo, senão ao que foi estabelecido na sociedade política mediante consentimento, e por não estar sob o domínio de outra vontade, a não ser da lei promulgada pelo poder legislativo. A liberdade política reside, para Locke, na segurança de viver segundo leis consentidas, estáveis e comuns a todos, que garantam a ausência de submissão a um poder absoluto e arbitrário.

A sua concepção de liberdade política se aproxima assim daquela encontrada em autores republicanos do mesmo período. Em vários momentos de *Discourses Concerning Government*, obra escrita por Algernon Sidney para também refutar e combater as ideias de Filmer, a liberdade é frequentemente caracterizada como ausência de dominação, no sentido de independência em relação à vontade arbitrária de outrem. A fim de esclarecer sua concepção de liberdade, Sidney recorre diversas vezes à condição oposta, que é escravidão, entendida como estado de submissão e dependência em relação à vontade de um senhor: se o escravo é aquele que não dispõe de sua pessoa ou de suas posses, desfrutando deles apenas de acordo com o arbítrio de seu senhor, o homem livre é aquele que vive de acordo com sua determinação; é aquele que não está submetido, sujeito ou exposto a uma vontade arbitrária, no que se refere a sua pessoa e suas posses. Neste sentido, a interferência ou a ameaça coercitiva da força não constituem as únicas formas de restrição à liberdade, como afirmava Hobbes. A condição de dependência, que produz servidão ou submissão, é ela mesma uma fonte e uma maneira de constrangimento. O oposto da liberdade é assim a dominação, num sentido forte, a dependência e a vulnerabilidade, num sentido mais fraco.

Segundo Locke, se o governo negligenciar ou abandonar o seu encargo, extrapolar os limites de sua atuação ou agir de maneira contrária ao encargo que recebeu, colocando em risco a vida, liberdade e propriedade dos súditos, o povo tem a liberdade de destitui-lo e retomar o poder que havia sido concedido de forma fiduciária. A defesa do direito de resistência ao governo está fundamentada na conjunção de três argumentos, já utilizados pelos huguenotes franceses e reformadores calvinistas ingleses, amplamente empregados no decorrer das guerras civis para sustentar o direito do exército parlamentar de enfrentar as tropas de Carlos I: o magistrado civil que não cumpre com as obrigações assumidas no momento de sua instituição libera os súditos da obediência política; o magistrado civil que extrapola os limites legais no exercício de seu poder, prejudicando o bem público, perde sua autoridade política e retorna à condição de pessoa privada; ao fazer uso da força sem o direito, ele fica sujeito, como qualquer pessoa privada, ao revide também por meio da força. Assim, o povo pode destituir o governo, retomando o poder que havia sido atribuído em confiança, e de estabelecer um novo governo.

No caso da liberdade religiosa, tema do último capítulo do livro de Rodrigo Ribeiro de Sousa, é importante lembrar o contexto histórico. A expectativa de diversas congregações protestantes – presbiteriana, congregacionista, batista, independente, pentamonarquista, entre outras – de ter plena liberdade de culto, não se concretizou com a restauração da monarquia. Apoiado por um Parlamento bastante favorável às suas demandas, Carlos II conseguiu aprovar medidas contrárias à promessa de tolerância religiosa que havia feito em sua coroação: em 1661, o *Corporation Act* exigia que todos os magistrados civis fossem anglicanos, o que excluía do ofício público os súditos de outras congregações; em 1662, o *Act of Uniformity* impunha a liturgia anglicana em todo reino, tornando obrigatório o Livro de Prece Comum em todos os cultos; em 1664, o *Conventicle Act* proibia a reunião de mais de cinco pessoas para a realização de qualquer culto diferente do anglicano e estabelecia severas sanções para aqueles que se reunissem ou cedessem suas casas para essas reuniões; também em 1664, o *Five Mile Act* proibia os ministros de outras congregações de ensinar e de morar a menos de cinco milhas das grandes cidades. Esses quatro atos do Parlamento formavam o *Code Clarendon*, que fazia parte da estratégia real de fortalecer o anglicanismo.

Ao contrário da plena liberdade de consciência e de culto, Carlos II adotou uma política sistemática de perseguição aos dissidentes, baseada no argumento de que as demandas no campo religioso tinham clara intenção de subverter a ordem pública. Para os seus assessores, não se tratava apenas de indivíduos pleiteando tolerância religiosa, mas de facções organizadas, prontas para atacar e desestabilizar o novo governo. Por isso, eles defendiam punições severas e exemplares contra os dissidentes, a fim de acalmar as massas populares e conduzir o povo à obediência.

Já os dissidentes sustentavam em seus panfletos que a crença religiosa dependia de uma livre escolha racional do ser humano. As premissas a partir das quais defendiam sua posição já estavam efetivamente consagradas no debate político inglês: atentar contra a liberdade de consciência era desrespeitar a lei de natureza, que impunha não apenas deveres, mas também direitos naturais, entre os quais o direito de escolher a crença religiosa ditada pela própria consciência; esses direitos naturais não podiam ser desrespeitados nem suspensos pela vontade e poder de magistrados civis; e se a liberdade de consciência ou outros direitos naturais fossem desrespeitados pela autoridade política, instaurava-se um estado de força e de guerra que liberava o súdito da obediência política.

Em 1672, Carlos II fez uso de sua prerrogativa real ao conceder indulgência a todos os dissidentes, suspendendo todas as medidas penais, inclusive contra os católicos. Esta iniciativa poderia ter sido enaltecida como uma conquista no campo religioso. No entanto, ela foi severamente censurada. Muitos publicistas reprovaram a decisão real de suspender atos do Parlamento, como o *Code Clarendon*, tendo por base unicamente a vontade do rei, ainda que com evidentes benefícios para os súditos. Até os realistas que defendiam as prerrogativas reais suspeitaram desta política de tolerância com os católicos. Eles até admitiam que os católicos pudessem ter liberdade de consciência, mas não liberdade de culto como as congregações protestantes. Não se pode esquecer que a tolerância religiosa tinha claros limites entre os protestantes, mesmo entre os seus mais fervorosos defensores. O principal motivo alegado contra a liberdade de culto para os católicos era de que o catolicismo não seria uma religião, mas uma idolatria, por causa de sua crença em imagens e estátuas, condenada tanto pelo Antigo Testamento quanto pelos Evangelhos. Outro motivo alegado era de que o catolicismo seria uma forma de despotismo clerical sob o manto religioso, materializado na reivindicação papal de domínio universal, isto é, domínio temporal e espiritual sobre a cristandade.

O problema da liberdade religiosa é enfrentado por Locke em uma série de textos, em particular em *A letter concerning toleration*, onde se encontra três principais argumentos em favor da tolerância religiosa: os Evangelhos pregam o amor ao próximo, o que deveria evitar o ódio contra aqueles que professam uma religião diferente; se a diversidade de opiniões não pode ser evitada, as perseguições provenientes da incapacidade de conviver com visões diferentes poderiam ser coibidas com a renúncia à imposição forçada de uma unidade religiosa; deveria haver uma clara separação entre as funções e competência do Estado e da Igreja. Desse modo, no campo religioso, Locke defende um espaço de total ausência de interferência da autoridade política, pois a salvação da alma diz respeito apenas à consciência dos indivíduos, que não podem ser constrangidos por meios coercitivos a seguir a uma determinada religião.

Sem dúvida, um dos grandes méritos do trabalho de Rodrigo Ribeiro de Souza é cotejar a teoria política de Locke, em particular a concepção de liberdade, com os escritos de dois importantes autores republicanos do mesmo período: Henry Neville e Algernon Sidney. Desse modo, é possível identificar o recurso dos três autores ingleses aos princípios do republicanismo e, consequentemente, o viés republicano da concepção lockeana de liberdade. Escrito de forma elegante e envolvente, o que permite uma leitura fluída e agradável, o livro contribui de maneira significativa para os estudos do pensamento político de Locke no Brasil.

Alberto Ribeiro Gonçalves de Barros

LISTA DE ABREVIAÇÕES

Segundo tratado sobre o governo: abreviado por *Segundo tratado.*

Ensaios sobre a lei de natureza: abreviado por *Ensaios.*

Primeiro tratado sobre o governo: abreviado por *Primeiro tratado.*

Dois tratados sobre o governo: abreviado por *Tratados*

Dezenove proposições das duas casas do parlamento dirigidas a Sua Majestade a respeito das diferenças entre Sua Majestade e as ditas casas: abreviado por *Dezenove proposições das duas casas do parlamento.*

Resposta de Sua Majestade às dezenove proposições das duas casas do parlamento: abreviado por *Resposta.*

SUMÁRIO

SOBRE O AUTOR 5
PREFÁCIO 11
LISTA DE ABREVIAÇÕES 21

INTRODUÇÃO 27

PRIMEIRA PARTE 37

1.
AS FUNDAÇÕES HISTÓRICAS DO PENSAMENTO POLÍTICO MODERNO NA INGLATERRA: A "ANGLICIZAÇÃO DA REPÚBLICA" 39
1.1. Momento do Direito Romano 42
1.2. Momento dos historiadores e filósofos da antiguidade romana 57
1.3. Momento da graça apocalíptica 63
1.4. Momento maquiaveliano 69
1.5. Momento da supremacia popular: a "crise de exclusão" 76

2.
DE SÚDITOS A HOMENS LIVRES: O MOMENTO DA SUPREMACIA POPULAR 87
2.1. A afirmação do arbitrário: a teoria do direito divino dos reis elaborada no *Patriarca*, de Robert Filmer 91

2.2. Henry Neville 108
2.3. Algernon Sidney 135

SEGUNDA PARTE 163

3.
JOHN LOCKE E A REFUTAÇÃO DO *PATRIARCA*:
A AFIRMAÇÃO DO NÃO-ARBITRÁRIO 165

4.
LIBERDADE NATURAL 187
4.1. Elementos da liberdade natural 187
4.1.1. Estado de natureza 188
4.1.2. Lei natural 201
4.1.3. Propriedade 217
4.2. Liberdade natural como não-arbitrariedade 223

TERCEIRA PARTE 225

5.
LIBERDADE POLÍTICA 227
5.1. Sociedade política 230
5.1.1. Locke contra Hobbes: a negação do estado de guerra permanente 235
5.1.2. Individualismo racional e cidadania 241
5.2. Consentimento 247
5.2.1. De indivíduos a cidadãos: a comunidade e a emancipação do indivíduo 250
5.2.2. Da comunidade à sociedade política 255
5.2.3. Supremacia Popular 259
5.2.3.1. Trabalho e pobreza: o *Ensaio sobre a lei dos pobres.* 265
5.3. Poder político 275
5.3.1. Rebelião e direito de resistência 278
5.3.2. Prerrogativa 287
5.4. Liberdade política como não-dominação. 291

6.
LIBERDADE RELIGIOSA 297
6.1. Tolerância religiosa 300
6.2. Filosofia da religião: o cristianismo racional 318
6.3. As duas faces da liberdade religiosa 329

CONCLUSÕES 333

REFERÊNCIAS 343

INTRODUÇÃO

O pensamento político de John Locke tem sido incluído, ao longo da história da filosofia, em um amplo e variado espectro de orientações ideológicas, o que permitiu a sua associação, conforme salienta John Dunn[2], a inúmeras e contraditórias facetas, às quais estão vinculados epítetos que variam desde "arquiliberal" à identificação de seu pensamento como o de um "populista majoritário"[3].

Dentre todos os rótulos atribuídos a Locke, destaca-se, por sua reverberação em um grande número de teóricos políticos, o de "pai do liberalismo", que decorre, entre outras razões, da grande proeminência conferida à leitura da obra de Locke realizada por C. B. Macpherson[4], para quem a teoria política de Locke teria proporcionado *"uma base moral à apropriação burguesa"*, pois *"apagou a incapacidade jurídica pela qual a apropriação capitalista havia sido, até então, entravada"*.

A tradicional interpretação apresentada por Macpherson, que atribuiu ao filósofo seu mais notório rótulo[5], é derivada da peculiar interpretação da noção

[2] John DUNN, *The political thought of John Locke – An historical account of the argument of the "Two Treatises of Government"*. Cambridge: Cambridge University Press, 2000, p. 5.

[3] Tive a oportunidade de analisar tais aspectos em *O conceito de liberdade no* Segundo Tratado sobre o Governo *de John Locke*, dissertação de mestrado defendida junto ao Departamento de Filosofia da Faculdade de Filosofia, Letras e Ciências Humanas da Universidade de São Paulo (FFLCH/USP).

[4] Cf. C. B. MACPHERSON, *A teoria política do individualismo possessivo, de Hobbes a Locke.* Rio de Janeiro: Paz e Terra, 1979.

[5] Embora LOCKE fosse considerado, segundo David John MANNING, como um "antepassado de eleição", pelos liberais do século de XIX, a força do estigma de LOCKE como "pai do liberalismo" decorre da excessiva proeminência dada a leituras como a de MACPHERSON, no século XX. Cf. D. J. MANNING, *Liberalism,* London: Dent, 1976.

de liberdade para Locke exposta pelo comentador, noção essa que constitui elemento central para a compreensão da filosofia política de Locke[6].

Assim, a vinculação da teoria política de Locke à tradição liberal resulta, de acordo com a leitura de Macpherson, da compreensão da liberdade como um direito individual inalienável decorrente da *"supremacia moral do indivíduo"*, que impõe à autoridade política o dever de não interferência e demanda uma atuação mínima da lei, que deve limitar-se a garantir a independência individual[7].

Tal leitura acarretou, inevitavelmente, a identificação da teoria política de Locke com valores caros à tradição liberal, por suas implicações para o conceito de liberdade negativa, no sentido de não-interferência, tal qual enunciado por Isaiah Berlin[8].

De fato, em seu sentido negativo, a liberdade política está associada, segundo Berlin, ao espaço em que o indivíduo pode agir sem a obstrução ou a interferência de outro indivíduo ou grupo de indivíduos. Ainda que esse espaço de ausência de interferências possa ser delimitado por uma fronteira de maior ou menor extensão, a liberdade decorrente dessa ausência é sempre uma liberdade "de" alguma obstrução e que atribui ao indivíduo uma determinada esfera de ação individual[9].

Embora tenha sido associada, mais recentemente, a uma noção positiva de liberdade[10], que é concebida, segundo Berlin, como derivada do desejo

[6] Como tivemos a oportunidade de analisar em *O conceito de liberdade no* Segundo Tratado sobre o Governo *de John Locke*, cada um dos contraditórios rótulos atribuídos a Locke ancora-se, invariavelmente, em uma diferente interpretação do conceito de liberdade enunciado por Locke.

[7] C. B. MACPHERSON, *Op. cit.*, p 233.

[8] Para Berlin, embora o termo liberdade seja de grande "porosidade", o que permite a coexistência de um grande número de acepções, dois sentidos centrais podem ser identificados para a sua conceituação: o sentido negativo e o sentido positivo. Liberdade negativa está relacionada com a resposta à pergunta "Qual é a área em que o sujeito – uma pessoa ou um grupo de pessoas – está ou deve ser deixado para fazer ou ser aquilo que é capaz de fazer ou ser, sem a interferência de outras pessoas?" A liberdade positiva, por sua vez, está relacionada com a resposta à pergunta "O que ou quem é a fonte de controle ou interferência que pode determinar a alguém que faça ou seja uma coisa em vez de outra coisa?" Segundo o autor, as duas questões são claramente diferentes, muito embora as respostas a cada uma delas possam ser sobrepostas. Cf. Isaiah BERLIN, *Two concepts of liberty*. In: *Four essays on liberty*. Oxford: Oxford University Press, 1969, p. 3.

[9] Cf. BERLIN, *Op. cit.*, p. 3.

[10] A associação da liberdade para Locke a uma noção positiva de liberdade, no sentido de autorrealização moral ou racional, é proposta por Mark GOLDIE. Destacando o conteúdo moral imposto pela lei da natureza, GOLDIE afirma que para Locke, *"a verdadeira liberdade consiste em uma vida regida pelo intelecto racional, e não pela escravidão das paixões"*, o que aproxima o conceito de liberdade de Locke da noção de liberdade *para* agir e se autodeterminar, própria à liberdade positiva. Cf. Mark GOLDIE. *Introduction*. In: *Two Treatises of Government*. Londres: Everyman, 1993, *apud* Lena HALDENNIUS, *Locke and the non-arbitrary*. In: *European Journal of Political Theory*. London: Sage publications, 2003, p. 265

do indivíduo de ser senhor de sua própria vida e instrumento de seus próprios atos de vontade – vinculando-se, assim, à liberdade "para" viver uma determinada forma de vida, independentemente da vontade de outrem[11] –, o conceito de liberdade de Locke é tradicionalmente vinculado à ideia de liberdade negativa, nos moldes descritos por Berlin.

Para além da contraposição entre as noções de liberdade positiva e negativa, tal qual descrita por Berlin – que remete à oposição entre as ideias de liberdade dos antigos e liberdade dos modernos, formulada por Benjamim Constant[12] –, o conceito de liberdade enunciado por Locke pode ser situado, também, no âmbito do debate sobre a dupla filiação do conceito de liberdade política que, de acordo com a enunciação de Jean-Fabien Spitz[13], possui uma dupla origem. A primeira, de configuração jurídico-liberal, decorre de uma concepção do indivíduo como portador de direitos que devem ser garantidos e assegurados pela política. A segunda, que advém de uma reflexão sobre o estatuto de cidadania que devem possuir os indivíduos em uma sociedade política, concebe a política como um instrumento de proteção e engajamento, em que os indivíduos são tanto mais livres quanto mais aptos estão a controlar o meio social, material e humano em que vivem.

Segundo Spitz, até recentemente[14], o conceito de liberdade moderna esteve órfão de um de seus pais, pois as ideias inspiradas pelo republicanismo e pelo

[11] Idem, *ibidem*, p. 8.

[12] Para CONSTANT, a liberdade dos antigos consistia no exercício da soberania, que fazia com que a liberdade do corpo social fosse concebida como compatível com a completa submissão do indivíduo à autoridade do todo. A liberdade dos modernos, por outro lado, consiste no *"exercício pacífico da independência privada"*, isto é, nas *"garantias concedidas pelas instituições a esses privilégios"* Analisando as origens e as consequências da distinção entre essas duas espécies de liberdade, CONSTANT conclui não ser mais possível aos modernos desfrutarem da liberdade dos antigos, pois as relações entre os indivíduos se transformaram de tal maneira que o que se reconhece na sociedade antiga não deve ser imitado pela sociedade moderna, que possui instituições e relações sociais completamente distintas da sociedade antiga. Segundo CONSTANT, os antigos fazem com que os indivíduos sejam escravos da sociedade, ao passo que a liberdade dos modernos assenta-se na fruição de sua independência privada. Nesse sentido, os modernos têm maior apego à sua liberdade e não desejam sacrificá-la. Já os antigos, ao sacrificarem a sua liberdade aos direitos políticos "sacrificavam menos para obter mais", enquanto, "fazendo o mesmo sacrifício, nós daríamos mais para obter menos". Cf. Da liberdade dos antigos comparada à dos modernos. In: Revista Filosofia Política 2, Porto Alegre: L&PM, 1985, p. 9-25.

[13] Jean-Fabien SPITZ, *La liberté politique - Essai de généalogie conceptuelle.* Paris: Presses Universitaires de France, 1995.

[14] O obscurecimento da matriz republicana do conceito de liberdade perdurou até o colapso do "socialismo real" europeu, que apregoava como única alternativa à concepção liberal de liberdade o conceito marxista, que admite a possibilidade de existência de uma verdadeira liberdade política exclusivamente no âmbito de um *outro* sistema a ser construído pelos atores históricos.

humanismo cívico – que deram origem à filiação republicana do conceito de liberdade – foram obscurecidas em uma espécie de "face escondida" da história da filosofia política moderna.

Essa "face escondida", contudo, começou a emergir vigorosamente no âmbito da filosofia política graças principalmente aos trabalhos de John Pocock[15] e Quentin Skinner[16] que, em seus esforços de obter as fundações históricas do pensamento político moderno, lograram recuperar a concepção republicana da liberdade.

Diversos elementos da concepção republicana de liberdade podem ser identificados, como reconhece Spitz, na teoria política de Locke, o que o desvincularia de rótulos tais como os de "arquiliberal" ou "pai do liberalismo"[17].

Com efeito, conforme analisado em *O conceito de liberdade no* Segundo Tratado sobre o governo *de John Locke*, a despeito das interpretações tradicionais do conceito de liberdade para Locke, a interpretação que parece ser mais amplamente compatível com a obra política do autor é a que associa o conceito de liberdade de Locke à ideia de não-dominação, que é descrita por Philip Pettit[18] como o cerne da concepção republicana de liberdade.

Embora mantenha a compreensão sobre o caráter negativo da liberdade, tal interpretação realça, por outro lado, a sua associação à noção de não-arbitrariedade explicitada por Locke ao longo de sua obra política.

De fato, para Locke, ser livre é *"não estar sujeito à vontade inconstante, incerta, desconhecida e arbitrária de outro homem"*[19].

Além da expressa menção, nos capítulos IV e IX do *Segundo tratado sobre o governo*, à intrínseca oposição entre liberdade e arbitrariedade, como bem destaca Lena Haldennius, toda a obra de Locke exibe *"um poderoso argumento contra a arbitrariedade"*, o que pode ser observado, por exemplo, em suas ideias de liberdade política e poder político, que *"são costuradas pela noção moral de não-arbitrariedade requerida por ambas"*[20].

Assim, embora a liberdade seja descrita por Locke como uma *ausência de* sujeição, essa definição a partir da perspectiva negativa deve ser compreendida,

[15] Cf. John POCOCK, *The machiavellian moment: florentine political thought and the Antlantic Republican traditition*. Princeton: Princeton University Press, 1975.

[16] Quentin SKINNER, *Liberdade antes do liberalismo*. São Paulo: Ed. UNESP, 1999.

[17] SPITZ, *Op. cit., passim*.

[18] Cf. Philip PETTIT, *Republicanism: a theory of freedom and government*. Oxford: Oxford University Press, 1999.

[19] Cf. John LOCKE, *Dois tratados sobre o governo*. São Paulo: Martins Fontes, 2005, p. 403, § 22.

[20] Cf. HALDENNIUS, *Op. cit.*, p. 262.

conforme sugere Haldennius, como uma exigência normativa para a ausência de um governo arbitrário, e não como uma ausência real de impedimentos[21].

De acordo com essa compreensão da liberdade, a interferência na esfera do indivíduo determinada pela lei e em conformidade com a lei natural não constitui uma violação da liberdade, uma vez que esse impedimento não pode ser considerado arbitrário.

É esse, de fato, o papel atribuído por Locke à lei, que é tomada como um instrumento para a garantia e ampliação da liberdade, em consonância com o valor central à tradição republicana, e não como um instrumento de imposição de restrições e impedimentos à liberdade, como decorre da tradição liberal. Assim, conforme explicita Locke, "a liberdade *consiste em estar livre de restrições e de violência por parte de outros, o que não pode existir onde não existe lei*[22].

Nesse sentido, para Locke, a despeito da *interferência* determinada pela lei natural ou pela lei civil na esfera dos indivíduos, a liberdade permanece intacta, pois nenhuma ação de restrição conforme a lei natural ou com a lei civil – que deve subordinar-se ao conteúdo da lei natural – pode constituir uma violação à liberdade. Ao fixar uma relação de dependência do conteúdo da lei civil ao conteúdo moral da lei natural – que impõe o mandamento de sobrevivência e prosperidade a toda espécie humana – Locke evidencia que o papel da lei está associado à preservação da humanidade, e não à autopreservação de cada indivíduo.

Por esse motivo, o mandato político confiado ao governante é o de estabelecer leis civis que promovam a liberdade e o bem do povo, tal como estabelecido pela lei da natureza ou pela moralidade natural. A lei representa, assim, um elemento constitutivo da liberdade, sendo indispensável à sobrevivência e à prosperidade da espécie humana.

Para Locke, portanto, lei e liberdade estão do mesmo lado, ao contrário do que decorre da construção liberal de liberdade, para a qual lei e liberdade estão em polos opostos, vez que, sob essa perspectiva, a preservação da liberdade dá-se com a mínima interferência da lei na esfera individual, suficiente apenas para coagir os indivíduos a respeitar a liberdade dos demais.

Para além dos importantes elementos textuais extraídos de sua obra política, o afastamento da teoria de Locke de sua tradicional vinculação à concepção liberal de liberdade pode ser confirmado, de modo mais contundente, pela compreensão de sua filosofia política a partir de importantes elementos

[21] Cf. Lena HALDENNIUS, *Op. cit.*, p. 263.

[22] Cf. John LOCKE, *Op. cit.*, p. 433, § 56. Destaque do original.

contextuais[23], que levem em conta o caráter eminentemente discursivo da empreitada filosófica, conforme proposto por Pocock[24].

Assim, se tomarmos a obra de Locke a partir de um campo mais abrangente, constituído por diferentes "atos de discurso", em que sejam considerados as condições e o contexto em que os elementos textuais foram enunciados, o traço republicano[25] do pensamento político de Locke torna-se ainda mais

[23] Conforme sustenta SPITZ, a filosofia política é uma disciplina essencialmente histórica, mas não pode ter um interesse puramente arqueológico. O estudioso deve recorrer ao passado em busca dos fundamentos indispensáveis à formulação do conceito estudado no presente, mas deve explorar o passado com atenção ao fato de que a linguagem do passado não mais coincide com a linguagem do presente. Para tanto, deve conhecer o contexto do passado e a sua linguagem, colocando-se "à escuta" para que possa identificar para quem o autor escreve e contra quem escreve. Por outro lado, deve estar atento ao fato de que os conceitos e problemas possuem uma lógica indissociável do argumento interno do texto, motivo pelo qual não se deve "forçar" os conceitos na tentativa de explicar determinadas nuances do contexto. Cf. Jean-Fabien SPITZ, *La liberté politique - Essai de généalogie conceptuelle*. Presses Universitaires de France, p. 08-10.

[24] Para POCOCK, uma linguagem política deve ser compreendida a partir da história do discurso político. Para o autor, o "*métier d'historien*" consiste em analisar os atos de enunciação que compõem o discurso político, a fim de identificar a história que se forma a partir da interação entre *parole* (atos de fala) e *langue* (linguagem). A partir dessa perspectiva, para que um pensamento possa ter uma história, é essencial que ele possua uma continuidade de ação constituída por ações e *performances*, que são realizadas e representadas em determinadas condições, que, por sua vez, são diretamente modificadas por essas mesmas ações realizadas sob e sobre elas. Cf. *Linguagens do ideário político*. São Paulo: Edusp, 2003, p. 63-64.

[25] Embora LOCKE não apresente uma definição explícita do termo *República*, a vigência universal atribuída pelo autor à lei natural, que continua a vigorar mesmo após a instituição do poder político, permite vislumbrar o conceito de *res publica* na noção de sociedade política descrita pelo filósofo. De fato, como observa Nicola MATTEUCCI, o conceito de *República* decorre especialmente da formulação realizada por CÍCERO no Livro I, XXV, do diálogo *De Republica*, em que a república é definida como "coisa do povo", sendo que por povo não se deve entender "todos os homens agrupados de qualquer modo, mas congregados em um agrupamento da multidão por seu consenso de justiça e uma reunião pela utilidade comum" *("non omnis hominum coetus quoquo modo congregatus, sed coetus molditudinis iuris consenso et utilitatis communioni sociatus")*. Cf. tradução proposta por Isadora BERNARDO em *O De Republica de Cícero: natureza, política e história*. (Dissertação de mestrado), FFLCH, 2012, p. 93. Com o termo *Res publica* (literalmente, a "coisa pública"), CÍCERO sublinha, nesse sentido, a "coisa do povo" e o "bem comum", de modo que o elemento distintivo da *República* pode ser apontado como o "interesse comum" (*"utilitatis communioni sociatus"*), que se expressa pelo consenso quanto a uma lei comum (*"iuris consenso"*), por meio da qual uma comunidade afirma o direito capaz de realizar o ideal de justiça. Desse modo, de acordo com MATTEUCCI, o conceito de *República* não está contraposto, em CÍCERO, à monarquia, mas ao governo injusto, ao qual AGOSTINHO chamará posteriormente de "*magna latrocinia*" para designar as sociedades políticas que atuam de forma fraudulenta e violenta contra seus próprios cidadãos. Cf. BOBBIO, Norberto; MATTEUCCI, Nicola; PASQUINO, Gianfrancesco. *Il Dizionario di Politica*, Torino: UTET, 1983. Assim, como observa Sergio CARDOSO, o termo *República* remete às noções de "governo de leis"

realçado, confirmando o afastamento de sua teoria da liberdade de uma filiação estritamente liberal.

Conforme destaca Alberto R. G. de Barros[26], ainda que o pensamento republicano não possa ser identificado a partir da obra de um único pensador, sendo mais adequado falar-se em "matrizes republicanas", tornou-se consenso entre os historiadores – principalmente após os trabalhos de Pocock e Skinner – que o republicanismo moderno possui dois pilares: o republicanismo renascentista e o republicanismo inglês. Embora muito já se tenha estudado o republicanismo renascentista – especialmente a sua enunciação na obra de Maquiavel –, pouco se tem investigado no Brasil o republicanismo inglês, em suas diferentes matrizes.

De acordo com Pocock, as matrizes republicanas na Inglaterra foram recebidas a partir do século XVI, com a propagação do ideário humanista na Inglaterra, especialmente pelas obras de Leonardo Bruni, Girolamo Savonarola, Francesco Guicciardini e Donato Giannotti. Apenas a partir das primeiras décadas do século XVII, porém, a partir do contexto político propiciado pelas guerras civis, os princípios republicanos passaram a ser mais notáveis na Inglaterra, com a publicação de diversos panfletos e tratados que passaram a atacar a dinastia dos Stuart e suas práticas arbitrárias. Em tais ataques, diferentes autores apropriaram-se do ideário republicano, utilizando-se de suas matrizes teóricas para o embasamento de suas críticas ao governo arbitrário.

Assim, por exemplo, filósofos e historiadores da antiguidade clássica como Cícero e Políbio, além de autores do renascimento italiano, entre os quais se destacam Bruni e Savonarola e, de forma especial, Maquiavel, passaram a ser invocados por teóricos ingleses empenhados em intervir nas constantes controvérsias entre o rei e o parlamento, que marcaram o contexto político da Inglaterra sob a dinastia dos Stuart.

Essa transposição teórica, tão bem analisada por Pocock em *The machiavellian moment: florentine political thought and the atlantic republican tradition*, lançou as bases para o desenvolvimento do republicanismo inglês, às quais se somaram elementos próprios à Reforma protestante, além de noções como

(e não de homens), de "império da lei" e mesmo "estado de direito", expressões que aludem, de forma mais imediata, à ideia de que aqueles que mandam também obedecem. Cf. Sergio CARDOSO. *Por que república? Notas sobre o ideário democrático republicano*. In: *Retorno ao republicanismo*, pp. 45-65. São Paulo: Humanitas, 2004, *passim*.

[26] Cf. *Republicanismo*. In: *Manual de Filosofia Política*. São Paulo: Saraiva, 2012.

as de direitos naturais, representação política e contrato social[27], que conferiram ao republicanismo inglês seus traços peculiares, em um processo a que Pocock denomina "anglicização da república"[28].

Com o objetivo de interferir diretamente na realidade política do período, tais autores produziram, nos diferentes "momentos"[29] que constituíram esse longo processo, um significativo número de panfletos e tratados, em que os contornos da matriz inglesa da teoria republicana da liberdade podem ser identificados.

De acordo com Skinner, essa teoria da liberdade defendida no século XVII por diferentes autores estava associada ao ideal romano de "civitas libera", que já havia sido revivido pelos renascentistas italianos defensores da "libertà" republicana, mas foi apropriada no contexto político da Inglaterra com forte carga da "linguagem dos direitos", o que conferiu ao republicanismo inglês traços peculiares[30].

De modo a destacar as origens históricas da formulação desse conceito de liberdade na Inglaterra do século XVII e a fim de evitar a associação imediata dessa teoria com autores que incorporam a ela um repúdio explícito à instituição da monarquia, Skinner propõe designá-la como "teoria neorromana dos Estados livres", em detrimento da designação "liberdade republicana", utilizada por Pocock, Pettit e Spitz, dentre outros autores, além do próprio Skinner em seus primeiros escritos sobre o tema[31].

[27] A elaboração desses conceitos no âmbito do pensamento político inglês permitiu também o surgimento da teoria política liberal, conforme se pode observar da constante presença dessas noções em autores que adotam uma perspectiva política predominantemente liberal.

[28] Cf. J. G. A. POCOCK. *The machiavellian moment: florentine political thought and the Antlantic Republican tradittion, Op. cit.*, p. 361 e seguintes.

[29] A noção de "momento" é desenvolvida por POCOCK em *The machiavellian moment: florentine political thought and the Antlantic Republican tradittion* para caracterizar o "momento maquiaveliano" na Inglaterra, em que, segundo o comentador, as ideias de Maquiavel foram apropriadas por teóricos políticos ingleses interessados em intervir nas disputas entre o rei e o parlamento que marcaram, no século XVII, os reinados dos monarcas integrantes da dinastia dos Stuart. Assim, pode-se compreender por "momento" o conjunto de argumentos passíveis de serem reunidos em razão de uma origem ou formulação comuns, ainda que a origem comum não remonte necessariamente a um único autor. Cf. J. G. A. POCOCK. *Op. cit.*, p. vii-viii. Vide *infra*, capítulo I.

[30] Cf. Quentin SKINNER, *Liberdade antes do liberalismo. Op. cit.*, p. 21.

[31] Ainda que a discussão acerca da designação da teoria em questão não seja de fundamental relevância para a compreensão da formulação do conceito de liberdade enunciado pelos autores do republicanismo inglês, a preocupação de SKINNER chama atenção para o fato de que as ideias defendidas pelos diferentes autores situados no campo de abrangência dessa teoria não são incompatíveis, em caráter absoluto, com a instituição da monarquia. Em seus escritos mais recentes,

As ideias republicanas, que vinham sendo elaboradas na Inglaterra desde meados do século XVI, atingiram o apogeu no breve período entre 1649 e 1660, em que a Inglaterra esteve sob um regime denominado republicano[32]. Após a restauração da monarquia em 1660, contudo, que frustrou a implementação concreta dos ideais difundidos no momento central do republicanismo inglês, designado por Pocock "momento maquiaveliano", essas ideias permaneceram latentes no ideário político inglês, diante do recrudescimento do arbítrio por parte da dinastia dos Stuart.

A despeito disso, porém, esse período deixou como legado, como destaca Skinner, o mais rico e variado conjunto de escritos republicanos do século XVII, além de alimentar as sensibilidades políticas de autores como Henry Neville e Algernon Sidney, jovens membros do longo parlamento que voltaram a defender os mesmos ideais na década de 1680[33], mesmo período em que Locke concebeu os seus *Tratados*, com a mesma preocupação de refutar as teses do *Patriarca* de Robert Filmer, que motivou Algernon Sidney a escrever os *Discourses concerning government*.

Ora, como sustenta Pocock, uma linguagem política deve ser compreendida a partir da história do discurso político, em que o intérprete disponha-se a analisar os diferentes argumentos de uma teoria como parte de uma *performance*, permitindo que enunciações de diferentes autores sejam vistas em suas recíprocas interações, nas quais as ações discursivas possam ser aproximadas por participarem conjuntamente de determinadas condições, que, por serem compartilhadas, são também diretamente modificadas por essas mesmas ações[34].

Nesse esforço, ao mesmo tempo em que deve estar atento ao fato de que os conceitos e problemas possuem uma lógica indissociável do argumento interno do texto, o intérprete das ideias políticas deve, como destaca Spitz, procurar conhecer o contexto do passado e a sua linguagem, colocando-se

contudo, SKINNER voltou a designar essa teoria como "republicana", por entender ter "perdido nessa parte da disputa", uma vez que a denominação "republicana" tornou-se consagrada pelo uso, mesmo soando, segundo o autor, como "anti-histórica". Cf. *Hobbes e a liberdade republicana*. São Paulo: Editora UNESP, 2010, p. 9.

[32] Os realistas preferem designar esse período por "interregno". Embora a designação do regime da "Free Commonwealth" como "republicano" seja também imprecisa, diante da persistência de inúmeras práticas arbitrárias nos diferentes regimes que se sucederam à execução de Carlos I, em especial no período do Protetorado de Cromwell, utilizaremos aqui essa designação, com essa importante ressalva.

[33] Cf. Quentin SKINNER. *Liberdade antes do liberalismo. Op. cit.*, p. 26.

[34] Cf. POCOCK, *Op. cit.*, p. vii e seguintes.

"à escuta" para que possa identificar para quem o autor escreve e contra quem escreve, de modo a revelar os elementos contextuais indispensáveis à compreensão dos conceitos estudados, respeitando o caráter essencialmente histórico da filosofia política[35]. Há que se considerar, nesse sentido, como supõe Skinner, que mesmo as obras de conteúdo mais abstrato de teoria política jamais estão fora da batalha: elas são "parte da própria batalha"[36].

Desse modo, mesmo admitindo ser impossível, como reconhece John Dunn *"impor uma ilícita coerência expositiva ao processo histórico como um todo"*, pretende-se empreender uma abordagem da obra de Locke que, embora *"analítica em sua ambição"*, recorra ao *"macrocosmo do processo histórico"* e à *"explanação biográfica"*, dirigindo-se aos motivos que levaram Locke a escrever, dizer e publicar o que conhecemos acerca de sua concepção de liberdade[37].

Partindo desses pressupostos metodológicos, o propósito deste trabalho é colher os elementos que apontam que a noção de liberdade defendida por Locke em sua obra política é tributária dos argumentos desenvolvidos nos "momentos" precedentes em que se expressou o pensamento republicano na Inglaterra, o que permitiria incluí-la como referência de um dos mais importantes atos do longo discurso que culminou na formulação do conceito republicano de liberdade.

Para tanto, será realizada, na primeira parte do trabalho, composta dos dois primeiros capítulos, uma exposição da formação histórica do pensamento político moderno na Inglaterra, seguida de uma apresentação do debate político estabelecido no contexto da "crise de exclusão", em que se insere a obra de Locke. Assim, no primeiro capítulo será abordado o processo de "anglicização da república", enquanto no segundo capítulo serão apresentados os argumentos expostos nas obras de Robert Filmer, Henry Neville e Algernon Sidney, razão pela qual prevalecerá, neste capítulo, o teor descritivo em detrimento do analítico. Na segunda parte, formada pelos capítulos três e quatro, será empreendida uma análise do *Primeiro tratado sobre o governo*, com a apreciação da contestação de Locke à teoria de Filmer, enquanto no quarto capítulo será analisada a noção de liberdade natural do filósofo. Na terceira parte, serão analisadas, nos capítulos cinco e seis, respectivamente, as noções de liberdade política e liberdade religiosa.

[35] Cf. SPITZ, *Op. cit., passim.*

[36] Cf. Quentin SKINNER. *Hobbes e a liberdade republicana.* São Paulo: Editora UNESP, 2010, p. 15.

[37] Cf. John DUNN, *The political thought of John Locke – An historical account of the argument of the "Two Treatises of Government"*. Cambridge: Cambridge University Press, 2000, p. 5-6.

PRIMEIRA PARTE

1.
AS FUNDAÇÕES HISTÓRICAS DO PENSAMENTO POLÍTICO MODERNO NA INGLATERRA: A "ANGLICIZAÇÃO DA REPÚBLICA"

No grande diálogo que permeia a história das ideias políticas, as fronteiras dos diferentes "atos do discurso"[38] que lhe conferem materialidade são, de forma quase inevitável, de difícil delimitação. Ainda que frequentemente sejam trazidas a esse amplo debate referências de momentos remotos com vistas a amparar ideias preconcebidas, o recurso a movimentos argumentativos anteriores pode também ser empreendido, conforme aponta Zera Fink[39], como um elemento formativo de novas ideias políticas, em um irrefreável e intrincado processo dialético.

De acordo com Fink, nesse sentido, o vasto número de referências ao pensamento político da antiguidade clássica e a seus modelos políticos, realizado por diversos autores no renascimento, não deve ser compreendido como um mero recurso a "lugares comuns" utilizado apenas para reafirmar posições tradicionais, pois essa transposição não se operou, de modo geral, como simples reprodução anacrônica das ideias políticas do passado, mas representou uma verdadeira força motriz que constituiu o pensamento político moderno[40].

Dessa forma, quando os defensores da monarquia absoluta na Inglaterra do século XVII acusavam que a leitura dos livros dos antigos gregos e romanos tornava os homens republicanos, ainda que isso não desse conta de toda

[38] A identificação dos incontáveis "atos do discurso" de que se compõem, pela perspectiva de POCOCK, o pensamento político inglês, não será o objeto do presente capítulo, em que se procurará realçar o processo de transposição e desenvolvimento de ideias por meio do qual se deu a ancoragem dos argumentos republicanos na Inglaterra. Por esse motivo, tal noção será temporariamente preterida neste capítulo pela noção de "momento", por sua maior generalidade, sendo posteriormente retomada.

[39] Cf. *The classical republicans. An essay on the recovery of a pattern of though in seventeenth-century England.* Eugene: Resource publications, 2011, p. vii.

[40] Cf. FINK, *Op. cit.*, p. vii.

a explicação dos motivos pelos quais alguns homens se tornavam republicanos, eles estavam de fato identificando, segundo Fink, um importante elemento dessa explicação, que permitiu, na expressão consagrada por John Pocock[41], a anglicização da república.

Como destaca Alberto Barros[42], assim como em outras doutrinas políticas, o ideário do republicanismo é uma construção de diferentes autores, mas sua recuperação na história das ideias políticas tornou-se possível graças principalmente à abordagem histórica da linguagem política promovida a partir do século XX por autores ingleses como Pocock e Skinner, que empreenderam estudos das obras políticas sob uma ótica de paradigmas conceituais, pelos quais as questões políticas centrais da sociedade e do tempo em que as obras foram escritas adquirem caráter essencial para a compreensão do sentido dos textos. Essa abordagem permitiu a identificação da ocorrência de uma transposição de ideias e argumentos presentes em autores do republicanismo antigo e renascentista para autores ingleses do século XVII, possibilitando, assim, a associação de autores políticos que, a despeito de adotarem diferentes estilos ou perspectivas, defendiam princípios e valores comuns.

A literatura crítica sobre o republicanismo inglês é, por esse motivo, relativamente recente, podendo sua primeira tentativa de estruturação ser identificada na obra de Zera Fink intitulada *The classical republicans: an essay in the recovery of a pattern of thought in seventeenth-century England*[43], publicada pela primeira vez em 1945. Contudo, é a partir de *The machiavellian moment: florentine political thought and the atlantic republican tradition,* obra referencial de Pocock publicada em 1975, que a linguagem política que deu origem ao republicanismo inglês foi devidamente fixada e consolidada, permitindo a identificação de um "contexto linguístico" apto a ser politicamente estudado e compreendido.

De acordo com Pocock, as matrizes republicanas na Inglaterra foram recebidas a partir do século XVI, com a propagação do ideário humanista na Inglaterra, especialmente pelas obras de Leonardo Bruni, Girolamo Savonarola, Francesco Guicciardini e Donato Giannotti. Apenas a partir das primeiras décadas do século XVII, porém, no contexto político propiciado pelas guerras

[41] Cf. J. G. A. POCOCK. *"The Maquiavellian Moment: florentine political thought and the Antlantic Republican tradittion"*. Princeton: Princeton University Press, 2003, p. 361 e seguintes.

[42] Cf. *Republicanismo*. In: *Manual de Filosofia Política*. São Paulo: Saraiva, 2012, pp. 69-95. Ver também *A matriz inglesa*. In: *Matrizes do republicanismo*. Belo Horizonte: Editora UFMG, 2013, pp. 126-174.

[43] Cf. Nota 35, *supra*. A primeira edição, de 1945, foi publicada por Northwestern University Press.

civis, os princípios republicanos passaram a ser mais notáveis na Inglaterra, com a publicação de diversos panfletos e tratados que passaram a atacar a dinastia dos Stuart e suas práticas arbitrárias. Em tais ataques, diferentes autores apropriaram-se do ideário republicano, utilizando-se de suas matrizes teóricas para o embasamento de suas críticas à monarquia absoluta.

Assim, por exemplo, filósofos e historiadores da antiguidade clássica como Cícero e Políbio, além de autores do renascimento italiano, entre os quais se destacam Bruni e Guicciardini e, de forma especial, Maquiavel, passaram a ser evocados por teóricos ingleses empenhados em intervir nas constantes controvérsias entre o rei e o parlamento, que marcaram o contexto político da Inglaterra sob a dinastia dos Stuart.

Partindo da noção de "momento" no pensamento político tal qual empreendida por Pocock para caracterizar o "momento maquiaveliano", no sentido de um período tematicamente definido em que um conjunto de argumentos pode ser identificado e reunido a partir de uma origem ou formulação comuns[44], procuraremos abordar as diversas etapas da transposição teórica que permitiu o desenvolvimento do republicanismo inglês, por meio do longo processo de "anglicização da república". Com base nessa perspectiva, podemos considerar cinco momentos no processo de anglicização da república, que ora assim propomos designar: momento do Direito Romano (ou "momento de Leonardo Bruni"); momento dos historiadores e filósofos da antiguidade romana (ou "momento ciceroniano"); momento da graça apocalíptica (ou "momento de Savonarola"); momento maquiaveliano; e momento da supremacia popular (ou "momento da razão iluminista"). Para que se possa compreender adequadamente o processo de anglicização da república, faz-se necessário, portanto, caracterizar com precisão cada um desses momentos.

[44] A indicação de um autor para designar os diferentes "momentos" do processo de anglicização da república, realizada entre parênteses, levou em consideração a relevância do autor na elaboração dos argumentos considerados, ainda que diversos outros estejam envolvidos no enfrentamento do problema teórico que dá ensejo a cada uma das séries argumentativas. A designação dos momentos "maquiaveliano" e "de Savonarola" foi extraída diretamente da obra de POCOCK, sendo que as demais são aqui sugeridas a partir da predominância identificada nos discursos políticos que são descritos neste trabalho.

1.1. Momento do Direito Romano

A primeira e uma das mais importantes etapas desse longo processo – o momento do Direito Romano – pode ser situada, como salienta Pocock[45], alguns meses antes do início da guerra civil inglesa, no âmbito da controvérsia estabelecida entre o rei e o parlamento acerca da extensão dos poderes constitucionais detidos por cada uma das partes integrantes do corpo político.

De fato, depois que o rei abandonou, em janeiro de 1642, a cidade de Londres e transferiu sua corte para Oxford, os parlamentares que permaneceram em Westminster após a "grande reprimenda" e à posterior invasão do parlamento estabeleceram com o monarca um intenso debate por meio de declarações públicas, representações e cartas, na tentativa de preservar as suas prerrogativas e estabelecer as bases de seu relacionamento institucional com o monarca. Essa acirrada disputa teórica atingiu o seu ápice em junho do mesmo ano, com a publicação pelo parlamento do documento intitulado *Dezenove proposições das duas casas do parlamento*[46], que reivindicava para as casas do parlamento diversos direitos, entre os quais o comando do exército, e propagava uma das mais duras críticas ao direito de veto do monarca sobre as deliberações do parlamento, denominado "voz negativa do rei".

Nesse documento, encaminhado ao rei em 1º de junho de 1642, os parlamentares sustentavam que o direito de veto do monarca era a expressão do arbítrio e representava a completa negação da liberdade dos súditos, como se observa na segunda "proposição" apresentada ao monarca:

> *II. Que os grandes assuntos do reino não possam ser celebrados ou transacionados apenas com a assessoria de particulares, ou por quaisquer conselheiros desconhecidos ou não juramentados; mas que tais questões, por serem concernentes ao público, e serem próprias da "Câmara Alta do Parlamento", que é o maior e mais elevado conselho de Sua Majestade, possam ser debatidas, resolvidas, e transacionadas apenas no parlamento, e não em outro lugar. E caso algo deva ser feito em sentido contrário a essas resoluções, isso deve estar reservado à censura e ao julgamento do próprio parlamento. (...)*[47].

[45] Cf. POCOCK, *Op. cit.*, p. 361.

[46] Cf. *Nineteen Propositions made by both Houses of Parliament, to the Kings most excellent Majestie, touching the differences between His Majestie and the said Houses.* In: Joyce Lee MALCOLM (ed.), *The Struggle for Sovereignty: Seventeenth-Century English Political Tracts.* Indianapolis: Liberty Fund, 1999, p. 148-154. O título foi aqui traduzido resumidamente por *Dezenove proposições das duas casas do parlamento.*

[47] Cf. *Dezenove proposições das duas casas do parlamento, Op. cit.* (nota 44), p. 149. Tradução livre.

A resposta formulada pelo rei às proposições do parlamento, apresentada em 21 de junho de 1642 no documento intitulado *Resposta de Sua Majestade às dezenove proposições das duas casas do parlamento*[48], por sua vez, tornou-se ainda mais célebre do que as reinvindicações do parlamento, na medida em que representou uma drástica e surpreendente inovação na polêmica realista – em especial por ter partido do próprio monarca – ao conter a descrição do governo da Inglaterra como uma monarquia mista, em vez de uma monarquia moderada.

Esboçada por dois conselheiros de Carlos I, Lucius Cary – o Visconde de Falkland – e Sir. John Colepeper[49], na *Resposta de Sua Majestade às dezenove proposições das duas casas do parlamento,* o monarca sustenta que o governo da Inglaterra é dotado de três estados, o rei, os lordes e os comuns, e que a integridade do todo depende necessariamente da manutenção do balanço e do equilíbrio entre cada uma das partes.

De acordo com Pocock, essa inusitada tese, com um afastamento da ideia segundo a qual a autoridade do parlamento seria derivada e descendente da autoridade do monarca, representou um desastroso erro tático na polêmica realista. Em um intervalo muito curto de tempo, porém, tal tese foi tão amplamente aceita e tão diversamente empregada que significou uma verdadeira inovação paradigmática, por conter uma descrição do monarca como uma parte de seu próprio reino, um dos três "estados" entre os quais deve haver equilíbrio e igualdade[50].

[48] Cf. *His Majesties Answer to the Nineteen Propositions of Both Houses of Parliament".* In: *The Struggle for Sovereignty: Seventeenth-Century English Political Tracts,* 2 vols, ed. Joyce Lee Malcolm, Indianapolis: Liberty Fund, 1999, p. 154-178. Título livremente traduzido por *Resposta de Sua Majestade às dezenove proposições das duas casas do parlamento.*

[49] De acordo com Corine Comstock WESTON, o papel de maior importância na elaboração do documento deve ser atribuído a John COLEPEPER, e não ao Visconde de FALKLAND. POCOCK, por outro lado, destaca que o papel de FALKLAND não deve ser mitigado, pois apenas FALKLAND era um intelectual. Para POCOCK, o afastamento de FALKLAND do papel preponderante na elaboração da *Resposta de Sua Majestade às dezenove proposições das duas casas do parlamento* deve-se ao fato de CLARENDON, que era amigo de FALKLAND, ter desaprovado e criticado o documento, o que o levou a amenizar a contribuição deste na concepção do documento. Cf. Corine C. WESTON, *Subjects and Sovereigns: the grand controversy over legal sovereignty in Stuart England.* Cambridge: Cambridge University Press, 1981, *passim.*

[50] Cf. POCOCK, *Op. cit,* p. 361.

De fato, o governo da Inglaterra é assim descrito na *Resposta de Sua Majestade às dezenove proposições das duas casas do parlamento*:

> *Existindo três espécies de governo entre os homens, monarquia absoluta, aristocracia e democracia, e todas elas possuindo suas próprias conveniências e inconveniências, a experiência e a sabedoria de seus ancestrais moldou então uma mistura de suas ações para dar a este reino (tão longe quanto a prudência humana pode conceber) as conveniências de todos os três, sem as inconveniências de nenhum deles, enquanto o balanço se projete entre os três estados, e eles fluam conjuntamente em seu próprio curso (produzindo viço e fertilidade por ambos os lados do campo) e a abundância em ambos os lados não acarreta dilúvio ou inundação. A doença da monarquia absoluta é a tirania, a doença da aristocracia é a facção e a divisão, as doenças da democracia são os tumultos, a violência e a licenciosidade. A qualidade da monarquia é a união de uma nação sob uma cabeça para resistir a invasões externas e insurreições domésticas; a qualidade da aristocracia é a combinação de opiniões das mais capacitadas pessoas de um estado para o benefício público; a qualidade da democracia é a liberdade, e a coragem e o esforço que a liberdade proporciona.*[51]

O documento prossegue, ainda, com a descrição da competência conjunta dos três estados no processo de elaboração de leis e no exercício do poder legislativo.

> *Neste Reino, as leis são conjuntamente elaboradas por um rei, por uma Câmara de Pares, e por uma Câmara dos Comuns escolhida pelo povo, todos os estados possuindo livre poder de voto e privilégios particulares.*[52]

Quanto à divisão de competências entre os três estados, por outro lado, a *Resposta* descreve o monarca como o único capaz de executar as leis conjuntamente elaboradas, circunscrevendo as atribuições de cada qual a um conjunto limitado de competências e restringindo, em especial, as atribuições da Câmara dos Comuns:

> *O governo de acordo com essas leis está atribuído ao rei, assim como o poder de celebrar tratados, de declarar a guerra e a paz, de nomear os pares, de escolher os funcionários e conselheiros do Estado, de nomear os juízes de Direito, os comandantes*

[51] Cf. *Resposta de Sua Majestade às dezenove proposições das duas casas do parlamento, Op. cit.*, p. 167.
[52] Cf. *Idem, ibidem*, p. 168.

> *dos fortes e castelos, de destacar recursos para financiamento de guerras no exterior ou para prevenir invasões ou insurreições no âmbito doméstico, o direito de efetuar confiscos, o poder de clemência, e outros poderes do mesmo gênero são atribuídos ao rei. E este tipo de monarquia regulada, por possuir o poder de preservar essa autoridade, sem a qual seria incapaz de manter a força das leis, e de resguardar os súditos em suas liberdades e propriedades, tem por finalidade o respeito aos grandes, para que possa impedir os males da divisão e da facção, e um tal temor e reverência para com o povo, para que possa evitar tumultos, violência e licenciosidade (...). A Casa dos Comuns (uma conservadora da liberdade por excelência, mas que nunca pretendeu participar de qualquer modo no governo, ou escolher os que devem governar) está exclusivamente encarregada de elaborar proposições relativas às finanças (tanto dos fundos necessários à guerra como dos necessários para a manutenção da paz)(...). E a Câmara dos Lordes, por estar encarregada do Poder Judiciário, é uma excelente proteção e contenção entre o príncipe e o povo, socorrendo cada qual contra as transgressões do outro, por meio de julgamentos imparciais que preservem a lei, que deveria ser a única regra a ser seguida por cada um dos três estados.*[53]

Ainda que a finalidade da *Resposta* ao descrever as atribuições de cada um dos estados possa ter sido a de contestar a competência invocada pelos Comuns nas *Dezenove proposições das duas casas do parlamento,* de participar do processo de escolha dos conselheiros do rei e afastar as críticas ao poder de veto do monarca, ao apresentar o poder de legislar como uma competência exercida conjuntamente pelos três estados do reino, tal descrição afastou-se do modo de formulação pelo qual a metáfora do corpo político era tradicionalmente apresentada, em que o rei era tido como a cabeça do reino, à qual todos os demais poderes estariam subordinados, abrindo caminho para a retomada da figura do "rei no parlamento", em que a Constituição inglesa era descrita como uma "unidade na trindade".

A figura do "rei no parlamento", que evocava a ideia de "unidade na trindade", peculiar à teologia cristã, possuía, com efeito, uma longa história no pensamento político inglês, cujas origens estão associadas à obra *On the Laws and Governance of England,* de John Fortescue[54], publicada em 1468.

Escrita originalmente em latim sob o título *De laudibus legum Anglie,* a obra de Fortescue só passou a ser designada por *On the Laws and Governance of England* após 1885, sendo até então conhecida como *Of the difference between*

[53] Cf. *Resposta de Sua Majestade às dezenove proposições das duas casas do parlamento, Op. cit.,* p. 169.

[54] John FORTESCUE, *On the Laws and Governance of England,* Cambridge: Shelley Lockwood, 1997.

an absolute and limited monarchy[55]. Escrevendo em resposta a uma crise concreta no governo da Inglaterra em meados do século XV, a obra de Fortescue não possui caráter meramente especulativo, contendo, antes, uma reflexão sobre o funcionamento do governo e das instituições jurídicas na Inglaterra de seu tempo.

Com efeito, na década de 1450, a coroa Inglesa estava imersa em uma grande crise: o reino possuía imensas dívidas decorrentes da derrota na guerra dos cem anos, o território da Normandia havia sido considerado definitivamente perdido e havia sérias denúncias contra auxiliares próximos do rei. Com o conselho do monarca dividido pelo facciosismo, a violência e corrupção generalizadas levaram à caracterização do período como um "feudalismo bastardo"[56]. Ainda que a culpa pela penosa situação do reino fosse frequentemente imputada aos "maus conselheiros" do rei, a fraqueza pessoal do próprio monarca, Henrique VI, que sofria de frequentes colapsos mentais, tornou-se, como destaca Shelley Lockwood, um fato crucial e inescapável da vida política. Um rei cronicamente fraco representava uma ameaça semelhante a um tirano, pois a ausência de uma vontade unificada e centralizada constituía uma falha do monarca em relação ao dever mais importante de seu ofício, qual seja, o de garantir a paz e a justiça, além de significar a total negação das virtudes esperadas de um monarca[57].

Em resposta a essa crise, Fortescue apresenta em sua obra um argumento de defesa da justiça contra a tirania, do interesse público contra o interesse privado, definindo a tirania exatamente como a precedência do bem particular em detrimento do bem público, o que resulta em injustiça e opressão. Para Fortescue, a cobiça de alguns – que reside no desejo de ter mais do que os outros – acarreta a correspondente pobreza da maioria, levando a perturbações à paz e à tranquilidade do reino. Apenas o equilíbrio entre os bens individuais – que é dado pela justiça – seria capaz de conduzir o reino à condição de paz, razão pela qual o monarca deve impor a lei natural e a lei civil de modo a reconduzir o reino ao estado de paz.

Para Fortescue, nesse sentido, a autoridade do monarca está associada a sua capacidade de impor a lei para garantir a justiça. O ofício do rei é governar com justiça por meio das leis, que são o laço sagrado da sociedade humana. De acordo com Fortescue, contudo, o governo da Inglaterra não se resumia

[55] O trabalho passou a ser conhecido pelo nome atual a partir da edição de Plummer, trazida a lume pelo cotejamento dos dez manuscritos existentes do texto e que chegaram à modernidade. Cf. *Op. cit.*, p. xi

[56] Cf. FORTESCUE, *Op. cit.*, p. xvi

[57] Cf. FORTESCUE, *Op. cit.*, p. xvii.

apenas à autoridade do monarca, uma vez que, tal qual a comunidade dos filhos de Israel antes da ascensão de Saul, a Inglaterra não se constituía em um domínio real, mas em um domínio real e político[58].

Com efeito, adotando conceitos constantes da obra *De Regimine Principum – De Regno ad Regem Cypri*, de Tomás de Aquino, com a atualização realizada por Ptolomeu de Lucca, que aludem à tipologia das formas de governo de Aristóteles, Fortescue sustenta que os governos podem assumir, inicialmente, duas diferentes formas: um domínio real e um domínio político[59]. O primeiro – o domínio real – é caracterizado pela existência de uma só cabeça, que impõe as leis *"de acordo com sua própria vontade e prazer"*, ao passo que o segundo – o domínio político – caracteriza-se pelo governo de cidadãos *"de acordo com as leis que eles mesmos estabeleceram"*[60].

Em relação ao domínio político, Fortescue acentua que foi esse o governo ao qual se submeteram os romanos após a expulsão de Tarquínio, cujo banimento arrastou consigo também o domínio real, pois o povo não mais podia suportar a *"indolência, a luxúria e a espoliação de seus reis"*[61].

À dicotomia entre domínio real e domínio político, Fortescue acrescenta uma terceira espécie de domínio, não inferior aos outros dois em *"dignidade e honra"*, que não só *"nos foi ensinado pela experiência e pela história antiga"*, mas que, segundo o autor, estaria também presente na doutrina de Tomás de Aquino: o domínio real e político:

> (...) *há um terceiro tipo de domínio, não inferior a esses em dignidade e honra, que é chamado de real e político, que não nos foi ensinado apenas pela experiência e pela história antiga, mas que sabemos também que nos foi ensinado na doutrina de São Tomás*[62] [63].

[58] Cf. FORTESCUE, *Op. cit.*, p. 130.

[59] Como observa Shelley LOCKWOOD, ainda que tal distinção não esteja originalmente contida na obra de Tomás de Aquino, mas faça parte da atualização realizada por Ptolomeu de Lucca da obra *De Regimine Principum – De Regno ad Regem Cypri*, há nessa tipologia alusão à noção tomista de "civitas", cuja referência era feita por meio do termo "político", que na tradição medieval estava associado à noção de república. Cf. FORTESCUE, *Op. cit.*, p. xxxviii.

[60] Cf. FORTESCUE, *Op. cit.*, p. 128.

[61] Cf. FORTESCUE, *Op. cit.*, p. 129.

[62] Cf. FORTESCUE, *Op. cit.*, p. 128.

[63] Conforme mencionado anteriormente (nota 58, *supra*), a referência de FORTECUE à obra de Tomás de AQUINO é realizada a partir da atualização empreendida por Ptolomeu de Lucca, o que o leva a adotar o termo "político", ordinariamente utilizado na tradição medieval para referir-se à noção de república, em detrimento de "civitas", adotado por Tomás de Aquino, de alusão mais direta à antiguidade clássica. Cf. FORTESCUE, *Op. cit.*, p. xxxviii.

Para Fortescue, como na Inglaterra os reis não podem editar leis ou instituir tributos sem a participação do parlamento e todos os estados estão sujeitos ao juramento de obedecer as leis do reino – que são superiores até mesmo aos comandos do monarca – e considerando, por outro lado, que os súditos não podem prescindir da autoridade do monarca para editar as leis, o reino da Inglaterra não pode ser concebido apenas como um domínio real ou como um domínio político, devendo ser compreendido como um domínio real e político:

> (...) *No reino da Inglaterra os reis não fazem as leis, nem impõem tributos a seus súditos, sem o consenso dos três estados do reino; e até mesmo os juízes desse reino estão todos sujeitos a seus juramentos de não realizar julgamentos contra as leis da terra* (leges terre), *mesmo se receberem um comando do príncipe em sentido contrário. Não se deve, portanto, chamar esse domínio de político, quer dizer, regulado pela administração de muitos, e não se deve chamá-lo também de real, dado que os súditos não podem, eles mesmos, editar leis sem a autoridade do rei, e o reino, ao estar sujeito à dignidade do príncipe, é possuído pelos reis e por seus herdeiros de maneira sucessiva, por direito hereditário, de tal maneira que o domínio não é apenas politicamente regulado*[64].

De acordo com Fortescue, assim era o regime descrito no Antigo Testamento como o governo de Israel no período dos juízes, que antecedeu a instituição da monarquia, pois nele os juízes governavam para o bem comum, e não para seu bem individual, e estavam submetidos à avaliação da assembleia dos filhos de Israel, a quem prestavam contas de seu ofício, como fez Samuel, o último dos juízes[65]. E esse regime não era exclusivamente um domínio político na medida em que, ao mesmo tempo, alguns eram postos à frente dos demais para julgar com equidade e porque *"o Rei de todos os reis o havia governado, como a Seu próprio Reino"*[66].

Contrariamente aos romanos, que baniram o domínio real por não mais suportarem o esbulho dos reis, o povo de Israel, mesmo tendo sido advertido das nefastas consequências da instituição de uma monarquia, clamou, por teimosia, por um domínio real, o que, segundo Fortescue, só foi concedido por Deus com grande pesar:

[64] Cf. FORTESCUE, *Op. cit.*, p. 128-129.

[65] I Samuel 2: 1-5.

[66] Cf. FORTESCUE, *Op. cit.*, p. 130.

> (...) *como se tivesse dito: 'Esse povo ingrato e teimoso que não sabe seu próprio bem, doravante não mais será governado sob um domínio político, nem sob um domínio real e político, como antes, mas será governado por um domínio apenas real, pelo qual, como por uma rédea e um cabresto, sua teimosia deverá ser mantida sob controle.*[67]

Para enfatizar a distinção entre o domínio real, o domínio político e o domínio real e político, Fortescue lança mão, ainda, da diferença entre *lex* e *ius* existente no Direito Romano[68] – que é encoberta na Jurisprudência inglesa pela prevalência de um único termo (*Law*) para designar ambas as noções – segundo a qual a palavra *lex* designava qualquer espécie de comando, de qualquer valor e conteúdo, editada por diferentes instituições, ao passo que o termo *ius* estava vinculado à origem da autoridade das normas e relacionado necessariamente com a equidade.

De acordo com Fortescue, nesse sentido, no domínio real não faz sentido a distinção entre *lex* e *ius*, pois havendo uma fonte exclusiva de autoridade das normas, a medida da equidade passa a ser apenas a *lex*, o que faz com que as noções se sobreponham. No domínio político, de outro modo, há um predomínio do *ius* em detrimento da *lex*, pois a autoridade dos comandos está sempre em questão, de tal modo que o *ius* é sempre pressuposto da *lex*. É apenas no domínio real e político, por sua vez, que ambas as dimensões estão em equilíbrio, pois ainda que a *lex* possa existir independentemente do *ius*, sua autoridade é constantemente avaliada a partir da apreciação, em cada caso, de sua efetiva capacidade para a realização da equidade[69].

A partir dessa distinção, e fazendo alusão, uma vez mais, à instituição da monarquia em Israel, Fortescue dirige lamentos à transformação da comunidade dos filhos de Israel de um domínio real e político em um domínio real, pois a monarquia faz com que a lei revelada pelo profeta a seu povo não possa ser – a despeito de sua equidade intrínseca – tomada nem como *lex* nem como *ius*, uma vez que sua adoção e sua autoridade estão condicionadas, no domínio real, ao arbitrário juízo do monarca, diferentemente do que ocorria no período em que Israel vivera sob um domínio real e político:

> *Nesse reino, antes de eles terem desejado um rei, não era lícito a nenhum homem fazer a outro aquilo que a razão não permitisse que ele fizesse a si mesmo, nem poderia*

[67] Cf. FORTESCUE, *Op. cit.*, p. 131. Traduzido livremente.

[68] Mais especificamente nas Institutas de Justiniano e no Digesto.

[69] Cf. D. 1.1.1pr., D. 1.3.1 e D. 1.4.1pr.

> *um homem tomar o servo ou o empregado do outro, contra a sua vontade, nem dar a outro homem campo para seus servos, como o Profeta diz ser o direito (ius) do rei fazer* [no domínio real].[70]

Assim, para Fortescue, há uma intrínseca relação entre o tipo de domínio adotado em uma sociedade política e a equidade, pois se o domínio real e político permite e favorece a realização da equidade, o domínio real limita e dificulta a realização de tal valor, na medida em que até mesmo a adoção da lei revelada por Deus aos homens fica condicionada, nesse domínio, ao arbítrio do monarca, que pode ou não adotá-la, de acordo com sua virtude e com a inclinação de sua vontade.

Ainda que, como observa Shelley Lockwood, tal distinção entre domínios, contrariamente ao aludido por Fortescue, não esteja originalmente contida na obra de Tomás de Aquino, mas faça parte da atualização realizada por Ptolomeu de Lucca da obra *De Regimine Principum – De Regno ad Regem Cypri*[71], há nessa tipologia clara alusão à noção tomista de *civitas*, cuja referência na Idade Média era feita por meio do termo "político", que na tradição medieval estava associado à noção de república.

Além disso, como destaca Lockwood, além da inevitável referência à obra *On the laws and costume in England*, de Henry Bracton, Fortescue possui claramente como fonte de seu pensamento a *Isagogue of moral philosophy*, de Leonardo Bruni[72].

Ao descrever na *Resposta de Sua Majestade às dezenove proposições das duas casas do parlamento* o reino da Inglaterra como uma partilha de poderes entre as três partes integrantes do corpo político, os conselheiros de Carlos I deslocaram, portanto, o debate constitucional para a análise de uma noção já tradicional na teoria política inglesa, a ideia de "rei no parlamento", desenvolvida especialmente por Fortescue a partir de noções centrais do Direito Romano, como a distinção entre *lex* e *ius*, que lhe permitiram descrever o reino da Inglaterra como um domínio real e político.

Ao reconhecer que na Inglaterra *"as leis são conjuntamente elaboradas por um rei, por uma Câmara de Pares, e por uma Câmara dos Comuns"*, os autores da *Resposta* afastaram-se drasticamente, nesse sentido, da concepção do monarca como a fonte de toda autoridade no reino e ao qual o parlamento estaria subordinado.

[70] Cf. FORTESCUE, *Op. cit.*, p. 130. Tradução livre.

[71] Cf. FORTESCUE, *Op. cit.*, p. xxxviii. Vide notas 58 e 62, *supra*.

[72] Cf. FORTESCUE, *Op. cit.*, p. xx.

Por esse motivo, ainda que, como sustenta Skinner[73], a *Resposta* tenha representado uma vigorosa ofensiva dos realistas em defesa da prerrogativa da "voz negativa" do monarca, por conter uma consistente fundamentação do exercício conjunto da competência legislativa pelos três estados do reino, tal documento representou um verdadeiro ponto de inflexão no pensamento político inglês, por fixar as balizas que permitiram a ancoragem dos argumentos republicanos na Inglaterra.

Assim, por exemplo, Arihiro Fukuda enxerga nesse documento a primeira descrição da constituição inglesa em termos polibianos[74], enquanto Corinne C. Weston afirma que a *Resposta* é uma dentre uma série de chaves que abriram a porta para a análise maquiaveliana na Inglaterra[75]. Para Pocock, no mesmo sentido, ao descrever a constituição inglesa como uma mistura de elementos em que há um balanço de poderes, a réplica do rei reconhece que o governo da Inglaterra, sem deixar de manifestar o elemento monárquico, é "uma república clássica", podendo-se entrever na analogia realizada pelo monarca, de um rio com suas naturais alterações de regime de águas, uma nuance da imagem maquiaveliana da fortuna:

> *Os três elementos constituem um rio, o antigo símbolo do tempo: enquanto ele flui em seu canal natural, proporcionando riqueza e fertilidade, os temas da ordem e da graça descendente ainda estão sendo invocados; mas uma vez que ouvimos que o balanço é necessário para prevenir "dilúvios e inundações", o rio transforma-se naquele da fortuna, contra o qual os principados e as repúblicas constroem diques para o bem da virtude*[76]

Esse balanço de poderes, no qual cada uma das partes contribui com sua virtude própria, enquanto atrai as outras a conter os vícios que lhe são próprios, embora apresentasse, como bem recorda Pocock, a dificuldade de associação entre funções políticas específicas e elementos definidos por suas virtudes, recorrente desde a teoria aristotélica, ressoava de forma tão

[73] Cf. SKINNER, Quentin. *Classical Liberty and the Coming of the English Civil War. In:* Republicanism. A shared European Heritage. Cambridge: Cambridge University Press, 2002, p. 20.

[74] Cf. Arihiro FUKUDA, *Sovereignty and the sword. Harrington, Hobbes and Mixed Government in the English Civil Wars.* Oxford: Oxford University Press, 1997.

[75] Corinne C. WESTON, *Diverse Viewpoints On Ancient Constitutionalism.* In: Eliis SANDOZ (ed.). *The Roots of Liberty: Magna Carta, Ancient Constitution, and the Anglo-AmericanTradition of Rule of Law.* Indianapolis: Liberty Fund, 2008, p. 160-174.

[76] Cf. POCOCK, *Op. cit.*, p. 363.

retumbante aspectos da teoria republicana que parecia impossível admitir que sua caracterização tivesse partido do próprio monarca.

Sem embargo, foi exatamente isso o que fizeram os autores da *Resposta* ao associar a virtude de cada um dos estados com as competências constitucionais a serem desempenhadas por cada uma das partes do reino. De acordo com a *Resposta,* nesse sentido, a unidade proporcionada pelo elemento monárquico, seria útil ao combate *"a invasões externas e insurreições domésticas"*; a excelência, decorrente da *"combinação de opiniões das mais capacitadas pessoas (...) para o benefício público"*, presente na Casa dos Lordes, seria proveitosa para impedir *"os males da divisão e da facção"*; e a aptidão para a conservação da liberdade, atribuída à Casa dos Comuns, seria importante para a preservação da liberdade dos súditos[77].

A essa identificação de virtudes segue-se a associação das competências dos três estados do reino, atribuídas a cada qual de maneira a realçar a virtude do todo. Assim, conforme descrito anteriormente, ao monarca competiria, em suma, o governo nos termos da lei, o poder de declarar guerra e paz, o poder de nomear os pares, além de *"outros poderes do mesmo gênero"*, à Câmara dos Comuns, como *"uma conservadora da liberdade por excelência, mas que nunca pretendeu participar de qualquer modo no governo, ou escolher os que devem governar"*, caberia a deliberação acerca das finanças do rei e à Câmara dos Lordes, competiria o exercício do Poder Judiciário[78].

O contraste entre o extenso conjunto de atribuições resguardadas ao monarca e as reduzidas competências concedidas aos demais estados, aliado à descrição da competência conjunta dos três estados no processo de elaboração de leis revelam o esforço do monarca em realizar a defesa de sua prerrogativa da "voz negativa", bem como de sua competência exclusiva para a nomeação de conselheiros do rei, duramente criticados pelo parlamento nas *Dezenove proposições.*

Além disso, ao sustentar que a Casa dos Lordes é *"uma excelente proteção e contenção entre o príncipe e o povo"* e estabelecer que a Câmara Alta *"está encarregada do Poder Judiciário"*, o rei pretendia colocar-se em posição de poder apelar à moderação dos Lordes contra o radicalismo dos Comuns.

Entretanto, como analisa Pocock, ao realçar a competência judicial dos Lordes, os autores da *Resposta,* embora estivessem pretendendo pouco mais do que aludir à competência da Câmara Alta do parlamento para a realização

[77] Cf. *Resposta, Op. cit., passim.*

[78] Cf. *Resposta, Op. cit.,* p. 169.

de impeachments, deram voz a uma crença persistente de que os Lordes seriam peculiarmente aptos a arbitrar o conflito entre os três estados, mantendo o balanço do reino e agindo como uma corte suprema de direito constitucional, nos moldes de uma *guardia della libertà* de Maquiavel[79].

Em razão desse e de todos os outros aspectos anteriormente aludidos, que destoavam das teses tradicionalmente utilizadas para a defesa da monarquia absoluta, a *Resposta* é descrita às vezes como um passo concessivo e conciliatório do monarca que, não por acaso, foi renegado posteriormente, com a supressão, a partir da segunda edição, do preâmbulo, sob a alegação da existência de "incorreções".

Contudo, como destaca Skinner[80], é inegável a contundência desse documento na tarefa de responder ao ataque do parlamento à prerrogativa da "voz negativa", pois ao reconhecer o caráter misto da constituição inglesa e descrever o monarca como um dos estados, a *Resposta* logrou reforçar essa prerrogativa, que foi descrita como o direito de *"rejeitar o que entendemos desarrazoado"*, ao qual se contrapõe o direito do parlamento de propor o que entender conveniente ou necessário. De acordo com o documento, nesse sentido, *"a condução de nosso voto está confiada pela lei a nosso próprio julgamento e consciência"* e *"não há nada mais irracional do que dois estados, ao propor algo ao terceiro"*[81], serem capazes de vincular o terceiro a agir de acordo com sua vontade.

Desse modo, ao afirmar que na Inglaterra *"as leis são conjuntamente elaboradas por um rei, por uma Câmara de Pares e por uma Câmara dos Comuns"*, embora reconhecesse o governo do reino como um governo misto, a *Resposta* do rei refutava explicitamente o direito invocado pelo parlamento de legislar sem a sua aquiescência quanto ao conteúdo das proposições, pois ainda que aprovadas por ambas as casas do parlamento, sem a sanção real tais proposições não passariam de meros projetos de lei.

Além disso, de acordo com o monarca, sem a prerrogativa da "voz negativa", ele seria reduzido de seu status de "rei da Inglaterra" ao de um mero "Doge de Veneza", e a Inglaterra seria transformada de um reino em uma república:

> *Mas clamo a Deus como testemunha de que, assim como em nome dos súditos esta prerrogativa está atribuída ao rei, também para o bem deles e para o bem do próprio rei, estou decidido a não renunciar a ela, nem subverter (embora a isso leve*

[79] Cf. POCOCK, *Op. cit.*, p. 364.

[80] Cf. SKINNER, *Op. cit.*, p. 21.

[81] Cf. *Resposta, Op. cit.*, p. 164.

> *o caminho proposto pelo parlamento) a antiga, igualitária, feliz, bem equilibrada, e nunca suficientemente elogiada Constituição deste Reino, nem transformar a mim mesmo de um rei da Inglaterra em um doge de Veneza, e a Inglaterra de um Reino em uma República*[82].

Assim, embora a *Resposta* possa ser vista, como sustenta Pocock[83], como um "erro tático" na polêmica realista, por conter a descrição da Inglaterra como um governo misto e afastar-se da tese segundo a qual a autoridade do parlamento seria derivada da autoridade do monarca, tal documento ofereceu à coroa, por outro lado, um importante argumento jurídico em reforço da prerrogativa da "voz negativa", podendo ser concebido, como propõe Skinner[84], como um agressivo e poderoso contra-ataque da coroa.

A despeito dessas aparentemente contraditórias leituras, a *Resposta* representou, de fato, como anteriormente destacado, um verdadeiro ponto de inflexão no pensamento político inglês, seja pelo inesperado reconhecimento, por parte do monarca, do governo da Inglaterra como um governo misto, seja pela contundente defesa da "voz negativa" do monarca, que frustrou o avanço das teses que apregoavam o incremento das prerrogativas do parlamento, obrigando os defensores da causa parlamentar a, como afirma Skinner, desenvolver novas linhas de ataque na tentativa de sustentar a força de sua campanha.

Motivados pela explícita menção de Carlos I ao risco de transformação da Inglaterra em uma república e incitados pela clave escolhida pelo próprio monarca ao fazer alusão ao Doge de Veneza – o que despertava inadvertidamente as suscetibilidades políticas ao sempiterno "mito de Veneza"[85] –, os defensores do parlamento voltaram à ofensiva por meio de um aprofundamento dos argumentos de herança clássica, em busca de alternativas para elidir os fundamentos teóricos em que se arrimara a prerrogativa da "voz negativa" após a *Resposta.*

Nesse diapasão, diante do considerável número de juristas que integravam o parlamento, muitos dos quais exibiam, como destaca Skinner[86], uma

[82] Cf. *Resposta, Op. cit.*, p. 167.

[83] Cf. POCOCK, *Op. cit.*, p. 361

[84] Cf. SKINNER, *Op,cit.*, p. 20.

[85] A "sereníssima República" de Veneza representava, desde a Idade Média, uma referência para pensadores políticos de diversas origens, especialmente pela solidez de suas instituições republicanas.

[86] Cf. Quentin SKINNER *Classical Liberty and the Coming of the English Civil War, Op. cit.*, p. 20.

impressionante desenvoltura no uso das fontes romanas, foram sendo progressivamente incorporadas ao debate, para além da distinção entre *lex* e *ius*, outras noções extraídas do Direito Romano, em especial a contraposição entre liberdade e servidão, constante do *Corpus Iuris Civilis*, que passaram a ser apresentadas como uma forma de crítica aos poderes do monarca e em defesa das prerrogativas do parlamento, prerrogativas essas que eram associadas com a preservação da liberdade dos súditos.

Com vistas a destacar as origens históricas dessa transposição teórica da antiguidade romana para a Inglaterra do século XVII, Skinner designa esse momento do pensamento político inglês como o de início da elaboração de uma "teoria neorromana dos Estados livres", preferindo o uso dessa expressão em detrimento de "teoria republicana", utilizada por Pocock, Pettit e Spitz, dentre outros autores, embora tenha reconhecido ter *"perdido nessa parte da disputa"* e passado a utilizar a expressão geralmente adotada[87].

Assim, conforme passaram a sustentar os defensores do parlamento, o *Digesto* estabelecia expressamente no capítulo *De statu hominum* que "a divisão fundamental do direito das gentes *(ius gentium)* é a de que todos os homens e mulheres ou são livres ou escravos"[88], e definia a escravidão como "o instituto do direito das gentes *(ius gentium)* pelo qual alguém está, contrariamente à natureza, sujeito ao domínio de outrem"[89]. Essa compreensão permitiu, como lembra Skinner, uma conceituação da liberdade individual pela oposição ao conceito de escravidão, pois se todos em uma sociedade política ou são livres ou são escravos, então um cidadão *(civis)* ou um súdito livre deve ser alguém que não está sob o domínio de outrem, mas que é capaz de ser sujeito de direitos, isto é, goza, pelo Direito Romano, do status de *sui iuris*.

Disso se segue também, como enfatiza Skinner, que alguém que não tenha o status de súdito livre e a condição de *sui iuris* (sujeito ao Direito) possui, por outro lado, a condição de *alieni iuris*, isto é, está sob o poder ou sujeito à vontade de outrem *(sub aliena potestate)*[90].

[87] Ainda que a discussão acerca da designação da teoria em questão não seja de fundamental relevância para a compreensão da formulação do conceito de liberdade enunciado pelos autores do republicanismo inglês, a preocupação de SKINNER chama atenção para o fato de que as ideias defendidas pelos diferentes autores situados no campo de abrangência dessa teoria não são incompatíveis, em caráter absoluto, com a instituição da monarquia. Cf. SKINNER, *Hobbes e a liberdade republicana, Op. cit.*, p. 9.

[88] Cf. D 1.5.3.

[89] Cf. D 1.6.1.

[90] Cf. SKINNER, *Op,cit.*, p. 9.

É o que fica claro no capítulo do *Digesto* intitulado *De his qui sui vel alieni iuris sunt*[91], em que se explica que a liberdade (*libertas*) desfrutada pelos homens livres resulta do fato de estarem "sob seu próprio poder", ao passo que os escravos, em contraposição, estão "sob o poder de um senhor" e, portanto sujeitos a sua vontade arbitrária (*arbitrium*)[92].

A grande força de mobilização desse argumento, que apregoava a defesa da liberdade do homem (o *liber homo*) e a resistência contra a sua redução à condição de escravo, pode ser atribuída à presença dessa temática em obras jurídicas que gozavam de grande autoridade na Inglaterra, o que suscitou imediatamente as reminiscências teóricas dos juristas integrantes do parlamento.

Assim, por exemplo, como destaca Skinner, Henry Bracton aborda sistematicamente a oposição entre liberdade e servidão em sua obra *De legibus et consuetudinibus Angliae*[93], de 1260, por meio de citações extraídas diretamente do *Digesto*, sendo que a figura do homem livre (*liber homo*) já ocupara lugar de destaque na Magna Carta, de 1215[94].

Para Bracton, seguindo o *Digesto*, a servidão trata-se, nesse sentido, de *"um instituto do direito das gentes pelo qual alguém se torna, contrariando a natureza, sujeito ao domínio de outrem"*, o que pode ocorrer por meio das leis (sejam elas do *ius gentium* ou do *ius civile*) ou por meio da submissão a relações de vassalagem, estas últimas desconhecidas dos romanos, e pelas quais o homem fica, de acordo com Bracton, *"obrigado a certo grau de servidão"*[95].

Para além da evocação dessa oposição entre liberdade e servidão a partir da citação da compilação tardia do Direito Romano e de suas reproduções, ainda que com variações, por autores tradicionais da Jurisprudência inglesa, os defensores da causa parlamentar passaram a mencionar, também, as análises muito anteriores realizadas por filósofos e historiadores da antiguidade romana, especialmente, como indica Skinner, os trabalhos de Salústio, Tácito, Tito Lívio e Cícero.

A introdução dessa linguagem política pelos defensores do parlamento no contexto das disputas com o monarca marca, assim, o início de uma segunda etapa no processo de anglicização da república, a que podemos denominar momento dos historiadores e filósofos da antiguidade romana ou "momento ciceroniano".

[91] Cf. D 1.6.

[92] Cf. D 1.6.1pr., D. 1.6.1.1.

[93] Cf. Henry BRACTON, *De legibus et consuetudinibus Angliae*. New Haven: Yale University Press, 1922.

[94] Cf. Quentin SKINNER. *Hobbes e a liberdade republicana*. São Paulo: Editora UNESP, 2010.

[95] Cf. BRACTON, *Op. cit.*

1.2. Momento dos historiadores e filósofos da antiguidade romana

De acordo com Mordechai Feingold, além de a leitura de filósofos e historiadores da antiguidade romana como Salústio, Tácito, Tito Lívio e Cícero a partir dos originais em latim ter sido obrigatória, na Inglaterra do final do século XVI e início do século XVII, para qualquer pessoa que recebesse educação universitária, não pode ser encarado como uma simples coincidência o fato de ter sido nesse mesmo período que todos esses escritores se tornaram disponíveis em inglês pela primeira vez[96].

Embora estivessem pouco preocupados em oferecer definições formais de liberdade e escravidão, os historiadores romanos, como salienta Skinner, pensavam esses conceitos em termos muito similares e apresentavam, no contexto político da Inglaterra do século XVII, exemplos históricos de grande autoridade, fornecendo o repertório para a elaboração das obras políticas destinadas a intervir na disputa estabelecida entre o rei e o parlamento[97].

Salústio, nesse sentido, descreve em *Bellum Cantilinae,* como o governo dos primeiros reis de Roma degenerou-se em dominação, escravizando o povo romano, que apenas logrou obter a sua liberdade ao converter a escravidão resultante do "governo de um" em uma "forma de política limitada", estabelecendo assim "a liberdade no governo". Tácito, por sua vez, realiza em seus *Annals* uma descrição do processo de escravização do povo romano no início do império, associando a perda da liberdade com a imposição da vontade arbitrária do imperador na estrutura de governo, que corrompeu as instituições republicanas. De acordo com Tácito, após a ascensão de Augusto,

[96] Como descreve FEINGOLD, a tradução dos *De officiis* de CÍCERO foi publicada no início de 1556, a tradução da *Historie* e do *Agricola* de TÁCITO em 1591, as obras *Annals* e *Germania*, também de TÁCITO, apareceram em inglês pela primeira vez em 1589, a tradução da colossal *História de Roma* de TITO LÍVIO, por sua vez, veio a lume pela primeira vez em 1600 e a *Bellum Catilinae* de SALÚSTIO foi ao prelo em 1608. Cf. FEINGOLD, Mordechai, *The humanities*. In: Nicholas TYACKE (ed.), *The history of the University of Oxford*, vol. IV, Oxford: Oxford University Press, 1997, p. 211-357. *Apud:* SKINNER, *Classical Liberty and the Coming of the English Civil War, Op. cit.*, p. 10.

[97] É interessante notar como o papel atribuído à história nesse período pelos publicistas ingleses e a relação entre história e política de modo geral assemelham-se à função desempenhada pela história na obra de diversos autores do renascimento italiano e também de MAQUIAVEL, para quem o único fundamento consistente do conhecimento político é o conhecimento histórico. Para uma análise minuciosa da relação entre história e política em MAQUIAVEL, cf. Patrícia Fontoura ARANOVICH. *História e política em Maquiavel*. São Paulo: Discurso Editorial, 2007.

"não havia sinais dos velhos e louváveis costumes a serem vistos: ao contrário, a igualdade foi tomada, todos os homens empenhando-se em obedecer ao príncipe"[98].

Dentre todos os historiadores romanos, porém, foi Tito Lívio que ofereceu aos defensores da causa parlamentar os maiores elementos para a crítica da política inglesa, municiando-os com exemplos a respeito da melhor forma de preservação da liberdade dos súditos, que haviam sido tão bem explorados por Maquiavel em seus *Discursos sobre a primeira década de Tito Lívio.* O mais enfático dos exemplos extraídos da obra de Tito Lívio pelos pensadores políticos ingleses desse período pode ser encontrado no relato, extraído do Livro II da *História de Roma,* da transição da dominação suportada pelos romanos sob o jugo dos primeiros reis à liberdade usufruída pelo povo no período republicano, em que Tito Lívio associa o estabelecimento de um governo de leis ao fim de toda forma de dependência ao poder arbitrário dos reis. Para Tito Lívio, nesse sentido, com a expulsão de Tarquínio Soberbo e o posterior exílio de Tarquínio Colatino imposto pelo senado por meio do *senatus consultum* promulgado por Brutus, o povo romano tornou-se *"livre a partir de então"*, graças ao *"governo de magistrados eleitos anualmente"* e à *"autoridade de leis superiores à autoridade dos homens"*[99].

Além dessa célebre passagem, Tito Lívio desenvolve sua compreensão sobre a liberdade e a escravidão em muitos outros trechos da *História de Roma,* podendo-se destacar entre os mais relevantes, como analisa Skinner, seu relato da corrupção do Decenvirato, em que analisa o fato de tal magistratura ter sido instituída pelos tribunos em virtude de o governo dos cônsules apresentar-se *"tão absoluto e em uma cidade livre intolerável"*, com a imposição de *"sua própria vontade e cobiça licenciosa ao invés da lei"*. Após um ano de exercício de autoridade especial para reformar as leis, porém, os decênviros tomaram o poder para si mesmos e igualaram-se aos cônsules em seu arbítrio, o que, segundo Tito Lívio, levou o povo, que havia *"desejado avidamente a liberdade"* a ver-se *"submerso à servidão e à escravidão"*. De acordo com Tito Lívio, esse retorno à escravidão deveu-se à perda da proteção das leis acarretada pela introdução da vontade arbitrária dos decênviros, cujo poder ilimitado de reforma das leis permitiu que se conduzissem *"cruelmente de acordo com sua própria cobiça e prazer"*, de modo que *"o favor e a amizade prevaleciam no lugar da equidade e do direito"*[100].

[98] Cf. SKINNER, *Op. cit.*, p. 12.

[99] Cf. TITO LÍVIO. *História de Roma.* São Paulo: Paumape, 1989, p. 105-109.

[100] Cf. SKINNER, *Op. cit.*, p. 13.

Assim como a liberdade dos cidadãos, a liberdade das cidades é também descrita por Tito Lívio, como recorda Skinner, em termos de não sujeição à autoridade de outrem, o que pode ser constatado na passagem em que o historiador romano descreve os esforços das cidades gregas para restaurar suas boas relações com Roma, na qual sustenta que, para estarem aptos a empreender tais negociações com os romanos, os gregos devem possuir uma "verdadeira liberdade", isto é, aquela condição em que um povo *"é capaz de permanecer sozinho e manter-se, e não depender da vontade e do desejo de outros"*[101].

Para além dos historiadores romanos, que abordaram a oposição entre liberdade e servidão a partir de referências descritivas de episódios da história de Roma, uma definição abstrata do par conceitual *libertas* e *servitus* para os romanos tal qual reproduzida nas obras dos autores ingleses do século XVII foi oferecida por Cícero, tanto em suas obras de retórica como nas de dialética. Assim, por exemplo, no livro I de *Dos deveres* Cícero define o homem livre como aquele que não é dependente de nenhum outro e que, portanto, é capaz de *"usar sua própria liberdade: cuja propriedade é, viver conforme desejar"*. Disso decorre, para Cícero, que *"a liberdade é totalmente abalada"* quando *"as leis são reduzidas à força de alguns homens"*, e os cidadãos tornam-se dependentes da vontade de um legislador ao invés da vontade da lei[102].

Essa concepção, reforçada por Cícero no livro III de *Dos deveres* pela afirmação de que o poder exercido por um rei *"permite a derrocada da lei, e da liberdade"*, uma vez que uma cidade *"que foi e deve ser livre"* não pode ser governada por um só homem, oferecia aos leitores ingleses do início da modernidade, como afirma Skinner, uma tese antimonárquica capaz de associar diretamente a monarquia à tirania, e amparar uma conclusão subversiva cuja afirmação representava, quase diretamente, a prática imediata do delito de traição, punível com pena capital[103].

Paralelamente à construção apresentada no *Dos deveres*, nas *Filípicas* – a série de discursos elaborada por Cícero entre 44 e 43 a.C. para denunciar Marco Antônio como inimigo da *civitas libera* de Roma e que seguiu, no título e no tom, a acusação realizada por Demóstenes a Felipe II da Macedônia – Cícero reproduz novamente a oposição entre liberdade e escravidão, mas amplia ainda mais o conceito para destacar claramente que a liberdade é perdida não

[101] Cf. SKINNER, *Op. cit.*, p. 13.
[102] Cf. Marco Túlio CÍCERO, *Dos deveres*. São Paulo: Martins Fontes, 1999, *passim*. Ver SKINNER, *Op. cit.*, p. 11.
[103] Cf. SKINNER, *Op. cit.*, p. 11.

apenas em situações de opressão real, mas em qualquer situação que submeta o homem a relações de dominação e dependência.

Assim, ao exortar o povo romano a resistir a Marco Antônio e reassumir a liberdade perdida após a dominação imposta pelo regime de Júlio César, Cícero sustenta que, ainda que o governante não se tenha mostrado opressor, a mera possibilidade de opressão representa uma ofensa à liberdade:

> *Vocês pensam que nossas armas devem agora ser depostas para que possamos nos tornar escravos. Mas que causa para a guerra pode ser mais justa do que a de repudiar a escravidão? Pois o mais miserável aspecto dessa condição é que, ainda que o mestre não se tenha mostrado opressor, ele pode tornar-se assim tão logo o deseje.*[104]

Dessa forma, como analisa Skinner, Cícero conclui claramente que possuir liberdade de ação não significa necessariamente gozar de liberdade, pois se a liberdade é deixada à discrição de outrem, de modo que se esteja sujeito à sua vontade, o homem permanece na condição de escravo. Para ser livre, portanto, não é suficiente estar livre da coação ou da ameaça de coação: é necessário estar livre da *possibilidade* de ser ameaçado ou coagido[105].

A essa definição formal de liberdade, concebida a partir da contraposição à escravidão – a qual, como enfatiza Skinner, baseia-se em grande medida na oposição realizada na *Política de* Aristóteles entre as ideias de liberdade e tirania[106] – Cícero associa, como visto, a proteção das leis como único instrumento capaz de garantir os cidadãos contra o arbítrio, conferindo à "Lei das Doze Tábuas", que considerava como a primeira lei estabelecida na *civitas libera*, papel essencial na guarda da liberdade.

Dessa forma, segundo Skinner[107], a partir das disposições da "Lei das Doze Tábuas", Cícero enuncia no *De legibus*[108] duas regras fundamentais que devem

[104] Cf. Marco Túlio CÍCERO, *Philippics 7-14,* Cambridge: Harvard University Press, 2010, p. 42. Tradução livre.

[105] Cf. SKINNER, *Op. cit.*, p. 11.

[106] Para ARISTÓTELES, a monarquia degenera em uma forma escravizadora de tirania sempre que um rei "governa absolutamente e reina sobre todos os que são iguais, e todos os que são melhores; observando o seu próprio interesse e não o interesse dos súditos, e portanto não é voluntário: para nenhuma pessoa que seja livre suporta tal estado voluntariamente" (*Política*, Livro IV, Capítulo 10).

[107] Cf. SKINNER, *Op. cit.*, p. 12

[108] No original, em latim: "ut enim magistratibus leges, ita populo praesunt magistratus". Na tradução inglesa: "for as the law is set over the magistrate, even so are the magistrates set over the people". Cf. Marco Túlio CÍCERO, *The Political Works of Marcus Tullius Cicero: Comprising his Treatise on the Commonwealth; and his Treatise on the Laws.* London: Edmund Spettigue, 1841-42, p. 72. Traduzido livremente.

reger a conduta dos magistrados para que Roma possa permanecer sempre como uma cidade livre. A primeira delas é a de que *"assim como os magistrados governam o povo, também a lei deve governar os magistrados"*, o que garante a predominância da equidade na conduta dos magistrados. A outra regra – que é explicitamente estabelecida na "Lei das Doze Tábuas" – consiste em afirmar que o mais elevado dever dos magistrados resume-se à máxima *"salus populi suprema lex esto"*, isto é, *"o bem do povo é a lei suprema"*.

Ora, na Inglaterra, desde o reinado de Jaime I os membros da casa dos comuns pleiteavam que a função por eles exercida estava intrinsecamente relacionada à defesa da liberdade dos súditos, haja vista que, dentre os três estados do reino, apenas os comuns assumiam suas funções por meio de sufrágio, razão por que suas prerrogativas deveriam ser vistas como diretamente associadas à defesa dos interesses do próprio povo[109]. Nesse sentido, em um contexto em que o supremo magistrado age contra a liberdade do parlamento, a máxima *"salus populi suprema lex"*, proveniente do Direito Romano, pôde ser invocada para imputar ao monarca a violação da suprema lei do reino, que consistia na defesa do bem do povo, representado pelo parlamento, bem esse que estaria acima de qualquer outro interesse, ainda que do próprio monarca.

Tomada a partir dessa perspectiva, a prerrogativa da "voz negativa" não poderia ser sustentada como um poder constitucional passível de ser exercido de forma incondicional pelo monarca, devendo ser posta de lado se o bem do povo estivesse, de outro modo, ameaçado, na medida em que este é o conteúdo da lei suprema do reino, e não a simples afirmação do poder do monarca. Ao defender incondicionadamente a prerrogativa da "voz negativa", a coroa revelava, como aponta Skinner, sua pretensão de exercer o poder de forma arbitrária, pois os atos manifestamente contrários às proposições do parlamento, que tem por função a defesa da liberdade dos súditos, expressariam a intenção do monarca de submeter o povo à condição de escravo[110].

Essa compreensão da liberdade do povo como incompatível com a manutenção das prerrogativas do monarca foi, como esperado, criticada pelos realistas, mas, como analisa Skinner, ninguém denunciou essa elaboração

[109] Jaime I sustentava reiteradamente que os poderes do parlamento dependiam da graça real, tendo em vista que a instituição do parlamento havia sido criada pelos monarcas ingleses sob a forma de um conselho. Os parlamentares, por outro lado, defendiam que suas prerrogativas eram independentes dos poderes do monarca, pois tinham por função defender a liberdade dos súditos. É nesse momento, portanto, que surge a ideia de representação política no sentido moderno, que começa a se delinear no contexto das disputas entre o rei e o parlamento na Inglaterra do século XVII.

[110] Cf. SKINNER, *Op. cit.*, p. 28.

de modo tão enfático e sistemático quanto Thomas Hobbes[111], que rotulou em seu *Behemoth* os defensores dessa teoria com o estigma de "democráticos"[112].

Ainda que a caracterização empreendida por Hobbes seja, como aponta Skinner[113], um tanto ilusória, na medida em que transmite a ideia de que os defensores dessa teoria seriam expoentes autoconscientes de uma ideologia radical elaborada de modo coeso e articulado para limitar os poderes da coroa, é inegável que, a despeito das diferentes perspectivas de que partem esses autores em seus discursos e panfletos, a retomada dos argumentos clássicos sobre liberdade e escravidão no contexto das disputas entre o rei e o parlamento – e que se somaram às perspectivas jurídicas de defesa da liberdade – conferiu a eles um ponto de vista quase inteiramente republicano no que se refere a suas propostas constitucionais.

Segundo Skinner, os esforços de Hobbes para desacreditar essa teoria da liberdade já podiam ser identificados em 1640, nos *Elementos da lei natural e política*, em que Hobbes afirma que essa ideia de liberdade é ilusória e confusa, muito embora naquele momento Hobbes ainda não possuísse nenhuma outra teoria para oferecer como alternativa, que só seria apresentada em 1651, no *Leviatã*[114].

Para Hobbes, ao temerariamente lançarem mão de *"livros escritos por homens ilustres da Grécia antiga e da república romana"*, na defesa de seus interesses, esses autores viram-se obrigados a sustentar que *"em uma monarquia todos seriam escravos"*. Além disso, ao analisar, no *Leviatã*, as *"coisas que enfraquecem o Estado* (Commonwealth), *ou que tendem à sua dissolução"*, Hobbes identifica o estudo dos livros de *"História e de Filosofia dos gregos e romanos antigos"* como *"uma das causas mais frequentes"* da *"rebelião, particularmente contra a monarquia"*[115]. Outra fonte de ideias que, segundo Hobbes, acarretaram a distorção da correta compreensão da liberdade foi o *"clero sedicioso, tanto o papista, quanto o presbiteriano"*, sendo que este último reunia *"os mais diligentes pregadores da recente sedição"*, como reconhece em seu *Behemoth*, pois teriam sido eles que fizeram *"o povo acreditar que era oprimido pelo rei"*[116].

111 Cf. Quentin SKINNER, *Hobbes e a liberdade republicana*. São Paulo: Editora UNESP, 2010, p. 13.

112 Cf. Thomas HOBBES. *Behemoth ou o Longo Parlamento*, Belo Horizonte: Editora UFMG, 2001. A expressão utilizada por HOBBES é "democratical gentlemen", geralmente traduzida por "democráticos".

113 Cf. Quentin SKINNER. *Classical liberty...* Op. cit., p. 14.

114 Cf. SKINNER, *Op. cit.*, p. 13.

115 Cf. Thomas HOBBES. *Leviatã, ou matéria, forma e poder de um Estado eclesiástico e civil*. São Paulo: Nova Cultural, 1999, cap. 29.

116 Cf. HOBBES, *Op. cit.*, p. 32.

As ideias políticas fundadas em argumentos da religião, em especial das convicções apocalípticas das diferentes facções do protestantismo genericamente designadas por "puritanismo" constituem um terceiro momento desse intrincado processo, que passaremos a analisar na próxima seção.

1.3. Momento da graça apocalíptica

Um traço peculiar das discussões que opuseram, no âmbito da política inglesa do século XVII, o rei ao parlamento, foi o de que a disputa ocorreu no âmbito de um reino com sérios problemas de religião, decorrentes, em grande parte, do fato de os valores religiosos propagados pelo protestantismo terem sido impostos pelo rei, e não conquistados pelos fiéis.

Desde o reinado de Jaime I, nesse sentido, a Inglaterra enfrentava grande instabilidade nas questões religiosas, uma vez que a Reforma realizada na Igreja Anglicana pelos Tudor, em especial Henrique VIII e Elizabeth I, não satisfazia os antigos católicos e mostrava-se insuficiente para os anseios da maior parte dos protestantes, que viam o modelo litúrgico da nova Igreja como excessivamente semelhante ao do catolicismo, especialmente no que dizia respeito à doutrina e à hierarquia episcopal.

De fato, em comparação com os padrões da Reforma continental, a Igreja que resultou da Reforma protestante empreendida na Inglaterra representava uma excêntrica criação, uma inusitada mistura das duas grandes linhas que caracterizaram a Reforma no continente europeu, o luteranismo e o calvinismo. Enquanto a primeira tendência apregoava mudanças moderadas no modelo de culto e na estrutura de poder da Igreja, normalmente efetuadas a partir das instâncias mais elevadas do clero, a segunda defendia modificações mais acentuadas, que se fortaleciam a partir da multidão dos fiéis e dos setores mais baixos do clero.

Embora a Reforma na Inglaterra tenha sido imposta de cima para baixo pelos governantes – uma prática caracteristicamente luterana –, no que se refere à doutrina de fé, contudo, a Reforma seguiu o modelo calvinista, que havia se caracterizado, no continente, por uma rejeição da estrutura hierárquica do governo da Igreja medieval, com a substituição do episcopado por presbitérios, cuja autoridade residia na participação dos fiéis de cada paróquia.

O caráter inusitado da Igreja Anglicana residiu, nesse sentido, como destaca Blair Worden[117], no fato de ter absorvido a teologia calvinista mas, em contraposição, ter preservado – para que a monarquia pudesse manter o controle sobre a estrutura eclesiástica nascente – o modelo católico, baseado no poder dos bispos. Ainda que essa Reforma híbrida ou incompleta tivesse enfrentado, no reinado de Elizabete I, dificuldades para conter as incursões da Contrarreforma católica, ao mesmo tempo em que procurava resistir às pressões locais para a adoção do modelo presbiteriano, no início do reinado de Jaime I o aspecto moderado assumido pela Igreja Anglicana, com a adoção de uma via intermediária, pareceu representar um ponto de equilíbrio entre o fanatismo e a destruição que haviam caracterizado as guerras religiosas do continente e o ímpeto reformador.

Com a ascensão de Carlos I ao trono, contudo, o fortalecimento das tendências presbiterianas radicais – que haviam permanecido sob controle no reinado de Jaime I graças, em grande medida, às reconhecidas habilidades políticas do monarca[118] – colocou a questão religiosa no centro do debate político, o que permitiu o desenvolvimento de facções que levaram o país, em poucos anos, à guerra civil.

A mais notável dentre essas facções é historicamente identificada sob o estigma de "puritanismo". Como destaca Worden, contudo, no momento de seu surgimento esse termo possuía um tom depreciativo. Os fiéis que eram assim denominados preferiam chamar-se por "divinos" e os espíritos mais atrevidos identificavam-se ousadamente como "os santos". Sob o epíteto "puritano" é reunido um grande número de tendências radicais, como anabatistas, congregacionistas, quackers, seekers e pentamonarquistas, muitas das quais

[117] Cf. Blair WORDEN. *The English Civil Wars 1640-1660*. London: Phoenix, 2009.

[118] Jaime I era amplamente reconhecido em seu tempo como um político perspicaz, além de um notável pensador político. Suas ideias a respeito da origem divina do poder dos reis foram veiculadas no texto *Da verdadeira lei das monarquias livres*, publicado em 1598. Carlos I, por outro lado, não possuía a mesma desenvoltura de seu pai. Embora o desencadeamento da guerra civil não possa ser atribuído exclusivamente à inabilidade pessoal do rei, sob pena de banalização da complexa dinâmica política que caracterizou o período, as fragilidades de Carlos I contribuíram, inegavelmente, para o agravamento da crise política. Assim, segundo Blair WORDEN, o rei possuía três características que, embora isoladamente não fossem desastrosas, eram fatais em sua combinação. A primeira era a adoção de políticas alarmistas, que eram perseguidas de modo alarmante. A segunda decorre do fato de ele ser incorrigivelmente deficiente em julgamentos políticos. A terceira era a de que ele não inspirava nenhuma confiança, pois frequentemente não honrava os compromissos que assumia, além de conspirar secretamente contra aqueles com quem negociava. Cf. Blair WORDEN. *Op. cit.*, p. 7.

com convicções milenaristas, baseadas na escatologia cristã. A despeito da diversidade das crenças que compunham essa ampla tendência designada genericamente por "puritanismo", se é possível atribuir uma origem comum a esse movimento, ela reside, como sugere Worden, nas traduções da Bíblia para o inglês realizadas após a Reforma, que tornaram os fundamentos da fé cristã acessíveis a todos os crentes alfabetizados, em especial a "Bíblia do rei Jaime", que veio a público em 1611 como fruto de um esforço coletivo sem precedentes, levado a efeito por um grande número de religiosos[119].

Além disso, como salienta Christopher Hill, a Bíblia de Genebra, com suas notas marginais extremamente politizadas, pode ser praticamente considerada um manual revolucionário, por ter congregado um complexo de ideias políticas radicais associadas à religião, pois era mais fácil desafiar o rei da Inglaterra quando se estava seguindo os comandos do "Rei dos reis"[120].

Como identificou em 1672 Andrew Marvell, havia no pensamento puritano uma interpenetração entre as ideias políticas e religiosas, pois a preocupação com a liberdade dos súditos diante do monarca fundamentava-se em convicções da religião tanto quanto a religião era a base para que se pleiteasse maior liberdade, de modo que *"qualquer uma que estivesse por cima, a outra estaria abaixo"*[121].

A crença puritana está permeada, nesse sentido, por um vigoroso instinto salvífico, que mobiliza o fiel a zelar, em sua vida pública e privada, pela realização das verdades do Evangelho, que se afigura como o único caminho para a salvação. Assim, de acordo com Worden, o puritano devia opor-se aos obstáculos que se colocavam entre ele e a promoção da verdade revelada, fossem esses as futilidades mundanas e os deleites sexuais que "distraem e destroem a alma", ou as pompas e a cerimônia do culto, que colocam a formalidade no lugar da legítima vida espiritual, sendo que nessa batalha contra as tentações do pecado e a idolatria o crente tinha como arma apenas a sua consciência[122].

[119] Cf. WORDEN, *Op. cit.*, p. 8-10.

[120] Cf. Chistopher HILL, *Origens intelectuais da revolução inglesa*. São Paulo: Martins Fontes, 1992, p. 13.

[121] Cf. Andrew MARVELL, *The Prose Works of Andrew Marvell*. New Haven and London: Yale University Press, 2003.

[122] Como destaca Blair WORDEN, a defesa dos puritanos de um ritual litúrgico mais sóbrio é derivada da crença na necessidade de imposição de regimes espirituais mais rigorosos sobre si mesmos. Em seu esquema teológico, os puritanos deviam estar atentos às intervenções da providência divina na vida pública e privada, o que os incitava a realizar exames de consciência ao mesmo tempo alegres e angustiantes, que se destinavam a despertar a alma do crente contra o pecado e guiá-lo à santificação. Cf. Blair WORDEN, *cit.*, p. 10.

Diferentemente da doutrina da salvação professada pelos católicos, que se funda no livre arbítrio, a escatologia dos puritanos amparava-se, segundo Worden, na doutrina da predestinação[123], por meio da qual Cristo relegaria, no juízo final, a maior parte da humanidade à perdição eterna, e concederia apenas a poucos eleitos, por Sua inexplicável misericórdia – e não pelos próprios méritos ou esforços dos homens –, a graça divina e o futuro paraíso[124]. Por esse motivo, como destaca Worden, as diferentes correntes do puritanismo tendiam a ser milenaristas[125], pois concebiam os conflitos políticos de seu tempo como evidências da decadência do mundo e da proximidade do fim dos tempos, que seria precedido pelo reino de Cristo na Terra.

Até mesmo as tendências mais moderadas do calvinismo, que, segundo Worden, passaram a ver na negação total do livre arbítrio defendida por Calvino uma afronta direta a Deus – na medida em que o Criador seria transformado em um simples tirano se não se considerasse a liberdade humana –, não se distanciavam totalmente da predestinação, pois entendiam que a queda havia desvirtuado a natureza racional e virtuosa do homem, tornando-o incapaz de chegar sozinho à salvação, motivo pelo qual restaria ao homem apenas voltar sua alma em direção à graça divina e assim esperar encontrá-la[126].

Diferentemente da fé professada pelos puritanos, a doutrina espiritual adotada pela Igreja Anglicana não acolhera, contudo, a doutrina da predestinação em seu núcleo central, pois, como destaca Worden, embora a predestinação tenha sido aceita pelos líderes anglicanos ao final do reinado de Elizabete I, ela figurava no anglicanismo apenas como uma tese marginal, muito mais como uma proposição intelectual destinada a refutar a doutrina católica da salvação do homem por suas boas ações do que como uma concepção fundamental a ser adotada e pregada aos fiéis[127].

A mesma disparidade ocorria no tocante às práticas de culto. De acordo com Worden, os puritanos viam o rompimento com Roma como uma ruptura radical, um ato de restauração da verdadeira religião que deveria levar ao retorno às práticas dos primeiros cristãos, e apregoavam, nesse sentido, uma maior austeridade dos locais de culto e uma maior ênfase aos sermões,

[123] Embora muitas dessas posições fossem compartilhadas com outras facções religiosas, o puritanismo deu a elas formas substancialmente mais intensas.

[124] Cf. Blair WORDEN, *Op. cit.*, p. 10.

[125] Muito embora as mais ousadas teorias milenaristas, que previam até a data da segunda vinda de Cristo, fossem restritas a uma pequena minoria. Cf. WORDEN, *Op. cit.*, p. 10.

[126] Cf. WORDEN, *Op. cit.*, p. 11.

[127] Cf. WORDEN, *Op. cit.*, p. 11.

em detrimento da ritualística. Os anglicanos, por outro lado, por compreenderem o cisma com a Igreja Católica muito mais como um ato de repúdio à supremacia papal – que teria levado, no decorrer da Idade Média, à corrupção do clero – do que como um movimento de refundação da fé cristã, propunham, no que tange à liturgia e às práticas de devoção, apenas o afastamento em relação a alguns aspectos da fé católica, tais como a doutrina da transubstanciação e o celibato do clero, além de preconizar um maior destaque aos sacramentos, sem pretender, contudo, uma alteração profunda do culto, que compreendiam, em termos gerais, como adequado aos princípios da nova religião[128].

Essas oposições ficariam restritas ao âmbito dos concílios e monastérios não tivessem os puritanos, de modo semelhante à plebe romana no momento que antecedeu a revolta do monte sagrado, tornando-se o setor dominante do exército parlamentar no transcorrer dos confrontos que antecederam a execução de Carlos I.

De fato, como bem analisa Pocock, em um esforço de regularizar o cenário deslegitimado e caótico que resultou da guerra civil, os soldados puritanos que haviam lutado em favor do parlamento atingiram, como resultado das armas que haviam empunhado em nome do bem comum, um novo nível de consciência cívica, o que deu ensejo, ao lançarem mão de suas convicções apocalípticas para compreender o novo contexto político, ao surgimento de uma nova linguagem política[129].

Essa nova linguagem, a que Pocock denomina "momento da graça apocalíptica" ou "momento de Savonarola", consiste em derivar do senso de dever que os soldados puritanos tinham para com Deus – que os elegera, por um ato de graça, como os aptos a serem salvos no juízo final – o dever de proteção da liberdade do povo, que precisaria ser restaurada a sua forma original e natural, assim como a vida do crente espera pelo retorno, no fim dos tempos, à autenticidade e originalidade anteriores à queda.

É o que se evidencia na carta enviada por um grupo de onze Agitadores do exército em 1647 ao comandante do exército parlamentar, General Fairfax, por meio da qual se opunham à dissolução do exército proposta pela maioria presbiteriana que dominara o parlamento:

> *Pois Deus não deu ao homem um talento para ser envolvido em um guardanapo e não aprimorado, mas o mais maléfico vassalo (aos olhos do mundo) é igualmente*

[128] Cf. WORDEN, *Op. cit.*, p. 10-12.
[129] Cf. POCOCK, *Op. cit.* p. 371-372.

> *favorecido e agradável a Deus como o maior dos príncipes ou comandantes sob o sol, no uso e para o uso daquele talento que lhe foi confiado (...). Por isso, comandante, pode Vossa Excelência – ou até mesmo o parlamento inteiro e todo o reino – nos dispensar desse serviço, ou (...) determinar nosso silêncio ou abstenção, mas ainda assim não poderão eles ou Vossa Excelência nos dispensar de nossos deveres para com Deus ou para com nossa própria natureza (...). E se por qualquer dos dois Vossa Excelência for persuadido de que nós somos transgressores de toda ordem e forma, e se nos conceber desse modo, queremos lembrar a Vossa Excelência que a lei da natureza e a lei das nações, atestadas em nossas declarações públicas e panfletos, podem ser uma resposta a isso, pela justificação de nosso presente expediente. Pois todas as formas não são mais do que sombras, e sujeitas ao fim. E a segurança do povo está acima de todas as formas, costumes etc.; e a equidade da segurança popular é a coisa que justifica todas as formas, ou a mudança das formas, para a sua realização; e nenhuma forma é legítima senão até o ponto em que preserva e realiza esse fim*[130].

Ora, como bem destaca Pocock, a expressão "todas as formas não são mais do que sombras" expressa uma clara linguagem apocalíptica, pois sugere que todas as coisas na Terra perecerão antes do fim dos tempos. Além disso, ela é também uma linguagem aristotélica em um sentido que a tornaria inteligível a Savonarola. O contexto em que os homens alcançam seu fim último revela, ainda, uma compreensão da fé muito próxima da concepção de Lutero, em que o "fim" da teleologia aristotélica pode ser identificado com o "fim" escatológico do tempo profético[131].

Assim, como explicita Pocock, a convicção apocalíptica dos puritanos e seu peculiar sentido de vocação conferiu aos soldados que haviam lutado ao lado do parlamento um senso de responsabilidade irredutível, um "talento" inerente a cada um deles, que deveria ser empregado em defesa do povo. Esse dever era derivado diretamente da relação que cada homem possui com Deus, mas também era expresso, como salienta Pocock, em termos de uma igualdade radical de direitos e poderes que haviam sido dados por Deus para que cada homem pudesse cumprir esse dever.

Esse chamado à ação política radical derivado das convicções apocalípticas puritanas permitiu, segundo Pocock, o surgimento de um discurso político de defesa da restauração das leis e liberdades a uma forma original, e despertou, em consequência, o desenvolvimento de uma consciência cívica

[130] Apud: POCOCK, *Op. cit.* p. 372.

[131] Cf. POCOCK, *Op. cit.* p. 373.

genuína, ainda que intensamente motivada pela esperança da graça redentora do juízo final[132].

Após o "grande expurgo" do parlamento realizado pelo comando do exército em dezembro de 1648, que reduziu o número de parlamentares a menos de duzentos membros e deu origem ao parlamento "rump"[133] – que viria a julgar e condenar o rei à execução em janeiro de 1649 – o discurso da graça apocalíptica perdeu força juntamente com o sufocamento das camadas mais baixas do exército pelos *grandees*, militares de altas patentes que tomaram o poder a partir da nova conformação do parlamento.

1.4. Momento maquiaveliano

Com a instauração do novo regime, em 19 de maio de 1649, que se seguiu à declaração do fim da monarquia e o início do período histórico da "Free Commonwealth" (República) – que é denominado pelos realistas de "interregno" – um novo conjunto de ideias políticas passou a ser articulado, dando origem ao momento maquiaveliano na Inglaterra, na expressão que ficou consagrada na obra de Pocock, no qual a defesa de um governo republicano passou a ser empreendida de modo mais explícito por diferentes autores políticos.

Dentre os autores que protagonizaram esse processo destacam-se John Milton, Marchamont Nedham e James Harrington, que formularam teorias da liberdade em termos claramente republicanos no período que se seguiu à execução de Carlos I e colocaram, como ressalta Skinner, sua eloquência em defesa do novo governo[134]. Esse momento central no desenvolvimento do republicanismo inglês, o momento maquiaveliano, representou, contudo, de acordo com Worden, muito mais uma consequência do regime instaurado no período republicano do que a causa da instauração do novo regime[135].

Com o objetivo de interferir diretamente na realidade política do momento, tais autores produziram nos exíguos onze anos de duração do período

[132] Cf. POCOCK, *Op. cit.* p. 374.

[133] Também denominado parlamento "toco" ou parlamento "rabo". São mais frequentes, porém, as alusões a esse parlamento como parlamento "rump", mesmo em língua portuguesa.

[134] Cf. Quentin SKINNER. *"Liberdade antes do liberalismo". Op. cit.*, p. 26.

[135] Cf. Blair WORDEN, *Republicanism, Regicide and Republic: the English Experience.* In: *Republicanism: a shared European heritage.* Cambridge, Cambridge University Press, 2002.

republicano[136] um significativo número de panfletos e tratados, em que os contornos da teoria republicana da liberdade podem ser identificados. Assim, como destaca Skinner[137], em junho de 1656 Nedham publicou *The excellencie of a free state*. No final do mesmo ano, James Harrington lança *The commonwealth of Oceana* e em 1660 Milton publica *The readie and easie way to establish a free commonwealth*.

A surpreendente capacidade de intervenção nos debates políticos que se seguiram à declaração da Inglaterra como uma "Free Commonwealth" pode ser observada pela publicação quase imediata de textos de autoria desses publicistas em reação aos projetos em deliberação no parlamento, estabelecendo uma intensa dinâmica entre a formulação de ideias políticas e as práticas institucionais.

Assim, por exemplo, como aponta Alberto Barros, apenas duas semanas após a execução de Carlos I, Milton publicou *The Tenure of Kings and Magistrates*, em que procura provar que é lícito ao povo julgar, depor e punir o tirano, haja vista o caráter fiduciário do poder político. Um mês depois da publicação de tal panfleto, Milton foi nomeado para o cargo de Secretário para Línguas Estrangeiras do Conselho de Estado, sendo imediatamente encarregado de escrever uma refutação à obra *Defensio regia*, publicada pelos realistas em repúdio à destituição e execução do monarca[138].

Em consequência, Milton publica, em 1651, *Pro populo anglicano defensio*, em que contesta capítulo por capítulo da *Defensio regia*, defendendo a ação do parlamento "rump" sob o argumento de que a destituição e a execução que se seguiram à captura de Carlos I não estavam relacionadas ao fato de o governante destituído e executado ser um rei, mas sim um tirano. Com essa refutação, Milton procura defender a legitimidade do novo regime e, ao mesmo tempo, tranquilizar as demais monarquias europeias, passando o recado de que os fatos ocorridos na Inglaterra se restringiriam ao âmbito doméstico, na tentativa de demover as monarquias continentais de uma eventual invasão do país em apoio à sucessão dos Stuart, que haviam se exilado na França[139].

Outro publicista que se ocupou, no mesmo período, em defender enfaticamente o regime instituído após a execução de Carlos I foi Nedham, jornalista

[136] Período histórico situado entre a execução de Carlos I, em maio de 1649, e a restauração da monarquia, em março de 1660.

[137] Cf. Quentin SKINNER. *"Liberdade antes do liberalismo". Op. cit.*, p. 25-26.

[138] Cf. Alberto R. G. BARROS. *A matriz inglesa*. In: *Matrizes do republicanismo*. Belo Horizonte: Editora UFMG, 2013, p. 140-144.

[139] Cf. BARROS, *Op. cit.*, p. 144.

que, já no início das guerras civis, havia sido o responsável pelo jornal *Mercurius Britanicus,* que defendia o parlamento no conflito com o rei. Com a instituição do novo governo, Nedham assumiu, em 1650, o cargo de editor do jornal *Mercurius Politicus,* fundado para a propaganda do novo regime[140]. Em 1651, Nedham publica o tratado *The case of the Commonwealth of England Stated,* com o objetivo de justificar, de modo semelhante ao empreendido por Milton em *Pro populo anglicano defensio,* a utilidade e a necessidade de submissão ao governo do parlamento "rump" e do Conselho de Estado, com a diferença em relação à obra de Milton de ser o tratado dirigido não a outras nações, mas exclusivamente aos ingleses[141].

Na segunda parte desse tratado, Nedham recorre abertamente aos *Discursos sobre a primeira década de Tito Lívio,* de Maquiavel, para destacar os benefícios do novo regime e constatar que as dificuldades de aceitação do governo livre resultam do fato de o povo ter sido educado em hábitos contrários à liberdade. Seguindo Maquiavel, Nedham realça, assim, que os povos habituados a viver sob um regime tirânico acostumam-se com seus grilhões e chegam a apreciar a condição de escravos, por desconhecerem a verdadeira liberdade. Além disso, a corrupção e a depravação dos costumes tornam os súditos escravos de sua própria luxúria, o que leva à perda da virtude e facilita a submissão do povo aos caprichos dos governantes[142].

A repulsa de Maquiavel às monarquias e sua preferência pelas repúblicas[143] são também diretamente invocadas por Nedham em *The case of the Commonwealth of England Stated* para a defesa do novo governo. Como o florentino, Nedham afirma que as repúblicas tendem a ser mais prósperas e longevas do que as monarquias, pois a habilidade de muitos é maior do que a de um, o que confere às repúblicas maior *virtù* para se defender da fortuna em relação às monarquias. Na sequência, Nedham recorre a Tácito, figura de grande autoridade na política inglesa do século XVII, para afirmar que as nações antigas davam grande valor à liberdade e por isso rejeitavam todas as formas de regime tirânico. Por fim, apoiando-se novamente em Maquiavel, mas também em Salústio e Guicciardini, conclui que a república é a melhor

[140] Cf. BARROS, *Op. cit.*, p. 147.
[141] Cf. BARROS, *Op. cit.*, p. 147.
[142] Cf. BARROS, *Op. cit.*, p. 148.
[143] Cf. A preferência pelas repúblicas é expressa por MAQUIAVEL em diversas passagens dos *Discursos sobre a primeira década de Tito Lívio,* como por exemplo, o Livro I, capítulos 7 e 29, e o Livro II, cap. 2.

forma de governo porque nela o bem comum está acima dos interesses particulares, impedindo a ocorrência da tirania e qualquer forma de dominação[144].

O terceiro autor que concentrou esforços de defesa do governo instituído após a execução de Carlos I foi Harrington, que publicou, em 1656, *A República de Oceana*, no formato de uma utopia política[145], em que descreve a formação de um novo governo em uma república imaginária. Harrington afirma na "Carta ao leitor" que teria iniciado a escrever o texto dois anos antes da sua publicação, no contexto do regime do Protetorado, mas de acordo com John Toland, principal editor de Milton, a obra teria sido escrita já a partir da execução do rei[146].

Em sua ficção, Harrington descreve um modelo constitucional capaz de amparar a liberdade e suas principais fontes de inspiração vêm seguramente, de acordo com Barros, do republicanismo antigo e da observação de algumas repúblicas contemporâneas, em especial Veneza, que visitara várias vezes. No discurso preliminar que antecede a apresentação desse modelo constitucional de Oceana, Harrington realiza uma análise da história, tomando a divisão proposta por Donato Giannotti para a descrição da história da Itália e empregando-a para toda a história política. O primeiro período da história, que se estenderia da criação por Deus da República de Israel até a derrocada da República romana por César, é denominado "prudência antiga", enquanto o segundo período é o da "prudência moderna", que teria se disseminado entre a cristandade, com exceção de Veneza, a qual teria sido a única a resistir aos bárbaros e manter como referência a sabedoria dos antigos[147].

A prudência antiga caracterizava-se, segundo Harrington, pela prevalência de um governo baseado no Direito e na preponderância dos interesses comuns, a que Aristóteles e Tito Lívio haviam denominado "império das leis"[148], ao passo que a prudência moderna consistiria na submissão de uma

[144] Cf. BARROS, *Op. cit.*, p. 149.

[145] Como salienta Alberto BARROS, embora *A República de Oceana* tenha seguido o formato das utopias políticas, é difícil sustentar que seja ela uma obra utópica no sentido das obras de Francis Bacon ou Thomas Morus, como um não lugar ou um lugar imaginário, pois o que Harrington propõe é que ela seja uma obra histórica, no sentido de uma obra sustentada na história, idealizando o futuro da Inglaterra a partir das possibilidades apresentadas pela história. Cf. BARROS, *Op. cit.*, p. 154.

[146] Cf. BARROS, *Op. cit.*, p. 153.

[147] Cf. BARROS, *Op. cit.*, p. 154.

[148] Embora Harrington atribua essa formulação a Aristóteles e Tito Lívio, há na concepção de "império das leis" clara inspiração ciceroniana.

nação por poucos homens, que a regem por seus interesses privados, no que Harrington denomina "império dos homens"[149].

De acordo com Harrington, seria necessário recuperar-se a prudência dos antigos, tal como teria pretendido Maquiavel, que enaltecera a prudência antiga do "governo de leis", mas cujo pensamento havia sido negligenciado na Inglaterra. Se Maquiavel está vinculado à prudência antiga, Hobbes, por outro lado, é associado por Harrington à prudência moderna.

Partindo da tipologia clássica das formas de governo, Harrington sustenta que a estabilidade de um governo decorre do correto equilíbrio entre o poder político e o poder econômico. Para Harrington, nesse sentido, o poder econômico, que resulta da propriedade[150], confere a seu titular um poder político, o domínio, cuja distribuição em uma nação determina a caracterização do regime político. Assim, se um único homem é proprietário de todo o território, como era o caso da Turquia, em que todas as terras eram de propriedade do sultão, tem-se uma monarquia absoluta; se um só homem é titular da maior parte dos bens, tem-se uma monarquia mista, como na Espanha ou em Oceana; se a propriedade está concentrada nas mãos de poucos, tem-se uma aristocracia; se a propriedade é amplamente dividida entre os cidadãos de modo que nenhum deles se sobreponha aos demais, tem-se uma república, como é o caso de Veneza.

Essas formas são assim mantidas, de acordo com Harrington, se os titulares do domínio são orientados pela razão, mas se corrompem, respectivamente, em tirania, oligarquia e anarquia, sempre que o princípio interno da razão é substituído pelo princípio da paixão[151], ou se o equilíbrio entre propriedade e domínio for quebrado pela força das armas[152]. Dessa forma, é de se notar que, diferentemente das tipologias tradicionais, os governos degenerados surgem, para Harrington, não da manifestação de um princípio degenerativo ou corruptivo – como em Cícero e Políbio –, ou de um desvio de conduta – como em Aristóteles e Platão –, mas pelo abandono do princípio interno da razão ou pelo desequilíbrio do princípio externo, decorrentes da má constituição

[149] Cf. BARROS, *Op. cit.*, p. 155.

[150] Como esclarece BARROS, a propriedade é vista por Harrington essencialmente como a propriedade fundiária, embora essa pudesse também ser substituída pela propriedade financeira em nações cuja economia fosse baseada no comércio. Cf. BARROS, *Op. cit.*, p. 155.

[151] A razão e a paixão são denominadas por Harrington princípios internos, em contraposição aos princípios externos, designados "bens da fortuna". Cf. BARROS, *Op. cit.*, p. 155.

[152] Cf. BARROS, *Op. cit.*, p. 155.

do governo, que faz com que a distribuição da autoridade política deixe de corresponder à distribuição da propriedade.

Para evitar a corrupção do governo, assim, o equilíbrio entre poder econômico e poder político, entre propriedade e domínio, a que Harrington denomina "balanço do domínio" deve ser estabelecido, segundo o autor, por uma lei agrária, sem a qual todas as formas de governo tornam-se confusas e instáveis. Além disso, a continuidade do governo em uma república deve ser garantida por uma lei eleitoral, que assegure a rotação igualitária das magistraturas, pois, segundo Harrington, a longa permanência no poder destrói o movimento natural da república, razão pela qual as magistraturas deveriam ser exercidas apenas por um determinado tempo e preenchidas por meio de eleições livres[153].

Baseando-se nos princípios da prudência antiga, Harrington propõe, assim, na parte ficcional de sua obra, um modelo constitucional[154] para que a República de Oceana pudesse ter longevidade semelhante às repúblicas de Esparta e Veneza, que são tomadas como referências pelo equilibrado balanço do domínio e pela adequada rotatividade das magistraturas, em detrimento dos modelos de Roma e Atenas, em que a ausência de uma lei agrária e a inexistência ou insuficiência da rotatividade das magistraturas levou à instituição de repúblicas desiguais e de pouca duração, em razão da preponderância dos conflitos e distúrbios[155].

Com a publicação da *República de Oceana*, Harrington tinha a expectativa, conforme analisa Barros, de que sua proposta constitucional fosse adotada pelo parlamento, mas sua linguagem prolixa, resultante da escrita segundo os cânones retóricos clássicos, dificultava o seu entendimento[156], e a separação

[153] Cf. BARROS, *Op. cit.*, p. 155.

[154] Nesse modelo constitucional, a perpetuidade poderia ser obtida por meio de um movimento circular, que HARRINGTON concebe como o movimento do governo da república ao redor das leis fundamentais, isto é, da lei agrária e da lei eleitoral, que deveriam estar no centro da atuação do parlamento, a cujas casas estariam atribuídos os poderes supremos de elaborar, promulgar e executar as leis, além do exercício da jurisdição. Cf. BARROS, *Op. cit.*, p. 163.

[155] Ao defender a concórdia como um ideal a ser buscado na república, HARRINGTON distancia-se, quanto a esse aspecto, da compreensão de MAQUIAVEL, para quem os conflitos são salutares, desde que sejam expressados por meio de mecanismos públicos e institucionais e não por meios particulares, como a calúnia, por exemplo. Cf. BARROS, *Op. cit.*, p. 155.

[156] POCOCK destaca que HARRINGTON comete diversos erros de pontuação que comprometem a compreensão de seu texto, o que pode ser atribuído ao fato de ele ter procurado escrever às pressas, acompanhando o ritmo dos acontecimentos, mas mantendo um estilo barroco que o leva a perder o fio da narrativa com certa frequência. Além disso, segundo POCOCK, HARRINGTON possui o vício do latinismo, além de ter dificuldade de inserir citações, traduções e referências em seu texto. Cf. J. G. A. POCOCK, *Editorial and Historical Introductions*, In: *The Political Works of James Harrington*. Cambridge: Cambridge University Press, 1977, p. xv.

de funções por ele descrita para controle do poder político talvez exigisse uma abnegação que os parlamentares não estavam dispostos a exercitar, de modo que a forma de governo adotada por Cromwell depois da *Humble petition and advice*, por meio da qual o parlamento ofereceu, em 1657, a coroa ao Lorde Protetor, foi muito semelhante à forma monárquica, para a frustração de Harrington[157].

Após a morte de Cromwell em setembro de 1658 e a ascensão de Richard Cromwell ao Protetorado, em indisfarçável referência à sucessão monárquica, Harrington, que havia fundado um clube designado "Rota Club", em alusão à necessidade de rotatividade das magistraturas, publica o panfleto *Seven models of a Commonwealth*, em que reafirma suas ideias republicanas e descreve brevemente a constituição de sete repúblicas, todas elas identificadas, à exceção da segunda, que é governada por um rei, mas *"um rei sem guardas"* e proibido de deixar o seu palácio, a ponto de *"se esse rei mover-se de seu palácio, pode ser lícito a qualquer homem assassiná-lo violentamente"*[158]. Ao descrever esse modelo de república composto por um rei desarmado, Harrington destaca que, para que o povo possa ter segurança, deve-se impedir que o rei reúna um exército quando o povo estiver distraído, pois *"o povo só pode ser livre se o rei for prisioneiro"*[159].

Com a restauração da dinastia dos Stuart, as ideias republicanas que deram origem ao momento maquiaveliano protagonizado por Nedham, Milton e Harrington não puderam, contudo, ser concretamente implementadas e, a despeito da promessa de Carlos II de conceder anistia a todos os súditos envolvidos em ações políticas no período republicano, tais escritores não foram privados de perseguições por parte da monarquia, embora em diferentes graus[160].

[157] Cf. BARROS, *Op. cit.*, p. 163-164.

[158] Cf. James HARRINGTON. *The Oceana and Other Works of James Harrington, with an Account of His Life by John Toland.* Londres: Becket and Cadell, 1771, p. 493.

[159] Cf. HARRINGTON, *Op. cit.*, p. 493.

[160] MILTON foi preso em novembro de 1660, mas conseguiu obter posteriormente o reconhecimento da anistia, passando então a dedicar-se exclusivamente à poesia. Imediatamente após a restauração, um panfleto intitulado *Contra Nedham*, defende a condenação desse escritor à morte, por ter influenciado negativamente a sociedade inglesa. NEDHAM consegue, porém, refugiar-se na Holanda, não sem antes escrever textos em favor do novo regime, em demonstração de sua grande volubilidade de caráter. HARRINGTON foi preso e encarcerado na Torre de Londres sem qualquer julgamento, sendo posteriormente transferido para o forte de Plymouth, onde foi tido por louco, antes de ser liberado.

A despeito disso, porém, esse período deixou como legado, como destaca Skinner, o mais rico e variado conjunto de escritos republicanos do século XVII, que alimentou as sensibilidades políticas de autores como Henry Neville e Algernon Sidney, jovens membros do longo parlamento que voltaram a defender os mesmos ideais na década de 1680[161], no contexto da denominada "crise de exclusão", que levaria ao recrudescimento da crise política e à rearticulação das ideias dos defensores da monarquia absoluta. A mais influente expressão teórica desses atores políticos, que voltaram a defender a submissão do parlamento ao rei, foi apresentada na obra *Patriarca*, de Robert Filmer, que havia sido escrita na década de 1640, no contexto das guerras civis, mas veio a ser publicada pelos realistas apenas em 1680, como um manifesto em defesa da teoria do direito divino dos reis.

1.5. Momento da supremacia popular: a "crise de exclusão"

Para os políticos e pensadores que defenderam o regime republicano, a restauração da monarquia e a ascensão de Carlos II ao trono representava, além do fracasso de seu projeto político, a impossibilidade de defender livremente suas convicções, sob pena de serem considerados autores de crime de alta traição, punido com a pena de execução. Para que pudessem defender suas vidas e continuar a divulgar as ideias políticas desenvolvidas na breve experiência republicana na Inglaterra, a maior parte dos envolvidos com o malogrado regime buscou voluntariamente o exílio.

Foi esse o caso de Algernon Sidney, que havia integrado o longo parlamento em 1646, manteve-se no parlamento "rump" após o expurgo e chegou a participar da comissão especial encarregada do julgamento que culminou na execução de Carlos I. De seu exílio em Roterdã, Sidney ocupou-se em conspirar contra Carlos II e escrever contra o novo regime, chegando a planejar uma invasão da Inglaterra a ser liderada pela Holanda, que estava então em guerra contra a coroa inglesa. Entre os republicanos exilados, Sidney foi, assim, segundo Thomas G. West[162], o mais determinado à ação e o menos delicado em relação aos meios a serem empregados nessa ação. Para promover essa empreitada, Sidney escreveu o manuscrito *Court Maxims, Discussed*

[161] Cf. Quentin SKINNER. *Liberdade antes do liberalismo. Op. cit.*, p. 26.

[162] Cf. *Sydney's life*. In: Algernon SIDNEY, *Discourses concerning government*. Indianapolis: Liberty Fund, 1996, p. 25-26.

and Refelled (1660-1662 ou 1664-1666), um diálogo imaginário entre um cortesão e um republicano, em que se posiciona contra a monarquia restaurada e defende a resistência contra a tirania[163].

Com a celebração, em 1674, da paz entre Holanda e Inglaterra, porém, as esperanças de uma intervenção armada contra a monarquia arrefeceram e a oposição a Carlos II foi limitada ao âmbito da política interna. A partir desse momento, as ideias que fizeram parte da "velha boa causa" – que motivaram as lutas do parlamento contra o rei durante a guerra civil – além de muitas das ideias incorporadas ao repertório político inglês no período republicano, passaram a ser expressas por meio da causa do parlamento, o qual, embora estivesse cada vez mais dividido, voltava progressivamente a contrapor-se ao monarca, em termos muito semelhantes aos que antecederam a guerra civil.

Essa contraposição, que se expressaria, no final da década de 1670, pela divisão entre os grupos políticos dos *whigs*[164], defensores da supremacia parlamentar, e dos *tories*, defensores da supremacia do monarca, tornou-se mais evidente a partir da votação no parlamento do "ato de exclusão", por meio da qual o parlamento procurou afastar da sucessão ao trono o irmão mais novo de Carlos II, o Duque de York, que havia revelado ser católico.

Além de representar uma ameaça aos avanços da Reforma e à "verdadeira religião", o catolicismo era associado na Inglaterra ao governo arbitrário e às monarquias absolutistas do continente, pois se caracterizaria pelo exercício do poder papal, cujo domínio sobre os fiéis careceria da vinculação com o poder secular e da formação de um exército permanente. Essa associação, que desde a Reforma fazia parte do senso comum na Inglaterra, causou alarde ainda maior a partir de 1673, quando Jaime, o Duque de York, irmão de Carlos II e herdeiro aparente do trono, recusou-se a efetuar um juramento de não submissão ao papa, revelando-se católico. O ápice do pânico foi atingido, porém, em 1678, com a ameaça de uma "conspiração papista", alardeada falsamente pelo religioso anglicano Titus Oates, que seria executada por jesuítas

[163] Cf. Algernon SIDNEY. *Op. cit., passim.*

[164] O contexto da "crise de exclusão" marca o primeiro momento em que os defensores da supremacia do parlamento em relação ao rei passaram a ser conhecidos como *whigs*, termo derivado da contração da palavra de origem escocesa *whiggamor*, que aludia inicialmente aos criadores de gado da Escócia ocidental. No reinado de Carlos I, a palavra foi usada de forma depreciativa para designar a facção presbiteriana radical dos *covenanters*, e em seguida para aludir a todos os presbiterianos contrários à ordem episcopal na Escócia. Na Inglaterra, o termo foi utilizado pela primeira vez para designar os parlamentares favoráveis à aprovação do ato de exclusão, em razão de sua postura radicalmente contrária à sucessão de um rei católico. Cf. Tim HARRIS. *Restoration: Charles II and His Kingdoms 1660–1685.* London: Allen Lane, 2005, p. 241.

estabelecidos na Inglaterra, os quais estariam planejando o assassinato de Carlos II. O espírito geral que permeava o país nesse período fica evidenciado no discurso proferido na Casa dos Comuns por Henry Capell, em abril de 1679:

> *Do papismo vieram as noções de um exército permanente e de poder arbitrário. Primeiramente a coroa da Espanha, e agora a da França, fomentam os ânimos papistas contra nós; mas derrubemos o papismo e colocaremos um fim a todo poder e governo arbitrário. Eles não passam de quimeras ou noções abstratas sem o papismo*[165].

Um dos parlamentares mais empenhados na aprovação do "ato de exclusão" foi Antony Ashley Cooper, primeiro conde de Shaftesbury, amigo e mecenas de John Locke, que havia ocupado postos de destaque durante o regime republicano, tendo inclusive servido como membro do Conselho de Estado de Oliver Cromwell. Comprometido com a aprovação do ato que afastaria Jaime da sucessão do trono, Shaftesbury proferiu no parlamento, em dezembro de 1680, o discurso posteriormente impresso e distribuído como panfleto sob o título *A speech lately made by a noble peer of the Realm*. Em tal discurso, Ashley Cooper explicitou de forma veemente o impasse a que os *whigs* e o rei haviam chegado, ao sustentar a seus pares que *"não podemos confiar no rei"* uma vez que os parlamentares estavam *"sendo iludidos com muita frequência"* pela coroa[166].

Para além das suspeitas levantadas contra o monarca, Shaftesbury acusava frontalmente em seu discurso o Duque de York de pretender capturar o trono e constituir um exército permanente para defendê-lo. De acordo com o parlamentar, Jaime procurava um pretexto para pôr em marcha a conspiração papista que seria *"claramente chefiada pelo Duque"* a partir da Escócia, *"de onde ele pode promover uma invasão armada"*, que, se bem sucedida, levaria a nação ao abandono, pois então o rei *"não mais terá necessidade do povo"*[167]. Para impedir o fortalecimento de Jaime, que estaria sendo favorecido pela corte contra a expressa vontade do parlamento, Shaftesbury propunha que não mais fossem

[165] Cf. John KENYON, *The Popish Plot*. London: Phoenix Press, 2000, p. 2-3. Trecho traduzido livremente.

[166] Cf. Antony Ashley COOPER, *A speech lately made by a noble peer of the Realm*. Embora a crítica mordaz de Shaftesbury ao rei e à corte não tenha acarretado ao autor do discurso a imposição imediatas de sanções, a posterior publicação do discurso sob a forma de panfleto levou seu editor Francis Smith à prisão.

[167] Cf. ASHCRAFT, *Op. cit.*, p. 312.

aprovadas as destinações de recursos à corte, que não deve "*ter dinheiro para práticas que favorecem o papismo e para realizar suas vontades arbitrárias*"[168]

A despeito da eloquência de Shaftesbury, o "ato de exclusão", que havia sido aprovado pelos comuns, foi rejeitado na Casa dos Lordes em 15 de novembro de 1680. Além disso, as duras críticas feitas pelo parlamento à postura do monarca e de sua corte durante as votações levaram o monarca a dissolver o parlamento em 18 de janeiro de 1681, sob o pretexto da necessidade de transferi-lo temporariamente a Oxford, a fim de evitar "tumultos" caso fosse compelido a dissolvê-lo novamente. Essa manobra, contudo, não surtiu o efeito almejado e o parlamento de Oxford foi, segundo Ashcraft, o grupo mais hostil de legisladores que Carlos II teve de enfrentar ao longo de todo o seu reinado, o que levou o rei a dissolver o novo parlamento apenas seis dias depois da primeira reunião[169].

Embora o rei tenha procurado reiterar em suas manifestações públicas seu intento de formar novamente um parlamento, após a dissolução do parlamento de Oxford o monarca admitia abertamente em âmbito reservado que não pretendia "*nunca mais convocar outro parlamento*", como confidenciou em suas memórias o conde de Ailesbury[170]. Esse propósito logo ficou evidente aos defensores da causa parlamentar, que passaram, de acordo com Ashcraft, a insurgir-se por meio de panfletos e petições contra a total extinção do governo representativo pelo monarca, o qual, ao recusar-se a convocar o parlamento, estaria impedindo o exercício dos deveres constitucionais que os parlamentares possuíam junto ao povo e subvertendo a finalidade de todo governo, que consistiria na preservação e promoção do bem comum[171].

Essa argumentação pode ser evidenciada, de acordo com Ashcraft, em textos de diversos *whigs* radicais, entre os quais Robert Ferguson, que sustenta em *A Representation of the Threatening Dangers* que "*o exercício do poder absoluto (...) dissolve o governo, e nos coloca a todos em um estado de natureza, por nos desobrigar dos vínculos (...) em que inicialmente nos encontrávamos*"[172].

Tal afirmação continha implícita, como destaca Ashcraft, dois argumentos de ordem jurídica: um relacionado ao descumprimento da antiga constituição e outro à violação da lei natural. O primeiro pressupunha que o governo

168 Cf. ASHCRAFT, *Op. cit.*, p. 312.

169 Cf. ASHCRAFT, *Op. cit.*, p. 313.

170 Cf. ASHCRAFT, *Op. cit.*, p. 314.

171 Cf. ASHCRAFT, *Op. cit.*, p. 314.

172 Cf. Robert FERGUSON. *A Representation of the Threatening Dangers*, p. 31. Apud: ASHCRAFT, *Op. cit.*, p. 315.

misto – que seria formado, nos termos da constituição, pelo rei, pelos lordes e pelos comuns – teria sido "desbalanceado" pelo mau uso do poder executivo pelo rei, que pretendia impor-se aos demais estados do reino ao deixar de convocar o parlamento e, assim, governar de modo absoluto. O segundo identifica o exercício do poder legislativo com a habilidade específica do parlamento para realizar o bem comum. Em ambos os casos, a postura do monarca teria acarretado a "dissolução do governo", razão pela qual o povo teria que agir para instituir um novo governo que "restaurasse" a antiga constituição da Inglaterra[173].

A preocupação com as constantes dissoluções do parlamento por Carlos II já havia sido expressada por Shaftesbury nas instruções que antecederam as eleições para o parlamento de Oxford, nas quais Cooper exortava os eleitores e os candidatos a mobilizarem-se contra o uso abusivo da prerrogativa real de convocar e dissolver o parlamento. Tais instruções – que Laslett sugere terem sido escritas diretamente por Locke – são consideradas por muitos historiadores o primeiro documento partidário da história moderna e utilizavam uma linguagem em tudo semelhante àquela que seria posteriormente consagrada por Locke no *Segundo Tratado*[174]:

> (...) *insistamos em que seja realizado um ajuste entre a prerrogativa do rei de convocar, suspender e dissolver o parlamento e os direitos do povo de ter parlamentos anuais,* [pois do contrário] *nossas leis, liberdades, vidas e propriedades estarão sujeitas em pouco tempo à vontade do Príncipe.*[175]

Após a dissolução do parlamento de Oxford, a exortação de Shaftesbury transformou-se, segundo Ashcraft, de um temor hipotético em uma acusação frontal dos *whigs* contra Carlos II, que ao abusar de sua prerrogativa de convocar e dissolver o parlamento teria violado a constituição e, consequentemente, acarretado a dissolução do governo. Essa situação, como incitava Robert Ferguson, forçaria a nação a agir contra o monarca para restaurar a antiga constituição e a lei natural *"em uma guerra para sua própria defesa natural"*.

173 Cf. ASHCRAFT, *Op. cit.*, p. 315. Tanto os argumentos quanto a linguagem utilizada pelos parlamentares no textos escritos pelos parlamentares após a dissolução do parlamento de Oxford são reproduzidos por LOCKE no "Segundo Tratado", como será melhor analisado no capítulo II desta obra.

174 Cf. John LOCKE. *Dois tratados sobre o governo*. São Paulo: Martins Fontes, 2005, p. 44.

175 Cf. ASHCRAFT, *Op. cit.*, p. 315-316.

Foi o que sustentou Ferguson enfaticamente em *A just and Modest vindication of the proceedings of the two last parliaments*, de 1682:

> *Deixemos que o povo, a quem esse apelo é feito, julgue então entre eles* [o rei e a corte] *e nós* [o parlamento]*; e deixemos que a razão e a lei sejam as regras segundo as quais a controvérsia seja decidida. Mas ao negar esse julgamento eles recorrerão à força como bestas.*[176]

Até a frustrante dissolução do natimorto parlamento de Oxford, como revelaria posteriormente Ferguson, *"não havia a mínima conspiração em marcha contra a pessoa do rei ou contra o governo"*[177]. Após a dissolução abrupta do parlamento por Carlos II e diante da indisfarçada omissão do rei em promover uma nova convocação, contudo, parte dos *whigs* passaram a traçar clandestinamente estratégias de resistência armada e revolta popular, que culminariam na elaboração da frustrada conspiração de "Rye House"[178]. Nesse grupo de *whigs* radicais, a que Ashcraft denomina "facção militante dos *whigs*" estavam Ferguson e Shaftesbury[179].

O envolvimento de Shaftesbury com práticas subversivas após a dissolução do parlamento de Oxford já o havia levado a ser aprisionado na Torre de Londres em 2 de julho de 1681 sob a acusação de alta traição. Na ocasião, foram apreendidos em seu escritório papéis que continham um projeto de criação de uma associação de protestantes para reunião da oposição ao Duque de York, a qual, segundo os realistas, teria por objetivo a montagem de *"um esquema para promover uma rebelião armada e derrubar o governo pela captura do rei"*[180]. Alguns anos depois da conspiração de "Rye House", já no reinado de Jaime II, o realista Roger L'Estrange relacionou em *Brief History of Times* a tentativa de criação dessa associação com uma conspiração republicana:

[176] Robert FERGUSON. *A just and modest vindication of the proceedings of the two last parliaments*. Apud: ASHCRAFT, *Op. cit.*, p. 317. Pastor presbiteriano escocês e principal aliado de SHAFTESBURY, FERGUSON era o responsável pela gráfica encarregada da impressão clandestina dos panfletos mais radicais divulgados pelos *whigs*. Sua participação ativa na conspiração de "Rye House" rendeu-lhe o epíteto de "o conspirador". Cf. James FERGUSON. *Robert Ferguson, The Plotter, or The secret of the Rye House conspiracy and the story of a strange career.* Edinburgh: D. Douglas, 1887.

[177] Cf. *A Brief justification for the Prince of Orange's Descent into England*, de 1688. Apud: ASHCRAFT, *Op. cit.*, p. 314.

[178] Cf. José María LASSALLE. *Liberales: compromisso cívico con la virtud.* Barcelona: Debate, 2010.

[179] Cf. ASHCRAFT, *Op. cit.*, p. 327

[180] Apud: ASCHCRAFT, *Op. cit.*, p. 328.

> *O leitor encontrará nesse projeto de Associação (...) o resumo de toda a causa e de tudo pelo que eles lutavam (...). Ele contém abertamente a origem, o progresso e o significado de uma conspiração republicana*[181].

Shaftesbury livrou-se da acusação de conspiração ao demonstrar que a proposta de criação da associação protestante havia sido brevemente discutida no parlamento no ano anterior, o que aliviou o tom de "segredo conspiratório" que os realistas procuravam atribuir ao projeto. Em 1682, meses após ser libertado, percebendo o recrudescimento da perseguição dos realistas e temendo ser novamente aprisionado, Shaftsbury fugiu para a Holanda, de onde passou a planejar a resistência armada ao governo de Carlos II[182].

Assim, em março de 1683, os *whigs* radicais puseram em execução um plano para assassinar Carlos II e seu irmão Jaime, no complô que ficou conhecido como a conspiração de "Rye House", assim designada por ser o nome da propriedade a partir da qual se pretendia executar o plano. Situada nas proximidades de Hoddesdon, em Hertfordshire, "Rye House" ficava às margens de uma estrada utilizada com frequência pela comitiva real nas viagens a Newmarket, tradicional centro de corridas equestres frequentado pela aristocracia inglesa. O retorno antecipado do rei a Londres em decorrência de um incêndio frustrou, contudo, a trama, que veio posteriormente a ser descoberta, levando à prisão e ulterior execução de figuras centrais do radicalismo *whig*, entre as quais Algernon Sidney[183].

A despeito da execução de importantes personalidades como William Russell e Algernon Sidney, a ausência de provas da participação de Shaftesbury e Ferguson poupou da condenação os principais expoentes do radicalismo *whig*, apontados mais recentemente como os principais artífices da conspiração por historiadores que procuraram aprofundar o contexto em que se realizou essa ação política. De fato, como salienta Ashcraft, durante muito tempo a historiografia *whig* recusou-se até mesmo a reconhecer a ocorrência da conspiração de "Rye House", tratando-a, nas palavras de John Oldmixon em 1730, como uma "diabólica falsidade"[184].

181 Cf. Roger L'ESTRANGE, *Brief History of Times* (1687), p. 27. *Apud*: ASCHCRAFT, *Op. cit.*, p. 328.

182 Cf. ASCHCRAFT, *Op. cit.*, p. 333.

183 Frustrada a trama, a conspiração foi denunciada à monarquia e os fatos foram investigados pelo Conselho Privado de Carlos II. As investigações levaram à prisão de Arthur Capel, o Conde de Essex, William Russell, Thomas Armstrong e Algernon Sidney, que após serem julgados, foram condenados por traição e decapitados, com exceção de Capel, que cometeu suicídio na prisão. Cf. ASHCRAFT, p. 198.

184 Cf. ASHCRAFT, *Op.cit.*, p. 338.

Quanto à participação de Locke da conspiração, as obscuras informações que permearam o caso na ocasião – e que não foram totalmente elucidadas posteriormente – não permitem uma conclusão segura. Como sugere Ashcraft, porém, é inegável que Locke possuía um contato muito próximo com a maior parte dos conspiradores, pois ele teria frequentado, na companhia de Shaftesbury, a maior parte das reuniões que antecederam o atentado e fazia parte da "facção militante" do radicalismo *whig*[185]. Em que pese a indeterminação quanto ao efetivo envolvimento de Locke na conspiração, a associação entre as ideias posteriormente sistematizadas no *Segundo Tratado* e o radicalismo da ação contra o monarca apontam que, ao menos no campo teórico, a conspiração de "Rye House" permeou o cotidiano do filósofo, impactando no desenvolvimento de suas ideias de ação política.

Por mais incômodo que o radicalismo de pensadores que se tornariam referências teóricas após a Revolução Gloriosa tenha sido para os agentes políticos do *whiggismo* depois do sucesso dessa Revolução, a análise do contexto do embate entre os anseios absolutistas de Carlos II e os princípios defendidos pelos partidários da supremacia parlamentar após a dissolução do parlamento de Oxford não deixa dúvidas, como acentua Ashcraft, quanto ao caráter subversivo que os primeiros *whigs* pretenderam imprimir a suas ideias políticas, ao ponto de justificar posturas revolucionárias e de agir politicamente para colocá-las em marcha[186].

Nesse sentido, ao contrário da atenuação empreendida pela historiografia *whig* que se tornaria posteriormente dominante, as ideias políticas elaboradas no contexto da "crise de exclusão" mantinham, como sustenta Ashcraft, intrínseca vinculação com a ação política revolucionária, operando como verdadeiras armas direcionadas contra o governo de Carlos II[187]. E, no emaranhado das ideias que circulavam entre os opositores da monarquia absoluta da década de 1680, a teoria mais consistente e de indisfarçável teor revolucionário foi inegavelmente a sistematizada por John Locke no *Segundo Tratado*[188].

[185] Philip MILTON pensa diferente. Para ele, a afirmação de ASHCRAFT não se sustenta. Cf. *John Locke and the Rye House Plot. The Historical Journal*, 43, 2000, p 647-668.

[186] Cf. ASHCRAFT, *Op.cit.*, p. 338.

[187] Cf. ASHCRAFT, *Op.cit.*, p. 338.

[188] Tal afirmação remete à questão do momento em que foram escritos os *Tratados*. Como analisa LASLETT na introdução a *Dois tratados sobre o governo, Op. cit.*, os *Tratados* foram provavelmente escritos dez anos antes de sua publicação, isto é, em 1680, o que permitiria afastar a compreensão de que representariam uma "peça de ocasião" escrita a pedido dos *whigs* para justificar a Revolução Gloriosa, em uma espécie de "justificativa póstuma", como tradicionalmente foi concebido. Como propõe CRASTON em *John Locke: a biography*. Londres: Longmans, Green and Co., 1957, contudo,

Além disso, a semelhança entre a linguagem e alguns argumentos utilizados pelos radicais e os posteriormente expressados na obra política de Locke indica também, segundo Ashcraft, que alguns dos panfletos escritos contra Carlos II podem até mesmo ter sido escritos pelo próprio Locke.

De fato, como enfatiza Aschcraf, analisado no contexto de seus contemporâneos em geral e dos *whigs* em particular, pode-se depreender que o pensamento político de Locke foi desenvolvido para a minoria dos radicais da "facção militante" a quem ele e Shaftesbury estavam associados, e não para uma fictícia maioria de "conscientes cidadãos ingleses do século XVII", como surgiu posteriormente da imaginação dos historiadores e de grande parte de seus comentadores. Ao contrário da maioria de seus contemporâneos – e do que passou a fazer parte do senso comum logo após o sucesso da Revolução Gloriosa –, a reação de Locke à rejeição do ato de exclusão pela Câmara dos Lordes e à intensificação das práticas arbitrárias de Carlos II não foi esconder-se covardemente por detrás de privilégios da corte, em obsequiosa obediência ao rei, ou ainda recolher-se à obscuridade da vida no interior do país, mas apoiar veementemente a resistência armada contra o governo, como preconizado em sua obra política[189].

Assim, em agosto de 1683, após o fracasso da conspiração de "Rye House", que ocasionou a execução de outros radicais, Locke partiu para o exílio na Holanda, onde permaneceu até a deposição de Jaime II no contexto da Revolução Gloriosa, que solapou definitivamente a dinastia dos Stuart e alçou o parlamento ao centro do poder político na Inglaterra, abrindo caminho para a formação de uma monarquia constitucional cujo objetivo imediato viria a ser a preservação da liberdade do povo e em que a autoridade do rei estaria inteiramente submetida à lei. Essa característica, que levaria posteriormente Montesquieu a reconhecer na constituição inglesa o modelo de um governo que possuía *"a liberdade como seu objetivo direto"* e em que *"a ideia de governo político"* teria sido extraída diretamente de Tácito[190], expressou em grande medida

ao admitirmos que os "Tratados" foram escritos dez anos antes de sua publicação, devemos mais ainda vê-los como uma peça de ocasião, ainda que de uma ocasião diferente, isto é, como uma obra escrita não depois da Revolução, para justificá-la, mas antes da Revolução, para promovê-la. Esse aspecto será mais bem explorado no capítulo III desta obra.

189 Cf. ASHCRAFT, *Op.cit.*, p. 327.

190 Cf. MONSTESQUIEU, *Do espírito das leis*. São Paulo, Nova Cultural, 1997, Livro Décimo Primeiro, Capítulos VI e VII, p. 201-211. Como abordado anteriormente, HARRINGTON já havia concebido, em *Seven models of a Commonwealth*, a possibilidade de uma república governada por "um rei sem guardas", que teria obrigatoriamente de estar trancafiado em seu palácio para que não pudesse trazer nenhum risco à liberdade do povo. Mais recentemente, as monarquias constitucionais em

as ideias políticas de supremacia popular elaboradas no decorrer da "crise de exclusão" por teóricos como Algernon Sidney, Henry Neville e John Locke.

O modo como as ideias de Locke relativas à supremacia popular e ao direito de resistência, formuladas no contexto da "crise de exclusão", procuraram reagir à teoria do direito divino dos reis, sistematizada principalmente no *Patriarca* de Robert Filmer, e a maneira com que se relacionaram com as formulações de outros teóricos desse momento final da formação do pensamento republicano na Inglaterra será abordado no próximo capítulo.

que a autoridade do monarca está totalmente limitada pelas leis a ponto de o rei assumir caráter meramente cerimonial e simbólico, tem sido designadas "repúblicas coroadas", expressão utilizada para aludir às monarquias da Austrália e do Reino Unido. A identificação, por MONTESQUIEU, do "governo político" da monarquia inglesa com o modelo descrito por TÁCITO em *Sobre os Costumes dos Germanos* é compatível com a concepção do "domínio real e político" descrito por FORTESCUE em *On the Laws and Governance of England* para delinear as características do governo misto da Inglaterra. Vide, a esse respeito, a seção 1.1., *supra*.

2.
DE SÚDITOS A HOMENS LIVRES: O MOMENTO DA SUPREMACIA POPULAR

Com o fracasso da conspiração de "Rye House", que levou à execução de parte dos envolvidos na tentativa de assassinar Carlos II e seu herdeiro, o duque de York, Locke parte, em agosto de 1683, para o exílio na Holanda, onde permaneceria até a deposição de Jaime II, em 1688. Para além da percepção de revés decorrente da constatação do malogro de todos os esforços de mobilização realizados tanto no âmbito do parlamento quanto no campo da luta armada, predominava entre os *whigs* radicais a percepção de que as ideias políticas divulgadas pelos realistas no contexto da "crise de exclusão" haviam prevalecido, passando a vigorar de modo praticamente incontrastável desde a ascensão de Jaime II.

Assim, dos debates que caracterizaram a "crise de exclusão", as ideias dos realistas segundo as quais o monarca possuiria um poder divino e absoluto, que sua exclusiva vontade seria a fonte de todos os direitos dos súditos – os quais seriam decorrentes da "graça real" –, que o rei estaria acima de todas as leis, que o parlamento seria um órgão subordinado ao monarca, que o governo não poderia ser alterado senão pela vontade do rei e que a liberdade do povo seria contrária à natureza pareciam ter sobrepujado definitivamente as ideias divulgadas no "momento maquiaveliano", que teria sido marcado, de acordo com os realistas, pela desordem decorrente do desrespeito à lei natural e à lei de Deus.

O recrudescimento da instabilidade política no período da "crise de exclusão" levou, assim, à rearticulação e ao fortalecimento das ideias professadas pelos defensores da monarquia absoluta, cujas bases teóricas haviam sido abaladas durante o período republicano e que não tinham recebido contornos mais consistentes desde a restauração da monarquia dos Stuart. De fato, conforme observa Maria Cecília P. de Almeida, um dos mais influentes teóricos do direito divino dos reis havia sido até então Jaime I, que recorrera a diferentes imagens que vinculavam o rei à figura de um pai, a fim de aproximar os poderes e cuidados próprios da relação patriarcal àqueles que um monarca deve ter com seu povo, na qualidade de "pai da nação". É o que enuncia na obra *The true law of free monarchies*:

> O Rei em relação a seu povo é justamente comparado a um pai em relação a seus filhos e a uma cabeça de um corpo composto por diversos membros. Pois, como pais, os bons príncipes e magistrados do povo de Deus prestavam reconhecimento a seus súditos. E, para todos os estados bem governados, o título de *Pater patriae* sempre foi e é comumente usado para reis[191].

A comparação entre o rei e o pai realizada por Jaime I restringia-se, contudo, como enfatiza Almeida, ao nível retórico e metafórico, podendo ser por isso considerada uma comparação fraca, que trouxe apenas os primeiros contornos a uma teoria que pretendia sustentar o caráter absoluto do poder real como decorrente da natureza divina e ilimitada do poder paterno: a teoria patriarcal. A mais influente e coerente expressão dessa teoria, que continha, segundo Almeida, uma justificação sistemática, forte e dogmática do absolutismo monárquico fundado em um direito divino[192] foi elaborada por Robert Filmer na obra *Patriarca*, que embora tivesse sido escrita na década de 1630, veio a ser publicada pelos realistas em 1680 para consolidação e aprofundamento das teses absolutistas.

De fato, conforme analisa Spitz, as ideias absolutistas difundidas antes da obra de Filmer representavam a formulação de um "absolutismo sem arbítrio", pois se restringiam a afirmar a supremacia pessoal, judiciária e executiva do rei sem postular a superioridade absoluta do monarca em relação às leis, permanecendo compatível com a ideia de que a vontade real, ainda que considerada a fonte exclusiva de todos os direitos, deveria ser exercida de acordo com as formas legais por ela erigidas, não cabendo ao rei transgredi-las sem justa causa ou de maneira arbitrária, mesmo se, na origem, tais formas tenham sido provenientes da própria graça real. De acordo com Spitz, embora esse absolutismo afirmasse peremptoriamente não caber aos súditos a condição de juízes

[191] Cf. *The Political Works of James I.* (Reprinted from the Edition of 1616). New York: Russel & Russel, 1965, p. 65. *Apud* Maria Cecília P. de ALMEIDA. *Escravos, súditos e homens: a noção de consentimento na polêmica Locke-Filmer,* (Dissertação de mestrado), Faculdade de Filosofia Letras e Ciências Humanas da Universidade de São Paulo, São Paulo, 2006, p. 24.

[192] Cf. Maria Cecília P. de ALMEIDA, *Op. cit.*, p. 25.

das transgressões do rei ou qualquer direito de corrigir o monarca, ele pressupunha a ideia de que o rei estava vinculado a suas próprias promessas e de que as leis representavam uma garantia aos direitos e liberdades dos súditos, ainda que estes tenham sido instituídos pela autoridade exclusiva do monarca[193].

A introdução da ideia de arbítrio na teoria absolutista deve-se, nesse sentido, como observa Spitz, ao pensamento político de Filmer, que promove uma verdadeira revolução na teoria do absolutismo monárquico ao propor a eliminação da distinção entre uma monarquia absoluta e uma monarquia arbitrária, que havia sido cuidadosamente estabelecida pelos teóricos precedentes do absolutismo. Dessa forma, segundo Spitz, o adjetivo "arbitrário" havia sido utilizado na tradição absolutista para designar e repudiar um soberano que não possuísse outra lei exceto a sua própria vontade, e que não baseasse suas ações em uma norma superior e independente de justiça, tomando seus próprios caprichos e fantasias como a única lei de suas ações e estimando por si mesmo as necessidades do povo em matéria de justiça, de paz e segurança, sem levar em conta os ensinamentos da razão e dos sábios. Para essa tradição, um monarca absoluto era aquele que executa a lei de natureza sem necessidade de dar conta a ninguém, sem poder jamais ser sancionado em caso de violação dessa lei. É apenas com Filmer que o arbítrio passa a ser tomado como uma característica intrínseca ao exercício do poder absoluto pelo monarca, que deve impor a lei e governar exclusivamente de acordo com sua vontade, sem submeter-se a nenhuma norma objetiva de justiça[194].

Assim, como realça Laslett, diante do expressivo fortalecimento que a teoria de Filmer produziu nas ideias absolutistas, embora não mais estivesse vivo no momento de publicação de sua principal obra, Filmer era considerado nos anos que se seguiram à "crise de exclusão", como "o homem do momento"[195], na medida em que sua teoria continha, para além da defesa do poder absoluto e arbitrário do rei, uma negação da liberdade natural do povo – que era considerada pelo autor como teologicamente equivocada e politicamente perigosa[196] – empreendida por meio da contestação de importantes

[193] Cf. Jean-Fabien SPITZ, *John Locke et les fondements de la liberté moderne*. Paris: Presses Universitaires de France, 2001, p. 113-114.

[194] Cf. SPITZ, *Op. cit.*, p. 132.

[195] Cf. LASLETT John. *Introdução*. In: John LOCKE. *Dois tratados sobre o governo*. São Paulo: Martins Fontes, 2005,p. 97.

[196] Cf. Robert FILMER. *Patriarcha. Of the Natural Power of Kings. By the Learned Sir. Robert Filmer Baronet.* Londres: Richard Chiswell, 1680. Disponível em http://oll.libertyfund.org/titles/221. Acesso em 30/03/2016, cap. 1, §1º.

fundamentos da teoria republicana[197]. Com efeito, a par da defesa da monarquia absoluta empreendida no *Patriarca*, a fundamentação teórica do patriarcalismo já havia sido realizada por Filmer no opúsculo *Observações sobre Milton contra Salmásio*, publicado em 1652, no qual o autor realista procurou refutar as teses expostas por John Milton em dois dos mais importantes textos escritos no "momento maquiaveliano": *A tenência do reis e magistrados*, de 1649, e *A defesa do povo inglês*, de 1651[198].

Mostrava-se indispensável aos defensores da supremacia do parlamento, nesse sentido, realizar a contestação dos argumentos articulados no *Patriarca* e divulgados como dignos de grande prestígio pelos defensores da monarquia absoluta[199]. Foi a esse esforço que se dedicaram pensadores políticos como James Tyrrell[200], Nenry Neville, Algernon Sidney e John Locke, dentre outros que, recorrendo em grande medida aos momentos anteriores da elaboração da teoria republicana na Inglaterra, procuraram sustentar a liberdade natural dos homens e a possibilidade do povo resistir a um governo arbitrário, lançando as bases para uma teoria da supremacia popular. Para que se possa compreender adequadamente a investida desses autores, faz-se necessário, no entanto, conhecer inicialmente a teoria defendida por Robert Filmer, contra a qual se insurgem esses pensadores.

197 FILMER dirige-se sobretudo contra as obras de Roberto BELLARMINO e Francisco SUÁREZ, conforme será abordado no decorrer do presente capítulo.

198 A empreitada de FILMER nas *Observações sobre Milton contra Salmásio* é analisada em detalhes por Saulo SILVA em recente artigo apresentado em conclusão da pesquisa de pós-doutorado realizada no Departamento de Filosofia da Universidade de São Paulo, denominada *Governo, povo e representação na polêmica de Robert Filmer contra John Milton*, ainda não publicado.

199 Cf. Maria Cecília P. ALMEIDA, *Op. cit.*, pp. 22-23.

200 Além dos esforços de SIDNEY, NEVILLE e LOCKE, é amplamente conhecida a refutação à obra de FILMER empreendida por James TYRRELL em *Patriarcha non Monarcha*, de 1681. A reconhecida proximidade entre TYRRELL e LOCKE e a quase identidade entre os argumentos constantes dos *Dois tratados sobre o governo* e aqueles expostos em *Patriarcha non Monarcha* já foram objeto de inúmeros estudos, que foram acrescidos, mais recentemente, pela admirável análise realizada por Felix WALDMANN em *The Library Of John Locke: Additions, Corrigenda, And A Conspectus Of Pressmarks* no qual o autor examina três diferentes cópias da obra de TYRRELL constantes da biblioteca Bodleian, e sustenta que o padrão das anotações, correções e adendos nelas existentes, uma delas proveniente da biblioteca do próprio LOCKE, contribui para atestar a teoria que compreende a obra como uma colaboração entre LOCKE e TYRREL, e não como um trabalho original do amigo de LOCKE. Ainda que a questão da autoria de *Patriarcha non Monarcha* permaneça como uma questão ainda não solucionada definitivamente, a inequívoca similitude entre ambos os textos nos dispensa de empreender, para os propósitos desta obra, a exposição minuciosa dos argumentos constantes da obra de TYRRELL. Cf. *The Library Of John Locke: Additions, Corrigenda, And A Conspectus Of Pressmarks*. Londres: Bodleian Library Record, 2013, vol. 26, p. 36-58.

2.1. A afirmação do arbitrário: a teoria do direito divino dos reis elaborada no *Patriarca*, de Robert Filmer

A obra *Patriarca*, de Robert Filmer, que havia sido escrita na década de 1630, no contexto das guerras civis, foi publicada pelos realistas apenas em 1680, como um manifesto em defesa do poder absoluto do monarca. Para seu autor, o poder real representava uma extensão do poder paterno, que seria natural, por ser transmitido diretamente por Deus. Fundando sua argumentação em extensas passagens das Escrituras, Filmer sustenta que o poder político do monarca identifica-se com o poder dos primeiros pais, a quem Deus se dirigiu expressamente, razão pela qual ambos seriam de origem divina, além de serem naturais, absolutos e ilimitados.

Como analisa Gaby Mahlberg, nesse sentido, Filmer não apenas descreve em seu *Patriarca* os reis como representantes de Deus na terra e pais de seu povo, mas nega a liberdade natural dos homens ao fundir ideias sobre as origens do governo com a noção de obrigação política. Para a comentadora, ao recorrer a uma leitura literal da Bíblia, Filmer conclui que Adão, como pai da primeira família, foi instituído por Deus como primeiro rei, o que o leva a sustentar o caráter divino, absoluto e exclusivo da monarquia como forma de governo:

> (...) *Adão, como pai da primeira família também se tornou o primeiro rei e transmitiu sua monarquia de origem divina a seu filho mais velho por direito de primogenitura e através dele a todas as gerações subsequentes. Essa abordagem da sucessão hereditária de Adão está associada com direito divino, primogenitura e hierarquias de nascimento. Ela significa que tanto crianças quanto indivíduos estavam, por natureza, sob a autoridade de seu pai e monarca, e, portanto, não-livres*[201].

O propósito de Filmer de sustentar o caráter natural e divino do poder dos reis por argumentos "teológicos, racionais, históricos e legais", em contraposição à liberdade do povo é evidenciado já no título de sua mais célebre obra, cujo enunciado completo é *Patriarcha: The Naturall Power of Kinges Defended Against the Unnatural Liberty of the People, By Arguments, Theological, Rational, Historical and Legall*[202]. Tão importante quanto a apresentação dos argumentos

[201] Cf. Gaby MAHLBERG, p 86-7.

[202] *Patriarca: do poder natural dos reis, sustentado contra a antinatural liberdade do povo, por argumentos teológicos, racionais, históricos e legais*, em livre tradução. O livro está estruturado em três capítulos denominados, respectivamente: "Que os primeiros reis foram pais de famílias"; "O governo do

que fundamentariam o poder absoluto e divino dos reis é, para o autor, portanto, a negação da liberdade natural do povo, que é considerada como contrária à natureza.

Segundo Filmer, desde que as escolas de teologia começaram a florescer, passou a ser sustentada tanto por teólogos quanto por outros estudiosos uma opinião segundo a qual a humanidade seria naturalmente livre de toda sujeição e que, consequentemente, o povo seria livre para escolher a forma de governo que lhe aprouvesse, pois todo poder que os homens possuem sobre outros homens seria atribuído "de acordo com a discrição da multidão"[203]. Embora tenha eclodido inicialmente nas escolas de teologia, essa concepção teria sido adotada de imediato, de acordo com Filmer, por todos os papistas subsequentes e também por teólogos das igrejas reformadas, o que a levou a ser facilmente acolhida pelas pessoas comuns, na medida em que ela distribui uma grande liberdade à multidão, levando-a à conclusão de que a felicidade humana só pode ser obtida por meio da liberdade e a esquecer que "o desejo de liberdade foi a primeira causa da queda de Adão"[204].

De acordo com o autor do *Patriarca*, porém, ainda que essa concepção tenha atingido mais recentemente uma grande reputação, ela contraria a doutrina cristã e a história das Escrituras, além das práticas das antigas monarquias e dos princípios da lei natural. Por esses motivos, essa "opinião", que teria sido divulgada nas obras de Parsons e Buchanan, bem como pelo cardial Bellarmino e por Calvino[205] seria, segundo Filmer, ao mesmo tempo teologicamente equivocada e politicamente perigosa[206].

De fato, sob as bases dessa teoria, tanto os jesuítas quanto os defensores da doutrina de Genebra teriam chegado, de acordo com Filmer, à "perigosa

povo ou a escolha de governantes pelo povo são contrários à natureza"; e "Leis positivas não violam o poder natural e paterno dos reis".

[203] Robert FILMER. *Patriarcha. Of the Natural Power of Kings. By the Learned Sir. Robert Filmer Baronet.* Londres: Richard Chiswell, 1680. Disponível em http://oll.libertyfund.org/titles/221. Acesso em 30/03/2016, cap. 1, §1º.

[204] Cf. FILMER, *Op. cit.*, cap. I, § 1º.

[205] Embora FILMER refira-se textualmente a CALVINO como um defensor da liberdade natural e do direito do povo de escolher livremente o seu governo, a teoria política que deu origem à "doutrina de Genebra" deve ser atribuída não ao próprio CALVINO, mas aos seguidores do teólogo, em especial Théodore de BÈZE. Para uma análise detida acerca da teoria constitucional e de resistência elaborada por BÈZE, cf. Silvio Gabriel Serrano NUNES, *Constitucionalismo e resistência em Théodore de Bèze: secularização e universalidade do direito de resistir na obra* Du Droit des Magistrats sur leurs sujets *de 1574.* (Dissertação de mestrado), FFLCH, 2011.

[206] Cf. FILMER, *Idem, ibidem.*

conclusão" de que o povo teria o poder de punir ou destituir o príncipe em caso de transgressão das leis do reino. Essa "afirmação extremada"[207], pela qual os reis estariam sujeitos à censura e à destituição por seus súditos, seguir-se-ia como consequência necessária da liberdade e igualdade naturais da humanidade e da subsequente liberdade do povo para escolher a forma de governo que lhe aprouver.

Para que esse "vasto edifício de sedição popular" possa vir abaixo por si mesmo, Filmer se dispõe, nesse sentido, a refutar a tese da liberdade e igualdade naturais da humanidade, que considera como o "primeiro e falacioso princípio" dessa concepção e que teria sido equivocadamente admitida como uma verdade inquestionável até mesmo por autores realistas, tais como John Heywood, Adam Blackwood e John Barclay, que procuraram repelir as teorias de Buchanan e Parsons sem contestar essa primeira tese de seus argumentos. Apenas após proceder à impugnação desse fundamento, Filmer acredita que será possível assegurar a verdadeira liberdade ao povo da Inglaterra, a qual considera ser a liberdade de viver sob um monarca, que assim é anunciada:

> Meu desejo e esperança é de que o povo da Inglaterra possa possuir e de fato possua os maiores privilégios entre todas as nações sob o céu; a maior liberdade; a maior liberdade do mundo (se ela for devidamente considerada) é a de um povo viver sob um monarca. Esta é a Magna Carta deste reino, todas as outras amostras ou pretextos de liberdade são apenas escravidão em diversos níveis, e liberdade apenas para destruir a liberdade[208].

Desse modo, de acordo com Filmer, a relação do rei com o seu povo é tão elevada que o bem-estar de ambos é recíproco, pois o rei apenas deseja o bem de seus súditos, o que estaria confirmado pela história da Inglaterra, a mais privilegiada nação da Terra. As sedições e confusões ocorridas desde o início do século XVII, que acarretaram a "mais anti-natural divisão dos súditos entre realistas e patriotas", seriam resultado, segundo o autor, das ideias que afirmaram a liberdade natural dos homens, na medida em que estas levaram muitos súditos a negligenciarem as verdades já estabelecidas para procurar uma nova verdade, adotando, na tentativa de colocar o rei abaixo do papa, "o caminho mais seguro de colocar o povo acima do rei" e enganando-se em

[207] A expressão utilizada por FILMER é "desperate Assertion".

[208] Cf. FILMER, *Op. cit.*, cap. I, §1º.

sua fé ao acreditar que um homem pudesse se tornar "um mártir para seu país ao ser um traidor de seu príncipe"[209].

Para refutar a "sediciosa e falaciosa" tese da liberdade e igualdade naturais da humanidade[210], Filmer elege como referência para a fixação do "estado da controvérsia", os escritos do Cardial Roberto Bellarmino (1542-1621), principalmente as obras *De Laicis* e *De Officio principis*, na medida em que nesse autor estaria "compreendida a força de tudo o que já li ou ouvi ser produzido em defesa da liberdade natural dos súditos"[211]. Filmer recorre assim ao expediente comum em seu tempo entre os escritores que tratavam de questões políticas e religiosas de apresentar seu opositor como uma antítese das ideias que pretendia defender.

Ora, para Bellarmino, pela lei de Deus o poder político estaria situado diretamente no povo, ideia essa que é considerada inconcebível para Filmer, pois levaria à conclusão de que Deus seria o autor de um "Estado Democrático", na medida em que a democracia, segundo Filmer, "não é nada mais senão o poder da multidão". Para o autor realista, se tal ideia fosse verdadeira, todas as monarquias e aristocracias seriam ilegítimas por princípio, pois teriam sido criadas pelos homens contrariamente à lei de Deus, que teria escolhido e instituído diretamente uma democracia[212].

Em seu esforço de contestação da tese de Bellarmino, Filmer lança mão, primeiramente, de uma afirmação do próprio cardeal, segundo a qual "se muitos homens tivessem sido criados juntos fora da Terra, todos eles deveriam ter sido Príncipes sobre sua Posteridade"[213]. Tal passagem conteria, de acordo com Filmer, uma clara confissão de Bellarmino de que a criação torna o homem "Príncipe de sua Posteridade", além do reconhecimento de que Adão e todos os patriarcas sucessores possuiriam, por direito de paternidade, autoridade

[209] Cf. *Op. cit.*, cap. I, § 1º.

[210] Para atingir o seu propósito, FILMER afirma ainda que não pretende se desviar dos ensinamentos dos grandes pensadores, mas por considerar que tanto ARISTÓTELES, na filosofia, quanto HOOKER, na teologia, tiveram erros ou omissões em seus pensamentos, o autor afirma que pretende "guiar-se pela descoberta da verdade que escapou a eles", do mesmo modo como um "anão algumas vezes pode perceber que com um gigante ele pode ver mais longe". Cf. *Op. cit.*, cap. I.

[211] Robert FILMER. *Patriarcha. Of the Natural Power of Kings. By the Learned Sir. Robert Filmer Baronet.* Londres: Richard Chiswell, 1680. Disponível em http://oll.libertyfund.org/titles/221. Acesso em 30/03/2016.

[212] Cf. FILMER, *Op. cit.*, cap. I, § 3º.

[213] *"If many men had been together created out of the Earth, they all ought to have been Princes over their Posterity". Apud:* FILMER, *Op. cit.*, cap. I, § 3º.

real sobre seus filhos[214]. Assim, para Filmer, da afirmação de Bellarmino resultaria que os patriarcas foram dotados de poder real, o qual foi transmitido a seus filhos e a toda a sua descendência do mesmo modo com que o comando e o poder dos pais sobre seus próprios filhos são transmitidos entre as gerações, sem excluir, contudo, a subordinação de todos ao "Primeiro Pai", que é o senhor supremo de seus filhos – e dos filhos de seus filhos – por todas as gerações, sendo portanto o "Grande Pai de seu povo"[215].

Além disso, segundo Filmer, Bellarmino teria concebido uma democracia, mas não um governo democrático, pois ainda que, na concepção do autor católico, a lei de natureza tenha originariamente atribuído o poder político à multidão, os homens não teriam o direito de usar o seu poder, mas tão-somente de transferi-lo a um único homem ou a poucos homens, o que permitiria a criação apenas de Estados monárquicos ou aristocráticos[216].

Por fim, Filmer rechaça a conclusão de Bellarmino segundo a qual a multidão, como titular originária do poder político, poderia intervir para mudar o governo caso venha a ocorrer alguma "causa legítima". Para Filmer, essa "perniciosa e perigosa conclusão"[217] de Bellarmino não se sustenta na medida em que não haveria juiz na Terra capaz de julgar a legitimidade dessa causa, de modo que o governante poderia responder apenas a Deus.

Da sujeição dos filhos ao poder de seus pais – que seria, segundo Filmer, a correta conclusão a ser extraída da afirmação de Bellarmino segundo a qual a criação faria dos homens "príncipes da sua posteridade" – Filmer deduz, assim, a fonte de toda autoridade real, que teria sido ordenada diretamente por Deus. Por esse motivo, para o autor, o poder civil não apenas teria sido instituído por Deus de forma direta, mas também atribuído especificamente aos primeiros pais. Essa constatação afasta por completo, segundo o autor, "a nova distinção" entre o poder absoluto e universal de Deus e um poder específico a cada uma das distintas formas de governo escolhidas pelo povo, exposta, entre outros autores, por Bellarmino.

Desse modo, para Filmer, os patriarcas receberam diretamente de Adão o poder e o senhorio que este, como primeiro pai, possuía sobre todo o mundo, um poder "tão largo e amplo como o mais absoluto domínio de qualquer

[214] Cf. FILMER, *Op. cit.*, cap. I, § 3º.

[215] Cf. FILMER, *Op. cit.*, cap. I, § 3º.

[216] Cf. FILMER, *Op. cit.*, cap. I, §2º.

[217] "If the *Multitude* (for I see no Body else can) then this is a pestilent and dangerous Conclusion". Cf. *Op. cit.*, cap. I.

monarca que tenha existido desde a criação do mundo"[218]. Esse domínio seria composto, segundo o autor, de três poderes distintos: o poder de vida e morte – que poderia ser extraído da passagem do Antigo Testamento em que o pai Judá pronuncia uma sentença de morte contra Tamar, sua nora, ordenando que ela fosse queimada[219] –; o poder de fazer a guerra – que estaria expresso nas Escrituras pelo direito de formação de exércitos, como o constituído por Abraão para resgatar Lot, integrado por 318 homens escolhidos entre seus melhores e mais corajosos servos[220] –; e do poder de pactuar a paz – previsto no Antigo Testamento pela formação da aliança de Abraão com Abimelec[221]. Dessa forma, de acordo com Filmer, os atos de julgar e aplicar a pena capital, fazer a guerra e concluir a paz constituiriam "as marcas principais da *Soberania* encontradas em todo *Monarca*[222]".

Esse poder patriarcal atribuído por Deus a Adão e seus descendentes teria prosseguido, segundo Filmer, também após o dilúvio, com a divisão do mundo entre os três filhos de Noé, a quem Deus deu o comando de que se multiplicasse e repovoasse a Terra[223]. Com efeito, de acordo com o autor realista, todas as nações da Terra encontram sua origem na descendência de Noé, pois após a confusão das línguas ocorrida em Babel deu-se o estabelecimento do poder real ao longo de todo o mundo, com a formação das 72 diferentes nacionalidades, as quais, no entanto, não eram "multidões confusas, sem cabeças ou governos", mas famílias distintas, que tinham pais como seus respectivos governantes, tendo em vista que "mesmo na confusão, Deus preservou a autoridade paternal pela distribuição das diversas línguas de acordo com a diversidade de famílias[224]", mantendo assim todos os pais como cabeças e príncipes de suas famílias, o que teria continuado por meio de Abraão, Isaac e Jacó e sofrido apenas uma interrupção durante o período em que o povo hebreu permaneceu no Egito sob a escravidão, no qual ocorreu temporariamente a sujeição da autoridade paterna a um príncipe mais forte. Contudo, após a libertação, Deus, "mostrando uma preocupação especial" com Israel, escolheu Moisés e Josué para governar os israelitas novamente como príncipes e no lugar dos pais supremos, em breve interrupção da sucessão linear do

[218] Cf. FILMER, *Op. cit.*, cap. I, §3º.
[219] Cf. Gn. 38, 24.
[220] Cf. Gn. 14, 14.
[221] Cf. Gn. 21, 22-24.
[222] Cf. FILMER, *Op. cit.*, cap. I, §4º.
[223] Cf. Gn. 9, 1.
[224] Cf. FILMER, *Op. cit.*, cap. I, §5º.

governo patriarcal – que se estendeu até o período dos juízes, apenas enquanto perdurou uma situação de perigo – tendo o antigo e superior direito à sucessão patriarcal sido restituído tão logo os perigos foram superados[225].

De acordo com Filmer, com o passar do tempo, embora os príncipes tenham deixado de ser pais da nação inteira – haja vista que, com o aumento da população, não mais possuíam laços de sangue com todos os súditos – eles continuaram a ser os herdeiros mais próximos dos primeiros progenitores, que foram inicialmente os pais naturais de todo o povo, o que lhes conferia o direito ao exercício da "suprema jurisdição". Tal direito permaneceria mesmo na hipótese de interrupção de linhagens, pois, segundo Filmer, haverá sempre um herdeiro mais próximo aos antigos patriarcas que esteja em condição de suceder. Para o autor, nesse sentido, apenas a ignorância do povo pode considerar que, na ausência de um herdeiro aparente, o poder supremo seria devolvido à multidão, que teria o direito de governar ou de escolher os governantes que desejasse. Para o autor realista, mesmo nas hipóteses em que venha a ocorrer uma grande obscuridade na identificação da família mais remotamente ligada ao patriarca fundador do reino - o que pode acontecer em razão de sucessivas anexações de pequenos reinos ou da união de grandes famílias – o poder real não deve ser atribuído à multidão, mas sim excepcionalmente confiado aos chefes das famílias e príncipes de províncias, uma vez que as famílias são a base da constituição do reino, devendo a escolha do sucessor ser decidida, portanto, pelos pais de família, cujos "méritos, habilidades ou fortunas" os fizeram merecedores dos favores reais[226].

Ainda que existam de fato diversos reinos em que o poder é exercido por um único homem por usurpação do poder do legítimo sucessor dos primeiros pais e mesmo sendo evidente a existência de repúblicas governadas por uma minoria ou por todo o povo, para Filmer, a autoridade que esteja depositada em um, em poucos ou em muitos pertence por direito apenas a um pai supremo, que possui um direito natural sobre a multidão, que perdurará até o fim dos tempos. De acordo com o autor cortesão, apenas a "secreta vontade de Deus" conhece as razões pelas quais ocorrem essas situações em que alguns adquirem injustamente o exercício desse direito[227].

Se compararmos, nesse sentido, os direitos naturais dos pais com os direitos dos reis, constataremos, segundo Filmer, que eles são iguais em natureza,

[225] Cf. FILMER, *Op. cit.*, cap. I, §5º.

[226] Cf. FILMER, *Op. cit.*, cap. I, § 9º.

[227] Cf. FILMER, *Op. cit.*, cap. I, § 10.

diferenciando-se apenas quanto à extensão, na medida em que ambos se destinam a preservar, alimentar, instruir, vestir e defender famílias. Enquanto os primeiros encarregam-se do cuidado de apenas uma família, os segundos dedicam-se ao zelo de muitas. Dessa forma, para Filmer, todos os atos de soberania do príncipe são voltados ao cumprimento de seu dever primordial de cuidado universal e paterno de seu povo[228].

Após sustentar, no primeiro capítulo do *Patriarca*, que os primeiros reis eram pais de famílias e que a suprema jurisdição pertence por direito natural a um único pai, Filmer passa a expor, no segundo capítulo da mesma obra, diversos argumentos que sustentariam a tese de que o governo do povo ou a escolha dos governantes pelo povo seriam contrários à natureza. Para tanto, o autor recorre uma vez mais à autoridade das Escrituras, lançando mão igualmente da autoridade das obras de diversos autores, especialmente Platão, Aristóteles e Bodin, a fim de contrariar a tese da liberdade natural exposta por Bellarmino, segundo a qual a multidão teria o direito de escolher os governantes que desejasse.

De acordo com Filmer, o "divino Platão" já teria afirmado que uma república não seria nada mais do que uma "grande família". Quanto a Aristóteles, Filmer afirma que a conclusão de que o filósofo seria um defensor da liberdade e igualdade naturais deve-se a um erro de tradução, pois embora o estagirita tenha divergido de seu mestre quanto à afirmação de que a república não passaria de uma família ampliada, "a negligência, a teimosia e as soluções voluntariosas de Lambino" – principal tradutor da obra do filósofo para o latim – fizeram com que Aristóteles fosse, durante muito tempo, considerado equivocadamente como um defensor da igualdade natural dos homens. Segundo o autor do *Patriarca*, porém, a tradução correta da obra do filósofo macedônico leva à conclusão de que o poder do governo emerge originalmente do direito de paternidade[229]. Tal conclusão seria reforçada, segundo Filmer, pela passagem extraída do Livro 1, da *Política*, em que Aristóteles afirma que, no princípio, as cidades foram governadas por reis, pois o mais velho em cada casa é rei.

[228] Cf. Idem, *ibidem*, cap. I, § 10.

[229] A controvérsia refere-se à tradução para o latim do termo grego τισιν, utilizado por ARISTÓTELES no Livro 3, cap. 16, da *Política*. Segundo FILMER, a tradução de LAMBINO, seguida por diversos outros tradutores, teria feito com que a passagem em que ARISTÓTELES faz uma citação referente à igualdade natural dos homens fosse tomada por uma afirmação do filósofo, o que teria levado à conclusão equivocada sobre o pensamento do autor. Cf. FILMER, *Op. cit.*, cap. II, § 1.

Não obstante veja nessa passagem da *Política* um reconhecimento do poder patriarcal por Aristóteles, Filmer reconhece que o estagirita, posteriormente, "esquecendo sua primeira doutrina" afirma, por um "capricho", que os primeiros reis heroicos foram escolhidos pelo povo por seus merecidos feitos em benefício da multidão, visto que os homens intelectualmente sábios seriam por natureza destinados a serem senhores e a governar, enquanto os fisicamente fortes seriam fadados a obedecer e a servir. Segundo Filmer, tal regra seria, contudo, "incerta e perigosa", pois se um homem fosse ao mesmo tempo sábio e forte não haveria para ele qualquer função, pois se possuísse sabedoria não poderia servir e se tivesse força não poderia ser mestre[230].

Outra errônea concepção acerca da liberdade natural dos homens, segundo Filmer, seria a de Políbio, para quem a multidão seria composta, antes da instituição do poder político, por "pastores de gado sem nenhuma dependência até que os corpos mais fortes e as mentes mais corajosas obtiveram o domínio de seus companheiros"[231].

Para Filmer, as concepções de Políbio e de Aristóteles, bem como as de outros "filósofos pagãos" teriam sido equivocadas em virtude da ignorância desses pensadores quanto à história mosaica da criação, a qual, se tivesse sido conhecida por eles, tê-los-ia guiado à evidência da lei dos primeiros pais, pela qual, como evidencia São Crisóstomo, "Deus fez toda a humanidade de um homem para que pudesse ensinar ao mundo ser governado por um rei, e não por uma multidão"[232].

A despeito da sabedoria das Escrituras, Filmer reconhece que, mesmo entre os cristãos, houve aqueles que se opuseram à autoridade real de Adão, em defesa da liberdade do povo. Dentre os pensadores cristãos que defendem essa concepção, Filmer aponta o jesuíta espanhol Francisco Suárez, para quem Adão teria recebido, em decorrência da criação, apenas um poder econômico, mas não político[233]. Para Suárez, embora o homem possuísse um poder sobre sua mulher e um poder paterno sobre seus filhos durante a menoridade destes, após a formação de novas famílias e a constituição de novos chefes de família – a partir da saída dos filhos da casa do pai e da esfera do poder paterno, seja pela maioridade, seja pelo casamento – os filhos tornam-se livres, passando a ter o mesmo poder dos pais em relação à nova família que constituíram. O poder político, por sua vez, teria sido instituído, segundo Suárez, apenas

[230] Cf. FILMER, *Op. cit.*, cap. II, § 1º.

[231] Cf. FILMER, *Op. cit.*, cap. II, § 1º.

[232] Cf. FILMER, *Op. cit.*, cap. II, § 1º.

[233] Cf. FILMER, *Op. cit.*, cap. II, § 2º.

após os homens terem começado a se reunir em uma comunidade, de modo que esta não se formou pela criação de Adão ou Abraão ou por sua vontade isolada, mas pela vontade de todos os que concordaram em instituí-la[234].

A concepção de Suárez é criticada por Filmer ao argumento de que o simples fato de os filhos de Adão não mais residirem nos limites "dos muros de sua casa" não acarreta a perda de nenhuma parte da autoridade de Adão sobre eles, pois pouco importa se os filhos habitam em um mesmo domicílio, se moram em uma casa contígua ou mesmo a certa distância, mas apenas o fato de poderem receber os comandos paternos de seu pai e soberano. Essa concepção estaria, segundo Filmer, de acordo com a definição de casa formulada por Bodin, que embora mencione que a família se restringiria a uma casa, amplia seu significado para incluir no conceito de família todas as pessoas que devam obediência a um e único chefe de família. Além disso, Bodin também preferiria a utilização do termo hebreu para designar a família, que tem um sentido de "chefe, príncipe ou senhor", em detrimento do termo grego, que tem o sentido apenas de "casa"[235].

Assim, para Filmer, ainda que Suárez tenha procurado limitar a extensão do que se pode compreender como "família de Adão", ele teria admitido que Adão e os patriarcas tiveram poder absoluto de vida e morte, bem como de paz e guerra, no âmbito de suas casas ou famílias, razão por que, se esse poder decorre da lei de natureza, não haveria qualquer liberdade da qual seus filhos pudessem dispor[236].

No que se refere à concepção de Aristóteles segundo a qual a sociedade familiar e a sociedade política seriam distintas entre si por possuírem diferentes fins, na medida em que a primeira teria por objetivo a geração, enquanto a segunda teria por finalidade a conservação da comunidade, Filmer sustenta que, ainda que se admitisse como válida a distinção de finalidades proposta por Aristóteles, ambas as sociedades possuem um objetivo comum mais abrangente, qual seja, a conservação da humanidade, de modo que a distinção entre ambas seria apenas uma espécie de diferenciação de ofícios ou funções para a realização do objetivo geral comum às duas sociedades: a preservação da humanidade[237].

Para sustentar seu argumento segundo o qual os filhos não adquirem liberdade em relação a seus pais – e, diante da equivalência entre a sociedade

[234] Cf. Francisco SUÁREZ, *Defesa da fé católica,* Porto Alegre: Concreta, 2015. Livro 3, cap. II, 19.

[235] Cf. FILMER, *Op. cit.*, cap. II, §§ 2º-3º.

[236] Cf. FILMER, *Op. cit.*, cap. II, § 3º.

[237] Cf. FILMER, *Op. cit.*, cap. II, § 3º.

familiar e a sociedade política, também não se tornam politicamente livres – e contestar, assim, a afirmação de Suárez pela qual os filhos seriam eximidos da autoridade paterna a partir da constituição de uma nova família, Filmer sustenta que, mesmo sendo eventualmente o costume de certos lugares, pelo exclusivo favor dos pais, a supressão de parte da autoridade paterna sobre os filhos em determinadas condições, isso não se deve à lei de natureza, tratando-se de simples liberalidade, o que poderia ser comprovado pelo fato de esse costume não ser uma prática universal. Assim, por exemplo, a lei de Moisés seria clara, segundo Filmer, ao dar ao pai o direito de apedrejar o filho desobediente[238], sob os olhares dos anciãos, não cabendo ao magistrado ou a ninguém mais, questionar a justiça de sua causa, pois os pais têm o direito de vida e morte sobre os filhos[239].

Também entre os romanos, "mesmo em seu Estado mais popular", o poder de vida e morte dos pais sobre os filhos, segundo Filmer, sempre teria existido, tendo sido ratificado e ampliado pela Lei das Doze Tábuas, que estabeleceu o direito do pai de vender o filho até três vezes, tendo em vista que apenas a partir da quarta venda ocorreria a perda do poder paterno[240]. Para o autor realista, Roma floresceu graças ao poder paterno e diversas vezes foi salva de grandes perigos, pois os patriarcas romanos não hesitavam em revelar as conspirações e as condutas de seus próprios filhos, que quando chegavam ao exercício de magistraturas, praticavam com frequência atos que tendiam à sedição. O caso memorável e exemplar seria o de Spurius Cassius, cujo pai, após ver o filho publicar, no exercício do consulado, a lei agrária – estabelecendo a divisão das terras em Roma em benefício do povo – condenou o próprio filho à morte, por seu próprio e privado julgamento, atirando-o da Rocha

[238] Cf. A passagem a que FILMER se refere está no livro do Deuteronômio: "Se alguém tiver um filho rebelde, contumaz e indócil, que não aprende a obedecer ao pai e à mãe e não dá ouvidos aos bons conselhos, mesmo quando o corrigem e disciplinam, o pai e a mãe o conduzirão até os anciãos e líderes de sua comunidade, à porta da cidade, e denunciarão às autoridades da cidade: 'Este nosso filho é por demais teimoso e rebelde; não nos obedece, é devasso e vive embriagado!' Então, diante desse depoimento, todos os homens da cidade o apedrejarão até a morte. Assim, portanto, eliminarás o mal do meio do teu povo; todo o Israel ficará sabendo o que ocorreu e ficará temeroso!" Cf. Dt, 21, 18-21.

[239] Cf. FILMER, *Op. cit.*, cap. II, § 4º.

[240] Cf. FILMER, Op. cit., cap. II, § 4º. Filmer se refere à previsão contida na tábua IV da "Lei das Doze Tábuas", que assim dispõe: "*Cum patri lex ... dederit in filium vitae necisque potestatem* (...). *Si pater filiumter venum du[vit] filius a patre liber esto*" ["O pai terá sobre os filhos nascidos de casamento legítimo o direito de vida e morte. (...) Se o pai vendeu o filho três vezes, este filho não mais recairá sob o pátrio poder"]. Tradução livre. Cf. Paul F. GIRARD et Félix SENN. *Les lois des Romains*. Napoli: Jovene, 1977, p. 23-24.

Tarpeia, para espanto do povo e dos magistrados, que não puderam intervir, segundo Filmer, exatamente por ser um direito do pai dispor da vida de seu filho, ainda que contrariamente à vontade dos magistrados e do povo[241].

Depois de esforçar-se em procurar demonstrar que a autoridade dos reis teria sido naturalmente instituída e não seria decorrente da eleição livre do povo, Filmer passa a tratar, no terceiro capítulo do *Patriarca*, da impossibilidade de que as leis positivas venham a limitar ou suprimir o poder paterno dos reis. Contrariamente aos autores que sustentam que a autoridade real seria decorrente da escolha do povo, Filmer afirma, nesse sentido, que o poder dos reis é derivado diretamente da lei de Deus, razão pela qual nenhuma lei inferior pode submetê-lo ou limitá-lo, pois o rei – como pai da nação – governa de acordo com a sua própria vontade e não pela vontade de seus súditos ou filhos[242].

Uma "verdade irrefutável" da superioridade dos príncipes em relação às leis estaria expressa, segundo Filmer, na evidência histórica de que existiam príncipes antes mesmo da existência de leis positivas, pois durante muito tempo a palavra do rei foi considerada a única lei e mesmo os melhores reis de Israel e Judá não estiveram submetidos a nenhuma lei, mas agiam como lhes conviesse em todas as grandes questões[243].

Ora, de acordo com o autor realista, a jurisdição ilimitada dos reis foi tão amplamente descrita por Samuel que levou alguns a imaginarem que as inúmeras alusões a grandes misérias e inconvenientes da monarquia não passavam de um truque utilizado pelo profeta para exercer ele mesmo o poder, ao tentar supostamente amedrontar os israelenses quanto aos possíveis desmandos da monarquia. Outra interpretação da caracterização hostil da monarquia realizada no livro de Samuel seria considerá-la como uma descrição profética do futuro governo corrompido de Saul. Mas a correta interpretação das Escrituras, segundo Filmer, leva a concluir que o intuito de Samuel foi o de ensinar o povo da necessidade de integral obediência a seu rei, até mesmo nas situações que os súditos pudessem considerar danosas ou inconvenientes a si mesmos ou a seus interesses, pois ao revelar tudo o que

241 A versão exposta por FILMER para a morte de Cassio é controversa e os diferentes relatos do fato são frequentemente explorados pelos autores políticos para sustentar posições conflitantes. Cf. FILMER, *Op. cit.*, cap. II, § 4º.

242 Cf. FILMER, *Op. cit.*, cap. III, § 1º.

243 Cf. FILMER, *Op. cit.*, cap. III, § 2º.

um rei teria o poder de fazer, o profeta estaria instruindo os súditos quanto àquilo que teriam o *dever* de sofrer[244].

Nesse sentido, de acordo com Filmer, não apenas seria um direito dos reis causar danos e prejuízos aos súditos como também deveriam os monarcas estar isentos de qualquer punição caso venham a violar direitos dos súditos, pois o texto sagrado não faz nenhuma distinção entre os reis e os tiranos, de modo que a obediência pacífica seria devida a ambos. Para o autor realista, não há, assim, nenhum remédio possível a ser adotado pelos súditos contra os tiranos – seja pelo povo, seja pelos "senhores subordinados e inferiores" –, exceto "chorar e rezar nesse dia"[245]. Essa obediência incondicional, segundo Filmer, não seria apenas agradável aos súditos, mas também desejada por eles, pois seria da natureza dos súditos servir a seu senhor, de acordo com os diferentes nascimentos e condições[246].

Invocando a autoridade de Bracton, Filmer afirma, na sequência, que a divindade do poder real na Inglaterra teria sido muito bem estabelecida pelo jurista, ao sustentar que o rei estaria "acima de tudo e abaixo de nada, exceto de Deus", de modo que, na hipótese de uma eventual ofensa, nada poderia se opor à ordem do rei, cabendo aos súditos apenas peticionar para que ele corrija a sua falta; caso, contudo, ele não o faça, nada poderia ser feito pelos homens, que estariam obrigados à obediência incondicional, restando-lhe tão-somente esperar a justiça de Deus, que agiria em relação ao monarca como um "vingador"[247].

Para Filmer, portanto, todas as leis são derivadas exclusivamente da autoridade do rei, que delas é o único autor, corretor e moderador, não havendo lei alguma, natural ou civil, capaz de diminuir o poder natural que os reis possuem sobre seu povo por direito de paternidade[248]. Quanto ao parlamento, onde as leis são feitas, o autor afirma que embora o termo "parliament" não seja de grande antiguidade – pois teria sido trazido da França apenas para substituir a antiga expressão latina "conventum magnatum", pela qual era designada a "assembleia dos sábios" instituída desde tempos remotos pelos saxões – a reunião de nobres e prelados em que essa assembleia sempre se

[244] Cf. FILMER, *Op. cit.*, cap. III, § 2º.
[245] Cf. FILMER, *Op. cit.*, cap. III, § 2º.
[246] Cf. Idem, *ibidem*, cap. III, § 11.
[247] Cf. Idem, *ibidem*, cap. III, § 11.
[248] Cf. FILMER, *Op. cit.*, cap. III, § 11.

constituiu foi frequentemente utilizada por diversos reis da Inglaterra para consulta sobre importantes questões de Estado[249].

Dentre as diversas vantagens que poderiam advir tanto para o povo quanto para o rei de um parlamento bem ordenado, a maior seria, segundo Filmer, a de "expressar a majestade e o poder supremo do rei"[250]. Dessa forma, a principal função do parlamento, para o autor, é a de permitir que o povo se dirija ao rei por meio de "humildes petições e súplicas", que caso venham a contar com o consentimento do monarca podem vir a se tornar leis. O parlamento facilitaria, assim, o governo do rei, por tornar as leis inquestionáveis tanto para os magistrados inferiores quanto para "a multidão refratária"[251]. Por meio dos parlamentos, o povo teria a vantagem de ver mais facilmente seus justos pedidos e queixas atendidos, os quais de outra forma sucumbiriam por sua impertinência, pois é no parlamento em que o rei senta-se para ouvir seu próprio povo, e é onde "a voz de uma multidão é mais facilmente escutada"[252].No parlamento, portanto, segundo Filmer, todas as leis são feitas isoladamente pelo rei, a pedido do povo.

No que se refere à extensão da autoridade do parlamento, Filmer afirma, recorrendo à metáfora do corpo político, que o parlamento é "o tribunal do rei", mas ressalta que nenhuma das duas casas que o integram pode ser considerada tribunal supremo, nem mesmo ambas as casas reunidas, pois "elas são apenas membros, e uma parte do corpo, do qual o rei é a cabeça e o governante"[253]. É por esse motivo que, segundo Filmer, as mais antigas leis do reino, ao se referirem ao parlamento e à forma do reino da Inglaterra, aludem à imagem do "rei no *seu* parlamento", pois o reino se confunde com a cabeça do rei, devidamente acrescida dos membros de seu próprio corpo, as casas do parlamento[254].

A conclusão de que o rei seria o único governante do corpo político – do qual as casas do parlamento seriam apenas os membros – poderia ser extraída, de acordo com Filmer, do fato de ser o próprio monarca quem dirige os julgamentos das casas do parlamento, ainda que eventualmente isso seja feito por meio de seu conselho ou de seus juízes. Outra evidência de que as leis seriam expressão da vontade exclusiva do monarca residiria no fato de que

249 Cf. Idem, *ibidem*, cap. III, § 11.

250 Cf. FILMER, *Op. cit.*, cap. III, § 12.

251 Idem, *ibidem*.

252 Idem, *ibidem*.

253 Cf. FILMER, *Op. cit.*, cap. III, § 16.

254 Cf. Idem, *ibidem*.

as leis tornam-se válidas apenas com a aposição do "grande selo real", que expressaria o consentimento do monarca. Além disso, o preâmbulo da Magna Carta também não deixaria dúvidas quanto a quem é o único autor das leis, na medida em que o documento começa com a identificação do monarca como instituidor e garantidor de todos os direitos[255].

Em relação à origem e à finalidade das leis positivas, Filmer salienta que a concepção segundo a qual as leis teriam sido inventadas para conter e moderar o grande poder dos reis não é verdadeira, pois a origem das leis remontaria à necessidade de manutenção da multidão em ordem e não à contenção dos monarcas. De acordo com o autor realista, os Estados populares não poderiam subsistir de modo algum sem as leis, ao passo que os reinos foram governados por muitos anos sem qualquer lei. Assim, por exemplo, em Atenas, tão logo o povo afastou do poder os reis, a multidão teria sido forçada a dar o poder primeiro a Drácon e depois a Sólon para que fizessem as leis, não para conter os reis, mas a si mesma. E esse poder concedido aos legisladores não era limitado, mas absoluto, para que pudessem ab-rogar ou confirmar tudo o que quisessem. Em Roma, do mesmo modo, o povo teria atribuído ao "Decenvirato", segundo Filmer, um poder absoluto para que pudesse corrigir e compilar suas leis e instituir a "Leis das Doze Tábuas", não resguardando para si nenhum poder para desafiar ou questionar essas leis[256].

O motivo pelo qual os reis também passaram a editar leis, de acordo com Filmer, não deve ser atribuído, nesse sentido, à necessidade de contenção de seu próprio poder, mas tão-somente a uma questão prática: como os reis estavam frequentemente ocupados com guerras ou com questões de interesse público – o que dificultava o acesso e o contato direto dos súditos com suas pessoas – para que os homens pudessem conhecer as suas vontades, os reis passaram a declará-la por meio de leis, dispensando assim a exigência de contato pessoal dos súditos com os monarcas[257]. Dessa forma, para Filmer, nenhuma lei positiva pode estar acima da vontade do monarca, que é o único autor das leis do reino, além de ser o garantidor de todos os direitos nelas declarados.

[255] O trecho do preâmbulo da Magna Carta citado por FILMER pode ser assim livremente traduzido: "João, pela graça de Deus, cumprimentando todos os arcebispos e súditos, saibam que nós, por nossa própria boa vontade, garantimos a todos os homens livres essas liberdades". Cf. FILMER, *Op. cit.*, cap. III, § 16.

[256] Cf. FILMER, *Op. cit.*, cap. III, § 4º.

[257] Cf. FILMER, *Op. cit.*, cap. III, § 5º.

Assim, como destaca Maria Cecília P. Almeida[258], a partir da caracterização do monarca como o pai da nação, o *Patriarca* expressa uma veemente defesa da prerrogativa real, além de conter uma acirrada negação de qualquer direito dos súditos para mudar o governo ou resistir ao rei. Por esse motivo, a obra de Filmer foi ostensivamente veiculada, no contexto da "crise de exclusão", pelos defensores da supremacia do rei em relação ao parlamento, que propugnavam que o poder real teria origem natural e divina, não podendo nenhum homem ou instituição – nem mesmo o parlamento – modificá-lo, substituí-lo ou limitá-lo. Qualquer alteração da regra de sucessão hereditária do monarca, ainda que em um contexto de dúvidas e suspeitas políticas e religiosas sobre o sucessor, representaria, de acordo com os fundamentos expostos por Filmer, uma frontal violação ao comando divino segundo o qual os patriarcas, como sucessores de Adão, possuiriam, por direito de paternidade, autoridade real sobre seus filhos e súditos[259].

Ora, se para Filmer os patriarcas receberam de Adão o poder e o senhorio sobre o mundo, que lhe foi entregue diretamente por Deus, o único poder legítimo sobre a Terra seria o poder exercido pelos herdeiros mais próximos dos primeiros progenitores, que teriam o direito ao exercício da "suprema jurisdição" por serem os pais naturais de todo o povo. Por essa concepção, o poder deve sempre ser mantido com o herdeiro mais próximo aos antigos patriarcas, como legítimo sucessor dos primeiros pais, pois este teria sido o comando de Deus ao atribuir a Adão o domínio sobre o mundo, não havendo, segundo Filmer, previsão nas Escrituras de retorno do poder supremo à multidão, que não é dotada de liberdade pela lei de natureza, já que a atribuição de liberdade ao povo seria na verdade uma forma de escravidão, ou "liberdade apenas para destruir a liberdade"[260].

Ao transportarem tal argumento ao contexto da "crise de exclusão", os defensores da supremacia do poder real sustentavam, com fundamento na teoria de Filmer, que qualquer medida para afastar o herdeiro mais próximo da linha de sucessão seria uma tentativa de usurpação do poder, pois não caberia ao povo, diretamente ou por meio de seus representantes, o direito de governar ou de escolher os governantes que desejasse, mas apenas ao próprio

[258] Cf. Maria Cecília Pedreira de ALMEIDA. *Escravos, súditos e homens: a noção de consentimento na polêmica Locke-Filmer,* Dissertação de mestrado, Faculdade de Filosofia Letras e Ciências Humanas da Universidade de São Paulo, São Paulo, 2006, p. 21-22.

[259] Cf. FILMER, *Op. cit.*, cap. I, § 3º.

[260] Cf. FILMER, *Op. cit.*, cap. I, §1º.

rei, que na condição de "pai supremo da nação" possuiria um direito natural e absoluto sobre a multidão, que perdurará até o fim dos tempos[261].

Dessa forma, a veemência dos argumentos expressos no *Patriarca* contribuiu decisivamente para a rejeição definitiva do "ato de exclusão", culminando com a ascensão de Jaime II ao trono em 1685, a despeito da grande mobilização dos defensores da supremacia do parlamento, que defenderam o afastamento do Duque de York da linha de sucessão ao trono por três parlamentos sucessivos, entre os anos de 1679 e 1681.[262] Nesse sentido, se analisada em seu contexto de elaboração e principalmente de divulgação, a doutrina do direito divino dos reis concebida por Robert Filmer foi de grande influência para a controvérsia política ocorrida na Inglaterra do final do século XVII, devendo ser considerada, como propõe Almeida, para além do "círculo vicioso de omissão, preconceito e caricatura que tem dificultado a interpretação mais completa e detalhada a seu respeito"[263].

De acordo com Laslett, nesse sentido, na ocasião de publicação de sua obra pelos partidários da supremacia do monarca, Filmer, embora não mais estivesse vivo, representava a maior referência teórica da política inglesa, pois sua doutrina era divulgada e debatida por todos, fosse para exaltá-la, fosse para criticá-la[264]. Ainda que alguns comentadores considerem, como Gordon Schochet, que o patriarcalismo de Filmer não passa atualmente de "nota de rodapé"[265] ou que o autor, como propõe Harold Laski, talvez "nunca tivesse sido conhecido se Locke não o tivesse honrado com sua réplica"[266], a ampla incorporação de seus argumentos pelos defensores da monarquia absoluta e o repúdio despertado em um grande número de autores políticos dão mostras, como destaca Almeida, da força e do prestígio que a teoria de Filmer teve em seu tempo[267].

A contestação da teoria de Filmer era, portanto, imprescindível para o fortalecimento da posição dos defensores da supremacia do parlamento. A esse esforço se dedicaram, de modo praticamente simultâneo, teóricos como Henry Neville, Algernon Sidney e John Locke, conforme se abordará detalhadamente a seguir.

[261] Cf. FILMER, *Op. cit.*, cap. I, § 9º.

[262] Cf. Christopher HILL. *The century of Revolution.* London: Routledge, 1993.

[263] Cf. Maria Cecília P. ALMEIDA, *Op. cit.*, p. 10.

[264] Cf. LASLETT John. *Introdução.* In: John LOCKE. *Dois tratados sobre o governo.* São Paulo: Martins Fontes, 2005, p. 97.

[265] Cf. Gordon SCHOCHET. *The autoritharian family and political attitudes in 17th century England: – Patriarchalism in political thought.* Transaction Books, New Brunswick, 1988, p. 2.

[266] Cf. Harold LASKI. *Political Thought in England: Locke to Bentham.* Home University Library, reprinted, London, 1949, pp. 29-30.

[267] Cf. Maria Cecília P. ALMEIDA, *Op. cit.*, pp. 22-23.

2.2. Henry Neville

Com a eclosão da guerra civil inglesa, em 1642, o jovem Henry Neville, que acabara de concluir sua educação formal em Oxford, partiu para a Itália para dedicar-se a estudos de línguas e humanidades. Ao retornar à Inglaterra em 1645, elegeu-se, no mesmo ano, representante de Abingdon no longo parlamento, nas mesmas eleições que levaram Algernon Sidney à casa dos comuns, como representante de Cardiff. Em novembro de 1651, ainda um jovem parlamentar, Neville foi eleito membro do Conselho de Estado, sendo então um dos favoritos de Cromwell, com o qual rompeu, no entanto, quando este passou a concentrar o poder e formar um governo de uma única pessoa[268].

Como destaca Andrew Millar, Neville foi um dos líderes do clube de republicanos fundado por James Harrington, o "Rota Club", a sociedade de intelectuais destinada a instilar e difundir ideias e princípios republicanos, que se tornou célebre na Inglaterra no final da década de 1650, na qual o autor de *A república de Oceana*, Neville e outros republicanos reuniam-se diariamente para a realização de discursos e debates sobre o governo da Inglaterra, os quais eram invariavelmente concluídos com votações realizadas em uma urna, procedimento que jamais havia sido utilizado na Inglaterra anteriormente e que não era sequer conhecido até então[269]. A proximidade de Neville com Harrington era patente, o que levou Hobbes a considerar, após ler *A república de Oceana*, que havia "um dedo de Henry Neville naquele bolo", em alusão à metáfora utilizada por Harrington para apresentar sua proposta constitucional e descrever o "mistério da vida política"[270].

Com o retorno dos Stuart em 1660, Neville fugiu, mas foi capturado, e após breve período aprisionado, libertado. A despeito da derrocada do regime republicano, o autor manteve-se politicamente ativo mesmo após a restauração, participando dos acalorados debates políticos que antecederam e caracterizaram a "crise de exclusão" por meio da publicação de traduções, panfletos

[268] Cf. Andrew MILLAR, *Some account of H. Neville, In:* NEVILLE, Henry. *Plato Redivivus; or, A Dialogue Concerning Government.* Londres: A. Millar, 4ª ed., 1763, p. 1.

[269] Além de HARRINGTON e NEVILLE, faziam parte do clube Cyriac SKINNER, que fora aluno de John MILTON, John WILDMAN, Charles WOLSLEY, Roger COKE, William POUTNEY, Henry FORD, Robert WOOD, Henry CROONE e William PETTY. O próprio John MILTON chegou a comparecer a algumas reuniões. Esse clube de republicanos durou até 21 de fevereiro de 1659, quando os membros do longo parlamento que haviam sido expurgados pelo coronel Thomas PRIDE em 1648 foram restaurados pelo general MONKE, o que suplantou a esperança de que qualquer modelo de república pudesse subsistir. Cf. A. MILLAR, *Op. cit.*, p. 3-4.

[270] Cf. MILLAR, *Op. cit.*, p. 4.

e obras de natureza política. Assim, em 1674 e 1680, o autor traduziu para o inglês diversas obras de Maquiavel, que foram publicadas em Londres com o seu prefácio. É dele também a primeira tradução para o inglês da carta de Maquiavel a Zénobio de Buondelmonti, na qual o florentino realiza uma justificação de sua vida e obra, e que fora trazida por Neville da Itália em 1645, por ocasião do retorno de sua viagem ao continente[271]. Em 1668, o filósofo publicou o panfleto *The Isle of Pines*, que contém, em forma de distopia, uma sarcástica crítica ao governo patriarcal, e pode ser tomado como a mais ácida resposta ao *Patriarca* de Robert Filmer. Mais tarde, em 1680, no auge da "crise de exclusão", o autor publicou *Plato Redivivus,* considerada por muitos sua principal obra, que teve já no ano seguinte, em 1681, uma segunda edição, diante do estrondoso sucesso da primeira edição, que se esgotou rapidamente[272].

Citado frequentemente entre as obras de Neville consideradas "menores", *The Isle of Pines,* de 1668 – o quinto panfleto do autor e o primeiro publicado depois da restauração da monarquia – permaneceu um longo período no esquecimento, pois foi lido das mais diversas e contraditórias maneiras desde a sua edição. De fato, como observa Helvio Moraes[273], o texto foi por muito tempo considerado como um simples relato de viagem ou como um precursor do gênero literário que viria a ser conhecido após a publicação do romance *Robinson Crusoe,* de Daniel Defoe, como "robinsonade", isto é, uma narrativa autobiográfica de um náufrago perdido em uma ilha deserta. Além disso, como salienta Susan Bruce, o texto pode ser colocado ao lado de obras como a *Utopia,* de Thomas More, e *New Atlantis,* de Francis Bacon, como uma utopia literária elaborada no contexto da era dos descobrimentos, gênero que alude invariavelmente a um discurso de origem da sociabilidade humana e do poder político[274].

Embora o texto tenha sido lido como uma simples obra literária de ficção, a análise do contexto de sua edição e do posicionamento político de seu autor revelam, por outro lado, como bem assinala Moraes, ser a obra na verdade uma sarcástica crítica aos princípios do governo patriarcal, concebida por Neville como uma resposta ao *Patriarca* de Robert Filmer, que havia circulado na

[271] Cf. Andrew MILLAR, *Some account of H. Neville, In:* NEVILLE, Henry. *Plato Redivivus; or, A Dialogue Concerning Government.* Londres: A. Millar, 4ª ed., 1763, p. 1-8.

[272] Cf. A. MILLAR, *Op. cit.*, p. 6.

[273] Cf. Helvio MORAES. *A republican's criticism of patriarchal rule in Henry Neville's* The Isle of Pines. In: *MORUS – Utopia e Renascimento,* nº 8, 2012, p. 77-94.

[274] Cf. Susan BRUCE, *Introduction,* In: *Three early modern utopias – Utopia, New Atlantis and The Isle of Pines.* Oxford: Oxford University Press,1999, p. ix-x.

Inglaterra em manuscritos desde a década de 1640[275], e que após a restauração passou a gozar de imenso prestígio, ao ponto de ser considerada como a doutrina oficial do poder monárquico[276].

Do ponto de vista formal, o panfleto *The Isle of Pines* é composto por dois testemunhos em forma de carta, que relatam a colonização da ilha paradisíaca situada no Oceano Índico, cuja população descende integralmente do único homem sobrevivente do naufrágio de um navio inglês que ia em direção às Índias Ocidentais no tempo do reinado de Elizabete I, o inglês George Pine. A primeira carta contém o relato escrito por Pine, o primeiro colonizador da ilha, que servia no navio não como marinheiro, mas como contador. A segunda carta consiste no relato escrito por Henry Cornelius Van Sloetten, um navegador holandês que chega à ilha no ano de 1667, e estabelece contato com os descendentes de George Pine, em especial um de seus netos, William, que lhe entrega a carta escrita por seu avô[277].

Na primeira parte do panfleto, o náufrago fornece em sua carta informações sobre como o navio, após contornar o cabo da boa-esperança e antes de chegar à ilha de Saint Lawrence, atual Madagáscar, foi desviado por uma tempestade até uma ilha rochosa e sobre como ele e as outras quatro sobreviventes – a filha do capitão do navio, duas empregadas e uma escrava negra – foram capazes de superar as dificuldades e estabelecer uma colônia na nova terra. O relato baseia-se essencialmente no modo como Pine povoou a ilha ao relacionar-se simultaneamente com as quatro mulheres, o que levou à constituição de uma grande família, que era formada, pouco antes de sua morte, aos oitenta anos de idade, por 1789 descendentes, dos quais 47 eram seus filhos, todos nascidos na própria ilha a partir do relacionamento do patriarca com as quatro mulheres sobreviventes[278].

Por meio do relato do náufrago, na primeira parte de seu panfleto, Neville descreve a ilha colonizada por Pine como um local agradável e pacífico, bastante semelhante ao paraíso adâmico, o que se presta a identificar Pine, como bem observa Moraes, com os patriarcas antediluvianos Adão e Noé:

[275] Conforme anteriormente mencionado, a obra de FILMER foi escrita na década de 1630 e circulou amplamente em manuscritos entre os defensores da supremacia do poder real a partir da década de 1640, como consectária das ideias absolutistas, antes ser publicada em 1680.

[276] Cf. MORAES, *Op. cit.*, p. 79-80.

[277] Cf. Henry NEVILLE. *The Isle of Pines.* In: *Three early modern utopias – Utopia, New Atlantis and The Isle of Pines.* Oxford: Oxford University Press,1999, p. 187-213.

[278] Cf. MORAES, *Op. cit.*, p. 77-78.

> *Tendo assim vivido por quatro meses inteiros* e *não tendo avistado ou escutado qualquer povo selvagem, ou qualquer outra companhia além de nós mesmos (...) percebemos depois que o lugar é uma grande ilha, fora do alcance da visão de qualquer outra terra, totalmente desabitada e sem qualquer animal perigoso para nos atrapalhar: ao contrário, o local é muito agradável, sempre coberto de verde e cheio de excelentes frutos e grande variedade de pássaros, sempre quente, e nunca mais frio do que a Inglaterra em setembro. Assim, esse lugar (aos ser habilmente cultivado por essas pessoas) iria revelar-se um paraíso*[279].

Assim, de modo semelhante à povoação do mundo por Adão, Neville descreve a colonização da ilha por Pine como a formação de uma grande família, composta de seus filhos, netos e bisnetos, que deram origem a quatro grandes ramos – os *English*, os *Sparks*, os *Trevors* e os *Phills* – de acordo com a descendência de cada uma das mulheres, respectivamente: Sarah English, a filha do capitão do navio, Mary Sparks e Elizabeth Trevor, as empregadas, e Philippa, a escrava, que não possuía sobrenome[280]. Ao conjunto de habitantes da ilha, Pine denominou *English Pines*, que eram por ele governados como o patriarca de sua grande família. Pouco antes de sua morte, depois de tomar as providências para que os homens de uma família se casassem com as mulheres de outras famílias "sem deixar que nenhum se casasse com suas irmãs, como tivemos que fazer anteriormente, em razão da necessidade", Pine manifesta a sua vontade de transmitir a seu primogênito, após a sua morte, o posto de "rei e governador" de toda a ilha, nos moldes de um patriarca:

> *Eu não tinha mais nada agora com o que me preocupar, exceto com o lugar para onde eu deveria ir, e já estando eu muito velho, com quase oitenta anos de idade, doei, para depois de minha morte, a minha cabine e os móveis [que restaram do naufrágio] para o meu filho mais velho, que se casara com a minha filha mais velha da minha amada esposa, a quem eu fiz Rei e Governador de todos os demais: eu os informei sobre as maneiras da Europa, e os encarreguei de preservar a Religião cristã, de manter e falar a mesma língua e não admitir nenhuma outra; pois de agora em diante alguém poderia vir a encontrá-los*[281].

[279] Cf. Henry NEVILLE. *The Isle of Pines*. In: *Three early modern utopias – Utopia, New Atlantis and The Isle of Pines*. Oxford: Oxford University Press,1999, p. 190. Tradução livre.
[280] Cf. NEVILLE, *Op. cit.*, p. 192.
[281] Idem, *ibidem*, p. 193.

A segunda parte do panfleto encerra a carta escrita pelo navegador holandês Henry Cornelius Van Sloetten, cujo navio também fora desviado para a ilha por uma tempestade, o que fez com que ele entrasse em contato com os descendentes de Pine e conhecesse a história do náufrago e da colonização da ilha. O relato de Van Sloetten vale-se, como assinala Moraes, de um expediente literário de que muitos escritores de utopias lançam mão, o de enquadrar suas narrativas no relato de um viajante através do qual o contato com um mundo desconhecido e seus personagens torna-se possível[282]. De fato, a descrição do navegante, para além de conter uma exposição do estado em que a ilha e a população se encontravam no momento de sua chegada, permite ao leitor conhecer a história da ilha desde a sua fundação, principalmente ao dar voz a uma narrativa de William Pine, o neto de George e "senhor" da ilha, que é representado como um "príncipe" e "governante-chefe"[283].

Por meio do relato de William inserido na carta de Van Sloetten, o leitor toma conhecimento, nesse sentido, de que não obstante o governo patriarcal estabelecido por George Pine tenha sido relativamente bem-sucedido durante sua vida, após sua morte, porém, com o crescimento da população, os mais fortes começaram a oprimir os mais fracos e a ilha passou a enfrentar sucessivas desordens, o que levou à rápida degeneração do governo e à "queda das boas ordenações prescritas" anteriormente:

> (...) *uma vez que é impossível, mas que em multidões desordenadas crescerá, o mais forte procurando oprimir os mais fracos, nenhum vínculo de religião sendo forte o suficiente para conter a natureza depravada da humanidade, ainda que entre eles as violações comecem a aumentar, e eles logo decaíram daquelas boas ordens prescritas por meu avô*[284].

De acordo com William, a principal causa dos desmandos pode ser atribuída à "negligência em ouvir a leitura da Bíblia", que embora fosse obrigatória pelas prescrições realizadas por George Pine, deixou de ser observada pela maior parte das pessoas, que começaram a vagar sem lei por toda a ilha sem recorrer a nenhum outro meio de instrução cristã, o que fez com que "o senso do pecado fosse completamente perdido" e levou-os a cometer "prostituições, incestos e adultérios", de modo que aquilo que George Pine

[282] Cf. MORAES, *Op. cit.*, p. 80.
[283] Cf. NEVILLE, *Op. cit.*, p. 195.
[284] Cf. NEVILLE, *Op. cit.*, p. 195.

"foi forçado a fazer por necessidade" seus descendentes passaram a fazer "por licenciosidade"[285].

A mudança das condições de vida na ilha e a degeneração do governo patriarcal levou, assim, a uma alteração no governo, que foi promovida por Henry Pine, filho de George e pai de William. Para tanto, Henry formou inicialmente um pequeno exército, armado de paus e pedras, para capturar e punir os transgressores da lei. A campanha pelo interior da ilha foi bem-sucedida e levou à captura do mais temível dos malfeitores, John Phill, que foi julgado e condenado à morte por "diversas tiranias", sendo então atirado ao mar do alto de um penhasco. Após a condenação exemplar e a concessão de perdão a outros transgressores, Henry estabeleceu um pequeno conselho, com o auxílio do qual instituiu novas e mais apropriadas leis, pois assim "como a semente plantada no esterco malcheiroso produz um grão bom e saudável para a manutenção da vida do homem", também "más condutas produzem leis boas e saudáveis para a preservação da sociedade humana"[286]. Por fim, para completar sua reforma, Henry instituiu um conselho com a competência específica de executar as novas leis estabelecidas, composto de quatro membros, cada um dos quais provenientes de uma das diferentes tribos e designados de acordo com suas habilidades, que deveriam reunir-se anualmente para prestar contas sobre o que foi feito para a execução dessas leis.

Ainda a partir do relato de Van Sloetten, Neville descreve que após o período de estabilidade vivenciado na ilha durante o governo misto estabelecido por Henry Pine, o equilíbrio e as condições de vida na ilha voltaram a degenerar-se ao longo do governo de William Pine, conforme constata o próprio navegante holandês, no decorrer de suas explorações da ilha. Para além das precárias condições de vida da maioria da população, o holandês observa que a própria figura de William, que vivia cercado de um grande número de servos e revestido de grande pompa, em muito se aproximava da postura de um rei, em grande contraste com a simplicidade das condições em que viviam os demais habitantes da ilha. A degradação da estrutura política acarretou, assim, a irrupção, poucos dias antes da data de partida dos holandeses, de uma insurreição, deflagrada pelo estupro da mulher de um dos chefes da família dos Trevors, praticado por Henry Phill. Assim, a grande segmentação política levou à formação de facções que "colocaram sob risco de ruína o Estado como um todo", em razão da fraca autoridade de William Pine:

[285] Cf. Idem, *ibidem*, p. 195.

[286] Cf. NEVILLE, *Op. cit.*, p. 196-197.

> *O Governador William Pine procurou resolver o assunto, mas encontrou sua autoridade fraca demais para reprimir tamanho distúrbio; pois quando as barreiras do governo são quebradas, o que há de mais vil torna-se a regra"*[287]

Apenas com a intervenção dos holandeses, dotados de recursos técnicos consideravelmente superiores aos dos colonos, o exército rudimentar formado por William Pine conseguiu conter a rebelião e impedir a guerra civil, após a captura de Henry Phill, que é julgado e condenado a ser lançado ao mar do alto de um rochedo, com a mesma crueldade imposta a seu antepassado John Phill, que, como observa o viajante holandês, era "a única maneira que eles tinham de punir alguém com a morte, além da fogueira". Do relato de Van Sloetten, nesse sentido, a sociedade política estabelecida na ilha sob o governo de William Pine é descrita como bárbara, precária e decadente, a ponto de só ser salva da ruína pelo acaso de contar com a intervenção de um visitante estrangeiro, mais bem equipado e organizado.

A partir dos dois grandes relatos epistolares de *The isle of Pines*, pode-se traçar, portanto, como bem analisa Moraes, três períodos distintos da colonização da ilha. O primeiro é caracterizado pelo estabelecimento por George Pine de uma a "comunidade política árida", fortemente baseada em princípios patriarcais. O segundo momento é marcado pelo governo misto instituído por Henry Pine, que logrou obter um adequado "balanço do domínio" ao atribuir o poder de executar as leis a uma espécie de pequeno parlamento, exatamente no momento em que a ilha passou a ser mais amplamente ocupada pela população. O último momento coincide com aquele em que Van Sloetten chega à ilha, já sob o governo de William Pine, cuja figura é em tudo semelhante à de um rei, repleto de pomposas cerimônias, mas que não possui o controle sobre os súditos e não consegue fazer com que a lei seja executada, exceto com a intervenção de um poder estrangeiro. De acordo com Bruce, a estrutura política existente sob o governo de William pode ser descrita como "uma sociedade tribal fragmentada, repleta de divisões fratricidas; uma sociedade que soaria muito claramente para um leitor do século XVII como bárbara"[288].

A distinta caracterização desses três momentos da organização político-social da ilha pode ser considerada, também, sob o ponto de vista do tratamento literário fornecido por Neville, como bem aponta Peter Stillman, respectivamente como uma arcadia – em que há a representação de um lugar

[287] Cf. NEVILLE, *Op. cit.*, p. 197.

[288] Cf. Susan BRUCE, *Op. cit.*, p. xli. Tradução livre.

imaginário e paradisíaco que oferece paz e tranquilidade –, uma utopia – na qual a estrutura política apropriada ao momento foi capaz de fornecer harmonia e felicidade entre os habitantes da ilha – e uma distopia – em que a degradação das condições políticas levaram os ilhéus a uma situação de degeneração e conflito[289].

O único trecho do panfleto apto a ser designado propriamente como utópico consiste, nesse sentido, na descrição do governo liderado por Henry Pine – cujo prenome, como sugere Moares, não é escolhido por acaso, mas possui clara referência autobiográfica ao próprio Neville –, o qual consegue controlar as revoltas e motins que começaram a acontecer imediatamente após a morte de George Pine por meio do estabelecimento de um conjunto de leis e de um governo misto, o que permitiu que Henry Pine governasse a ilha até a sua morte, sem grandes ameaças ao bem-estar da comunidade. A instituição desse pequeno parlamento, que expressa, segundo Moraes, a ideia de uma autoridade legislativa compartilhada entre a "regra do um", os "poucos" e os "muitos", presta-se, também, à introdução da ideia de contingência e necessária mutabilidade do poder político, uma vez que o grau de poder atribuído ao monarca varia ao longo dos anos e, principalmente, de acordo com as reviravoltas e circunstâncias da vida política na ilha[290].

Com efeito, em clara alusão à concepção política de Maquiavel – que fora expressada na Inglaterra por Harrington em *A república de Oceana* e posteriormente desenvolvida pelo próprio Neville em *Plato redivivus* – o autor descreve que a degeneração sofrida no governo patriarcal de George Pine deveu-se ao crescimento da população e à nova forma de ocupação da ilha, o que ensejou uma mudança no "balanço do domínio" e exigiu uma consequente alteração do governo, promovida com sucesso pela ação de Henry Pine que, dotado de *virtù*, soube aproveitar a *ocasião* e realizar a mudança do governo no momento em que a *fortuna* trouxe à ilha a rebelião liderada por John Phil.

Fica evidenciada em tal formulação, nesse sentido, a presença dos conceitos de *virtù*, *fortuna* e *ocasião*, centrais na filosofia política de Maquiavel, que apontam a adoção por Neville de argumentos transpostos pelos diferentes pensadores que protagonizaram o "momento maquiaveliano" de formação do pensamento republicano na Inglaterra, em especial Harrington, companheiro de Neville no "Rota Club" e sua principal referência teórica.

289 Cf. Peter STILLMAN. *Monarchy, Disorder and Politics in The Isle of Pines*. Utopian Studies, Vol. 17, nº 1, Penn State University Press, 2006, p. 147-175, *Apud* Helvio MORAES, *Op. cit.*, p. 80.
290 Cf. MORAES, *Op. cit.*, p. 82.

De fato, como explicitado com maestria por Patrícia Aranovich, a ocasião, tal qual é representada pelo filósofo florentino no poema *Dell'Occasione*, corresponde a representações que outros autores renascentistas fazem da fortuna, de modo que apenas em Maquiavel essas ideias – fortuna e ocasião – estão separadas. Como analisa a comentadora, no poema *Di Fortuna* a ocasião é representada pelo filósofo como uma donzela "descabelada e simples" que brinca entre as rodas, enquanto em *Dell'Occasione* ela é a caracterizada como uma donzela com asas nos pés e os pés sobre uma bola, a reforçar a ideia de *roda*, fugidia e escorregadia, capaz de ser dominada apenas pela velocidade da ocasião. Como acrescenta Maquiavel n'*O Príncipe*, a ocasião, por sua vez, só pode ser identificada por quem tem *virtù* e, por esse motivo, é capaz de percebê-la[291]. Assim, da caracterização da ação de Henry Pine realizada por Neville, pode-se depreender que a força e a audácia decorrentes da *virtù* desse governante permitiram-lhe aproveitar da ocasião e domar a fortuna, evitando a degeneração do governo patriarcal pela sua transformação em um governo misto.

Além disso, da degradação moral de John Phill e posteriormente de Henry Phill pode-se observar, como destaca Gaby Mahlberg, que para Neville – assim como para Harrington – a corrupção do povo é a consequência e não a causa da instabilidade política, pois são os defeitos dos regimes políticos que dão origem aos defeitos morais, e não o contrário. Ao pressupor que a humanidade possui uma "natureza depravada", conforme afirmado por William Pine no discurso dirigido ao navegante holandês, Neville manifesta, nesse sentido, uma concepção pessimista acerca da capacidade do indivíduo para a virtude e para o autodomínio, de modo que a contenção das mazelas morais necessária à estabilidade política deve ser realizada por meio do estabelecimento de boas leis e do desenvolvimento de uma forma de governo adequada às circunstâncias, em conformidade, em especial, com a distribuição da propriedade da terra existente no momento[292].

Ao período de plena estabilidade política vivido sob o governo misto instituído por Henry Pine, Neville contrapõe, na sequência de sua narrativa ficcional, o período de decadência e depravação vivenciado na ilha sob

[291] A dificuldade de identificação da ocasião deve-se ao fato de ela não se apresentar muitas vezes, nem por muito tempo, como se evidencia pelo fato de ser ela representada com o cabelo no rosto e descabelada, para que não seja facilmente identificada. Cf. Patrícia F. ARANOVICH. *Di Fortuna e a Fortuna em Maquiavel*. In: *Cadernos de Ética e Filosofia Política 18*, 1/2011, p.221-230.

[292] Cf. Gaby MAHLBERG. *Henry Neville and English Republican Culture in the Seventeenth Century – Dreaming of Another Game*. Manchester: Manchester University Press, 2009, p. 6.

o governo monárquico exercido por William Pine, marcado pela tentativa anacrônica e inadequada de reestabelecimento do governo patriarcal fundado por George Pine, que existira na ilha nos primeiros anos da colonização. O fracasso dessa empreitada – que fica evidente pela necessidade de intervenção estrangeira para contenção da insurreição deflagrada por Henry Phil – é ocasião para Neville criticar a tentativa de restabelecimento do governo patriarcal a despeito das transformações econômicas e sociais pelas quais a ilha havia passado e de restabelecer um governo em desacordo com o balanço do domínio resultante do novo estado de coisas.

Como bem analisa Moraes, nesse sentido, a corrupção, a desordem e a depravação descritas por Neville como características do governo de William Pine são consequências morais das ações políticas ou individuais baseadas nos princípios patriarcais aplicados de modo incompatível às necessidades contingentes da nova estrutura econômica e social da ilha, em clara analogia com o governo degenerado e fracassado de Carlos II na Inglaterra, que pretendia instituir, após a restauração da monarquia, um governo monárquico absoluto fundado nos antiquados princípios teóricos do patriarcalismo, consolidados no *Patriarca* de Robert Filmer[293]. Essa transposição do universo ficcional para a realidade política da Inglaterra fica evidente, também, pela descrição do eficaz amparo dos holandeses para a contenção da insurreição deflagrada por Henry Phil, que salvou o governo de William Pine de um colapso decorrente de sua própria ineficiência, graças à superioridade técnica e tática dos holandeses comandados por Van Sloetten. Analisada no contexto da publicação de *The isle of Pines*, em que a segunda guerra anglo-holandesa havia acabado de ser encerrada com clara vitória dos holandeses[294], a descrição da intervenção dos holandeses no governo monárquico de William Pine emerge como uma evidente denúncia de Neville da fraqueza bélica e da política de relações exteriores da monarquia de Carlos II, para além de seu malogro político interno.

Dessa forma, para além da contraposição entre o sucesso do governo misto instituído por Henry Pine e o rudimentar patriarcalismo existente nos primeiros anos de colonização da ilha, a crítica do governo patriarcal apregoado

[293] Cf. MORAES, *Op. cit.*, p. 83.

[294] Conflito armado travado entre março de 1665 e julho de 1667 entre a República dos Países Baixos e o Reino da Inglaterra, a segunda guerra anglo-holandesa foi marcada pela retomada das animosidades que haviam dado origem à primeira guerra anglo-holandesa, travada no período republicano como consequência do ato de navegação editado por Oliver Cromwell em 1651, e que havia sido vencida pela Inglaterra em 1654 e resultara no monopólio inglês para o comércio marítimo com suas colônias.

por Filmer no *Patriarca* é engendrada por Neville em *The isle of Pines* também por meio da analogia entre o governo distópico de William Pine e o governo de Carlos II na Inglaterra, que, ao insistir na estruturação de uma monarquia absoluta fundada em princípios patriarcais, a despeito das mudanças substanciais ocorridas na distribuição da propriedade da terra no país, mostrou-se totalmente inadequado ao momento histórico[295], estando assim à beira de um colapso, tal qual o governo de William Pine na ilha descrita por Neville, que só é salvo da derrocada graças à interferência dos holandeses.

Essa ideia de inadequação do patriarcalismo a uma realidade histórica baseada em um novo balanço do domínio, abordada por Neville em seu panfleto *The isle of Pines*, é retomada posteriormente pelo filósofo em sua principal obre política, *Plato Redivivus*, publicada em 1680, no ápice da "crise de exclusão". Como assinala Millar, tal obra é baseada na mesma máxima política de *A república de Oceana*, de James Harrington, a de que o império sempre deve seguir o balanço do domínio, mas há entre essas obras uma diferença considerável: enquanto *Oceana* consiste apenas em um projeto imaginário de república, *Plato Redivivus*, por sua vez, contém a explicitação do método necessário para tornar uma monarquia – e particularmente a monarquia da Grã-Bretanha – feliz e bem sucedida internamente e poderosa em suas relações exteriores, por meio da estruturação de uma monarquia mista[296]. Para tanto, Neville concebe sua obra como um diálogo entre três personagens, no qual os envolvidos são, segundo Millar, pessoas reais: um nobre da República de Veneza que está de férias na Inglaterra e que ocupara diversos cargos na "Sereníssima República"; um cavalheiro inglês, que é na verdade o próprio Neville; e um médico, que dá voz às opiniões do doutor Lower, grande amigo do filósofo[297].

Formalmente estruturado em três diálogos mantidos pelas personagens no intervalo de poucos dias, *Plato Redivivus* consiste, nesse sentido, em um debate político estabelecido entre um nobre viajante veneziano, um inglês, seu anfitrião, e um médico. Como explicitado por Neville na breve apresentação realizada no "argumento" do texto, o veneziano, que exercera diversas

[295] Como aponta MORAES, desde o século XVI, a *gentry* e o povo tinham logrado obter consideráveis porções de terra na Inglaterra, o que levou a uma redução da parcela de terra sob a propriedade do rei e da nobreza. Assim, de acordo com Harrington e Neville, uma nova forma de governo deveria abarcar a participação dos novos proprietários em detrimento do governo patriarcal, baseado na propriedade absoluta e exclusiva do monarca. Cf. MORAES, *Op. cit.*, p. 79.

[296] Cf. A. MILLAR, *Some account of H. Neville, Op. cit.*, p. 6-7.

[297] Idem, *ibidem*, p. 7.

magistraturas na república de Veneza, após servir a seu governo na França, resolve fazer algumas viagens antes de regressar a sua cidade. Assim, depois de passar por Alemanha, Flandres e Holanda, o personagem chega à Inglaterra, onde é recebido na residência de um cavalheiro britânico, situada em Londres. Cerca de dois meses após a sua chegada, porém, o hóspede veneziano fica gravemente doente, o que o leva a ser submetido aos cuidados e tratamentos de "um célebre médico da nação" que, de acordo com Neville, além possuir um profundo conhecimento da medicina, a ponto de descobrir "partes do corpo humano anteriormente escondidas", é também grande conhecedor de outras áreas e profissões[298].

Estabelecido o diálogo entre os três personagens, a doença e o tratamento do veneziano são utilizados como analogia para a abordagem de questões políticas, o que é evidenciado já no título completo da obra de Neville: *Plato redivivus, ou, Um diálogo sobre o governo, no qual, por meio de observações extraídas de outros reinos e estados, tanto antigos quanto modernos, é realizado um esforço para descobrir nossa atual doença política, com suas causas e remédios*[299]. De modo semelhante ao expediente utilizado por Cícero em seu diálogo *De Re Publica*, em que o filósofo romano utiliza o fenômeno astronômico do parélio ou dos dois sóis como metáfora para a divisão do senado e do povo romano[300], Neville lança mão da comparação entre a doença enfrentada pelo corpo natural, com sua etiologia, sintomas, sinais e possíveis tratamentos, e a doença suportada pelo corpo político, que deve ser diagnosticada e tratada com os remédios mais eficazes que estiverem à disposição dos "médicos do estado", a fim de evitar a corrupção e a morte do corpo[301].

Assim, ao apresentar, no "primeiro diálogo", os contornos do debate a ser estabelecido, Neville lamenta que esteja totalmente fora de uso o "sábio costume" que existia entre os gregos antigos de recorrer, sempre que "encontravam qualquer loucura ou indisposição em seus vários governos", àqueles que foram chamados de "sete sábios da Grécia", que eram verdadeiros "médicos do estado", encarregando-os, antes que eclodisse uma doença, de obter "a cura

298 Cf. Henry NEVILLE. *Plato Redivivus; or, A Dialogue Concerning Government*. Gloucester: Dodo press, 2009, p. iv.

299 *Plato Redivivus: or, a dialogue concerning government, wherein, by observations drawn from other kingdoms and states both ancient and modern, an endeavour is used to discover the present politick distemper of our own, with the causes, and remedies.*

300 Cf. Isadora BERNARDO. *O De Republica de Cícero: natureza, política e história*. (Dissertação de mestrado). FFLCH, 2012.

301 Cf. NEVILLE, *Op. cit.*, p. 3.

a partir de algumas boas receitas, para evitar que essas sementes de doença pudessem fincar raiz e destruir a paz pública"[302]. Ao pretender realizar, com o auxílio de seu interlocutor, esforço semelhante aos dos sete sábios da Grécia para avaliar a doença do corpo político da Inglaterra de seu tempo, Neville enfatiza, porém, a gravidade da patologia que acomete tal corpo, pois "em nossos dias, estes sinais ou sintomas de doenças no Estado não se tornaram visíveis até que todo o corpo estivesse corrompido e que o paciente estivesse afetado por uma doença incurável, exceto se lhe forem ministrados violentos remédios"[303]. Desse modo, Neville propõe ao médico encarregado do tratamento do nobre veneziano que façam um "debate produtivo" para informar o viajante convalescente e "passar o tempo", no qual cada um deve falar e expor suas convicções, interrogando-se, interrompendo-se e contradizendo-se um ao outro, "para que um só não fale tudo e para que não fique parecendo um discurso estudado, adequado para publicação, mas sim um diálogo familiar"[304].

Tendo de tal maneira justificado a escolha da forma dialógica em detrimento da discursiva, Neville concede a palavra, no "segundo diálogo", ao nobre veneziano, que então formula a questão central a ser perscrutada ao longo do diálogo: quais são os motivos a justificar que a Inglaterra, "que já foi considerada (e muito justamente) como um dos povos mais importantes do mundo; e que desempenhou grande papel tanto na paz, em tratados, na guerra e no comércio, tenha agora tão pouco respeito, e signifique tão pouco no exterior?"[305] Mesmo admitindo estar há pouco tempo no país, o próprio estrangeiro arrisca-se a apontar algumas causas que acredita possam explicar a decadência dessa nação, outrora pujante internamente e respeitada internacionalmente, atribuindo assim o perecimento do reino à desunião entre o povo e os governantes, ao descontentamento da burguesia e às desordens populares, ainda que empreendidas sem violência ou tumulto[306].

Mesmo concordando com a avaliação do veneziano sobre a decadência de seu país, Neville chama a atenção para o fato de que, paradoxalmente a isso,

[302] And you would have good store of practice in your former capacity, if the wise custom amongst the ancient Greeks were not totally out of use. For they, when they found any craziness or indisposition in their several governments, before it broke out into a disease, did repair to the physicians of state (who, from their profession, were called the seven wise men of Greece;) and obtained from them some good recipes, to prevent those seeds of distemper from taking root, and destroying the public peace. Cf. NEVILLE, *Op. cit.*, p. 3.

[303] Cf. NEVILLE, *Op. cit.*, p. 4.

[304] Idem, *ibidem*, p. 4.

[305] Cf. Idem, *ibidem*, p. 6.

[306] Cf. NEVILLE, *Op. cit.*, p. 6.

a Inglaterra possui um povo "leal e fiel a seu príncipe" como nenhum outro no mundo, um parlamento "formado pelos homens mais eminentes do reino", em que até mesmo aqueles que integraram o partido anti-realista ao longo do regime republicano também são defensores da paz e estão atentos para que não se faça qualquer coisa que possa levar o país aos "perigos e incertezas" que o ameaçaram outrora e que quase levaram à ruína toda a nação[307]. Não podendo ser atribuída ao povo, ao rei ou ao parlamento, a causa dos infortúnios da Inglaterra deve-se, assim, segundo Neville, à ruína do governo, que se deteriorou progressivamente ao longo dos últimos anos e chegou, no final do século XVII, a uma situação de evidente ineficiência e clara agonia:

> *Os maus conselheiros, o antigo Parlamento, os juízes morosos, o clero adulador, os papistas ardilosos e os conselhos franceses não são as causas de nossos infortúnios, mas apenas os efeitos (como são as nossas atuais perturbações) de uma causa primária, que é a violação e a ruína do nosso governo, que, tendo-se deteriorado ao longo dos últimos duzentos anos, chegou tão perto da expiração ao ponto de estar agora agonizante, já não podendo desempenhar as funções da vida política, nem continuar o trabalho de ordenar e preservar a humanidade*[308].

De acordo com Neville, nesse sentido, a causa primária da desventura da Inglaterra é a deterioração do governo, e não os maus conselheiros, a subserviência do clero, o parlamento, os papistas e outros tantos motivos frequentemente aventados, que são considerados pelo filósofo apenas como os efeitos da degradação e inadequação do arranjo institucional do governo, diversos sintomas de uma doença que possui uma única causa[309]. Em *Plato Redivivus,* Neville retoma, assim, de modo explícito, a mesma compreensão sobre a decadência da Inglaterra expressada de forma satírica em *The isle of Pines,* atribuindo a corrupção, a desordem e a depravação da nação à inadequação do governo às transformações econômicas e sociais ocorridas no país nos últimos duzentos anos e que deram origem a um novo balanço do domínio.

Para tratar a causa dessa patologia e afastar, em consequência, todos os maléficos efeitos da doença, Neville afirma que os conselheiros do rei, ao perceberem a "decadência das fundações" do governo, deveriam ter orientado o rei a "convocar um parlamento, o verdadeiro médico, para examinar a doença

[307] Idem, *ibibem*, p. 7.
[308] Idem, *ibibem*, p. 8.
[309] Idem, *ibibem*, p. 8.

e procurar uma cura, antes que tivesse sido tarde demais, como temo que seja agora, para corrigir ou emendar o velho governo"[310]. Ao mesmo tempo em que Neville reconhece no parlamento a figura de "médico de Estado" que atribuíra aos sete sábios da Grécia, o autor critica severamente os conselheiros do rei e os ministros de Estado, cuja omissão considera indesculpável e por isso "merecem toda a fúria que deve em um momento ou outro ser dirigida contra eles"[311]. No que diz respeito ao rei e ao povo, por outro lado, Neville isenta-os de qualquer responsabilidade em relação à ruína da nação, por estarem totalmente impossibilitados, diante do estado das coisas, de agir de modo diferente. Para ilustrar esse aspecto, o filósofo lança mão de uma tópica recorrente na filosofia política, comparando o rei ao comandante de um navio e o povo aos marinheiros da embarcação, além de relacioná-los, de modo menos elegante, ao carroceiro e aos bois de um carro de bois:

> *No entanto, nem o príncipe, nem o povo podem neste momento ser responsabilizados por não serem capazes de fazer melhor as coisas, não mais do que o carroceiro deve responder por sua condução doentia, ou os bois pela sua tração desviada da carroça, quando a carroça está quebrada pelo mal uso e pelo desgaste do tempo e as rodas já estão imprestáveis; ou então o capitão de um navio e os marinheiros, por não superarem uma tempestade se o navio tiver uma tábua solta*[312].

Para além de atribuir os males da nação à inadequação do governo, Neville compara os vícios na *constituição* do corpo político a doenças que atingem a *constituição* do corpo natural, como por exemplo o raquitismo, que, segundo o autor, embora seja curável logo no início, é muito difícil de ser diagnosticado durante o período em que ainda é tratável, pois seus sintomas e sinais não são ainda facilmente identificáveis, ao passo que quando os sintomas podem ser discernidos, a doença já está em um ponto muito difícil – se não impossível – de ser remediada[313]. A esse argumento, que é explicitamente atribuído por Neville ao "divino Maquiavel", soma-se ainda uma referência indireta

[310] Idem, *ibibem*, p. 8.
[311] Idem, *ibibem*, p. 8.
[312] "(...) neither prince nor people are in the mean time to be blamed, for not being able to conduct things better; no more, than the waggoner is to answer for his ill guiding, or the oxen for their ill drawing the waggon; when it is with age and ill usage broken, and the wheels unserviceable; or the pilot and mariners, for not weathering out a storm; when the ship hath sprung a plank". Cf. NEVILLE, *Op. cit.*, p. 8. Tradução livre.
[313] Cf. NEVILLE, *Op. cit.*, p. 8.

à teoria dos humores do florentino, que o autor inglês considera o âmago do corpo natural e os alicerces da sociedade política:

> *Assim como no corpo do homem, em que embora às vezes a cabeça e todos os membros estejam em boas condições e as partes vitais estejam sólidas e inteiras, se houver, porém, uma putrefação considerável nos humores, ou, pior ainda, se o sangue (a que as Escrituras chamam de vida) estiver impuro e corrompido, o paciente não deixa de estar em grande perigo, e frequentemente morre se não houver a intervenção de algum médico habilidoso, enquanto a cabeça e todas as partes sofrem e permanecem inquietas, como se ambas fossem imediatamente afetadas, o mesmo ocorre em todos os aspectos com o corpo político, ou a sociedade política (commonwealth), quando seus alicerces estão apodrecidos*[314].

De acordo com Neville, nesse sentido, assim como no corpo natural muitas doenças não podem ser atribuídas à cabeça ou aos membros – que frequentemente permanecem hígidos a despeito da constatação de patologias – mas sim à impureza e à corrupção dos humores, também no corpo político as doenças se devem não ao mau funcionamento de suas partes – que no caso do reino da Inglaterra são o povo, o parlamento e o rei –, devendo ser atribuídas ao desequilíbrio ou à patologia do governo, que é o verdadeiro alicerce do corpo político e responsável pelo adequado funcionamento das partes.

Ainda que a referência aos humores da sociedade política em comparação aos humores do corpo natural seja realizada por Neville com importantes diferenças em relação à teoria dos humores de Maquiavel, na medida em que, para o autor florentino, os humores não são a representação do governo, mas dos ânimos antagônicos das diferentes partes da cidade – o do povo, de não ser comandado ou oprimido, e o dos grandes, de oprimir e comandar[315] –, a preponderância conferida por Neville à boa constituição do governo para a adequada solução dos conflitos põe em relevo a visão positiva que o autor inglês possui em relação aos conflitos, evidenciando outro importante aspecto da teoria de Maquiavel[316].

[314] Cf. NEVILLE, *Op. cit.*, p. 9.

[315] "Pois, em todas as cidades, existem esses dois humores diversos que nascem da seguinte razão: o povo não quer ser comandado nem oprimido pelos grandes, enquanto os grandes desejam comandar e oprimir o povo". Cf. Nicolau MAQUIAVEL, *O Príncipe*, São Paulo: Abril Cultural, 1973, p. 43.

[316] De fato, para MAQUIAVEL, os conflitos e tumultos são decorrentes da contraposição entre os diferentes humores da cidade, mas têm por consequência o surgimento de boas leis, criadas em favor da liberdade. É o que o florentino expressa nos *Discorsi*: *"Direi que quem condena os tumultos*

Assim, Neville alerta que, para que não se atribua a enfermidade da nação a causas "equivocadas e ridículas" e não se faça uso de "remédios inadequados" para tratá-la, deve-se levar em consideração o modo de organização do governo, que constitui a única causa da ruína da nação. A tendência de se considerar os efeitos da degeneração do governo como se fossem causas da ruína da nação – como por exemplo o crescimento do papismo, que é apenas um entre os muitos efeitos da doença – faz com que os tratamentos empregados sejam ineficazes para a cura da patologia, que persiste e ressurge a despeito do remédio empregado[317].

Após elogiar o governo de Veneza, por considerá-lo "a única escola no mundo atual", dotado de admiráveis estabilidade e durabilidade ao permanecer "por mais de dois mil anos inteiro e perfeito", Neville empreende uma digressão acerca da fundação dos governos em geral e afirma que "a necessidade fez o primeiro governo" e todos os demais, que são instituídos entre os homens "para o interesse e preservação da humanidade". Assim, para Neville, embora os homens vivessem, antes da instituição do governo, em um estado de natureza em que todos possuíam direito a tudo, a inexistência de propriedade fazia com que prevalecesse o interesse do mais forte, o que deu origem a um estado de guerra perpétua:

> *Pois cada homem pela primeira lei da natureza (que é comum entre nós e os animais) tinha, como animais em um pasto, direito a tudo; e não havendo nenhuma propriedade, cada indivíduo, se ele fosse o mais forte, podia aproveitar tudo o que qualquer outro também possuíra antes, o que instaurou um estado de guerra perpétua. Para remediar isso, e diante do medo de que nada podia ser apreciado por muito tempo por qualquer pessoa em particular (nem estava a vida de homem algum em segurança), cada homem consentiu em ser privado de seu direito universal a todas as coisas, limitando-se a um usufruto tranquilo e seguro de uma parte, que lhe seria atribuída. Disso iniciou-se a posse ou a propriedade: e para mantê-la, foi necessário consentir com as leis e instituir um governo para colocá-las na execução*[318].

entre nobres e plebe parece censurar as coisas que foram a causa primeira da liberdade de Roma e considerar mais as assuadas e a grita que de tais tumultos do que os bons efeitos que eles geravam; e não consideram que em toda República há dois humores diferentes, o do povo, e o dos grandes, e que todas as leis que se fazem em favor da liberdade nascem da desunião deles". Cf. Nicolau MAQUIAVEL, *Discursos*, L.I, 4.

[317] Cf. NEVILLE, *Op. cit.*, p. 9.

[318] Cf. NEVILLE, *Op. cit.*, p. 11.

A instituição do governo deve-se, portanto, segundo Neville, à necessidade dos homens de garantir a segurança de sua vida e assegurar o direito de propriedade, o que é realizado por meio da renúncia dos homens ao direito universal a todas as coisas e do estabelecimento, por consentimento, de leis comuns para a garantia daquele direito, e de um governo encarregado de executá-las.

No que se refere ao governo paterno, em relação ao qual o nobre veneziano chama a atenção por ser ele considerado como a origem das monarquias, Neville afirma que embora não seja fácil fazer a prova negativa de que os governos não se originam desse poder, se pudéssemos levantar as origens de todas as sociedades políticas que existem ou existiram desde a origem do mundo, certamente constataríamos que nenhuma delas foi originada do poder paterno. Isso porque as origens comumente indicadas de um tal poder remontam às Escrituras, de onde não se extrai, porém, em nenhuma passagem, qualquer estabelecimento de uma sociedade política fundada no poder paterno.

De fato, segundo Neville, as Escrituras não afirmam nada sobre Adão ter transmitido a Caim ou Seth um império. Do mesmo modo, seria impossível para Noé exercer qualquer jurisdição sobre seus próprios filhos, que estavam dispersos em três partes do mundo. Quanto a Abraão e seu filho Isaac, as Escrituras os retratam apenas como pais de família que governaram suas próprias casas, mas não a povos ou nações. Com relação a Jacó, por sua vez, quando, de acordo com Neville, este comunica a seus filhos em seu leito de morte a promessa que Deus havia feito a seu avô, qual seja, de originar a partir dele uma grande nação e dar a toda a sua posteridade um território fértil, o patriarca não menciona em nenhum momento a atribuição de um império a Rubem, seu primogênito, em detrimento de seus irmãos, mas pressupõe a todos como iguais, os quais também foram assim considerados por Moisés quando este dividiu a terra àqueles por sorteio e, por ordem de Deus, fez dela uma sociedade política[319].

Desse modo, Neville conclui que a atribuição da origem das monarquias a um poder patriarcal fundado nas Escrituras não passa de uma "fantasia", que foi proposta "não pelo sólido julgamento de qualquer homem, mas para lisonjear a algum príncipe", com vistas a afirmar, na falta de melhores argumentos, um suposto direito divino das monarquias[320]. Por esse motivo, em que pese tenham existido e ainda existam muitas monarquias absolutas no mundo,

[319] Cf. NEVILLE, *Op. cit.*, p. 12.
[320] Idem, *ibidem*, p. 12-13.

um tal poder – que não se destina à preservação da humanidade, mas apenas "à grandeza e ao poder do príncipe" – não pode jamais, segundo Neville, ser dado pelo consentimento de um povo de modo perpétuo a toda a humanidade. Assim, embora o povo de Israel tenha escolhido, contra a vontade de Samuel e de Deus, pedir e instituir para si um rei, tal escolha não significou uma submissão perpétua da humanidade à monarquia absoluta, até porque, de acordo com Neville, mesmo após a instituição do rei, o governo de Israel não se tornou uma monarquia absoluta, na medida em que todas as ordens anteriormente existentes, em especial o Sinédrio, a congregação do povo e os príncipes das tribos, continuaram a existir[321].

Considerando que as monarquias absolutas não foram instituídas de modo permanente na humanidade como consequência da escolha de um rei pelo povo de Israel, Neville sustenta que devemos buscar na história os motivos que levaram à instituição de tais governos. Segundo o autor, conquanto não haja muitas referências sobre os primeiros principados, podemos conjecturar que as monarquias absolutas devem ter-se originado da corrupção dos melhores governos, que por sua vez acarretou a depravação dos costumes, "pois nada é mais certo do que o fato de que os defeitos políticos alimentam os defeitos morais, dos quais nossa nação é farta em exemplos". Foi desse modo que Nimrod, que é chamado nas Escrituras de "grande caçador", adquiriu o seu reinado, que é amplamente reconhecido como o de um "grande tirano"[322].

No que se refere às monarquias despóticas modernas, por sua vez, Neville considera que elas foram instituídas de duas diferentes maneiras. A primeira delas foi pelo fingimento de seu primeiro fundador, que simulou possuir uma missão divina e assim ganhou não só seguidores como também fácil acesso a alguns lugares sem a necessidade de sequer fazer uso da força, expandindo depois seu poder por meio de grandes conquistas. Foi esse o modo como Mohamet e Genghis Khan estabeleceram seus reinos entre os sarracenos e os tártaros, respectivamente. A segunda maneira pela qual as monarquias absolutas foram estabelecidas na modernidade foi pela grande sabedoria de um príncipe, "ou de um magistrado-chefe de uma monarquia mista e seu conselho", que em virtude do descuido do povo, foram capazes de extinguir a nobreza ou limitá-la, "afastando progressivamente o povo de seus protetores e tornando-o escravo". Esse foi o caso, segundo Neville, das monarquias da França e "de alguns outros países", nos quais não há mais limites para

[321] Idem, *ibidem*, p. 13.

[322] Idem, *ibidem*, p. 13.

o poder real, em razão do fortalecimento do poder real em detrimento dos demais estados do reino, que foram extintos ou imensamente limitados[323].

Sempre que essa concentração de poderes nas mãos do monarca não venha acompanhada da alteração da propriedade dos súditos – o que foi o caso das monarquias modernas, em que os súditos mantiveram a sua propriedade – pode-se dizer, de acordo com Neville, que houve uma mudança de governo, mas não que os novos governos estejam "fundados ou estabelecidos", pois, como enfatiza o autor, "não há máxima mais infalível e segura em qualquer ciência do que esta da política: a de que o império é fundado na propriedade". Para Neville, nesse sentido, há um "inegável aforismo" na política, segundo o qual a força ou a fraude podem alterar um governo, mas apenas a propriedade pode "fundá-lo e eternizá-lo". Em consequência disso, as sociedades políticas que tiveram o seu governo alterado mas que não estão fundadas na propriedade, isto é, não estão ajustadas ao "balanço do domínio", na expressão consagrada por Harrington, como é o caso da monarquia francesa, passarão inevitavelmente por grandes tumultos e dissenções, na medida em que o governo está estruturado de modo a permitir que o rei governe "tiranicamente um país que não é inteiramente seu"[324].

Após examinar, no "segundo diálogo", diversos exemplos históricos de governos adequadamente fundados ou não no "balanço do domínio", entre os quais os governos das cidades da Grécia, da Macedônia, do Egito e de diversas cidades da península itálica, passando pela análise da lei agrária de Roma, Neville analisa, no "terceiro diálogo", os problemas de instabilidade no governo da Inglaterra, que teriam perdurado por quase duzentos anos, período no qual o autor afirma que o governo na Inglaterra esteve "louco". Voltando a adotar a analogia entre o corpo natural e o corpo político, o filósofo passa a abordar, também, o modo como tais problemas podem ser prevenidos no futuro, por meio da superação das causas que os acarretaram, o que só poderá ser feito com a instituição de um bom governo[325].

Para Neville, nesse sentido, em que pese ao longo dos últimos duzentos anos o governo da Inglaterra tenha estado "louco", sempre que o parlamento – o verdadeiro "médico da nação" – procurou fazer algo em relação a isso, houve grandes animosidades e dissensões, que levaram enfim às guerras civis. Por esse motivo, segundo Neville, a cura só virá se houver a compreensão

[323] Idem, *ibidem*, p. 14.

[324] Cf. NEVILLE, *Op. cit.*, p. 14.

[325] Cf. NEVILLE, *Op. cit.*, p. 73.

de que o governo da Inglaterra está "quebrado" e que a única causa disso é a ruptura de suas fundações na propriedade. Assim, para se superar a doença há que se atacar a sua causa, razão pela qual ou se deve manter o velho governo e trazer de volta a propriedade para sua situação anterior, dando ao rei e aos lordes suas terras novamente, ou, de outro modo, fundar o governo na propriedade, nos termos em que ela está baseada atualmente[326].

Tal concepção, conforme explicitado anteriormente, baseia-se na noção de "balanço de domínio" apresentada por Harrington em *A república de Oceana* e segundo a qual o governo deve sempre conter um arranjo institucional que expresse a participação compatível com a distribuição das terras da nação. Assim, tendo em vista que, a partir do fim do século XV, a Inglaterra passou por uma progressiva redistribuição da propriedade de terras, na qual a *gentry* e o povo lograram obter consideráveis porções de terra no país, com a consequente redução da parcela de terra de propriedade do rei e da nobreza, por consequência, de acordo com Harrington e Neville, uma nova forma de governo deveria abarcar a participação dos novos proprietários, na medida em que a monarquia absoluta, baseada na propriedade absoluta e exclusiva do monarca, deixou de expressar o balanço do domínio existente no país.

Em contraposição à proposta apresentada por Neville para o tratamento da doença de que padece a Inglaterra, o médico pondera que, embora concorde com a avaliação sobre a mudança de governo, por toda a Inglaterra têm sido apresentadas opiniões diferentes sobre a questão, que devem ser examinadas antes de se pensar em uma grande alteração no governo. Para que se possa concluir se alguns desses expedientes podem ser efetivos para trazer algum grau de acordo ao país, o médico apresenta então a sua avaliação, dividindo-a em dois pontos principais, aos quais se soma a edição de boas leis para manter afastado o poder arbitrário, o que é sempre um pressuposto. Assim, para o personagem, a contenção do crescimento do papismo e o consequentemente impedimento da ascendência de um sucessor papista ao trono, por meio da declaração do direito à coroa do duque de Monmouth[327], com o exame e a aprovação do parlamento, representam duas eficazes medidas para o tratamento da doença.

Em resposta, Neville observa, em primeiro lugar, que a edição de novas leis é completamente desnecessária, pois as leis já existentes contra o poder

[326] Cf. NEVILLE, *Op. cit.*, p. 73-74.

[327] Jaime Scott, primeiro duque de Monmouth, era o filho ilegítimo de Carlos II. Por ser protestante, sua designação como herdeiro do trono em detrimento de seu tio, o duque de York e futuro Jaime II, manteve-se como uma alternativa frequentemente aventada no decorrer da "crise de exclusão".

arbitrário seriam amplamente suficientes, desde que pudessem ser executadas. Como, no entanto, isso é impossível até que seja realizada alguma mudança no governo, a proposta deve ser abandonada, em detrimento da questão principal.

No que diz respeito à sucessão da coroa por um papista, Neville considera adequado analisar separadamente o crescimento do papismo da questão da sucessão. Em resposta à manifestação de surpresa do nobre veneziano, que observa que em Veneza o papa e seus prelados possuem tão pouca influência nas questões de governo quanto o clero da Inglaterra, como ocorre em qualquer parte do mundo, o inglês explica que, na Inglaterra, o papado foi de início inofensivo ao governo, e o clero e o papa estavam tão distantes de opor-se às liberdades que ambos apoiaram os barões para obter uma declaração dessas liberdades por meio da Magna Carta. Além disso, se a Inglaterra ainda fosse totalmente papista, ainda assim haveria o inconveniente de se ter uma religião nacional na Inglaterra, onde o clero possui uma parcela na soberania nas cortes eclesiásticas, que são cortes inferiores. Para Neville, isso seria uma inconsistência no governo, além de uma clara contradição em relação às palavras de Cristo, que ensina que seu reino não é desse mundo, bem como em relação às Escrituras, em que os apóstolos jamais consideram que a religião que eles professavam devesse ser nacional em qualquer país, e por isso não deram nenhum preceito para que o magistrado se intrometesse em questões de fé e no culto a Deus, pregando, por outro lado, que os cristãos deveriam obedecer ao magistrado em todas as questões legais[328].

A despeito do "prejuízo às almas dos homens" por acreditarem "nos ímpios dogmas daquela religião" e viverem "em perpétua superstição e idolatria", Neville considera que antigamente o papado não trazia nenhum inconveniente ao reino do ponto de vista político, pelo modo como o governo estava então instituído. No que diz respeito ao presente estado, contudo, "que se inclina à popularidade", Neville afirma serem ambos totalmente incompatíveis entre si, em razão do "poder das chaves" e do "império dos padres", pois eles importariam na admissão de uma jurisdição estrangeira no país, além da tirania e do poder arbitrário de outro príncipe. Por essa razão, Neville conclui que se deve evitar o crescimento do papismo na Inglaterra pelo fato de ter ele se estabelecido no país como uma "perigosa facção" contra o Estado[329].

[328] Cf. NEVILLE, *Op. cit.*, p.75.
[329] Cf. NEVILLE, *Op. cit.*, p.75-76.

A sobreposição da jurisdição religiosa sobre a política é apontada por Neville, nesse sentido, como uma característica inerente ao papismo e que teria sido exposta sob o ponto de vista teórico nos "incoerentes escritos" dos jesuítas Juan Mariana de la Reina e Emmanuel Sa, que teriam defendido "a legitimidade de se matar os príncipes e destruir o Estado em caso de heresia", o que não seria aceito pelos "católicos conscienciosos e honestos", que repudiam os "malditos" princípios defendidos por esses autores, pois não acreditam que o papa possa, por meio da excomunhão, ir além de simplesmente separar alguém da comunhão da Igreja e se esta pessoa for um príncipe, a excomunhão não pode ir além desse afastamento, não havendo um "poder de privá-lo [o príncipe] de sua coroa, ou liberar seus súditos de seus juramentos de obediência"[330].

No que diz respeito especificamente aos católicos ingleses, Neville observa que é muito perigoso para um Estado ou um reino ter em seu seio "um partido numeroso, importante, rico e próspero, cujo interesse seja o de destruir a política e o governo de seu país", o que explica porque o povo inglês é tão desejoso de conter o papismo, pois, segundo o inglês, foi exatamente isso o que ocorreu na Inglaterra após a "mudança de religião" ocorrida no começo do reinado da rainha Elizabete I, na medida em que "enraiveceu suficientemente o santo padre ver que essa boa vaca não seria mais ordenhada", o que o levou a declarar o reino herético e bastardo e, em seguida, excomungar a rainha, privando-a de seu reino por decreto papal[331]. Em decorrência disso, alguns "zelotes" do "partido papista" puseram-se a conspirar contra a rainha, planejando e executando perigosos complôs. Para proteger a rainha, o parlamento aprovou, então, segundo o inglês, rigorosas leis contra os católicos que, claramente não se viam mais como súditos de sua majestade e mostravam-se dispostos até mesmo a destruí-la. De acordo com Neville, porém, a excessiva severidade dessas leis, que estabeleceram uma grande distinção entre protestantes e católicos, fazendo com que estes sejam atualmente apenas "mais

[330] NEVILLE refere-se a Juan MARIANA de la Reina (1536-1623) e Emanuel SÁ (1530-1590), jesuítas, respectivamente, espanhol e português. MARIANA escrevera em 1599 o *De Rege et Regis Institutione*, em que justifica o tiranicídio e admite o princípio da soberania do povo. SA justifica também o tiranicídio em *Aphorismi Confessariorum ex Doctorum Sententiis Collecti*, publicada no mesmo ano. Cf. NEVILLE, *Op. cit.*, p. 76.

[331] A declaração de excomunhão foi precedida da consideração da ilegitimidade da filiação de Elizabete, decorrente da declaração do casamento de Henrique VIII com Ana Bolena como nulo e incestuoso, pois o primeiro casamento de Henrique, contratado com a viúva de seu irmão e que fora dissolvido pelo próprio rei, foi considerado válido pelo papa.

bem tratados que os escravos"[332], apenas agrava os perigos da sucessão de um príncipe papista, na medida em que os católicos tenderão a apoiá-lo para que deixe de executar tão rigorosas leis, enquanto o monarca procurará enfraquecer o parlamento, para que não o constranja a cumpri-las, uma vez que o rei é obrigado por juramento a executar as leis do reino.

Para que não haja o risco de aumento do poder real "contra o interesse e as liberdades de seu próprio país", Neville conclui que a única maneira de acomodar o interesse de todos, inclusive dos católicos – a quem a severidade das leis leva a empregar sua renda no estrangeiro, enriquecendo outras nações em detrimento da sua – fazendo com que a Inglaterra volte a formar um único povo, é o estabelecimento de um "bom governo", correta e adequadamente fundado, pois o perigo do papismo não é a causa da desordem do país, mas seu efeito. Desse modo, de acordo com Neville, por meio de um governo bem estabelecido, todos os perigos e inconvenientes do papismo seriam inteiramente banidos, tratando-se de uma incorreta inversão, portanto, abordar a questão da religião antes de se enfrentar a verdadeira causa do problema.

Para ilustrar a relação de causa e consequência entre a corrupção do governo e os problemas de religião, Neville lança mão de outra analogia da medicina e afirma que assim como nas guerras um pequeno ferimento pode levar um homem à morte se ele estiver infectado com a "doença francesa"[333], pois isso impede que o ferimento se feche, do mesmo modo, no corpo político, uma pequena insurreição, que poderia ser facilmente suplantada em um governo saudável e bem estabelecido, pode ser fatal em um "governo apodrecido"[334]. Com tal analogia, para além de destacar o paralelismo entre as causas e os efeitos das doenças que afetam o corpo natural e o corpo político, Neville alude indiretamente, também, com sua peculiar ironia, ao estado

[332] De acordo com NEVILLE, tais leis estabelecem, entre outras obrigações, que os católicos não podem se aproximar da corte e devem pagar anualmente ao rei dois terços do valor de suas propriedades. Além disso, seus padres são considerados como criminosos cativos e devem sofrer a pena cominada aos traidores. Cf. NEVILLE, *Op. cit.*, p. 77.

[333] A "doença francesa" ou "mal francês" a que NEVILLE se refere ao descrever a patologia que acometia os soldados era a sífilis, que era assim denominada na Inglaterra desde o século XVI, e a que os franceses designavam "doença italiana" ou "mal napolitano". Após a publicação do poema *Syphilis sive de morbo gallico,* de Girolamo FRACASTORO, passou a ser também conhecida como sífilis, em alusão ao nome do personagem central do poema, que padecia da doença.

[334] Cf. NEVILLE, *Op. cit.*, p. 77-78.

patológico da monarquia francesa de seu tempo, caracterizada pelo absolutismo do poder real e pela submissão ao papado[335].

Assim, para Neville, ainda que o "legítimo e inquestionável herdeiro da coroa" seja mais do que suspeito de ter adotado a religião romana, nada precisaria ser feito quanto a isso se o governo da Inglaterra for "corrigido", ao passo que, se isso não ocorrer, "todo o cuidado e cautela que se possa adotar nesse particular será inútil e sem qualquer efeito" e o país será levado provavelmente a uma guerra civil sobre o título, o que aumentará as chances de que sejam estabelecidos pela espada "tanto a religião papista quanto o poder arbitrário"[336].

Neville defende assim, como "remédio infalível" contra os males da tirania e do poder arbitrário a realização de uma "mudança na administração" do governo, que imponha ao monarca uma submissão total às leis, de modo que quem quer que seja o príncipe não possa de modo algum violá-las, o que tornará desnecessária a aprovação de novas leis contra os papistas ou mesmo uma lei sobre a sucessão. Apenas no caso de não vir a ser adotada essa providência definitiva, o filósofo aponta que a proteção contra a tirania de um sucessor papista poderia ser remediada por meio de um paliativo, um "remédio falível" consistente na aprovação de uma lei que desabilite qualquer papista de herdar a coroa. Embora essa solução pudesse ser adotada de modo secundário, ela é, como enfatiza o inglês, muito mais frágil, pois não é difícil a um aspirante à coroa "dissimular sua religião até que esteja sentado no trono", ou ser "corrompido pela fé romana" apenas depois de ser coroado, quando possivelmente já será "tarde demais para limitar sua prerrogativa no parlamento", na medida em que a oposição ao monarca sem a mudança do governo pode levar à acusação e ao julgamento por traição[337]. Ainda assim, esse remédio pode ser considerado mais eficaz do que outra medida amplamente cogitada

335 Outra analogia da medicina utilizada por NEVILLE é realizada pela descrição do quadro de um paciente acometido por duas doenças, uma séria "caquexia", que procederia do estado patológico "da massa de sangue como um todo", e uma violenta "cólica" que passou a atormentar posteriormente o paciente. Quando não se esperava mais que o paciente pudesse sobreviver aos males da segunda doença, os médicos encarregados do tratamento foram capazes de salvar o paciente da "cólica", mas logo depois o homem morreu de sua primeira patologia. NEVILLE observa que a estratégia dos médicos foi equivocada, pois se os médicos tivessem dedicado sua arte a obter a cura da primeira doença, a cólica teria desaparecido por si própria e o paciente teria se recuperado, pois esta é apenas um efeito da primeira, tal qual o papismo e os problemas de religião são as consequências do governo mal estabelecido. Cf. NEVILLE, *Op. cit.*, p. 78.

336 Cf. NEVILLE, *Op. cit.*, p. 80.

337 Idem, *ibidem*, p. 81.

para se afastar a sucessão do trono por um monarca papista, qual seja, a aprovação de uma lei que coloque o duque de Monmouth na ordem de sucessão ao trono. Isso porque, segundo Neville, uma lei como tal, que implicaria em uma reversão da sucessão, jamais viria a ser aprovada, e mesmo que isso viesse remotamente a ocorrer, tal lei só poderia ser garantida por um exército, pois traria grandes contestações no exterior, o que levaria o país, com grande probabilidade, a guerras e misérias, de modo que o povo, que agora recorre ao duque, cansar-se-ia rapidamente do novo príncipe[338].

Após tratar dos principais remédios capazes de combater a doença política da qual padece a Inglaterra no decorrer da "crise de exclusão", Neville passa a considerar outras soluções que podem eventualmente ser adotadas caso não seja possível "colocar termo às perturbações que estamos vivendo por meio da correção de nosso governo", a fim de "assegurar regularmente nossa liberdade e nossa religião". Revelando grande temor em abordar um tema tão delicado e depois de consignar diversas ressalvas, o autor passa, assim, a abordar o argumento da rebelião, o qual se esforçara até então em "cuidadosamente evitar". Para Neville, nesse sentido, tal argumento não é exposto pelos políticos de seu tempo porque a maioria dos príncipes considera que as guerras civis nas monarquias mistas são desencadeadas pelas rebeliões, o que deve ser evitado por todo "homem honrado", razão pela qual "em uma monarquia pacífica" não se deve tratar desse assunto, "ainda que racionalmente"[339].

A despeito disso, Neville assevera que, como afirmam autores políticos que consideram esse assunto, nada pode ser alegado para justificar a tomada de armas por qualquer pessoa contra seu príncipe, que deve ser considerada traição, "com exceção da reivindicação por uma jurisdição legítima ou organização do governo, pela qual eles possam julgar e defender seus próprios direitos, e então pretendam lutar pelo governo e defendê-lo". Assim, o autor adota uma posição cautelosa sobre a rebelião, "pois embora todos reconheçam que o bem do povo é, e deve ser a mais suprema ou soberana lei no mundo", tal bem não pode ser julgado por "pessoas privadas, ainda que muito numerosas", pois do contrário todas as insurreições e rebeliões estariam justificadas sob esse pretexto, como aconteceu, por exemplo, na França, quando, segundo o autor, a "Liga da Prosperidade Pública" foi criada pela ambição

338 Cf. NEVILLE, *Op. cit.*, p. 85.
339 Cf. NEVILLE, *Op. cit.*, p. 86.

insaciável de alguns nobres, pelo filho do duque da Borgonha e por outros inimigos daquela coroa[340].

Desse modo, Neville expressa grande ceticismo e receio da rebelião, pois a paixão pode levar a tumultos e redundar em guerra civil. De acordo com o filósofo, quem não entende os escritos de Maquiavel, "o melhor e mais honesto entre todos os políticos modernos" atribui a ele o "ensinamento de assuntos de como se deve rebelar e conspirar contra os príncipes", mas essa não é, segundo Neville, a doutrina do florentino, que mereceria "todas as repreensões" se assim tivesse concebido. Assim como um médico não auxiliaria alguém a matar seu inimigo prescrevendo veneno ao próprio paciente, tampouco Sólon, Licurgo, Periandro ou qualquer outro dos sábios poderiam ser trazidos, de acordo com Neville, para dar seus conselhos a qualquer pessoa que implorasse por eles para arruinar ou sabotar o governo de suas próprias sociedades políticas[341].

Embora afirme que o povo é o chefe e dá o poder ao rei e aos magistrados, Neville sustenta, portanto, que a rebelião deve ser evitada e o bem do povo só pode ser julgado pelos magistrados inferiores, isto é, pelo parlamento, que é considerado o "médico de Estado" capaz de tratar e curar as patologias de que padece o corpo político.

Desse modo, o esforço de oposição e contestação à teoria do poder patriarcal de Filmer é empreendido por Neville por meio da sátira distópica realizada em *The isle of Pines* e do diálogo político descrito em *Plato Redivivus,* que diferem, sob o ponto de vista formal, da estrutura escolhida pelos demais autores que se ocuparam de contestar a teoria de Robert Filmer, que preferiram a forma discursiva, por seu caráter mais sistemático. A despeito da peculiaridade formal, Neville conclui, como os demais autores que se dedicaram à mesma empreitada, que a atribuição da origem das monarquias a um poder patriarcal fundado nas Escrituras não passa de uma "fantasia", que foi proposta "não pelo sólido julgamento de qualquer homem, mas para lisonjear a algum príncipe", com vistas a afirmar, na falta de melhores argumentos, um suposto direito divino das monarquias[342].

Ao tratar, em *Plato Redivivus,* da decadência e "agonia" da monarquia inglesa de modo semelhante à corrupção do governo de William Pine, descrita de forma sarcástica em *The isle of Pines,* Neville retoma, como visto, argumentos

[340] Cf. NEVILLE, *Op. cit.,* p. 86.
[341] Cf. NEVILLE, *Op. cit.,* p. 86.
[342] Idem, *ibidem,* p. 12-13.

e perspectivas descritas em momentos anteriores de formação do pensamento republicano na Inglaterra, em especial o "momento maquiaveliano" e o "momento dos filósofos e historiadores da antiguidade", contribuindo, desse modo, para o desenvolvimento e aprofundamento da perspectiva republicana de liberdade. De fato, em que pese sua proposta de mudança do governo inglês para a adequada conformação com o "balanço do domínio" não importe na estruturação de um regime estritamente republicano, mas de uma monarquia mista, a enfática contestação do patriarcalismo e da teoria do direito divino dos reis, empreendida por Neville, compreende, conforme explicitado, a afirmação da liberdade natural dos homens, a descrição da forma consensual de formação do governo, a defesa da submissão dos governantes às leis e a veemente negação do caráter discricionário e arbitrário do poder exercido pelos magistrados, com o qual a liberdade dos homens é absolutamente incompatível.

A despeito da manifesta contribuição para a fixação dos contornos da liberdade republicana e da afirmação da supremacia do povo em relação às demais partes do corpo político, Neville demonstra, porém, na abordagem do tema da rebelião e da responsabilização do magistrado superior por transgressões à lei, uma grande desconfiança em relação ao povo, aderindo a perspectivas conservadoras sobre o direito de resistência, cuja caracterização mais consistente é realizada, nos semelhantes esforços de refutação da teoria de Filmer que integram o mesmo "momento da supremacia popular", por Algernon Sidney e John Locke.

2.3. Algernon Sidney

Em 1645, com a idade de apenas 22 anos e já com a experiência de ter lutado no campo de batalha em defesa da causa do exército parlamentar, Algernon Sidney foi eleito para o que viria a ser denominado o "longo parlamento", como representante de Cardiff, tendo nessa condição sido designado para integrar a comissão encarregada do julgamento de Carlos I, que culminaria com a execução do monarca em 30 de janeiro de 1649. Embora tenha inicialmente discordado da execução do rei, por divergir do procedimento adotado para o seu julgamento, o que o levou a deixar a comissão para a qual fora designado antes da prolação da sentença, Sidney manifestou posteriormente seu assentimento quanto à condenação, afirmando que a execução do rei foi "a mais justa e corajosa ação que jamais fora feita na Inglaterra ou em qualquer outro lugar"[343]. Em 1659, porém, estando a serviço do regime republicano no exterior e percebendo a iminência da restauração da monarquia, com a consequente irrupção de perseguições contra seus opositores, Sidney decide não retornar à Inglaterra, exilando-se inicialmente em Roma e, por fim, na Holanda, onde viria a escrever o diálogo *Court Maxims*, no qual propõe a organização de uma frente de resistência contra a restauração da monarquia, reinstituída formalmente em 1660[344].

Em que pese tenha obtido em 1673 uma autorização do regime de Carlos II para tratar de assuntos particulares, ao receber verossímeis ameaças de assassinato, Sidney decidiu permanecer no exílio até 1677, quando retornou finalmente à Inglaterra em razão do debilitado estado de saúde de seu pai, que viria a falecer no mesmo ano. Chegando a seu país no auge das discussões sobre a sucessão de Carlos II – que caracterizaram a "crise de exclusão" – Sidney decide retornar à vida pública, candidatando-se aos parlamentos de 1679 e 1680, para os quais, contudo, não teve sucesso em eleger-se. Apenas em sua terceira candidatura Sidney obteve êxito, elegendo-se finalmente para o parlamento de 1681.

A carreira política de Sidney foi interrompida, entretanto, em março de 1683, com o envolvimento direto do autor no planejamento da frustrada conspiração de "Rye House", por meio da qual os *whigs* radicais pretendiam assassinar Carlos II e seu herdeiro, o Duque de York. A participação de Sidney nos atos do complô tinha por comprovação o depoimento de uma única testemunha, Lord Roward, o que, pelas regras da "common Law" então vigentes, impediria a condenação de Sidney, tendo em vista que o direito inglês estabelecia a necessidade de no mínimo duas testemunhas para uma condenação criminal. Sem embargo, após buscas realizadas em sua casa, os agentes do regime de Carlos II localizaram os manuscritos de uma obra política do autor, que foi considerada prova de sua traição à monarquia, o que levou Sidney a ser acusado formalmente de participação da conspiração e posteriormente condenado à morte. Os manuscritos em questão eram de uma obra que tinha

[343] Apud: Jonathan SCOTT. *Algernon Sidney and the Restoration Crisis, 1677–1683.* Cambridge: Cambridge University Press, 1991.

[344] O manuscrito de *Court Maximns* esteve desaparecido até 1996, quando foi descoberto por Blair WORDEN. Estruturada na forma de diálogo, a obra está dividida em quatorze encontros entre um bem intencionado cortesão, denominado Philalethes, e um republicano, chamado Eunomius, nos quais são discutidos máximas, supostamente inspiradas nos ensinamentos d' *O príncipe*, de Maquiavel.

por finalidade contestar integralmente, parágrafo por parágrafo, o *Patriarca* de Robert Filmer: os *Discourses concerning government*.

Assim, em 7 de dezembro de 1683, Sidney foi executado. Segundo Guizot[345], o autor manteve-se inabalável mesmo no cadafalso e seus últimos momentos foram dignos de um verdadeiro mártir. De acordo com Thomas G. West, ao ser instado a proferir suas últimas palavras, o filósofo teria respondido que não tinha vindo até ali para falar, mas para morrer; entregou um papel nas mãos do carrasco e outro na de um amigo, disse uma prece tão curta quanto uma graça, deitou seu pescoço e mandou ao carrasco que fizesse seu trabalho[346]. Até seu derradeiro momento, Sidney sustentou sua oposição ao patriarcalismo, ao ponto de expressar no manifesto entregue a seu carrasco o seu "desprezo em relação a Filmer e às autoridades que fizeram do *Patriarca* a escritura canônica da obediência política"[347]. No mesmo manifesto, Sidney registrou, ainda, a injustiça de seu julgamento e afirmou veementemente seus princípios políticos, concluindo com uma prece que, como destaca West, expressa seu cristianismo político e espirituoso:

> *O Senhor perdoe essas práticas e previna os males que ameaçam a nação! O Senhor santifique esses meus sofrimentos, e, ainda que eu caia como um sacrifício aos ídolos, que eu não sofra da idolatria a ser estabelecida nesta terra! Abençoe o povo e o salve! Defenda Sua própria causa e defenda aqueles que a defendem; cause dificuldades aos receosos e dirija os dispostos; confirme os indecisos; dê sabedoria e integridade a todos. Ordene todas as coisas de modo a que possam redundar em Sua própria glória. Permita que eu possa morrer glorificando-O por todas essas graças e, ao final, permita-me ser apontado como testemunha de Sua verdade, e mesmo pela confissão de meus opositores, por aquela VELHA CAUSA pela qual estive engajado desde minha juventude e pela qual Tu mesmo tendes frequente e maravilhosamente se declarado*[348].

Após a execução de Sidney, os manuscritos dos *Discourses* foram posteriormente reunidos por John Toland[349] e publicados em 1698. Assim, uma primeira diferença formal da obra de Sidney em relação aos *Dois tratados sobre*

[345] Cf. GUIZOT. *As Duas Revoluções Inglesas*. Lisboa: Casa Alfredo David, 1913, p.112.

[346] Cf. Thomas G. WEST, *Sidney's life*, In: Algernon SIDNEY. *Discourses concerning government*. Indianapolis: Liberty Fund, 1996, p. 28.

[347] Cf. Petter LASLETT. *Patriarcha and other political works*. Blackwell, 1949, p. 37.

[348] Cf. SIDNEY, *Op. cit.*, p. 29. Tradução livre.

[349] John TOLAND foi também editor de NEDHAM, MILTON e outros republicanos.

o governo de Locke decorre do fato deste ter tido a oportunidade de revisar e publicar voluntariamente sua obra, ao passo que o livro de Sidney é uma coletânea de manuscritos inconclusos apreendidos na casa do autor e publicados posteriormente à sua morte, sem que o filósofo tivesse tido a oportunidade de revisar a obra ou mesmo deixado instruções para uma eventual publicação. Um segundo aspecto formal da obra de Sidney que a diferencia do livro de Locke resulta do fato de Sidney ter procurado realizar uma refutação parágrafo por parágrafo da obra de Filmer, ao contrário de uma contestação temática, como pretendeu realizar Locke, o que explica em parte o aspecto mais prolixo do texto de Sidney, mesmo em comparação com o estilo frequentemente repetitivo de Locke.

Sidney inicia seus *Discourses* afirmando seu propósito de "examinar a doutrina e as questões levantadas" pelo livro *Patriarca* de Robert Filmer, que trata "do universal e indistinto direito de todos os reis", que pelas leis imutáveis de Deus e da natureza seria "imposto à humanidade"[350]. Logo no início de seu livro, nesse sentido, Sidney assim ironiza as conclusões de Filmer:

> *Se o que ele afirma é verdade, há apenas um governo no mundo que pode reunir em si toda a justiça, de modo que todos os outros governos a que até então se dedicaram os melhores e mais sábios entre os homens ao constituírem repúblicas ou reinos, envidando grandes esforços para balancear os poderes das diversas magistraturas, para que todas pudessem concorrer para a obtenção do bem público, ou ainda dividindo os poderes entre os magistrados e o povo, para que uma harmonia bem regulada pudesse ser preservada quanto ao todo, foram os mais injustos e tolos de todos os homens*[351].

Para contrapor-se à concepção de Filmer segundo a qual o único governo legítimo seria a monarquia absoluta e defender a "velha boa causa", Sidney parte da afirmação da liberdade natural dos homens, a respeito da qual, segundo o autor, o próprio Deus teria "*frequente e maravilhosamente se declarado*"[352] nas Escrituras.

Assim, Sidney afirma que Filmer declara guerra contra toda a humanidade ao pretender derrubar o princípio da liberdade pelo qual Deus nos criou – e que inclui as principais vantagens da vida que vivemos, além da maior ajuda

[350] Cf. Algernon SIDNEY. *Discourses concerning government*. Indianapolis: Liberty Fund, 1996, p. 41.
[351] Cf. SIDNEY, *Op. cit.*, p. 41.
[352] Cf. SIDNEY, *Op. cit.*, p. 29. Tradução livre.

à felicidade que o Criador poderia nos dar –, pelo simples fato de tal princípio ter sido afirmado por teólogos católicos como Bellarmino e Suárez, sucessores da "escola dos divinos". Para Sidney, nesse sentido, ainda que os teólogos da escolástica católica pudessem ser considerados corruptos, eles não eram nem estúpidos nem ignorantes, de modo que apenas viram o que todos os homens já haviam visto: "que o homem é naturalmente livre; que ele não pode ser justamente privado dessa liberdade sem causa e que ele não renuncia a ela, ou a nenhuma parte dela, a menos que o faça em consideração a um bem maior, que proponha a si mesmo"[353]. Dessa forma, segundo Sidney, qualquer cristão, seja da igreja reformada ou não, aprova essa concepção e o povo do mundo inteiro a magnifica como o ponto culminante da felicidade humana. Filmer, contudo, não sendo, de acordo com Sidney, "cristão nem reformado nem não reformado e tampouco do povo"[354], não dá nenhum crédito ao cristianismo ao se colocar contra o ápice da felicidade humana – a liberdade –, declarando assim guerra contra toda a humanidade.

Para contrapor-se à afirmação de Filmer segundo a qual o desejo de liberdade foi a primeira causa da queda do homem, Sidney esclarece que sua concepção de liberdade não é "uma licenciosidade para cada um fazer o que desejar contra o comando de Deus; mas uma isenção de todas as leis humanas em relação às quais eles não tenham dado o seu consentimento"[355]. Para Sidney, nesse sentido, a lei que determinou o pecado de Adão não lhe foi imposta pelos homens, mas por Deus, razão pela qual se pode "facilmente concluir que nem os teólogos da igreja reformada ou da igreja não reformada e tampouco o povo ao segui-los situam a felicidade em uma isenção das leis de Deus, mas na mais perfeita conformidade a elas"[356]. Para sustentar tal concepção, Sidney lança mão de duas passagens das Escrituras. A primeira delas é a passagem do Evangelho de Lucas em que Jesus ensina que não se deve temer as coisas que podem matar o corpo, apenas a Deus, que pode matar e condenar ao inferno (Lucas 12, 4). A segunda é o trecho das epístolas de Paulo em que o apóstolo afirma que se deve obedecer a Deus em detrimento dos homens (Atos 5: 29).

[353] Cf. *Idem, ibidem*, p. 43.

[354] Cf. *Idem, ibidem*, p. 43.

[355] "...is not a licentiousness of doing what is pleasing to everyone against the command of God; but an exemption from all human laws, to which they have not given their assent". Cf. SIDNEY, *Op. cit.*, p. 43.

[356] "...it will easily appear that neither the reformed or unreformed divines, nor the people following them, do place the felicity of man in an exemption from the laws of God, but in a most perfect conformity to them". Cf. SIDNEY, *Op. cit.*, p. 43.

De acordo com Sidney, nesse sentido, a adesão às leis de Deus faz com que os homens se sujeitem aos comandos dos próprios homens apenas na medida em que tais comandos estejam fundados na lei de Deus e no consentimento dos homens, pois "aqueles que mais se deleitam na gloriosa liberdade dos filhos de Deus não apenas submetem a si mesmos a Ele, mas são os cumpridores mais fieis dos justos comandos dos homens, feitos pelo consentimento daqueles a quem tais comandos se dirigem, de acordo com a vontade de Deus"[357].

Empenhando-se em afastar a ideia de que essa noção de liberdade pudesse estar associada em alguma medida ao catolicismo, Sidney afirma que tal concepção, que "possui suas raízes no senso comum e é confirmada pela razão", tem sido o princípio pelo qual todas as nações livres sempre viveram, mesmo antes do nome de Cristo ser conhecido no mundo, de modo que a afirmação de Filmer segundo a qual ela seria atribuída aos teólogos católicos e aos puritanos não passaria de "prevaricação e fraude", pois assim argumentando Fimer poderia, do mesmo modo, juntar os puritanos aos turcos, na medida em que ambos "pensam que um mais um são dois"[358]. Segundo Sidney, Filmer, seus mestres e discípulos teriam aprendido com Roma e com os jesuítas a odiar Genebra, em vez de observar que Genebra e Roma podem concordar em relação às intenções ou interesses que sejam comuns à humanidade e que se submetam à evidência da verdade.

É o que se se observa, de acordo com Sidney, na afirmação de Filmer segundo a qual a liberdade do povo para destituir os príncipes, reconhecida pelos jesuítas, constituir-se-ia em uma "desesperada opinião" partilhada por Bellarmino e por Calvino. Para Sidney, não há motivo para se envergonhar por concordar com Buchanan, Bellarmino e Calvino, pois caso ocorram desentendimentos entre o povo e o rei, a sujeição do rei à censura do povo não pode ser considerada uma opinião mais desesperada do que a submissão do povo à vontade do rei, na medida em que o rei foi instituído para o bem do povo e não o contrário, de modo que sempre que o rei ou seus herdeiros tenham se distanciado da finalidade de sua instituição eles devem antes ser "censurados ou destituídos, ao invés de lhes ser permitido arruinar aquele povo para cujo bem foram criados"[359]. É o que Sidney conclui após a célebre sequência de perguntas de retóricas:

[357] Cf. SIDNEY, *Op. cit.*, p. 44.

[358] Cf. SIDNEY, *Op. cit.*, p. 44.

[359] Cf. Idem, *ibidem*, p. 44.

> (...). Foi o povo que fez o rei ou foi o rei que fez o povo? O rei é para o povo ou o povo é para o rei? Deus criou os hebreus para que Saul pudesse governar sobre eles? Ou eles, a partir de uma opinião em busca de seu próprio bem, pediram a um rei que pudesse julgá-los e lutar suas batalhas? (...) Os romanos fizeram Rômulo, Numa, Tullus Hostilius e Tarquinius Priscus reis? Ou eles é que fizeram ou geraram os romanos? Se eles foram feitos reis pelos romanos, é certo que eles assim o fizeram em busca de seu próprio bem.[360]

De acordo com Sidney, Filmer parece ter pressuposto que essas questões podem ser facilmente respondidas e por isso deixou de analisar detidamente seus fundamentos, que podem demonstrar que a destituição ou a censura do rei não resultam de "opiniões desesperadas", preferindo mudar o foco da discussão para as terríveis consequências que poderiam advir do fato de os reis virem a ser censurados por seu povo. Dessa forma, considerando que nenhuma consequência pode destruir a verdade e que a censura dos príncipes pode impedir alguns de fazer o mal ou punir outros que não puderem ser contidos, Sidney conclui que a censura deve ser amplamente admitida, pois é do "bem da humanidade a restrição dos desejos dos maus príncipes", ao passo que a não intervenção expõe o povo "sem remédio à fúria da mais selvagem de todas as bestas"[361]. Em que pese o direito de censura seja, nesse sentido, absolutamente inquestionável, Sidney pondera que pode ser passível de discussão tão-somente se tal direito cabe diretamente ao povo, ao senado ou a qualquer outra magistratura instituída pelo ou para o povo, mas não se os homens podem censurar ou destituir os reis, que foram criados pelos próprios homens.

No que se refere à liberdade e à igualdade naturais dos homens, Sidney destaca o trecho do Patriarca em que Filmer confessa que até mesmo autores realistas como John Heywood, Adam Blackwood e John Barclay, que "bravamente defenderam o direito dos reis", admitiram esse fundamento como uma verdade inquestionável. Para Sidney, a constatação de Filmer faz prova

[360] "Did the people make the king, or the king make the people? Is the king for the people, or the people for the king? Did God create the Hebrews that Saul might reign over them? or did they, from an opinion of procuring their own good, ask a king, that might judge them, and fight their battles? (...) Did the Romans make Romulus, Numa, Tullus Hostilius, and Tarquinius Priscus kings? Or did they make or beget the Romans? If they were made kings by the Romans, 'tis certain they that made them sought their own good in so doing". Cf. SIDNEY, *Op. cit.*, p. 44.

[361] Cf. SIDNEY, *Op. cit.*, p. 45.

da "aversão à verdade" do autor realista, pois nenhum dos autores citados por Filmer ou qualquer outro exceto o próprio Filmer teve "imprudência suficiente para negar tão evidente verdade que parece estar plantada nos corações de todos os homens, ou publicar doutrinas tão contrárias ao senso comum, à virtude e à humanidade até esses tempos"[362].

De acordo com Sidney, nesse sentido, ao não agirem "com sabedoria e erudição, com algo de ingenuidade e modéstia", autores como Laud, Manwaring, Sybthorpe, Hobbes, Filmer e Heylyn[363] foram capazes de produzir "uma maldição adicional para completar a vergonha e a miséria de nossa época e de nosso país", pois ao defenderem a causa dos reis, dando a ela um "bom colorido", tais autores afastaram-se de qualquer bom senso, deixando de reconhecer que os reis podem vir a fazer um uso distorcido de seu poder ao serem armados com um poder irresistível de causar prejuízos, acompanhado da garantia da impunidade perpétua, condenando as nações à necessidade inevitável de se sujeitar a toda sorte de ultrajes[364].

Para Sidney, tais autores não se satisfizeram em defender as ações dos príncipes – a quem tanto queriam bem – que não fossem inteiramente reprováveis com fundamento nas leis de seu país, por exemplo, mas se encarregaram da defesa de atos abomináveis, chegando ao extremo de justificar atos dignos de Calígula e Nero, o que pode ser tomado como prova de sua maldade[365]. Citando diretamente Filmer, Sidney afirma que "Filmer, Heylyn e seus associados" desdenham dessas considerações ao afirmarem que "toda a trama do que eles chamam de sedição popular viria abaixo se o princípio da liberdade natural fosse removido"[366]. Em resposta, Sidney assevera, de modo provocativo, que deve ser reconhecido por outro lado que "toda a trama

[362] Cf. SIDNEY, *Op. cit.*, p. 45.

[363] Como esclarece WEST, os autores citados por Sidney foram, todos, defensores da monarquia absoluta na Inglaterra do século XVII. William LAUD, arcebispo de Canterbury sob Carlos I, procurou eliminar o puritanismo na Inglaterra e o presbiterianismo na Escócia antes de ser destituído pelo parlamento por alta traição e executado em 1645. Os anglicanos Roger MANWARING e Robert SYBTHORPE defenderam a ampla extensão da prerrogativa real respectivamente nos sermões *Religion and Alligence* e *Apostolike Obedience*, publicados ainda sob Carlos I, em 1627. O clérigo anglicano Peter HEYLYN, que escreveu defesas do episcopado e da monarquia, era amigo próximo de Filmer e contribuiu com uma carta de introdução para a primeira edição do *Patriarca*. HOBBES, por sua vez, desenvolveu uma defesa teórica do absolutismo, mas sob bases inteiramente opostas a FILMER, pois parte da liberdade e igualdades naturais de todos os homens. Cf. SIDNEY, *Op. cit.*, p. 489.

[364] Cf. SIDNEY, *Op. cit.*, p. 45-46.

[365] Cf. SIDNEY, *Op. cit.*, p. 45.

[366] Cf. SIDNEY, *Op. cit.*, p. 45. A citação foi extraída por SIDNEY do *Patriarca*, *Op. cit.*, cap. I, §1º.

da tirania será em muito enfraquecida se provarmos que as nações têm o direito de fazer suas próprias leis, constituir seu próprios magistrados e que aqueles que forem assim constituídos devem prestar contas de seus atos àqueles por quem e para quem foram constituídos"[367].

De modo radicalmente oposto a Filmer, portanto, Sidney sustenta que os homens são naturalmente livres e iguais, sendo a liberdade um direito derivado da própria natureza humana. A liberdade natural é considerada pelo filósofo, nesse sentido, como sinônimo de direito natural.

De fato, ao analisar se o suposto direito paterno à realeza descrito por Filmer seria divisível ou indivisível, Sidney afirma que se um tal direito existisse e fosse indivisível, considerando que Adão teve um único herdeiro, um único homem teria tido o direito sobre todo o mundo e "nem Nimrod nem nenhum de seus sucessores poderiam ter sido reis, tampouco os setenta e dois que saíram da Babilônia", pois Noé sobreviveu a Nimrod por quase duzentos anos, de modo que "o domínio deveria ter permanecido com ele e por ele transmitido para sua posteridade para sempre"[368]. Além disso, caso tenhamos que procurar esse monarca universal detentor de um direito indivisível dentre os sucessores de Noé, certamente a reconstituição da linhagem deve prosseguir, segundo Sidney, a partir dos descendentes de Abraão e, passando por Isaac, chegar a Esaú. Depois de Esaú, a transmissão do "império perpétuo sobre o mundo" se complica, pois, como ironiza Sidney, se a venda do direito de primogenitura realizada por Esaú a seu irmão Jacó[369] for considerada legítima, devemos procurar o detentor desse direito indivisível entre os sucessores de Jacó, que são os judeus; por outro lado, se Esaú não pudesse se desfazer tão facilmente de seu direito e a venda da primogenitura for considerada ilegítima, a procura do "Senhor de toda a Terra" deve prosseguir dentre os descendentes de Esaú, que são os turcos[370]. Como, porém, não é mais possível identificar o legítimo sucessor ao trono da Terra a partir de então, esse suposto direito de um só homem, conclui Sidney, teria desaparecido, pois "toda humanidade deve herdar o direito em relação ao qual todos possuem um igual título; e o que se chama domínio, quando pertence a um,

[367] Cf. SIDNEY, *Op. cit.*, p. 45-46.

[368] Cf. *Idem, ibidem*, p. 66.

[369] De acordo com o Antigo Testamento, Esaú vendeu a Jacó o seu direito de primogenitura em troca de pão e de um prato de lentilhas. Cf. Gn. 25, 31-35.

[370] Cf. *Idem, ibidem*, p. 66.

quando igualmente partilhado entre todos os homens é aquela liberdade universal a qual me referi[371]".

Se, por outro lado, esse suposto "direito a um império universal" for considerado divisível e setenta e duas monarquias absolutas emergiram de Babel, como sustenta Filmer, elas não teriam sido, segundo Sidney, provenientes de Noé ou de seus três filhos, a quem foi atribuída a "semente sagrada", de modo que muitos outros monarcas teriam surgido que não foram descendentes de Adão, o que afasta a tese de Filmer segundo a qual o caráter divino da monarquia seria decorrente da doação direta da Terra a Adão e seus herdeiros. Além disso, para Sidney, se Abraão foi um rei, como afirma Filmer, seu sobrinho Lot necessariamente também o foi, pois eles eram iguais[372]. Pelo mesmo motivo, também teriam sido reis Amon e Moab, assim como Ismael e Esaú, tendo em vista que "todos, tão logo se tornem capazes de se sustentar por si mesmos, tornam-se reis, sem manter qualquer dependência em relação a seus ascendentes: nenhum dentre seus ascendentes, nem mesmo o mais velho, possui qualquer direito sobre aqueles que procedem de si"[373]. De acordo com Sidney, nesse sentido, caso se admita a tese de Filmer de que os patriarcas devem ser considerados reis, tal condição é decorrente, segundo as Escrituras, da capacidade que cada homem possui de sustentar-se por si mesmo, e não de sua descendência de Adão e Noé, como sustenta Filmer.

Tal aspecto é evidenciado nas Escrituras, segundo Sidney, pela relação de igualdade que os filhos de Jacó possuíam entre si[374], pois "nenhuma jurisdição foi dada a um acima do restante", tendo sido feita uma divisão igual da terra entre eles, "sem qualquer preferência de um em relação ao outro"[375]. A relação dos filhos de Jacó entre si é, conclui Sidney, a "prova com o mais elevado grau de amplitude e certeza de que a igualdade entre a humanidade era então perfeita", de modo que qualquer um que pretenda negá-la, como

[371] Cf. *Idem, ibidem*, p. 66.

[372] De acordo com o relato bíblico, Abraão e Lot possuíam "ovelhas, bois e tendas", mas a região não bastava para que ambos se estabelecessem conjuntamente. Diante disso, Abraão sugere a Lot que se separem no território e que não haja contenta entre eles ou seus pastores, por serem eles "irmãos". Cf. Gn 13: 7-8.

[373] Cf. *Idem, ibidem*, p. 67.

[374] A igualdade a que SIDNEY se refere decorre da supressão da primogenitura de Rubem por seu pai, Jacó, em razão de ter ele "subido ao leito de seu pai" ao dormir com Bila, uma das concubinas de Jacó. Como primogênito, Rubem teria direito a uma participação maior na herança de seu pai, de modo que o afastamento dessa condição conferiu a todos os doze filhos de Jacó, que deram origem às doze tribos de Israel, igual participação nos bens de seu pai. Cf. Gn 49: 3-4 e Gn 35: 22.

[375] Cf. *Idem, ibidem*, p. 67.

faz Filmer, deve provar que "nem os profetas, nem patriarcas, nem qualquer outro homem jamais compreendeu ou conheceu a lei revelada por Deus e pela natureza para a humanidade"[376]. Assim, como ninguém até o momento pôde provar que embora a humanidade tenha sido "livre e comum" no início, segundo a lei da natureza, tal lei tenha sido abolida e outra instituída em seu lugar, podemos seguramente acreditar que "nenhum homem é ou pode ser um senhor entre nós, até que nós assim o tornemos; e que por natureza todos somos irmãos"[377].

Para Sidney, nesse sentido, ao procurar ilustrar o poder patriarcal, Filmer acaba por destruí-lo, na medida em que não é capaz de comprovar que o direito supostamente pertencente apenas aos patriarcas não é também um direito de todos os homens. E se todos os homens possuem o direito de manter a si mesmos e a suas famílias antes de qualquer outra coisa, prossegue Sidney, tem-se que os homens podem decidir unir-se a outros se assim desejarem, de modo que "unir-se ou não unir-se com outros e também a escolha dos outros depende de suas próprias vontades". De acordo com Sidney, o homem possui "um direito de julgar em quais condições é bom para si entrar em tal sociedade, assim como deixar de exercer o direito que ele originalmente possui em si mesmo". Assim, para Sidney, os homens entram voluntariamente em sociedade na expectativa de obtenção de um bem maior para si mesmo:

> *(...) eles* [os homens] *voluntariamente entram nessas sociedades, instituem-nas para seu próprio bem, e prescrevem a si regras e formas como melhor lhes aprouver, sem prestar contas a ninguém. Mas se todo homem é livre até que entre em uma sociedade tal que escolha para seu próprio bem, e essas sociedades podem regular a si mesmos como eles melhor entenderem, nada mais é necessário para provar a igualdade natural na qual todos os homens nascem e continuam até que a concedam a uma reserva comum em uma proporção tal que pensem ser a adequada à constituição de sociedades para seu próprio bem.*[378]

[376] Cf. *Idem, ibidem,* p. 67.

[377] Cf. *Idem, ibidem,* p. 67.

[378] "(...) they do voluntarily enter into these societies, institute them for their own good, and prescribe such rules and forms to them as best please themselves, without giving account to any. But if every man be free, till he enter into such a society as he chuseth for his own good, and those societies may regulate themselves as they think fit; no more can be required to prove the natural equality in which all men are born, and continue, till they resign it as into a common stock, in such measure as they think fit for the constituting of societies for their own good." Cf. SIDNEY, *Op. cit.,* p. 67. Traduzido livremente.

Dessa forma, ao descrever o modo pelo qual os homens entram em sociedade, Sidney concebe a liberdade como um direito que os homens têm "originalmente em si mesmos" de escolher a melhor maneira de preservar a si mesmos e a suas famílias, seja mantendo-se alheios a qualquer associação, seja instituindo, juntamente com outros homens, sociedades políticas, cujas regras e formas serão aquelas que melhor atendam ao que eles entenderem como sendo o seu próprio bem. E esse direito de decidir livremente quanto à instituição ou não da sociedade política, bem como de estabelecer as regras e formas que regerão essa sociedade é descrito por Sidney ao mesmo tempo como a decorrência e a prova da igualdade natural, pois se é do fato de que "por natureza somos todos irmãos" que "nenhum homem é ou pode ser um senhor entre nós, até que nós assim o tornemos" [379], é também porque todos os homens são livres para voluntariamente instituir as sociedades que melhor lhes aprouver que nada mais é necessário para comprovar a igualdade natural em que "todos os homens nascem e continuam até que a concedam a uma reserva comum"[380].

A igualdade natural é, portanto, o que caracteriza, para Sidney, a condição humana, pois trata-se de uma categoria comum a todos os homens e a causa da liberdade natural. A consequência da plena igualdade descrita por Sidney é a recusa de qualquer hierarquia natural entre os homens e, consequentemente, de um direito natural de obediência. Assim, Sidney sustenta que quem, como Filmer, afirme que "o domínio sobre cada nação pertence naturalmente a um homem, mulher ou criança, segundo as leis do acaso, ou ao herdeiro, quer seja ele um homem ou uma mulher, independentemente da idade, do sexo ou de outras qualificações, deve provar que é bom para todas as nações a submissão a eles"[381].

Contrariamente à obediência natural preconizada por Filmer, Sidney sustenta, nesse sentido, que como "a razão é nossa natureza, jamais pode ser natural para nós o que não for racional"[382] e a razão preceitua exatamente que para pessoas iguais, devem ser atribuídas coisas iguais, como decorre da máxima *paria paribus:*

> *A razão nos dá* paria paribus, *igual poder àqueles que possuem habilidades e méritos iguais: ela atribui a todos o papel que é mais adequado a cada um, e essa*

[379] Cf. Idem, *ibidem*, p. 67.
[380] Cf. Idem, *ibidem*, p. 67.
[381] Cf. Idem, *ibidem*, p. 113.
[382] Cf. Idem, *ibidem*, p. 113.

adequação deve igualmente estar de acordo com a lei que a atribui. E como não pode nunca ser bom para grandes nações que, mesmo possuindo homens de virtude, experiência, sabedoria e bondade, venham a ser governadas por crianças, loucos ou pessoas más e viciosas, e ainda que encontrem as virtudes requeridas para aqueles que merecem governá-los, como tais virtudes nunca continuam em qualquer raça de homens, nem temos razões para acreditar que continuarão, jamais pode ser razoável conceder o domínio de uma nação à linhagem de alguém[383].

A igualdade e a liberdade naturais estão fundadas, para Sidney, tanto na lei de Deus, que estabelece que todos somos irmãos, como na lei da razão – que é a lei da natureza humana –, que estatui que a iguais devem ser atribuídas coisas iguais.

Sidney concebe a razão, nesse sentido, como a própria lei natural no âmbito da natureza humana. Trata-se da norma dada pela natureza que permite o acesso às verdades morais. Não se trata, porém, de uma norma prudencial do tipo "se, então", como em Hobbes, mas da luz dada por Deus para a descoberta da verdade. É o que o filósofo afirma ao tratar da inexistência do poder patriarcal entre os judeus, o que impossibilitaria a transmissão do poder monárquico por herança através do herdeiro mais velho:

(...) *Salomão nos conta* que uma criança sábia é melhor do que um rei ignorante e velho. *Mas se esse pretenso direito não pertence a ele que é verdadeiramente o mais velho, nada pode ser mais absurdo do que um fantástica pretensão a um direito deduzida a partir de alguém que não o seja. Agora, para que não se pense que eu sigo as minhas próprias invenções e as chamo de razão, ou a luz de Deus em nós, desejo que se observe que o próprio Deus já adotou esse método. Quando Ele elevou Moisés para ser o líder de seu povo, Ele o dotou com os dons mais admiráveis de seu espírito, que jamais concedera a um homem*[384].

[383] "Reason gives *paria paribus,* equal power to those who have equal abilities and merit: It allots to everyone the part he is most fit to perform; and this fitness must be equally lasting with the law that allots it. But as it can never be good for great nations, having men amongst them of virtue, experience, wisdom and goodness, to be governed by children, fools, or vicious and wicked persons; and we neither find that the virtues required in such as deserve to govern them, did ever continue in any race of men, nor have reason to believe they ever will, it can never be reasonable to annex the dominion of a nation to any one line". Cf. SIDNEY, *Op. cit.,* p. 113. Tradução livre.

[384] "(...) Solomon tells us, *That a wise child is better than an old and foolish king.* But if this pretended right do not belong to him that is truly the eldest, nothing can be more absurd than a fantastical pretence to a right deduced from him that is not so. Now lest I should be thought to follow my own inventions, and call them reason, or the light of God in us, I desire it may be observed that

Pela concepção de Sidney, nesse sentido, a lei natural não estabelece um dever moral de seguir a razão, mas concede aos homens a capacidade de distinguir o bem do mal:

> *Mas para tornar esse ponto mais claro, penso que possa ser considerado que temos apenas três maneiras de distinguir entre o bem e o mal.*
>
> *1. Quando Deus por sua palavra o revela para nós.*
>
> *2. Quando Ele o declara por seus atos; porque o que ele faz é bom, assim como o que Ele diz é verdade.*
>
> *3. Pela luz da razão, que é boa, na medida em que provém de Deus*[385].

Assim, para Sidney, o homem é capaz de conceber que um desejo de liberdade sem limites é contrário à sua razão. Por outro lado, é o amor pela liberdade que faz com que o homem tempere seu desejo de liberdade pela razão.

No que se refere ao domínio de apenas um homem e de sua família sobre uma nação, descrito por Filmer como o poder patriarcal, Sidney afirma que embora a lei civil possa estabelecer – como o faz a lei da Inglaterra – que apenas um dos filhos seja o herdeiro de seu pai, isso não decorre da lei da natureza ou da lei de Deus, pois todos os filhos de Noé foram seus herdeiros e a terra prometida a Abraão, Isaac e a Jacó foi igualmente dividida entre seus filhos. Embora as Escrituras permitissem a concessão de um quinhão hereditário dobrado ao filho primogênito, isso significava, segundo Sidney, uma diferença apenas de proporção, o que não se confunde com a distinção entre senhor e servo, que constitui uma diferença de espécie e não apenas de grau. Os direitos de um pai cessam, assim, com o falecimento e devem ser transmitidos àqueles que, por também serem pais, têm o mesmo direito de suceder. O método contrário, de anexar toda a herança a uma só pessoa, expõe todos

God himself has ever taken this method. When he raised up Moses to be the leader of his people, he endowed him with the most admirable gifts of his spirit that ever he bestowed upon a man". Cf. SIDNEY, *Op. cit.*, p. 70. Tradução livre. A citação de Salomão realizada por SIDNEY foi extraída do livro do Eclesiastes. Cf. Ec 4:13.

385 "But to render this point more clear, I desire it may be considered, that we have but three ways of distinguishing between good and evil.
1. When God by his word reveals it to us.
2. When by his deeds he declareth it; because that which he does is good, as that which he says is true.
3. By the light of reason, which is good, in as much as it is from God". Cf. SIDNEY, *Op. cit.*, p. 69. Traduzido livremente.

os irmãos à ira do único herdeiro caso os irmãos não se submetam a ele, o que conduz à formação de um violento e orgulhoso império, como o da Turquia, onde aquele que assume o poder normalmente começa seu reinado com o assassinato de seus irmãos e sobrinhos[386].

Assim, para Sidney, não precisamos nos preocupar com a definição de família ou os limites desse conceito, pois a designação de pai consiste apenas em um título de civilidade que dá muito pouco àquele que o possui, seja ele o pai de uma família confinada a "um mesmo teto e um único fogo" ou de uma família estendida, que habita diversas casas, e "apenas os estranhos nas práticas da humanidade podem pensar que títulos de civilidade têm o poder de criar um direito de dominação"[387]. Desse modo, títulos como *dominus* para os antigos romanos, *signore* e *padrone* para os italianos e *señor* para os espanhóis são utilizados, de acordo com Sidney, para designar todos os homens e "seria ridículo nesses países que por causa disso alguém arrogue a si mesmo um direito de dominação sobre aqueles que estão sendo apenas educados"[388]. Além disso, Sidney salienta que mesmo em se admitindo que os filhos devam ter algum tipo de submissão a seus pais, na medida em que nenhum homem jamais se afastaria do respeito devido àquele que o gerou e educou, nenhum homem sábio, por outro lado, acreditaria que o mesmo respeito seria devido também a seu irmão ou sobrinho, de modo que o poder de paternidade pertence apenas aos genitores em relação a seus filhos, não havendo qualquer domínio de um homem sobre outro decorrente do título de pai ou primogênito[389].

Para contestar a concepção de Filmer segundo a qual o direito de paternidade descrito nas Escrituras seria o fundamento para a adoção da monarquia hereditária, Sidney sustenta, nesse sentido, que mesmo em se admitindo que Adão e Noé tenham sido monarcas absolutos por terem reinado exclusivamente sob seus descendentes, em exercício de seu poder paterno, o mesmo não pode ser dito de Shem, Ham e Jafé, filhos de Noé, que eram igualmente livres e, por serem irmãos, não possuíam um em relação ao outro qualquer direito de paternidade. Sidney observa, também, que a afirmação de Fimer de que os filhos de Noé teriam se tornado os patriarcas da África, da Ásia e da Europa carece de comprovação nas Escrituras, e aponta, ainda, que a Bíblia não traz uma indicação segura sobre qual deles seria o primogênito.

[386] Cf. SIDNEY, *Op. cit.*, p. 113.
[387] Idem, *ibidem*, p. 113.
[388] Idem, *ibidem*, p. 113.
[389] Cf. SIDNEY, *Op. cit.*, p. 62.

Dessa forma, Sidney conclui que o poder paterno descrito por Filmer como atribuído aos patriarcas é, na verdade, pertencente a todos os pais no mundo, que são reis pelo mesmo direito dos filhos de Noé, isto é, pelo fato de serem livres de toda dominação, o que lhes confere o direito de decidir eventualmente unir-se com outros homens para formar um governo, a ser regido pelas leis que melhor lhes convier[390].

A liberdade é concebida por Sidney, portanto, como o direito que possuem os homens de unir-se a outros homens e formar, segundo a sua vontade, sociedades políticas, instituindo as leis que melhor entenderem aptas a garantir o bem de todos. Trata-se da ausência de dominação em relação a outrem, que permite a formação da sociedade política, e não o direito de domínio de alguém sobre os demais:

> *(...) e sendo impossível que um direito de domínio sobre todos possa ser devido a todos, então tudo o que é ou pode ser herdado por todos é aquela isenção de domínio de outrem, que chamamos de liberdade, e que é o dom de Deus e da natureza*[391].

Para Sidney, desse modo, a liberdade é deduzida da inexistência de qualquer direito natural de domínio sobre os homens, o que lhes confere o direito de constituir livremente, caso assim desejem, o poder político, instituindo, por meio do consentimento de todos, as leis que julgarem mais adequadas para a preservação de si mesmos e de suas famílias.

Com efeito, em oposição direta a Filmer, Sidney afirma que Deus não deu o poder de governar o mundo a apenas um homem, nem declarou de que maneira o mundo deveria ser dividido, mas entregou esse poder a todos os homens indistintamente, de acordo com suas vontades. Isso porque, se Deus tivesse dado o direito a um único homem, como nenhum homem jamais conheceu o mundo todo, o governo de toda a Terra seria impossível, de modo que a atribuição de um tal direito a apenas um homem não é compatível com a sabedoria de Deus, pois "Ele nunca concede um direito que não possa ser executado"[392] e, quanto aos homens, seria vergonhosa uma tal disposição de seus assuntos que atribuísse o governo do mundo a um só homem, por ser

[390] Cf. Idem, *ibidem*, p. 62.

[391] "(...) and it be impossible that a right of dominion over all can be due to everyone, then all that is or can be inherited by everyone is that exemption from the dominion of another, which we call liberty, and is the gift of God and nature". Cf. SIDNEY, *Op. cit.*, p. 85. Tradução livre.

[392] Cf. SIDNEY, *Op. cit.*, p. 82.

ele "ineficaz para preservação de nossas famílias, ou destrutiva para elas"[393]. De acordo com Sidney, atribuir a criação desse suposto direito de governo da Terra por um único homem a Deus seria, ainda, uma blasfêmia, que só poderia ser derivada de uma "fúria perversa e imprudente como a de nosso autor, que se deleita com monstruosidades"[394].

Embora Filmer tenha se dedicado a reconstruir, segundo Sidney, de forma fantasiosa a genealogia dos setenta e dois patriarcas que teriam se originado da dispersão de Babel e fundado os reinos de toda a Terra, ainda que se venha a considerar essa ou outra genealogia como autêntica e correta, um esforço tal apenas poderia indicar aqueles que "pela mais amaldiçoada maldade usurparam e mantiveram uma dominação sobre seus pais contrariamente às leis de Deus e da natureza", pois esses supostos reis não eram filhos de Noé, mas provieram da babilônia, onde reinava Nimrod, um "orgulhoso e cruel tirano", cujo poder é descrito nas Escrituras como decorrente de usurpação e que por isso teria sido exercido por ele e seus sucessores contra a lei de Deus e contra seu povo, sendo portanto "absurdo deduzir um direito daquele que não tinha nenhum", tanto quanto "esperar águas puras e saudáveis de uma fonte suja, poluída e envenenada"[395].

Assim, prossegue Sidney, se esse suposto direito de domínio universal de um homem sobre a humanidade não pode ser atribuído a Deus, tampouco pode decorrer dos próprios homens, pois ainda que um ou poucos homens possam cometer loucuras, a humanidade inteira não cometeu jamais a sandice de constituir uma autoridade geral e permanente sobre todo o mundo. Além disso, caso os homens assim o fizessem, acentua Sidney, eles "destruiriam sua própria natureza, e não mais mereceriam o nome de criaturas racionais"[396].

A liberdade dos homens, nesse sentido, decorre, na obra de Sidney, tanto da negação da tese de Filmer segundo a qual Deus teria atribuído a Adão e seus sucessores – e posteriormente aos patriarcas das setenta e duas nações que teriam se originado da dispersão babélica – um poder ilimitado e absoluto de governo de toda a Terra, quanto da afirmação da natureza racional do homem. De fato, ao demonstrar que o direito de governo universal descrito por Filmer não possui fundamento nas Escrituras, Sidney conclui que os homens foram criados livres para associar-se e constituir o governo que melhor atenda aos objetivos de preservação de si mesmos e de suas famílias, pois o mundo

[393] Idem, *ibidem*, p. 82.

[394] Idem, *ibidem*, p. 83.

[395] SIDNEY, *Op. cit.*, p. 82-83.

[396] Idem, *ibidem*, p. 83.

inteiro foi "para sempre legado à vontade e à discrição do homem: podemos entrar, formar e continuar em sociedades grandes ou menores, como melhor nos aprouver"[397].

Tendo refutado a origem divina das monarquias em geral, Sidney ocupa-se de analisar a natureza do governo instaurado em Israel, a fim de refutar a suposta instituição por Deus de uma monarquia em Israel, o que leva Filmer a declarar que tal forma de governo é expressamente designada por Deus como aquela a ser seguida por seu povo. De acordo com Sidney, nesse sentido, a instituição do governo dos reis em Israel não foi realizada por Deus ou por sua palavra, "mas pela fúria do povo pecador", e de seu "gosto pela idolatria", que "poderia ser defendido apenas por um governo em prática e em princípio contrário àquele que Deus havia instituído". Assim, para Sidney, os reis foram dados aos hebreus como "punição a seus pecados" e como resultado de um desejo "perverso, louco e furioso, decorrente de seu amor pela idolatria", de modo absolutamente contrário ao governo que Deus havia estabelecido para seu povo, que foi uma aristocracia e não uma monarquia[398].

A escolha por Deus de uma aristocracia para Israel estaria evidenciada nas Escrituras, segundo Sidney, pelo fato de Moisés, Josué e dos outros juízes não possuírem o nome e tampouco o poder de reis, pois além de não transmitirem por herança o poder a seus filhos, o que "na opinião de nosso adversário é um direito inseparável dos reis", seus poderes não foram originados de nenhuma espécie de sucessão "mas criados ocasionalmente, conforme exigiam as necessidades, de acordo com as virtudes encontradas naqueles que foram preparados por Deus para libertar a nação em um momento de angústia" e mesmo após o sucesso de seus pais, seus filhos não receberam nenhum poder ou distinção em relação ao restante do povo. Além disso, as dignidades dos juízes não eram inerentes às pessoas ou às famílias, nem outorgadas para que eles se destacassem em glória e riquezas, mas "para que eles pudessem ser ministros do bem para o povo"[399]. Seja qual tenha sido a amplitude da dignidade outorgada aos juízes hebreus ou o modo como eles ascendiam ao cargo, é inegável que tal ofício não se confundia com o de rei, pois, enfatiza Sidney, os anciãos e o povo não poderiam ter pedido a Samuel um rei se ele já fosse um, assim como Gideão não poderia ter se recusado a ser rei, quando o povo desejou assim declará-lo, se ele já fosse um rei.

[397] SIDNEY, *Op. cit.*, p. 84.

[398] Idem, *ibidem*, p. 136.

[399] Cf. SIDNEY, *Op. cit.*, p. 138.

Assim, para Sidney, contrariamente ao afirmado por Filmer, Deus concebeu para Israel não uma monarquia, mas um governo misto, que além dos magistrados das diversas tribos e cidades, era composto de três partes: um líder dos magistrados, denominado juiz ou capitão, como foram Josué e Gideão, por exemplo; um conselho de setenta homens escolhidos; e a assembleia geral do povo. O primeiro era ocasional, como os ditadores em Roma, que eram escolhidos pelo povo, em momentos de perigo, entre os homens conhecidos por seu valor e sabedoria; o segundo, conhecido pelo nome de Grande Sinédrio, foi instituído por Moisés de acordo com o comando de Deus e reunia os anciãos de Israel; o terceiro, a assembleia do povo, perpassa todas as Escrituras e é frequentemente denominado por "congregação dos filhos de Israel".

Se tomássemos individualmente as três partes que compõem o governo de Israel, poderíamos considerá-lo, segundo Sidney, uma democracia assim como a de Atenas, "pois sem dúvida elas manifestam evidentemente o poder supremo como sendo o exercido por essas assembleias gerais", que tinham, por exemplo, o direito de declarar a guerra ou de estabelecer a paz, conforme evidenciado nas Escrituras pela passagem do livro de Josué em que é descrita a formação, pela assembleia dos israelitas reunida em Silo, de uma missão diplomática liderada por Finéias para tratar da eventual declaração de guerra às tribos de Rubem e Gad e parte da tribo de Manassés, que haviam construído um grande altar em Canaã em pretenso ato de revolta contra Deus[400]. De acordo com Sidney, a declaração de guerra e a negociação da paz, "a mais elevada e mais importante ação que pode afetar um povo", não foi atribuída a Josué, que estava vivo nesse momento, ou aos anciãos, mas ao corpo formado por todo o povo[401]. Além disso, salienta Sidney, "essa missão democrática foi democraticamente recebida", na medida em que ela não foi dirigida a um homem, mas a todos os filhos de Rubem, Gad e Manassés, que apresentaram suas explicações a Finéias para que este submetesse a toda a congregação dos filhos de Israel[402].

Desse modo, de acordo com Sidney, ainda que esse governo deva ser considerado verdadeiramente uma teocracia, "em razão da presença de Deus com seu povo", em relação aos homens o conjunto formado pelas três partes "poderia ser corretamente denominado uma aristocracia", em razão da prevalência do Sinédrio – a parte aristocrática e que possuía caráter permanente – em relação

[400] Cf. Js 22: 10-12.
[401] Cf. SIDNEY, *Op. cit.*, p. 138.
[402] Cf. SIDNEY, *Op. cit.*, p. 138.

às demais. Apenas após a atribuição do poder monárquico a Saul, o governo aristocrático foi suprimido, o que demonstra, segundo Sidney, a falsidade da afirmação de Filmer segundo a qual o governo de Israel foi sempre uma monarquia e de que esta decorre de um "instinto natural". Para Sidney, por outro lado, caso um instinto tal realmente exista, ele deve ser considerado "apenas um apetite irracional, característico das bestas, que não conhecem os motivos pelos quais fazem alguma coisa, e ser seguido apenas por aqueles homens que, sendo igualmente irracionais, vivam na mesma ignorância"[403].

Por advogar uma tese contrária às Escrituras – que asseveram expressamente que "não havia rei em Israel"[404] no tempo dos juízes, Filmer afirma que o governo dos juízes tratou-se de um governo monárquico exercido pelos pais de algumas das famílias. Em contraposição, Sidney questiona, com ironia, o que seria do direito hereditário de Abraão, Isaac e Jacó em um governo em que não há súditos e em que todos são reis. Para Sidney, tal fato comprova que a monarquia só pode ser instituída por consentimento e para a preservação do bem de todos, pois se todos são reis, Deus é o autor da democracia, e "nenhum defensor da liberdade humana jamais reivindicou mais do que o povo de Deus usufruía e exercia no período em que nosso autor afirma que eles estiveram sob um governo régio, em que a liberdade, não sendo atribuída por nenhuma concessão peculiar ou instituição, deve pertencer a toda a humanidade".[405]

A despeito de todos equívocos propalados por Filmer, segundo Sidney o autor realista está certo em um aspecto: ao afirmar que Deus, por possuir um amor especial por Israel, fez-se o verdadeiro rei de Israel, revelando-lhe leis, enchendo-lhe com seu espírito e mostrando-se sempre presente quando o povo clamava por Ele. Essa relação de Deus com o povo de Israel não possui, porém, segundo Sidney, qualquer relação com as monarquias terrestres, pois dela não resulta que algum homem possa fazer-se senhor de seus irmãos, ou um motivo para que uma nação deva elevar algum homem à condição de rei. De fato, Deus é nosso senhor por direito de criação e nosso único senhor, pois criou-nos sozinho. Mas isso em nada se assemelha à relação entre os homens, que são todos igualmente criaturas mortais. Se houvesse entre os homens alguém dotado de uma "sabedoria que não estivesse sujeita a erro, uma bondade que jamais falhasse, e um poder a que nada pudesse resistir,

[403] Cf. Idem, *ibidem*, p. 139.

[404] Cf. Jz 18: 1.

[405] Cf. SIDNEY, *Op. cit.*, p. 140.

seria razoável que fizéssemos um acordo, submetendo-nos a ele com todas as faculdades de nossas mentes e colocando-nos a seu serviço". A mesma submissão não pode ser dada, por outro lado, a uma criatura que tenha "tão pouco quanto qualquer outro homem" e que está "sujeita às mesmas fragilidades, paixões e vícios do resto da humanidade"[406].

Para Sidney, portanto, todo homem é tão livre quanto um rei e não tem, por natureza, obrigação ou aliança com ninguém. Muita culpa e miséria poderiam, assim, ter sido evitadas, se os homens não tivessem procurado imitar nas relações entre si a relação de submissão estabelecida com Deus. De acordo com Sidney, foi "quando os judeus cansaram-se do governo de Deus e resolveram rejeitá-lo, para que Ele não mais reinasse sobre eles" que os judeus pediram um rei a Deus, na expectativa de que o rei se voltasse contra Deus. Como, todavia, o rei não se voltou contra o Criador e o povo não pôde rejeitá-Lo, o povo pecou ao pedir pelo rei. Assim, conclui Sidney, não havia "nenhum rei entre eles, nem qualquer lei de Deus ou da natureza, particular ou geral, de acordo com a qual eles deveriam ter um rei"[407].

Ao sustentar que os príncipes estão acima da lei, Filmer propõe, de acordo com Sidney, o absurdo de que se espere a observância da lei de natureza de tiranos, pois afirma que todos os reis, "até mesmo os tiranos e os conquistadores", estão comprometidos com a preservação das "terras, dos bens, liberdades e vidas de todos os seus súditos", não pela lei civil, mas pela "lei natural de um pai". Para Sidney, com essas palavras, o autor realista identifica tiranos e reis, palavras que sempre designaram "a mais irreconciliável contrariedade", eliminando a diferença entre "um magistrado que é o que é pela lei, e um inimigo público, que pela força ou por meio de fraude coloca-se contra toda lei"[408].

Com a identificação entre os reis e os tiranos e a consideração de que ambos estão obrigados a preservar as terras, os bens e as liberdades de seus súditos pela lei natural de paternidade, Filmer lança mão, segundo Sidney, de palavras vazias, uma vez que a lei, para o autor realista, é a própria vontade do príncipe. Para Sidney, por outro lado, "se não houver outra lei em um reino além da vontade de um príncipe, não há essa coisa denominada liberdade", pois "a liberdade consiste apenas em estar sujeito à vontade de nenhum homem, e nada identifica um escravo exceto a dependência da vontade de outrem". Além disso, a propriedade é um "apêndice da liberdade", na medida em que,

[406] Idem, *ibidem*, p. 141.

[407] Idem, *ibidem*, p. 141.

[408] Cf. SIDNEY, *Op. cit.*, p. 347.

segundo o filósofo, "é impossível para um homem ter um direito a terras ou bens se ele não tiver liberdade e vive apenas segundo a vontade de outrem"[409].

A liberdade é considerada, para Sidney, portanto, como o mais importante dos direitos derivados da lei natural, do qual são derivados os demais direitos. Mesmo sem mencionar as espécies de pacto ou contrato, Sidney afirma que para que todos possam desfrutar de seus direitos com segurança, tais direitos devem ser colocados em comum sob um governo:

> *Além disso, se a segurança do povo for a lei suprema e essa segurança ampliar-se e consistir na preservação de suas liberdades, bens, terras e vidas, aquela lei deve necessariamente ser a raiz e o começo, bem como o fim e o limite de todo poder dos magistrados, e todas as leis devem ser subordinadas a ela. A questão não será então o que agrada ao rei, mas o que é bom para o povo; não o que conduz à sua glória ou ao seu benefício, mas o que melhor assegura as liberdades que ele está obrigado a preservar: ele portanto não reina para si mesmo, mas para o povo; ele não é o senhor, mas o servo da sociedade política e o ponto máximo de sua prerrogativa é ser capaz de fazer um bem maior do que qualquer outro homem privado é capaz de fazer*[410].

Desse modo, a segurança do povo, concebida por Sidney em sentido amplo como a preservação da vida, da liberdade e dos bens de todos é considerada pelo filósofo como a finalidade do governo e a "lei suprema" de uma nação, que deve orientar a conduta daqueles que, pela lei, foram instituídos à condição de magistrados, que devem exercer sua função em vista do bem do povo e não para sua própria glória ou proveito.

Essa lei suprema, que decorre da lei da natureza, é, para Sidney, o fundamento de todas as leis civis, e não a vontade do rei, que deve ser regulada pela lei pois "o monarca não está acima da lei". Com efeito, como sustenta Sidney, se os príncipes não estiverem obrigados pela lei, "eles vão seguir sempre seus próprios humores ou as sugestões daqueles que os seguem", tal qual Calígula,

[409] Cf. SIDNEY, *Op. cit.*, p. 347.

[410] "Besides, if the safety of the people be the supreme law, and this safety extend to, and consist in the preservation of their liberties, goods, lands and lives, that law must necessarily be the root and beginning, as well as the end and limit of all magistratical power, and all laws must be subservient and subordinate to it. The question will not then be what pleases the king, but what is good for the people; not what conduces to his profit or glory, but what best secures the liberties he is bound to preserve: he does not therefore reign for himself, but for the people; he is not the master, but the servant of the commonwealth; and the utmost extent of his prerogative is to be able to do more good than any private man". Cf. Idem, *ibidem*, p. 347. Traduzido livremente.

Nero e Domiciano, que conquanto contassem em seus reinados com senados formados por homens bons e sábios, esforçaram-se em destruir a todos, em vez de seguir os seus conselhos. A citação desses "nomes odiosos", não se dá, como ironiza Sidney, "pela falta de exemplos mais recentes da mesma natureza", mas pela escolha "daqueles que a humanidade condenou universalmente, contra quem não posso ter outra causa de aversão senão aquilo que é comum a todos aqueles que têm algum amor pela virtude"[411]. Assim, "não se deve colocar poderes excessivos nas mãos daqueles que não têm nem inclinação nem habilidade para fazer um bom uso deles". Por outro lado, "se a segurança das nações for a finalidade para a qual os governos são instituídos, os que forem levados a governar, não importa a que título, estão, pela lei da natureza, obrigados a procurá-la e para tanto preservar as vidas, terras, liberdades e bens de cada um de seus súditos, e aquele que sob qualquer pretexto, simula, assume ou exercita um poder de disposição destes de acordo com sua vontade, viola as leis da natureza no mais alto grau"[412].

Além disso, para Sidney, homens fracos e doentes não podem prover a segurança do povo, razão pela qual deve haver um poder para refrear os desvios e instruir príncipes fracos, obrigando-os a seguir os conselhos dados pelos homens mais sábios, pois do contrário "os fins do governo não podem ser atingidos, nem os direitos das nações preservados"[413].

Embora todas essas conclusões possam ser deduzidas das proposições de Filmer, o que poderia fazer pensar que ele "tornou-se um republicano tão bom quanto Catão", assim como "o porco lavado voltará a chafurdar-se", o autor realista põe tudo a perder com a "absurda conjunção dos direitos dos reis, que são justos e conforme a lei, com os dos tiranos, que são completamente contrários à lei". Por tal motivo, nos estados que caíram sob o jugo de tiranos erigiu-se, segundo Sidney, a máxima *unicuique licere tyrannum occidere*, pois "qualquer homem pode matar um tirano" [414]. Assim, Sidney sustenta que toda nação possui um direito de revolta contra o tirano que tenha atentado contra as vidas, terras, liberdades e bens do povo, violando a lei natural, afastando-se da finalidade para a qual o governo foi instituído.

A fim de defender a licitude do direito de revolta, Sidney empreende uma longa distinção etimológica entre rebelião e revolta, desfazendo os embustes propalados por Filmer, que se esforçara em "persuadir o povo de que eles não

[411] Cf. SIDNEY, *Op. cit.*, p. 349.

[412] Idem, *ibidem*, p. 350.

[413] Idem, *ibidem*, p. 350.

[414] Idem, *ibidem*, p. 350.

devem defender suas liberdades ao dar o nome de rebelião às mais justas e honrosas ações que têm sido desempenhadas para a sua preservação", espalhando mentiras e "não temendo nos dizer que a rebelião é como o pecado da bruxaria"[415].

Assim, Sidney afirma que o termo rebelião deriva do termo latino *rebellare*, que significa "recomeçar uma guerra". Rebelar-se significa, nesse sentido, levantar-se contra uma situação de paz estabelecida com o término de uma guerra. Para Sidney, quando uma cidade ou uma província havia sido vencida e dominada pelos romanos, aqueles que violavam o acordo de paz e retomavam as hostilidades contra os romanos, que os haviam poupado, eram chamados rebeldes. Por esse motivo, segundo Sidney, não é apropriado designar a revolta de um povo por rebelião, na medida em que isso traria a pressuposição de uma situação de guerra entre o povo e o magistrado, o que não é o caso das hipóteses em que o povo procura defender seus direitos contra a violação do magistrado. Assim, seria absurdo aplicar o termo ao povo que se sublevou contra decênviros, reis ou outros magistrados, pois em todas as circunstâncias em que foi empregado, o termo implicava uma superioridade daqueles contra quem o povo se opunha, assim como a ruptura de uma paz estabelecida, o que não ocorre na relação do povo com o magistrado:

> *Embora cada homem privado, singularmente considerado, esteja sujeito aos comandos do magistrado, o conjunto do povo como um todo não está, pois o magistrado é por e para o povo, enquanto o povo não é nem por nem para o magistrado. A obediência a ele devida pelo homem privado é baseada e medida pela lei geral, e tal lei, por se relacionar ao bem estar do povo, não pode privilegiar o interesse de um ou poucos homens contra o público. O todo de um povo de uma nação não pode estar vinculado a nenhuma outra obediência além daquela que seja consistente com o bem comum, de acordo com seu próprio julgamento*"[416].

Um segundo equívoco da utilização do termo rebelião consistia em representar o povo como inferior ao governo, pois quando se fala em rebelião, há a ideia de insubordinação, o que não ocorre nessa situação, já que o povo é superior ao magistrado. Desse modo, de acordo com Sidney, em uma sociedade civil bem constituída o povo não pode jamais ser considerado sedicioso,

[415] Cf. SIDNEY, *Op. cit.*, p. 438.
[416] Cf. SIDNEY, *Op. cit.*, p. 438.

pois a oposição de um povo a um governo trata-se do regular exercício de um direito do povo.

A terceira objeção era a de que o direito de revolta colocava em risco a paz. Com base no princípio de que não há paz sem justiça, Sidney realça que não se pode abrir mão da liberdade para usufruir de outros bens, pois a liberdade é o bem supremo ao ser humano. A servidão é uma condição inumana e por isso não se pode, em nome da paz, sacrificar a liberdade.

Em uma teoria que concebe a liberdade como o bem supremo, isso é plenamente compreensível. Para Sidney, a resistência ao tirano pode levar o povo ao risco de perder a sua vida, mas pode levá-lo a recuperar o mais importante de seus bens: a liberdade. Nesse sentido, a resistência é uma forma de reabilitar a vida humana, tornando-se por isso um dever. A resistência não é uma entre outras opções disponíveis ao homem, mas um dever para que o homem possa viver de acordo com a sua natureza, que é ser livre.

Para Sidney, nesse sentido, como os reis se tornam reis pela lei e os tiranos são tiranos pela violação da lei, a concepção de Filmer segundo a qual tanto os reis quanto os tiranos estão obrigados à preservação da vida, da liberdade e dos bens dos homens por uma suposta "lei natural de paternidade" não passa de um devaneio, porquanto o tirano é o que ele é pela subversão da lei, de modo que esperar o cumprimento de qualquer lei por alguém que por fraude ou violência faz de si mesmo o senhor de todos é "ridículo e absurdo"[417].

Ao dedicar-se, em seus *Discourses concerning government,* à refutação da teoria do poder patriarcal de Filmer, Sidney rechaça, dessa forma, conforme explicitado pela exposição de seus argumentos, não apenas a existência do domínio de apenas um homem e de sua família sobre uma nação, que seria supostamente fundado na lei de Deus, mas de toda sorte de dominação natural, haja vista que, segundo o filósofo, tanto a lei de Deus quanto a lei da razão estatuem que os homens nascem livres e iguais. Apenas para o incremento da segurança dos direitos, concebidos por Sidney como a preservação da vida, da liberdade e dos bens de todos é que os homens podem, segundo Sidney, por seu consentimento, instituir os governos, cuja "lei suprema" é, portanto, a preservação e garantia desses mesmos direitos, que decorrem da natureza, em especial do direito de liberdade.

Além disso, ao preceituar que essa lei natural suprema de preservação dos direitos dos homens é o fundamento da instituição do governo e de todas as leis civis, Sidney contesta a ideia de que as leis teriam por fundamento

[417] Idem, *ibidem,* p. 347-348.

a vontade exclusiva do rei, cujo ofício deve ser regulado pela lei para prevenir os homens contra a dominação. Para o filósofo, portanto, é essa lei suprema e não o monarca, que está a ela submetido, que deve orientar a conduta daqueles que foram erigidos à condição de magistrados, os quais devem exercer sua função em vista do bem do povo e não para sua própria glória ou proveito. Para Sidney, nesse sentido, é o estado de total ausência de dominação em relação a outrem, em que os homens vivem na natureza, que permite a formação da sociedade política, e não o direito de domínio de alguém sobre os demais.

Utilizando a oposição entre liberdade e servidão, fartamente explorada nos momentos anteriores de formação do pensamento republicano na Inglaterra, em especial no "momento do direito romano" e no "momento dos filósofos e historiadores da antiguidade", Sidney afirma que, dentre todos os direitos, a liberdade é o bem supremo do homem, que não pode dela abrir mão nem mesmo para usufruir de outros bens, na medida em que a servidão é uma condição inumana e não se pode, em nome da paz, sacrificar a liberdade. Ao erigir a liberdade dos homens a um bem supremo, Sidney afasta, desse modo, até mesmo as restrições que outros defensores da liberdade republicana demonstraram em relação ao direito de resistência do povo – entre os quais Henry Neville –, por supostamente colocar em risco a paz e poder se prestar à "ambição insaciável" de alguns. Ao diferenciar a rebelião de resistência, Sidney afirma, de modo muito mais amplo e enfático, que a resistência ao tirano pode até levar o povo ao risco de perder a sua vida, mas é em algumas circunstâncias o único caminho capaz de permitir ao homem a recuperação do mais importante de seus bens: a liberdade. Dessa forma, a resistência é uma forma de reabilitar o caráter humano da vida, que fora degenerado pela servidão, razão pela qual ela se torna, para Sidney, um dever do povo e não apenas uma faculdade, pois não é uma entre outras opções disponíveis ao homem, mas o único caminho que os homens possuem para que possam viver de acordo com a sua natureza, que é a de serem livres.

A magistral defesa da liberdade republicana realizada por Sidney, que manifesta claramente, na descrição do direito de resistência, a supremacia do povo em relação às demais partes do corpo político, por serem os homens os responsáveis pela instituição e destituição da autoridade, carece, entretanto, de uma maior sistematização quanto ao modo de formação e dissolução da sociedade política, que se deve, em grande medida, ao caráter inconcluso e fragmentário dos *Discourses*. O modo de instituição da sociedade política para garantia dos direitos e os procedimentos para proteção contra o exercício arbitrário e discricionário do poder só viviam a ser descritos no âmbito desse mesmo "momento da supremacia popular" por outro grande teórico do direito de resistência, John Locke, cuja obra também contém uma enérgica defesa da liberdade republicana, conforme será explicitado no próximo capítulo.

SEGUNDA PARTE

3.
JOHN LOCKE E A REFUTAÇÃO DO *PATRIARCA*: A AFIRMAÇÃO DO NÃO-ARBITRÁRIO

No "Prefácio" de sua principal obra política, John Locke declara como propósito de seu "discurso sobre o governo"[418] o de "consolidar o trono de nosso grande restaurador, o atual rei Guilherme; para confirmar seu título no consentimento do povo, o único de todos os governos legítimos"[419]. Embora lamente a perda de parte significativa de sua obra, que se situaria topologicamente entre os trechos que foram designados posteriormente como *Primeiro tratado sobre o governo* e *Segundo tratado sobre o governo*, e na qual o autor havia seguido "o curso de Sir Robert ao longo de todos os desvãos e obscuridades que se devem enfrentar nas diversas ramificações de seu espantoso sistema", Locke considera sua "resposta", ainda que limitada pelo infortúnio, como suficiente para despojar a autoridade que o *Patriarca* de Filmer representava. A despeito de seu esforço para contestar os fundamentos teóricos da obra, o filósofo ressalta que ela já teria sido refutada de modo cabal pelo rei e pelo corpo da nação, de modo que nenhum corpo teria novamente "o atrevimento de se posicionar contrariamente a nossa segurança comum – fazendo-se novamente de advogado da escravidão"[420].

A expressa referência de Locke a Guilherme de Orange como o "grande restaurador" da nação e a intenção manifesta de "confirmar seu título no consentimento do povo" levou a obra a ser interpretada, desde a sua publicação, como uma "peça de ocasião", concebida para expressar e divulgar os ideais dos vitoriosos da Revolução Gloriosa. Contudo, como identificado com clareza

[418] LOCKE havia originalmente previsto designar a obra por "Discurso", utilizando assim o mesmo título de SIDNEY. Tal fato é evidenciado, segundo LASLETT, já no "Prefácio", mas também em diversas outras passagens, em que o título remanescente é mantido pelo filósofo, como por exemplo o §1º do *Segundo tratado*. Cf. LASLETT, *Introdução*, p. 72-73.

[419] Cf. LOCKE, *Op. cit.*, p. 197.

[420] Idem, *ibidem*, p. 198-199.

por Peter Laslett[421] em seu estudo crítico referencial sobre a principal obra política de Locke, os *Dois tratados* foram provavelmente escritos cerca de dez anos antes de sua publicação, isto é, entre 1679 e 1681, no mínimo oito anos antes da ascensão de Guilherme de Orange, em pleno contexto, portanto, da "crise de exclusão"[422]. Por outro lado, como bem observa Maurice Cranston, a desvinculação da obra de uma simples justificativa póstuma da Revolução Gloriosa não deve ser interpretada como uma negação da sua natureza de "peça de ocasião", devendo servir apenas para elucidar o fato de que a obra representou uma "peça de uma ocasião diferente", ou uma "peça de outra ocasião", pois se a obra não foi escrita depois da revolução, para justificá-la, ela foi escrita tendo em mente os desígnios revolucionários, para promovê-la[423].

Desse modo, como é evidenciado em diversas passagens do texto, a principal obra política de Locke foi escrita com manifestos propósitos de intervenção na realidade política de seu tempo, seja no contexto da tormentosa "crise de exclusão", quando foi escrita em sua maior parte, seja nos momentos posteriores à Revolução Gloriosa, quando foi publicada. Conforme anunciado pelo próprio filósofo no "Prefácio", nesse sentido, a obra foi concebida para contrapor-se à autoridade da teoria divulgada no *Patriarca* de Robert Filmer, pois embora seu autor já estivesse há muitos anos "privado da possibilidade de defender-se" – vez que Filmer havia falecido em 1653 – sua doutrina foi convertida, segundo Locke, na "teologia corrente de nossos tempos", sendo professada "como um Evangelho", causando grandes danos "à verdade e ao público"[424]. Diante disso, Locke afirma que procurará em sua obra apontar os equívocos, as incoerências e a falta de provas nas Escrituras dos argumentos

[421] O estudo crítico de LASLETT foi publicado pela primeira vez em 1960. Cf. Peter LASLETT, In: John LOCKE, *Two treatises of government: a critical edition with an introdution and aparatus criticus.* Cambridge: Cambridge University Press, 1960. O texto foi posteriormente reeditado diversas vezes e traduzido para o português. Sobre a data em que os *Dois tratados* foram escritos, cf. "Introdução" In: LOCKE, *Op. cit.*, p. 73.

[422] Por meio da análise dos argumentos de Locke nos *Dois tratados*, LASLETT afirma que os tratados devem ter sido escritos simultaneamente como um único discurso, tendo ambos como alvo – e não apenas o primeiro – as teses expostas por Robert FILMER no *Patriarca*. Assim, por exemplo, LASLETT identifica uma série de passagens dos *Dois Tratados* em que seria possível identificar-se indiretamente o momento em que as obras foram escritas, como as referências feitas pelo filósofo ao "rei Jaime" (§§ 133 e 200 do *Segundo tratado*), que só podem ser corretamente compreendidas se forem tomadas como alusões a Jaime I e não a Jaime II, o que indicaria que foram escritas antes de 1685, ano da coroação de Jaime II. Cf. Peter LASLETT, *John Locke – Two treatises of government: a critical edition with an introdution and aparatus criticus.* Cambridge: Cambridge University Press, 1960.

[423] Cf. Maurice CRANSTON, *John Locke: a biography.* Londres: Longmans, Green and Co, 1957.

[424] Idem, *ibidem*, p. 199.

desenvolvidos pelo autor realista, a fim de corrigir os danos causados pela propagação das equivocadas noções sobre o governo expostas pelo autor e para que os tempos vindouros possam se livrar do "tambor eclesiástico" que a obra representou[425].

Para que pudesse atingir o seu objetivo e diante da grande incidência de argumentos teológicos e de exemplos extraídos das Escrituras na obra de Filmer, Locke empreende inicialmente, conforme sustenta Rolf Kuntz, um "bombardeio de limpeza"[426], concentrando os esforços de refutação a Filmer na primeira parte de sua obra, o *Primeiro Tratado*, para então edificar no *Segundo Tratado* os fundamentos de sua teoria política, explicitando as premissas daquilo que entende como as corretas noções sobre o governo. De fato, embora os *Dois tratados sobre o governo* devam ser considerados, como propõe Laslett, como um único discurso, na medida em que ambos se destinam à contestação da teoria de Filmer, Locke realiza no *Primeiro Tratado*, segundo este comentador, um comentário negativo, deixando para o *Segundo Tratado* a apresentação do enunciado positivo da teoria sobre o governo que será proposta em oposição ao patriarcalismo[427]. Partindo dessa perspectiva analítica, será empreendida neste capítulo a análise dos argumentos expostos por Locke no *Primeiro tratado*, a fim de contrapor mais adequadamente o esforço de refutação do filósofo às contestações empreendidas pelos demais autores que se dedicaram à mesma empreitada, conforme descrito no capítulo precedente.

Assim, Locke inicia a sua contestação da obra de Filmer, afirmando, no primeiro capítulo do *Primeiro tratado*, que "a escravidão é uma condição humana tão vil e deplorável", que é difícil aceitar que um fidalgo inglês pudesse ter tomado sua defesa. Logo no início de sua obra, o filósofo retoma, desse modo, a semelhante formulação empreendida ainda no prefácio, em que se referira a Filmer como o "advogado da escravidão"[428], colocando em evidência a centralidade do conceito de liberdade na estruturação de sua teoria, em contraposição à hipótese de Filmer, que segundo Locke pretende "persuadir todos

[425] Idem, *ibidem*, p. 199.

[426] Cf. KUNTZ, *Op. cit.* p. 4.

[427] LASLETT possui uma interessante hipótese acerca da cronologia de elaboração dos *Dois tratados sobre o governo* por LOCKE. Segundo o comentador, o *Segundo tratado* foi elaborado pelo filósofo antes da composição do *Primeiro tratado*, pois não seria lógico supor que alguém se pusesse a refutar o pensamento de outrem sem estabelecer antes suas próprias premissas. Tal hipótese seria comprovada, entre outros elementos, pelo fato de LOCKE não fazer referência ao *Primeiro tratado* ao longo de todo o *Segundo tratado* e, em contrapartida, remeter o leitor em diversas passagens do *Primeiro tratado* a argumentos desenvolvidos no *Segundo tratado*. Cf. LOCKE, *Introdução, Op. cit.* p. 90.

[428] Cf. LOCKE, *Op. cit.*, p. 198.

os homens de que eles são escravos, e de que assim devem sê-lo". Usando desde o início de refinada ironia, o filósofo afirma que ao procurar "prover de grilhões a humanidade inteira", o *Patriarca* não mereceria ser tratado como um discurso sério, mas sim como um "exercício de engenho" semelhante ao de alguém que se dedicasse a escrever o "Encômio de *Nero*", em louvor ao imperador romano. O frontispício do livro, com a gravura de Carlos II, e "o aplauso que conquistou", sustenta Locke, levaram-no a concluir, porém, que o autor e o editor da obra "estavam sendo sinceros", ainda que da obra não se possa extrair nada senão que os tais grilhões não passam de uma "corda de areia"[429].

De acordo com Locke, o sistema apresentado por Filmer, o "grande paladino do poder absoluto", encerra-se em um pequeno círculo, que consiste em sustentar a conclusão segundo a qual "todo governo é uma monarquia absoluta" a partir de uma única proposição, na qual se fundamenta todo o seu sistema, qual seja, a de que "nenhum homem nasce livre". Para Locke, porém, tal afirmação, que seria o mesmo que admitir que a "autoridade divina nos houvesse submetido ao ilimitado arbítrio de outrem", não possui fundamento nem nas Escrituras nem na razão, justificando-se apenas como um recurso adotado por "homens dispostos a adular os príncipes com a opinião de que têm eles um direito divino ao poder absoluto"[430]. Com efeito, como observa o filósofo, o próprio Filmer confessa que mesmo autores que defenderam o direito dos reis, tais como Heyward, Blackwood e Barclay, jamais afirmaram, em defesa da monarquia *jure divino*, que humanidade é criada em um estado de escravidão, "mas admitiram, de comum acordo, a liberdade natural e a igualdade da humanidade"[431].

Dessa forma, Locke assim sintetiza a tese de Filmer:

> *(...) todo aquele que anseia estar tão na moda como era o francês na corte, aprendeu e carrega consigo esse pequeno sistema político, a saber, que os homens não nascem livres e, por conseguinte, jamais poderiam dispor da liberdade para escolher quer os governantes, quer as formas de governo. Os príncipes detêm um poder absoluto, ao qual fazem jus por direito divino, pois nunca poderia ser facultado a escravos o direito de estabelecer pactos ou consentir. Adão era um monarca absoluto, tal como o são todos os príncipes desde então*[432].

[429] Cf. LOCKE, *Op. cit.*, p. 203-204.
[430] Cf. LOCKE, *Op. cit.*, p. 205.
[431] Cf. LOCKE, *Op. cit.*, p. 206.
[432] Cf. Idem, *ibidem*, p. 206-207.

A grande tese de Filmer é, nesse sentido, segundo Locke, a de que "os *homens não são livres por natureza*", que se constitui no alicerce a partir do qual toda a sua monarquia absoluta é edificada e pelo qual procura afastar a evidência de que os governos "são formados por obra do artifício e pelo consentimento dos homens". Para provar sua tese, o autor realista afirma, como descreve Locke, que os homens nascem submetidos à autoridade de seus pais, denominada "*régia autoridade, autoridade paterna* e *direito de paternidade*" e por esse motivo não podem ser livres. Embora não defina em qualquer momento em que consiste esse "fantasma dominador chamado *paternidade*", e a considere "ilimitada e ilimitável", Filmer fundamenta, segundo Locke, o "*direito natural do régio poder*" com "meio raciocínio", pois utiliza apenas meia citação ao afirmar que Deus proclama "honra teu pai", deixando de fora os termos "e tua mãe", como consta do decálogo, e que o autor deixa de citar por ter "pouca utilidade para seus propósitos"[433].

Diante da ausência de definição, na obra de Filmer, dessa autoridade que teria tido início em Adão e pertenceria a todos os príncipes desde então, Locke dispõe-se a determinar o conteúdo dessa noção por meio da descrição que o autor realista empreende em diversos trechos do *Patriarca*, o que o leva a concluir que o direito de paternidade pode ser compreendido como um "inalterável direito divino de soberania", pelo qual um pai ou um príncipe pode impor sua vontade aos demais de modo absoluto e arbitrário, tornando seus filhos ou súditos escravos dessa vontade:

> *Portanto, tal* autoridade paterna *ou* direito de paternidade *na acepção de nosso A., é um inalterável direito divino de soberania, mediante o qual um pai ou um príncipe detém um poder absoluto, arbitrário, ilimitado e ilimitável sobre as vidas, liberdades e propriedades de seus filhos e súditos, de tal modo que lhe é facultado apossar-se de tais propriedades ou aliená-las, vender, castrar ou fazer uso de suas pessoas, pois que são todos seus escravos e ele o senhor ou proprietário de tudo quanto há, sendo sua ilimitada vontade lei para os demais*[434].

A ausência de argumentos apresentados por Filmer no *Patriarca* para sustentar a sua tese, que, segundo Locke, estaria parcamente arrimada no "meio raciocínio" extraído da metade do quarto mandamento, leva o filósofo a analisar também os argumentos em favor da soberania de Adão e contra a liberdade

[433] Cf. LOCKE, *Op. cit.*, p. 209.
[434] Idem, *ibidem*, p. 212-213.

natural dos homens, encontrados em seus outros tratados, de onde se deduz que esse poder paterno absoluto sustenta-se, para Filmer, em três argumentos: no suposto direito de Adão decorrente de sua criação; no domínio que Deus teria outorgado a Adão sobre Eva; e no domínio que Adão possuía, na qualidade de pai, sobre seus filhos. Locke passa então a enfrentar pormenorizadamente cada um desses argumentos, a fim de refutá-los.

No que diz respeito ao direito de Adão à soberania sobre todo o mundo decorrente do ato de criação, Locke afirma que a criação do primeiro homem por Deus nada mais foi do que o recebimento da vida diretamente da onipotência de Deus, o que não confere a Adão uma soberania sobre o que quer que seja. Locke ressalta, nesse sentido, que não há qualquer incompatibilidade entre a liberdade natural e a criação de Adão, como Filmer pretende fazer crer ao sustentar que não se pode supor a liberdade natural da humanidade sem negar a criação de Adão, pois do fato de o homem ter sido criado pelo poder imediato de Deus, sem a intervenção de pais ou a preexistência de um ser da mesma espécie, não se pode concluir que lhe foi atribuído qualquer domínio sobre seus semelhantes, que sequer haviam sido criados. Caso a simples decorrência do poder criador de Deus atribuísse um poder ao ser que passou a existir em razão desse poder, teríamos que concluir, segundo Locke, que o leão teria o mesmo direito de soberania que Adão, e um direito mais antigo, na medida em que os animais foram criados pelo mesmo poder e em momento anterior ao homem[435].

Não havendo qualquer incompatibilidade entre a liberdade do homem e a criação de Deus, Locke passa a analisar se o direito de soberania de Adão seria decorrente da doação do mundo por Deus a Adão, na medida em que, segundo Filmer, pela concessão positiva de Deus, tão logo o homem foi criado, fez-se de Adão proprietário, "porquanto coube a ele, por direito de natureza, ser o governante de sua descendência". Locke observa, de início, que a passagem em que Filmer fundamenta a suposta instituição de um direito de soberania a Adão por meio da doação do mundo e da subordinação de todas as criaturas ao homem, isto é, o trecho do livro do Gênesis em que Deus profere uma benção e ordena ao homem que se multiplique e exerça o domínio sobre as criaturas[436], não faz referência em nenhum momento à instituição de uma monarquia, mas apenas a um "domínio", que Filmer quer fazer

[435] Cf. LOCKE, *Op. cit.*, p. 218.

[436] "sede fecundos e multiplicai-vos, enchei a terra e a subjugai, exercei o domínio sobre os peixes do mar, as aves do céu e sobre tudo quanto vive e se move sobre a Terra". Cf. Gn 1, 28.

crer ser sinônimo de "soberano governante de todos os homens do mundo" e "monarca do mundo todo". Para Locke, contrariamente ao afirmado por Filmer, ao conceder o domínio a Adão, Deus não outorgou a ele nenhum poder imediato sobre os homens, sobre seus filhos ou sobre outros da mesma espécie e tampouco o domínio privado sobre as criaturas inferiores, mas conferiu um "domínio comum a toda a humanidade", não fazendo de Adão, portanto, um monarca[437].

A inexistência de qualquer concessão de um poder monárquico a Adão em decorrência da atribuição por Deus de um domínio sobre a Terra e as criaturas é explicitada também, segundo Locke, nas próprias Escrituras, em especial no salmo 8, atribuído a Davi, personagem bíblico tão versado quanto Filmer "na doação de Deus no texto em questão (e também no direito dos reis)" e no qual o salmista assevera que Deus fez o homem "um pouco inferior aos anjos; tu lhe concedeste o domínio sobre as obras de tuas mãos; tu colocaste tudo a seus pés, todas as ovelhas, os bois, os animais selvagens, as aves do céu, os peixes do mar e tudo quanto percorre os caminhos do mar"[438]. Para Locke, tais palavras não indicam de modo algum a instituição de um poder monárquico de um homem sobre outro, mas apenas "o domínio de toda a espécie humana sobre as espécies inferiores de criaturas". Além disso, segundo Locke, do próprio texto das Escrituras fica claro que Deus não outorgou esse domínio sobre as criaturas a Adão em particular, com exclusão de todos os demais homens, não se tratando, assim, de um "domínio privado, mas um domínio em comum com o restante da humanidade". Tal aspecto é explicitado pelo fato de o texto estar redigido no plural, de modo que a concessão foi igualmente dirigida por Deus a Eva, razão pela qual, questiona o filósofo, "não deveria ser ela senhora do mundo da mesma forma como ele era o senhor?"[439]

Em sua concepção de submissão das criaturas ao domínio comum da humanidade, Locke pressupõe, como analisa John Dunn, uma compreensão recorrente na filosofia natural denominada "escala da natureza" ou "grande cadeia do ser"[440], a partir da qual cada espécie tem sua posição e sua graduação, e em que cada um dos elementos foi construído de forma a integrar-se à grande pintura em que se constitui o projeto divino de criação, no qual o homem deve cooperar com seus iguais de forma voluntária e autoconsciente, mas não com as demais criaturas, que foram criadas por Deus para o domínio

[437] Cf. Idem, *ibidem*, p. 225-226.
[438] Cf. LOCKE, *Op. cit.*, p. 230. Ver também Sl 8: 6-9.
[439] Cf. Idem, *ibidem*, p. 230-231.
[440] Cf. Arthur LOVEJOY, *Op. cit, passim.*

do homem, que delas pode beneficiar-se de acordo com sua necessidade[441]. Abordada no *Primeiro tratado* para tratar da acepção que o termo "domínio" possui nas Escrituras, essa noção também está presente no *Segundo tratado*, na descrição de estado de natureza realizada pelo filósofo, como será abordado no terceiro capítulo deste trabalho.

Da mesma forma com que suprimira de sua descrição das Escrituras a concessão da Terra realizada por Deus conjuntamente a Adão e Eva, Filmer também elimina de sua descrição, como observa Locke, a reiteração da mesma concessão dirigida por Deus a Noé e seus descendentes, que é exposta pelo autor realista como se fosse destinada apenas a Noé. De fato, no capítulo 9 do livro do Gênesis[442], benção semelhante à dirigida a Adão e Eva é proferida por Deus a Noé e seus descendentes, como um comando para que fossem fecundos, multiplicando-se e dominando as criaturas para que lhes servissem de alimento. Prevendo que tal passagem das Escrituras traria dificuldades para a sua tese, Filmer falseia, como acusa Locke, as palavras do texto sagrado, fazendo crer que as criaturas foram entregues apenas a Noé, e não a ele e a seus descendentes em conjunto.

Além disso, de acordo com Locke, Filmer sustenta que há uma diferença entre as bênçãos proferidas por Deus a Adão e a Noé, pois enquanto a primeira atribuiria a Adão um domínio sobre toda a Terra e as criaturas, a segunda facultaria a Noé a liberdade de utilizar as criaturas vivas como alimento, não havendo, segundo o autor realista, qualquer diminuição do direito de propriedade sobre todas as coisas concedido a Adão, mas uma ampliação dos bens de Noé[443]. Uma conclusão como essa, segundo Locke, só poderia ser obtida por alguém que estivesse cego por suas preconcepções, haja vista que em nenhuma das bênçãos há a concessão de uma propriedade exclusiva, seja a Adão, seja a Noé, sendo que na segunda há expressa menção aos filhos de Noé. A diferença entre ambas reside apenas, como realça Locke, no fato de Deus conceder a Noé e seus descendentes, na segunda bênção, a possibilidade de outros usos das criaturas, que eram interditos antes do dilúvio, declarando assim uma "superioridade do gênero humano sobre as outras classes

441 Cf. DUNN, *Op. cit.*, p. 87-88

442 "Deus abençoou Noé e seus filhos, e lhes disse: "Sede fecundos, multiplicai-vos e enchei a terra. Sede o medo e o pavor de todos os animais da terra e de todas as aves do céu, como de tudo o que se move na terra e de todos os peixes do mar: eles são entregues nas vossas mãos. Tudo o que se move e possui vida vos servirá de alimento, tudo isso eu vos dou, como vos dei a verdura das plantas". Cf. Gn 9, 1-3.

443 Cf. LOCKE, *Op. cit.*, p. 239.

de criaturas" da Terra habitável, na qualidade de principal habitante e "imagem de seu artífice"[444].

A consideração da condição em que viviam os primeiros homens, a quem Deus se dirigiu diretamente, permite concluir, de acordo com Locke, que nem Adão nem Noé dispunham de qualquer domínio privado, isto é, de nenhuma propriedade sobre as criaturas com exclusão de seus descendentes, "uma vez que estas iriam sucessivamente crescendo, necessitando delas e adquirindo a capacidade de utilizá-las". Nas "palavras chãs do texto" das Escrituras não há, para Locke, nesse sentido, a concessão da propriedade exclusiva a homem algum sobre as criaturas e tampouco de um poder monárquico absoluto, mas exatamente o oposto, a "confirmação da comunidade original de tudo quanto há entre os filhos dos homens"[445]. Nessa descrição do comunismo original, também confirmada pelo apóstolo Paulo, que atesta, como observa Locke, que "Deus nos provê de tudo quanto há em abundância"[446], o filósofo destaca que a apropriação pelo homem dos bens colocados por Deus à disposição da humanidade deve ser realizada na medida da necessidade de cada um possui e de acordo com a sua capacidade de utilização, antecipando, assim, a análise da propriedade que será realizada no capítulo V do *Segundo tratado.*

Ao contestar a noção de domínio privado enunciada por Filmer a partir do texto das Escrituras, a ela contrapondo a sua concepção de comunismo originário, Locke apresenta uma formulação do conceito de propriedade, que é enunciada como dependente da noção de liberdade:

> (...) *pois ainda que aos homens, com respeito uns aos outros, seja facultado ter propriedade sobre suas distintas parcelas de criaturas, com respeito a Deus, o artífice do Céu e da Terra, o único senhor e proprietário do mundo todo, a propriedade dos homens sobre as criaturas nada mais é do que a* liberdade para fazer uso delas, *liberdade concedida por Deus* (...)[447].

Assim, a propriedade é descrita por Locke no *Primeiro tratado* a partir da ideia de liberdade, isto é, a liberdade que os homens possuem para usar as criaturas na medida da sua necessidade e de acordo com a sua capacidade de utilização. Desse modo, ainda que os homens possam possuir, em relação uns

[444] Cf. LOCKE, *Op. cit.*, p. 241-242.
[445] Cf. Idem, *ibidem*, p. 232-243.
[446] Cf. Idem, *ibidem*, p. 232. O trecho citado por LOCKE é extraído da primeira carta de Paulo a Timóteo (1 Tm 6, 17).
[447] Cf. LOCKE, *Op. cit.*, p. 241.

aos outros, uma propriedade que corresponde a suas respectivas "parcelas de criaturas", tal propriedade – que corresponde à liberdade de usá-las – está limitada pela capacidade de cada um fazer uso da sua parcela, na medida de sua necessidade.

Para além de demonstrar a limitação do direito de propriedade concedido por Deus aos homens no estado de natureza, a noção de propriedade apresentada por Locke no *Primeiro tratado* põe em evidência, também, a primazia do conceito de liberdade na teoria política do filósofo, na medida em que a propriedade é definida a partir daquele conceito, isto é, como uma espécie particular de liberdade, a liberdade de fazer uso de uma parcela das criaturas.

Após refutar a tese de domínio privado defendida por Filmer, Locke observa que, mesmo em se admitindo que pela doação de Deus Adão tenha se tornado o único proprietário da Terra, tal fato não teria por consequência a concessão a um só homem de um poder sobre a vida de outrem ou de uma "autoridade soberana e arbitrária sobre as pessoas dos homens", pois caso se sustente, de modo capcioso, que o proprietário do mundo poderia negar alimento a todo o resto da humanidade, isso estaria em contrariedade com o comando de Deus pelo qual os homens devem crescer e multiplicar-se. Com efeito, ironiza o filósofo, se admitíssemos a existência desse domínio privado e, consequentemente, como quer Filmer, a dependência de todos os homens da vontade arbitrária "de um homem com poder de aniquilar a todos quando assim lhe aprouvesse", é mais provável, como resulta de um simples exame das monarquias absolutas do mundo, que esse homem, mesmo sem ser melhor do que nenhum outro homem, submetesse a todos "ao serviço árduo por meio da necessidade e da dependência a uma escassa fortuna", do que promovesse o grande desígnio de Deus de que todos os homens cresçam e se multipliquem[448].

Ao reafirmar, nesse sentido, ser "mais sensato" considerar que Deus concedeu a todos um "direito de fazer uso do alimento, do vestuário e outras comodidades da vida de cujos materiais ele os proveu com tal abundância" do que supor que o Criador teria nos colocado em uma situação de dependência da vontade de alguém, Locke repudia, assim, qualquer possibilidade de submissão dos homens a relações de dependência da vontade arbitrária de outrem, que seriam, para o filósofo, incompatíveis com os desígnios de Deus

[448] Cf. LOCKE, *Op. cit.*, p. 243-244.

para os homens, pois "Deus não deixou um único homem à mercê de outrem de modo que este pudesse fazê-lo morrer de fome se assim o desejasse"[449].

Pelo mesmo motivo, Locke observa que o direito de propriedade decorrente do comunismo originário é necessariamente limitado, na medida em que Deus a nenhum de seus filhos concedeu uma propriedade que permitisse que um homem deixasse "perecer seu irmão ao não se valer de sua abundância para aliviar a condição dele", pois isso seria um pecado:

> *Por conseguinte, homem algum jamais poderia dispor de um justo poder sobre a vida de outrem por direito de propriedade sobre a terra ou outros bens, dado que sempre seria um pecado, para qualquer homem de posses, deixar perecer seu irmão ao não se valer de sua abundância para aliviar a condição dele. Tal como a* justiça *confere a cada homem o direito ao produto do esforço honesto e as legítimas aquisições de seus ancestrais são transmitidas a ele, a* caridade *confere a cada homem o direito àquela porção da abundância de outrem que possa afastá-lo da extrema necessidade quando não dispõe de outros meios para subsistir*[450].

Assim, do mesmo modo em que, para Locke, alguém adquire, por justiça, um direito de propriedade sobre uma determinada parte da criação na medida em que dela se valha, por seu "esforço honesto", para atender suas necessidades de sobrevivência, tal direito é limitado pela imediata emergência de um outro direito, o "direito ao excesso" desses bens que possui o "irmão necessitado", que emerge por um imperativo de caridade. É importante notar, nesse sentido, que a caridade não impõe uma faculdade ao titular do direito de propriedade, mas concede um direito real ao excesso produzido àqueles que não possuem a propriedade necessária à subsistência. Nesse sentido, para Locke, o necessitado pode exigir daquele que, por seu "esforço honesto", tenha produzido um excesso, que este lhe entregue a parcela produzida para além de sua necessidade, na medida em que, ainda que por *justiça* o excesso devesse pertencer àquele que realizou o esforço honesto, por *caridade* o excedente não lhe pertence, mas sim a seu semelhante, pois além de ter sido extraído da criação atribuída por Deus à humanidade de maneira comum, deve também ser utilizado para cumprir outro mandamento do Criador, o mandamento do amor, proferido por Deus a todos os homens.

[449] Cf. LOCKE, *Op. cit.*, p. 243-244.

[450] Idem, *ibidem*, p. 244.

Como Locke explicitará no *Segundo tratado*, essa importante limitação ao direito de propriedade, ao qual corresponde um igual direito do semelhante necessitado, não se dá pela liberalidade do proprietário, tratando-se de uma imposição da lei natural, conforme será abordado no capítulo subsequente deste livro.

Para rechaçar por completo a tese de Filmer segundo a qual a soberania de Adão seria decorrente da doação do mundo realizada ao primeiro homem com prejuízo dos demais, Locke observa, por fim, que ainda que se admitisse esse domínio privado – o que já foi afastado pela demonstração do comunismo originário, decorrente das Escrituras – nem mesmo neste caso a propriedade exclusiva da terra conferiria "alguma autoridade sobre a pessoa dos homens, o que somente pode ocorrer mediante um pacto", na medida em que a autoridade desse rico proprietário do mundo todo e a submissão de um mendigo necessitado "originaram-se não das posses do senhor, e sim do consentimento do pobre, que preferiu ser súdito a morrer de fome". Ora, como destaca Locke, um governo ou domínio iniciado de tal modo, valendo-se de uma circunstância de necessidade "suficiente para permitir a ele salvar a vida de um homem que pereceria caso tal assistência lhe fosse negada", como por exemplo na hipótese de um homem ter um armazém abarrotado em período de escassez ou estar em uma embarcação sabendo nadar, representaria uma "fundação de soberania, bem como de propriedade" estabelecida "ao preço da liberdade", o que só poderia advir de alguém "cruel e desprovido de caridade" ao extremo, que fizesse "uso perverso das bênçãos derramadas por Deus sobre sua cabeça". Assim, embora considere que a instituição de um domínio arbitrário, originado da ameaça e do abuso de um estado de necessidade, pudesse ocorrer por meio do consentimento dos homens, Locke destaca que isso só ocorreria se Deus tivesse atribuído um domínio privado a Adão, o que, como destaca o filósofo, já foi suficientemente provado não ter ocorrido[451].

Uma vez contestado o argumento de Filmer segundo o qual o suposto direito de soberania de Adão seria decorrente da doação do mundo por Deus ao primeiro homem, Locke passa a analisar se tal direito seria decorrente da "submissão de Eva", como quer fazer crer o autor realista, para quem as palavras dirigidas por Deus a Eva ao descobrir que Adão comera o fruto da árvore proibida representariam "a concessão original do governo", porquanto o Criador teria dito que o marido deveria exercer o governo sobre a mulher.

[451] Cf. LOCKE, *Op. cit.*, p. 245.

Segundo Locke, se considerarmos a passagem evocada por Filmer com atenção[452] e observarmos as circunstâncias em que as palavras foram proferidas, veremos que se tratam do julgamento proferido por Deus em razão da desobediência de "nosso primeiros pais", que é dirigido a ambos indistintamente, na medida em que Eva é colaboradora de Adão na tentação e parceira dele na transgressão, mas não a exclusiva infratora. Ora, como observa Locke, não se pode supor que Deus estivesse concedendo prerrogativas ou privilégios a Adão, "investindo-o de dignidade e autoridade, alçando-o ao domínio e à monarquia" por meio de uma condenação. Embora o texto bíblico afirme, de fato, que Eva foi lançada abaixo de Adão, a superioridade conquistada por Adão é, segundo Locke, apenas acidental, como parte da ira de Deus dirigida a ambos, pois Adão teve parte na queda e no pecado e também foi degradado por Deus, que fez dele trabalhador braçal por toda a vida, de modo que é difícil imaginar que o Criador tivesse expulsado Adão do paraíso para lavrar a terra e, ao mesmo tempo, feito dele um monarca absoluto, dotado de todos os privilégios e benesses do poder. Nesse sentido, como ironiza Locke, Deus parece ter colocado nas mãos de Adão antes uma pá do que um cetro[453].

Na sequência, Locke passa a abordar o último argumento apresentado por Filmer para sustentar a soberania de Adão, o qual o filósofo considera como "a principal base de toda a sua estrutura", qual seja, o de que haveria um direito natural de Adão ao domínio sobre seus filhos em decorrência de sua condição de pai. De fato, para Filmer, não apenas Adão mas todos os patriarcas possuiriam, por direito de paternidade, uma "régia autoridade sobre seus filhos", que por esse motivo não nascem livres, mas estão submetidos desde o nascimento àquele que os gerou. Como Adão teria sido o único homem criado por Deus, enquanto os demais teriam sido apenas gerados como descendentes do primeiro homem, nenhum homem é livre por natureza, pois desde o nascimento já é súdito de seu pai. De acordo com Filmer, o domínio natural e absoluto dos pais sobre os filhos como consequência da geração seria expresso até mesmo por Hugo Grócio, o qual, segundo o autor realista, teria ensinado que "por geração, os pais adquirem um direito sobre os filhos"[454].

452 Gn 3, 16.

453 Cf. LOCKE, *Op. cit.*, p. 246-247.

454 O trecho da obra de GRÓCIO citado por FILMER é "*generatione jus acquiritur perentibus in liberos*", que consta do *De jure Belli ac Pacis*. Cf. LOCKE, *Op. cit.*, p. 252-253.

De acordo com Locke, no entanto, Filmer vale-se da citação de Grócio de forma totalmente arbitrária[455] e fora de contexto, pois embora o filósofo holandês admita a existência de um direito dos pais sobre os filhos, em nenhum momento ele afirma que se trata, como descreve Filmer, de um poder supremo "a exemplo daquele dos monarcas absolutos sobre seus escravos, um poder absoluto de vida e morte"[456], razão pela qual a menção a Grócio por Filmer é, segundo Locke, pouco convincente como argumento e pouco contribui como prova de sua tese. Além disso, como observa Laslett, a frase citada por Filmer ocorre na obra de Grócio para tratar dos três períodos que compreenderiam a relação dos pais com os filhos, mas o autor realista recorre apenas àquele que se presta a provar a sua tese[457]. Nesse sentido, ironizando o fato de as conclusões de Filmer estarem arrimadas exclusivamente em sua própria vontade e de sua teoria ter reduzido os súditos, inclusive o próprio autor, à condição de escravos, Locke afirma que "a opinião sem provas de um escravo não tem peso suficiente para dispor da liberdade e dos bens de toda a humanidade"[458].

A despeito da ausência de provas e fundamentos apresentados por Filmer para sustentar a existência de um direito de soberania dos pais em relação a seus filhos, Locke não se furta, "para tratar com equidade sua tese", a analisar os eventuais argumentos que poderiam supostamente justificar a afirmação do autor realista. Assim, não obstante o trecho da obra de Grócio tenha sido citado fora do contexto de sua argumentação, Locke passa a considerar se a afirmação segundo a qual os pais disporiam de poder de vida e morte sobre os filhos pelo fato de terem dado, pela geração, a vida e a existência a seus filhos, poderia sustentar a tese do autor. Para tanto, Locke observa, de início, que aqueles que alegam que o pai dá a vida aos filhos "estão de tal modo ofuscados pelas ideias da monarquia" que se esquecem que Deus é o verdadeiro "autor e doador da vida: Nele apenas vivemos, nos movemos e existimos". Para Locke, nesse sentido, o homem é um artefato de Deus e nem a ciência, com seus estudos e dissecações, nem a filosofia, com suas "diligentes

[455] LOCKE utiliza a expressão em latim *pro ratione voluntas* para expressar a arbitrariedade de FILMER ao utilizar os argumentos de GRÓCIO de acordo com sua conveniência. Embora a citação em latim não contenha referência na obra de LOCKE, é possível que seja uma menção à passagem do livro VI das *Sátiras* de JUVENAL, em que o poeta romano descreve a intervenção de uma mulher caprichosa: "hoc volo, sic jubeo, sit pro ratione voluntas", que pode ser traduzido livremente por "quero, ordeno, que minha vontade se sobreponha à razão". Cf. LOCKE, *Op. cit.*, p. 254.

[456] Cf. LOCKE, *Op. cit.*, p. 253.

[457] Cf. Idem, *ibidem*, p. 253.

[458] Cf. Idem, *ibidem*, p. 254.

investigações", são capazes de compreender definitivamente em que consiste a vida, que não é apenas a justaposição de partes, mas depende da introdução nas criaturas de uma "alma vivente e racional" insuflada pelo Criador como um "sopro da vida"[459]. Dessa forma, o único que tem direito sobre os homens é nosso "artífice onisciente", a quem as Escrituras denominam "Criador e Senhor", o que, segundo o filósofo, "nenhum genitor pode pretender ser com respeito a seus filhos"[460].

Ainda em relação ao suposto poder de paternidade decorrente da geração, Locke observa que mesmo se admitíssemos que os pais são os artífices de seu filhos, que os dotam de vida e de existência e que disso decorre, como quer Filmer, um poder absoluto, tal fato daria ao pai apenas um domínio sobre os filhos em comum com a mãe, pois "ninguém haverá de negar que à mulher cabe uma parcela igual, se não maior, dado que nutre o filho por longo tempo no próprio corpo e com sua própria substância". Para Locke, desse modo, caso se queira supor que algum poder deve caber aos pais em virtude da serem os responsáveis pela concessão da vida aos filhos, esse poder deveria ser atribuído "principalmente à mãe", não se podendo derivar daí, portanto, a autoridade absoluta do pai[461].

Outro argumento mencionado por Filmer para sustentar o poder absoluto dos pais sobre os filhos – e ao qual Locke se refere expressamente – é a menção à prática de rejeitar, vender e até mesmo matar os filhos, que seria admitida pela lei entre os romanos, e demonstraria a sujeição total dos filhos à autoridade paterna. Segundo Locke, tal conduta consiste em uma ação vergonhosa e no "homicídio mais antinatural de que é capaz a natureza humana", que ao agir assim mostraria uma crueldade ignorada pelas "covas dos leões" e pelos "covis dos lobos", animais que tratam sua prole com ternura e cuidado, arriscando suas próprias vidas pela preservação de seus filhotes, em estrita obediência a Deus. Desse modo, de acordo com Locke, não se pode aceitar que uma ação tão contrária à natureza, que não é praticada nem mesmo entre os animais, seja admitida para o homem, que é dotado de razão e o primeiro na ordem das criaturas. Além disso, se Deus proibiu o homem, sob a mais severa das penalidades, de tirar a vida de outro homem, mesmo em se tratando de um estranho, com maior razão também o proibiu de destruir a sua prole, que foi deixada por Deus a seus cuidados e a quem os "ditames da razão" exigem

[459] Cf. Idem, *ibidem*, p. 254-255.
[460] Idem, *ibidem*, p. 257.
[461] Idem, *ibidem*, p. 257-258.

que sejam por ele preservados, muitas vezes em detrimento até mesmo de sua autoconservação[462].

Ainda que diversos exemplos dessa conduta abjeta, de um grau "extremo de brutalidade" e "abaixo do nível dos animais" possam ser extraídos da história – como o caso dos habitantes originários de algumas províncias do Peru que, de acordo com o relato de Garcilaso de la Vega, citado por Locke, geravam seus filhos "com o propósito de engordá-los e devorá-los"[463] – o filósofo ressalta que o exemplo do que se fez não deve ser necessariamente a regra do que deve ser, na medida em que a fantasia, a imaginação e a paixão conduzem o homem por estranhos caminhos quando este deixa de se guiar pela razão, "sua única estrela e bússola"[464]. Para além de resultar, segundo Locke, do desvario da paixão e da imaginação do homem, cujos pensamentos são "mais numerosos que os grãos de areia e mais vastos que o oceano" e devem por isso ser mediados pela razão, o suposto direito dos pais à vida dos filhos decorrente da paternidade é também reprovado, como observa Locke, pelas Escrituras[465], em que o sacrifício dos filhos pelos próprios pais para oferecimento aos "ídolos de Canaã" descrito no livro dos Salmos foi condenado por Deus, que o julgou contrário à sua "justa lei". A partir de então, embora a matança dos próprios filhos fosse de uso corrente, tal prática foi considerada "no juízo de Deus" como "sangue inocente" e foi por Ele condenada como assassinato[466].

Ao condenar o uso da "autoridade do exemplo" por Filmer, o qual recorre de forma discricionária aos precedentes históricos, sem submetê-los à "bússola da razão", Locke expressa de forma clara sua concepção sobre a utilização dos *exempla*[467], recurso retórico do qual, ainda que em menor número em comparação aos autores políticos de seu tempo, o filósofo também se vale.

[462] Idem, *ibidem*, p. 259-260.

[463] Cf. VEGA, Garcilaso de la. *Historia de los Incas de Peru.* Apud: LOCKE, *Op. cit.*, p. 262. Além de uma extensa citação no *Primeiro tratado*, LOCKE alude à obra de Garcilaso de la VEGA também no *Segundo tratado* e no *Ensaio sobre o entendimento humano*, o que atesta a importância e a predileção de LOCKE, com seu estilo parco em citações, pelos relatos da vida em natureza oferecidos pelo autor espanhol.

[464] Cf. LOCKE, *Op. cit.*, p. 260-261.

[465] Cf. Sl 106, 38.

[466] Cf. LOCKE, *Op. cit.*, p. 262.

[467] Recurso retórico utilizado com frequência pelos autores políticos, os *exempla*, no plural, ou *exemplum* foram adotados a partir do renascimento principalmente pelos humanistas, como uma derivação do estilo desenvolvido na antiguidade clássica por autores como PLUTARCO e SUETÔNIO, entre tantos outros. Uma referência canônica desse estilo bem conhecida da modernidade inglesa era o *Elogio da loucura*, de Erasmo de ROTERDÃ.

De fato, Locke observa que o recurso aos exemplos do passado e precedentes históricos deve ser sempre mediado pela "estrela" da razão, pois apenas uma investigação com olhos imparciais dos "governos, religiões e costumes" pode revelar a correta norma a ser seguida, desvelando as práticas que merecem realmente ser creditadas por sua conformidade à razão[468].

A contestação da afirmação de Filmer segundo a qual haveria um poder absoluto dos pais sobre os filhos que importaria na inafastabilidade do poder absoluto do soberano sobre seus súditos é realizada por Locke, como analisa Laslett, sem recorrer à fonte do pensamento do autor realista, que é inegavelmente, neste particular, a obra *Da república* de Jean Bodin, de onde Filmer extrai literalmente, sem qualquer alteração, sua exposição sobre o caráter absoluto do poder paterno. Assim, Locke opta por refutar o que denomina "argumento superficial"[469] sobre o poder patriarcal pela sua contrariedade à razão e ao expresso comando das Escrituras, adotando estratégia distinta da escolhida por outros autores, entre os quais Tyrrel e Sidney, que preferiram contestar diretamente a obra de Bodin[470].

Após analisar os argumentos de Filmer segundo os quais Deus teria instituído pela criação do homem um poder monárquico e atribuído a soberania decorrente desse poder a Adão ao fazê-lo pai da humanidade, Locke passa a tratar da transmissão desse suposto poder aos príncipes futuros como decorrência da descendência de Adão. Chamando a atenção, de início, para as flagrantes contradições de Filmer, que chega a afirmar que o que faz de um homem propriamente rei é "a forma de governar com base no poder supremo", pouco importando o caminho pelo qual chegou ao poder, "se por eleição, doação, sucessão ou outro meio qualquer", Locke faz, sem embargo, uma concessão para considerar mais detidamente essa estranha doutrina, abordando assim de que modo a herança, a concessão, a usurpação ou a eleição podem fazer derivar um "direito de império" a partir da autoridade de Adão, caso se admitisse ter sido ele monarca absoluto do mundo inteiro[471].

Assim, em relação à transmissão do poder por meio da herança, que ocorre mais frequentemente na obra de Filmer, Locke observa que, de acordo com o cortesão, todos os reis são ou podem ser considerados herdeiros dos primeiros

[468] Cf. LOCKE, *Op. cit.*, p. 261-262.

[469] LOCKE denomina "argumentadores superficiais" ou "argumentadores alegres" aqueles que, conforme descrito anteriormente, baseiam o poder de vida e morte dos pais sobre os filhos nos exemplos históricos, sem oferecer qualquer razão que o fundamente. Cf. LOCKE, *Op. cit.*, p. 259.

[470] Cf. LOCKE, *Op. cit.*, p. 259.

[471] Cf. LOCKE, *Op. cit.*, p. 287-289.

pais, que foram no princípio progenitores naturais de toda a humanidade, não podendo haver multidão de homens na Terra sem que em meio a ela "exista um homem que detenha, por natureza, o direito de ser o rei de todos os demais, por ser o herdeiro direto de Adão", de modo que todo poder terreno ou deriva diretamente do poder paterno de Adão ou é dele usurpado[472]. De acordo com Locke, porém, "após haver fantasiado uma soberania absoluta em Adão", Filmer insiste que tal soberania seria transmitida a seus sucessores por herança, mas deixa de comprovar que esse poder não estava destinado a perecer com ele, e tampouco demonstra que os príncipes e atuais governantes estão de posse desse poder de Adão, como legítimos sucessores de Adão[473].

Ora, como observa Locke, há muito tempo foi completamente perdido na humanidade o conhecimento sobre qual é a linhagem mais antiga da descendência de Adão, de forma que não pode ser determinado entre todas as famílias e raças da humanidade qual seria aquela que teria direito a essa herança. Além disso, mesmo se pudesse ser determinado qual é a "casa mais antiga" da humanidade, recuperando-se, de algum modo, a linhagem direta de Adão, ainda assim, segundo Locke, não se poderia afirmar que o poder absoluto deveria ser transmitido a essa família, pois não há, quer na lei de natureza, quer na lei positiva de Deus, qualquer disposição de que qualquer bem ou direito deva ser concedido por herança aos primogênitos em prejuízo dos demais[474].

Do mesmo modo, no que diz respeito ao próprio direito de herança, considerando que os homens estão obrigados a conservar a si mesmos e àqueles que geraram, Locke reconhece a possibilidade de transferência de bens aos descendentes, que estaria fundada, assim, tanto na lei natural, quanto na lei positiva, conforme se observa no costume dos diferentes povos. Na ausência de descendentes, porém, as posses e direitos de um homem retornam à comunidade e, no estado de natureza, "voltam a ser comuns e ninguém tem o direito de herdá-las ou de ter propriedade sobre elas". Por esse motivo, caso se admitisse que Adão possuía a propriedade sobre a Terra inteira, todos os seus filhos possuiriam em conjunto um direito de propriedade sobre ela e a nenhum deles isoladamente poderia ser transmitido um direito de soberania sobre os demais, pois o direito de herança conferiria a cada um dos demais, de forma equânime, o direito de participar dos bens de seu pai, mas não do direito de soberania, que é um poder político[475].

[472] Cf. LOCKE, *Op. cit.*, p. 287-288.
[473] Cf. LOCKE, *Op. cit.*, p. 291.
[474] Cf. LOCKE, *Op. cit.*, p. 291.
[475] Idem, *ibidem*, p. 299.

De fato, segundo Locke, o direito de herança que possuem igualmente todos os filhos sobre os bens de seu pai destina-se a dar-lhes "alimento e educação, bem como as coisas que a natureza fornece para o sustento da vida". Dessa forma, um filho não tem o direito de reclamar de seu pai o governo ou domínio que este eventualmente tenha exercido, "porque pode subsistir e receber dele a porção de benesses e vantagens da educação que lhe são naturalmente devidas, sem ter nenhum *império* ou *domínio*", e também porque estes foram outorgados para o bem e vantagem de outros, não podendo os filhos recebê-los por um título fundado inteiramente em seu bem e vantagem pessoais[476].

Assim, Locke contesta a ideia segundo a qual a transmissão hereditária seria a única forma de transferência do poder político, o qual, de acordo com Filmer, caberia por direito de progenitura a um único homem, em decorrência do direito de paternidade e de propriedade de Adão sobre toda a Terra. Para o filósofo, portanto, o direito de herança não se confunde com o direito de sucessão no comando, pois enquanto aquele é estabelecido pela lei natural, este é fixado pela lei positiva, que deve estabelecer, com o "acordo e consentimento dos homens", os modos de transmissão da autoridade. A diversidade da fixação desses critérios nos diferentes países faz com que mesmo nas monarquias, como ressalta o filósofo, a forma de transmissão do poder possa ser estabelecida de inúmeras maneiras, de modo que "alcança o principado em um lugar, por direito de sucessão, aquele que em outra parte não passaria de um súdito"[477].

Conforme se depreende do abrangente espectro dos argumentos de Filmer analisados e impugnados por Locke no *Primeiro tratado sobre o governo,* ao rejeitar a tese da dominação natural exposta pelo autor realista, Locke sustenta categoricamente a liberdade natural dos homens em relação a qualquer espécie de domínio, repudiando, nesse sentido, toda possibilidade de submissão dos homens a relações de dependência da vontade arbitrária do monarca ou de quem quer que seja, que são consideradas pelo filósofo como incompatíveis com os desígnios de Deus para os homens[478].

[476] Cf. LOCKE, *Op. cit.*, p. 299-300.

[477] Idem, *ibidem*, p. 302.

[478] A enfática oposição à monarquia absoluta empreendida por LOCKE nos *Dois tratados* pode ser realçada, para além dos elementos argumentativos constantes do texto, por um curioso elemento externo, relativo ao modo como o filósofo se referia aos manuscritos de sua obra. De fato, como sugere LASLETT, analisando conjuntamente as correspondências de LOCKE e SHAFTESBURY, pode-se concluir, ainda que de modo não cabal, que a cautela e o receio tão comuns à personalidade do filósofo o levaram a designar o texto por *Morbo gallico*, ou "mal francês", uma referência cifrada

A enfática oposição à monarquia absoluta empreendida por Neville, Sidney e Locke, explicitada neste capítulo e no precedente por meio da análise dos argumentos dirigidos contra o *Patriarca*, não importa, porém, na rejeição total de qualquer espécie de poder monárquico, conforme atestam as diversas referências à limitação e contenção do poder real. Todavia, o único tipo de monarquia que se mostra compatível com a perspectiva de liberdade adotada por esses autores é a monarquia limitada ou mista – contra a qual Filmer já havia expressamente se insurgido em *The anarchy of a limited or mixed monarchy*[479], publicado em 1648 em oposição ao *Treatise of Monarchy*, de Philip Huntun –, na qual as prerrogativas do poder real não se oponham à liberdade e ao bem do povo, tendo em vista, como destaca Neville, que "o bem do povo é, e deve ser a mais suprema ou soberana lei no mundo"[480].

Dessa forma, a despeito das especificidades dos argumentos e das diferentes perspectivas adotadas por cada um dos autores que procuraram refutar as teses defendidas por Robert Filmer, o propósito comum de rejeição e contestação da teoria do direito divino dos reis, bem como o recurso, em maior ou menor medida, aos argumentos desenvolvidos nos momentos anteriores de formação do pensamento republicano na Inglaterra, possibilitaram a retomada e o aprofundamento, por Henry Neville, Algernon Sidney e John Locke, de aspectos fundamentais que compõem a perspectiva republicana da liberdade, que podem ser vislumbrados, em especial, nas seguintes teses por ele compartilhadas: afirmação da liberdade natural dos homens, em contraposição à dominação natural proposta por Filmer; reconhecimento do consentimento dos homens como a única fonte de instituição da autoridade política; rejeição de qualquer espécie de dominação arbitrária; submissão de todos à lei; supremacia do povo, por quem e para quem o governo é instituído e a quem é garantido o direito de resistência em caso de exercício arbitrário do poder político.

à monarquia absoluta francesa que fora utilizada por diferentes teóricos políticos, entre os quais Henry NEVILLE. Tal alusão possuía no caso de Locke a utilidade de permitir a dissimulação do texto entre suas inúmeras obras de medicina, haja vista que o "mal francês" é também, na literatura médica, uma referência à sífilis. Cf. Peter LASLETT, "Introdução", In: LOCKE, *Op. cit.*, p. 90.

[479] O título completo da obra de FILMER é *The Anarchy of a Limited Or Mixed Monarchy. Or, A Succinct Examination of the Fundamentals of Monarchy, Both in this and Other Kingdoms, as Well about the Right of Power in Kings, as of the Original Or Natural Liberty of the People: A Question Never Yet Disputed, Though Most Necessary in These Times.*

[480] Cf. NEVILLE, *Plato Redivivus, Op. cit.*, p. 88.

Essa adoção de perspectivas e propósitos comuns pelos autores do "momento da supremacia popular" é especialmente notável na grande semelhança entre os argumentos de Sidney e Locke que, como destaca West, são "inspirados defensores da liberdade", devendo ser considerados ao mesmo tempo republicanos e liberais:

> Sidney é um homem dos direitos naturais e do contrato tanto quanto Locke. Ambos defendem um governo de representantes eleitos. Ambos sustentam que a liberdade natural é governada pela lei da natureza. Ambos sustentam o governo limitado e o direito do povo à revolução. Ambos são inspirados defensores da liberdade. Sidney e Locke são "republicanos" tanto quanto "liberais"[481].

A despeito das grandes semelhanças entre os pensadores, há também, como observa West, diferenças relevantes, como por exemplo o fato de Sidney citar abundantemente os autores antigos, o que Locke, com seu peculiar estilo de escrita, praticamente nunca faz[482]. Em consequência, Sidney está, segundo West, mais próximo da tradição antiga do que Locke, pois ainda considera que a excelência é um atributo para governar, defendendo o governo popular apenas para que os homens superiores possam governar, o que é criticado por Locke. Pelo mesmo motivo, mesmo sem adotar a clássica fórmula aristotélica, Sidney continua a pensar no homem como um animal racional e político por natureza, pois embora considere que o homem é naturalmente livre, o filósofo não utiliza a expressão "estado de natureza" e não aborda as nuances que levam à instituição da sociedade política, em contraposição à detalhada exposição realizada por Locke. Além disso, como analisa West, a concepção de lei de natureza de Sidney é ainda uma continuação da tradição antiga da lei natural, ligada à noção de finalidade racional do homem, incluindo, ao lado da preservação da humanidade, as diversas virtudes que a vida racional

[481] Cf. Thomas WEST, *Sidney and Locke,* In: SIDNEY, *Op. cit.,* p. 19-20.

[482] É característica da escrita de LOCKE a realização de poucas citações e escassas referências a outros autores e pensadores. Tal estilo resulta, em parte, da concepção do filósofo sobre o processo de conhecimento, descrito no *Ensaio sobre o entendimento humano,* pelo qual a sensação deve somar-se necessariamente à reflexão, que não pode ser substituída pela autoridade de textos ou pessoas e nem mesmo pela revelação. Essa postura também foi expressamente justificada por LOCKE no prefácio de *A razoabilidade do cristianismo,* em que o filósofo manifesta seu propósito de refletir racionalmente sobre os Evangelhos para a compreensão dos fundamentos do cristianismo, sem recurso a intérpretes ou intermediários. Cf. John LOCKE, *The reasonableness of Christianity as delivered in the scriptures.* Oxford: Clarendom Press, 1999.

encerra, enquanto Locke rompe com a tradição ao basear a lei natural exclusivamente no comando da autopreservação do homem e de sua liberdade[483].

Dessa forma, como bem resume West, o pensamento político de Locke está baseado em premissas mais radicalmente modernas do que as adotadas por Sidney, de modo que enquanto o republicanismo de Sidney ainda está relativamente em casa no interior da tradição antiga e medieval, o republicanismo de Locke apoia-se em uma visão de indivíduo e da natureza humana que questiona a visão antiga de que o homem é orientado por sua natureza para a decência e racionalidade da vida política[484].

No caso específico de John Locke, há que se considerar, ainda, que para além do propósito declarado pelo autor no "Prefácio" dos *Dois tratados*, de contestar a teoria do direito divino dos reis de Filmer, a necessidade de afirmação da liberdade natural dos homens para contraposição à dominação natural defendida no *Patriarca* desperta no autor a preocupação de melhor caracterizar a condição natural dos homens, a fim de evitar a confusão com uma concepção de liberdade contraditória à sua perspectiva e que pode ser encontrada na obra de Thomas Hobbes[485], autor este que, como propõe Skinner em *Hobbes e a liberdade republicana*, foi "o mais formidável inimigo da teoria republicana da liberdade"[486].

É o que se pretende realizar na sequência, por meio da análise da concepção de liberdade natural extraída das diferentes obras políticas de John Locke.

[483] Cf. WEST, *Sidney and Locke*, In: SIDNEY, *Op. cit.*, p. 19.

[484] Cf. WEST, *Sidney and Locke*, In: SIDNEY, *Op. cit.*, p. 20.

[485] SIDNEY também opõe-se expressamente a HOBBES ao afirmar que a condição de "miséria" da guerra de todos contra todos, que caracteriza o estado de natureza hobbesiano, existiria apenas se os homens padecessem de uma "loucura epidêmica", o que só poderia ocorrer se Deus abandonasse o mundo e os homens à própria sorte. O caráter não sistemático da descrição da condição natural dos homens realizada por SIDNEY não lhe permite, porém, empreender uma crítica tão veemente como a de LOCKE, que diferencia detalhadamente esses dois estados no *Segundo tratado*, conforme exposto no capítulo IV deste trabalho. Cf. SIDNEY, *Op. cit.*, p. 84.

[486] Cf. Quentin SKINNER. *Hobbes e a liberdade republicana*, *Op. cit.*, p. 13.

4. LIBERDADE NATURAL[487]

Ao longo da extensa obra política de John Locke, a liberdade é enunciada, em consequência do particular estilo de escrita do autor, de modo esparso e difuso, obrigando o intérprete a empreender a análise de textos de diferentes origens e objetivos a fim de compreender a noção do filósofo acerca do tema. Por essa razão, serão abordadas neste capítulo os elementos associados à concepção de liberdade natural, extraídos de diversos textos de Locke, que serão, ao final, reunidos, com o propósito de apresentar a formulação do conceito para o autor.

4.1. Elementos da liberdade natural

A liberdade natural é descrita por Locke no capítulo II do *Segundo tratado* como a liberdade exercida pelos homens no estado de natureza, isto é, em um estado pré-político em que os homens possuem "perfeita liberdade *para regular as suas ações e dispor de suas posses e pessoas do modo como julgarem acertado, dentro dos limites da lei da natureza, sem pedir licença ou depender da vontade de qualquer outro homem*"[488].

[487] Em *O conceito de liberdade no* Segundo Tratado sobre o governo *de John Locke* tivemos a oportunidade de explorar o conceito de liberdade enunciado por LOCKE em sua principal obra política. A fim de possibilitar uma abordagem abrangente da liberdade na obra de LOCKE, e considerando a centralidade que o *Segundo tratado* possui no conjunto da obra política de LOCKE, diversos aspectos descritos naquele trabalho serão aqui novamente abordados. Para uma análise da liberdade formulada por Locke no âmbito específico do *Segundo tratado* Cf. Rodrigo Ribeiro de SOUSA. *O conceito de liberdade no 'Segundo Tratado sobre o governo' de John Locke*. Dissertação (Mestrado em Filosofia) – Faculdade de Filosofia, Letras e Ciências Humanas, Universidade de São Paulo, São Paulo, 2011.

[488] Cf. John LOCKE, *Dois tratados sobre o governo*. São Paulo: Martins Fontes, 2005, p. 381-382.

No capítulo IV da mesma obra, ao abordar a questão da escravidão, a liberdade natural é assim definida por Locke:

> A liberdade natural *do homem consiste em estar livre de qualquer poder superior sobre a Terra e em não estar submetido à vontade ou à autoridade legislativa do homem, mas ter por regra apenas a lei da natureza.* (...) A liberdade, *portanto, não corresponde ao que nos diz sir R. F., ou seja,* uma liberdade para cada um fazer o que lhe aprouver, viver como lhe agradar e não estar submetido a lei alguma. (...) [A] liberdade da natureza *consiste em não estar sujeito a restrição alguma senão à da lei da natureza*[489]

Para Locke, nesse sentido, a liberdade natural é a liberdade dos homens no estado de natureza, em que não possuem qualquer restrição ou interferência, exceto a da lei da natureza.

A exata compreensão da noção de liberdade natural depende, assim, da análise das noções de lei natural e estado de natureza. Nas subseções subsequentes serão abordadas, assim, as noções de estado de natureza, lei natural e propriedade, indispensáveis à delimitação do conceito de liberdade natural para Locke.

4.1.1. Estado de natureza

Locke define, no *Segundo tratado*, o estado de natureza como aquele em que vigora a lei natural e no qual os homens vivem *"juntos segundo a razão, sem um superior comum na terra com autoridade para julgar entre eles"*[490].Trata-se de um estado de perfeitas liberdade e igualdade em que *"todos os homens naturalmente estão"*:

> *é um estado de* perfeita liberdade (...). *Um estado também de* igualdade, *em que é recíproco todo poder e jurisdição, não tendo ninguém mais que outro qualquer – sendo absolutamente evidente que criaturas da mesma espécie e posição, promiscuamente nascidas para todas as mesmas vantagens da natureza e para o uso das mesmas faculdades, devam ser também iguais umas às outras, sem subordinação ou sujeição.*[491]

[489] Cf. Idem, *ibidem*, p. 401-402.
[490] Cf. *Op. cit.*, p. 92.
[491] Idem, *ibidem*, p. 382.

Nos *Ensaios sobre a lei de natureza*, ao tratar do modo pelo qual se pode conhecer a lei natural, Locke aborda incidentalmente as características desse estado pré-político, sem, no entanto, descrevê-lo pormenorizadamente:

> (...) *pela lei natural, todos os homens são igualmente amigos uns dos outros e estão vinculados por interesses comuns, a não ser (como sustentam alguns) que no estado de natureza haja uma guerra geral e um ódio perpétuo, mortal entre os homens.*[492]

A ressalva realizada por Locke ao final da superficial caracterização do estado de natureza empreendida nos *Ensaios sobre a lei de natureza*, por meio da qual o filósofo faz implícita referência à compreensão de Hobbes sobre essa condição, parece supor a possibilidade de que o estado de natureza seja um estado de ódio e inimizade. Essa possibilidade, contudo, é expressamente afastada por Locke no *Segundo tratado*, ao caracterizar separadamente o estado de natureza e o estado de guerra, diferenciando-os enfaticamente:

> *Eis aí a* clara diferença entre o estado de natureza e o estado de guerra, *os quais, por mais que alguns homens os tenham confundido, tão distantes estão um do outro quanto um estado de paz, boa vontade, assistência mútua e preservação está de um estado de inimizade, malignidade, violência e destruição mútua*[493]

No capítulo IX do *Segundo tratado*, que trata dos fins da sociedade política e do governo, o estado de natureza é descrito por Locke com maior ênfase nas carências existentes nesse estado, que levam os homens a unirem-se em sociedades políticas, o que, segundo R. H. Cox[494], representaria uma supressão da oposição existente entre o estado de natureza e o estado de guerra, aproximando o primeiro da definição hobbesiana.

Com efeito, indaga Locke, no capítulo IX do *Segundo tratado*:

> (...) *se o homem no estado de natureza é livre como se disse, se é senhor absoluto de sua própria pessoa e suas próprias posses, igual ao mais eminente dos homens e a ninguém submetido, por que haveria ele de se desfazer dessa liberdade?*[495]

[492] Cf. LOCKE, *Ensaios políticos, Op. cit.*, p. 101.

[493] Idem, *ibidem*, p. 397.

[494] Cf. *Locke on war and peace*. Oxford: Clarendon Press, 1960.

[495] Cf. LOCKE, *Dois tratados sobre o governo, Op. cit.*, p. 494-495.

A resposta é dada pelo filósofo na sequência:

> (...) *embora tivesse tal direito no estado de natureza, o exercício do mesmo é bastante incerto e está constantemente exposto à violação por parte dos outros, pois que sendo todos reis na mesma proporção que ele, cada homem um igual seu, e por não serem eles, na sua maioria, estritos observadores da equidade e da justiça, o usufruto que lhe cabe da propriedade é bastante incerto e inseguro*[496].

A aparente ambiguidade presente na noção de estado de natureza pode ser superada, como propõe José Santillán, pela compreensão da pluralidade natural a partir do desdobramento em duas partes: por um lado, ela é tomada como uma forma pura, pacífica; por outro, trata-se de uma forma degenerada, conflituosa. O estado de natureza como condição de paz original tende a degradar-se em estado de guerra. O estado de natureza pacífico supõe uma racionalidade humana que observa as leis naturais (condição ideal); o estado de guerra – ou, na terminologia adotada por Santillán, o "estado de natureza belicoso" – implica no abandono da racionalidade e na violação da lei natural (condição real) [497].

A exposição do estado de natureza efetuada por Locke no capítulo IX do *Segundo tratado* seria, de acordo com essa leitura, apenas uma descrição do segundo aspecto da pluralidade natural dos homens, a condição real, que tende a degenerar-se em estado de guerra em razão das injustiças decorrentes dos julgamentos em causa própria e da indiferença da maioria dos homens em relação à maior parte das violações da lei natural.

As inconveniências a que estão expostos pelo *"exercício irregular e incerto do poder"* levam os homens, desse modo, à procura de abrigo sob as leis estabelecidas por um governo, a fim de que possam salvaguardar suas propriedades do arbítrio e da negligência alheios.

Para Locke, portanto, o objetivo principal da união dos homens em sociedades políticas e de sua submissão a governos é a preservação de suas vidas, liberdades e de seus bens, a que Locke designa genericamente por propriedade[498], o que só pode ser realizado com o afastamento das carências e debilidades existentes no estado de natureza.

[496] Cf. Idem, *Ibidem*, p. 495.

[497] Cf. José SANTILLÁN, *Loke e Kant. Ensayos de Filosofía Política.* México, Ed. FCE: 1992.

[498] Idem, *ibidem*,. p. 156.

Desse modo, conforme será exposto no capítulo quarto, a constituição da sociedade política para Locke tem seu fundamento na necessidade de instituição das leis civis e de organização da justiça, que devem respeitar a lei de natureza, que continuará a vigorar a despeito da criação da sociedade política.

Conforme analisa Rolf Kuntz[499], a descoberta da condição natural dos homens na teoria política de Locke dá-se pela redução da ideia de homem a um mínimo inteligível. Tal constatação surge como decorrência lógica do "bombardeio de limpeza" realizado com a contestação da obra de Filmer empreendida no *Primeiro tratado*, por meio do qual Locke procurou refutar o argumento de que as relações estáveis de comando deveriam ser compreendidas como naturais, por serem derivadas do poder divino e do poder paterno[500].

Em contraposição a essa ideia de *natureza*, Locke descreve[501] a condição natural dos homens como um estado de *liberdade e igualdade* absolutas, no qual ninguém possui mais que os outros e em que vigoram as normas provenientes da razão, que se destinam à ordenação da paz e à conservação da humanidade e impedem que os homens violem os direitos uns dos outros, prejudicando-se entre si.

A definição de Locke da lei natural como a lei *"que a todos obriga"*, e que se identifica com a própria razão, expressa, como salienta Kuntz[502], a sua convicção sobre a existência de um direito fundado na natureza, manifestação de uma razão divina que governa todo o universo. Essa definição demonstra uma clara filiação de Locke à concepção tomista de lei natural e constitui, em última análise, uma recuperação do argumento estoico[503].

Essa adoção de fundamentos estoicos no âmbito da filosofia de Locke, que possui importantes repercussões na filosofia moral da modernidade, é manifestada pelo filósofo, como bem analisa Jean-Michel Vienne[504], por meio das noções de "reta razão" e "consciência", que não devem ser confundidas com a noção de "senso moral", atribuída a autores frequentemente identificados

499 Cf. Rolf KUNTZ, *Locke, liberdade, igualdade e propriedade.* In: Revista do Instituto de Estudos Avançados da Universidade de São Paulo. Disponível em www.iea.usp.br/artigos

500 Cf. KUNTZ, *Op. cit.* p. 4.

501 Cf. John LOCKE, *Dois tratados sobre o governo.* São Paulo: Martins Fontes, 2005, p. 384.

502 Cf. *Locke, liberdade, igualdade e propriedade, Op. cit, passim.*

503 Para os filósofos estoicos, o homem carrega uma "centelha" da razão divina no âmago de seu ser. Cf. Alberto BARROS, *Direito natural em Cícero e Tomás de Aquino.* In: Direito e Filosofia. São Paulo: Atlas, 2007.

504 Cf. Jean-Michel VIENNE. *Deux formes de raison contre le sens moral: Locke et Bayle.* In: Laurent JAFFRO (coord), *Le sens moral. Une histoire de la philosophie morale de Locke a Kant,* Paris: Presses Universitaires de France, 2000, p. 63-80.

como "discípulos de John Locke", conforme será explicitado posteriormente neste mesmo capítulo.

Em que pese o relato do estado de natureza e a conceituação da lei natural não representem, como destaca Gough[505], construções originais do pensamento político de Locke, o caráter sistemático com que o filósofo aborda esses conceitos no *Segundo tratado* pode ser identificado como uma de suas mais importantes contribuições para o pensamento político moderno. A enfática descrição do estado de natureza em termos estoicos e tomistas decorre, assim, da necessidade de afirmar a igualdade fundamental entre os homens, que era negada pelos realistas, em geral, e por Filmer, em particular, conforme descrito no capítulo II.

Com efeito, afirma Filmer no *Patriarca*:

> (...) *é uma verdade inegável que não pode haver multidão alguma de homens, grande ou pequena, ainda que reunida desde os diversos rincões e das regiões mais remotas do mundo, sem que exista na dita multidão, considerada em si mesma, um homem que tenha, por natureza, o direito de ser rei sobre todos os demais, na qualidade de herdeiro direto de* Adão, *e todos os demais sejam seus súditos, pois que cada homem é, por natureza, rei ou súdito*[506].

A afirmação da igualdade fundamental entre os homens, que resulta da descrição de Locke sobre o estado de natureza, apresentava-se, assim, em frontal oposição à premissa da desigualdade, sustentada abertamente pelos realistas para amparar a teoria do direito divino dos reis. Mais do que simplesmente expressar uma distinta visão a respeito da relação entre os homens, a descrição do estado de natureza a partir de uma igualdade radical veiculava, como ressalta Jeremy Waldron, uma afirmação diametralmente oposta à visão tradicionalmente aceita no período em que Locke desenvolveu sua teoria, pois a desigualdade natural estava presente no discurso das personalidades mais respeitáveis do momento, além de ser tomada como algo evidente, cristalizada que estava na organização social, familiar, política e eclesiástica[507].

Contraposta à visão amplamente vigente, a premissa da igualdade tal qual descrita por Locke era tomada no século XVII, segundo Waldron, como algo

505 Cf. *Introdução*. In: LOCKE, *Op. cit.*, p. 15

506 Cf. Robert FILMER. *Patriarca non monarcha*. Apud: LOCKE, *Dois tratados sobre o governo, Op. cit.*, p. 309.

507 Cf. Jeremy WALDRON, *God, Locke, and Equality – Christians Foundations in Locke's Political Thought*. Cambridge: Cambridge University Press, 2002, p. 5.

tão radical que somente poderia ser admitida como uma "hipótese filosófica", passível de ser considerada apenas pelo amor ao argumento e desde que exposta em ambientes controlados, tamanha a sua impertinência e irracionalidade. Por mais que se admitisse a existência de ideias como essa, aqueles que ousavam expressá-las eram vistos como insanos e perigosos por seu potencial incendiário, pois se temia que a aplicação generalizada de tais ideias à política ou à moral causasse prejuízos irreparáveis às instituições[508].

A despeito disso, Locke foi, de acordo com Waldron, um dos poucos radicais da igualdade, pois sua descrição do estado de natureza conferiu à igualdade fundamental o mais elevado grau que um princípio poderia assumir no século XVII: o de um axioma de teologia, entendido como a mais importante verdade sobre o modo como Deus se relaciona com o mundo. Ao afirmar que, no estado de natureza, todo homem é "*igual ao mais eminente dos homens e a ninguém submetido*"[509], Locke lança a premissa para concluirmos, segundo Waldron, que o poder de príncipes, generais, bispos, professores e maridos não pode ser derivado da ordem natural, devendo ser compreendido apenas a partir da condição de igualdade decorrente do ato de criação do homem por Deus[510].

Ao recorrer à igual submissão de todos a um Deus onipotente, Locke naturaliza, assim, a igualdade, invertendo a compreensão tradicional, que concebia a desigualdade como um dado natural, que justificaria, como propunham os realistas, a obediência dos homens ao patriarca, no âmbito doméstico, e ao rei, no âmbito político. É o que o filósofo afirma enfaticamente no *Segundo tratado*:

> *Pois sendo todos os homens artefato de um mesmo Criador onipotente e infinitamente sábio, todos eles servidores de um Senhor soberano e único, enviados ao mundo por Sua ordem e para cumprir Seus desígnios, são propriedade de Seu artífice, feitos para durar enquanto a Ele aprouver, e não a outrem. E tendo todos as mesmas faculdades, compartilhando todos uma mesma comunidade de natureza, não se pode presumir subordinação alguma entre nós que nos possa autorizar a destruir-nos uns aos outros, como se fôssemos feitos para o uso uns dos outros, assim como as classes inferiores de criaturas são para o nosso uso.*[511]

[508] Segundo WALDRON, o temor dos ingleses do século XVII à premissa da igualdade fundamental de LOCKE assemelha-se ao pavor dos americanos da década de 1950 ao "comunismo". Cf. WALDDRON, *Op. cit.*, p. 5.

[509] Cf. LOCKE, *Dois tratados sobre o governo, Op.cit.*, p. 495.

[510] Cf. WALDRON, *Op. cit.*, p. 6.

[511] Cf. LOCKE, *Dois tratados sobre o governo, Op.cit.*, p. 384-385.

Dessa forma, o estado de natureza é, para Locke, além de uma condição de perfeita liberdade, um estado de perfeita *igualdade*, no qual são recíprocos todo poder e toda jurisdição, e em que nenhum homem possui mais desses atributos do que qualquer outro. Essa radical compreensão da igualdade representa, segundo Waldron, um dos mais importantes aspectos da teoria política de Locke e contribuiu para inseri-lo dentre os cânones da filosofia política moderna, por seu impacto nos pensadores que o sucederam, sob as mais diferentes perspectivas de abordagem[512].

Em que pese a explícita fundação teológica do princípio de igualdade descrito por Locke, caso se retirem, segundo Waldron, as premissas religiosas constantes dessa formulação, praticamente todo o conteúdo do igualitarismo do filósofo seria mantido, razão pela qual não se deve repelir a teoria apenas por esse motivo. Essa hipótese pressupõe, contudo, que o conteúdo religioso possui apenas uma relação externa com o princípio da igualdade formulado na obra de Locke, o que deve ser tomado com cautela, pois um princípio de igualdade formulado em termos não religiosos não atuará em todas as situações de maneira idêntica a um princípio formulado em bases religiosas[513].

Assim, embora não seja possível, segundo Waldron, colocar o fundamento teológico da premissa da igualdade simplesmente "entre parênteses", por suas implicações internas em algumas passagens da obra de Locke[514], uma vez feita essa ressalva não há razão para que se repila toda uma teoria apenas pelo fato de um de seus mais importantes princípios ter sido deduzido a partir de fundamentos religiosos[515].

Em sua categórica formulação do princípio da igualdade, Locke relaciona, como acentua Laslett, o fato de no estado de natureza nenhum homem possuir *"mais que outro qualquer"* à consequência de que *"criaturas da mesma espécie e posição (...) nascidas para o uso das mesmas faculdades devam ser também iguais umas às outras, sem subordinação ou sujeição"*[516]. De acordo com Laslett, a afirmação de que os homens são nascidos para o uso das mesmas faculdades não quer significar que Locke ignorava a diferença de capacidades entre os homens,

[512] Cf. WALDRON, *Op. cit.*, p. 1.

[513] Cf. WALDRON, *Op. cit.*, p. 44-45.

[514] Um exemplo de força interna do fundamento religioso que subjaz a premissa da igualdade pode ser identificado, segundo WALDRON, na concepção de LOCKE sobre o suicídio, que só pode ser devidamente compreendida se tomarmos o homem como "imagem e semelhança de Deus". Cf. WALDRON, *Op. cit.*, p. 46.

[515] Cf. WALDRON, *Op. cit.*, p. 44-45.

[516] Cf. LOCKE, *Dois tratados sobre o governo, Op.cit.*, p. 382.

pois ele compreendia muito bem a distinção entre *desigualdade* e *diferença*, conforme explicita no capítulo VI do *Segundo tratado*:

> (...) *a* idade *ou* virtude *podem conferir aos homens uma justa precedência;* a excelência de capacidades ou o mérito *podem colocar outros acima do nível comum; o* berço *pode sujeitar alguns, enquanto outros, a* aliança *ou os* benefícios, *a prestar obediência àqueles a quem seja devido pela natureza, pela gratidão ou por outras razões*[517]

A mesma compreensão é expressada por Locke no manuscrito *Of The Conduct of the Understanding*, escrito pelo filósofo provavelmente em 1697 como um capítulo a ser adicionado à quarta edição do *Ensaio sobre o entendimento humano*, mas publicado apenas postumamente, em 1706:

> *Existe, é visível, grande variedade no entendimento dos homens. E sua constituição natural coloca uma diferença tão grande entre alguns homens a esse respeito que a arte e a indústria jamais seriam capazes de controlar e suas próprias naturezas parecem querer um fundamento para nele estabelecer algo que outros homens alcançam facilmente. Entre homens de igual nível educacional, há grande variabilidade de partes. E as florestas da América, assim como as Escolas de Atenas produzem homens de diversas habilidades, dentro da mesma espécie"*[518].

A despeito do reconhecimento da diferença de capacidades entre os homens, tal fato não representa para Locke, como esclarece Laslett, um empecilho à igualdade fundamental, na medida em que essa igualdade há de ser compreendida como uma igualdade jurídica, o que pode ser evidenciado pelo fato de Locke utilizar a locução verbal "dever ser" para expressar que os homens devem ser considerados iguais uns aos outros, sem sujeição ou subordinação[519]. Esse aspecto é explicitado pelo próprio Locke no *Segundo tratado*, ao discorrer, no capítulo VI, sobre o fato de que as diferenças entre os homens não afetam a igualdade de direitos entre todos:

> *No entanto, tudo isso é coerente com a* igualdade *em que vivem todos os homens com respeito à jurisdição ou domínio de um sobre outro, aquela* igualdade *a que*

[517] Cf. LOCKE, *Op. cit.*, p. 431.

[518] John LOCKE. *Of The Conduct of the Understanding*. Keele: Keele University Press, 2000, p. 155-156. Traduzido livremente.

[519] Cf. LOCKE, *Dois tratados sobre o governo, Op.cit.*, p. 382.

> *acima me referi como apropriada no assunto em questão, sendo esta o* direito igual *que todo homem tem* à sua liberdade natural, *sem estar sujeito à vontade ou autoridade de nenhum outro homem*[520].

Ao derivar da condição natural dos homens o princípio da igualdade fundamental, Locke empreende, nesse sentido, uma inversão da compreensão tradicional, opondo-se diretamente à formulação patriarcalista segundo a qual o homem estaria, desde o nascimento, sujeito às relações de autoridade. A despeito disso, porém, ao considerar que *"as classes inferiores de criaturas são para o nosso uso"*[521], Locke mantém, neste particular, como destaca Dunn[522], um pressuposto manifestamente convencional, dotado de um nível de generalidade que o tornava inquestionável a quaisquer que fossem os interlocutores que pretendesse alcançar. Trata-se da ideia de origem estoica e tomista, de acordo com a qual todo o cosmos é fruto da criação de Deus, que concebeu cada parte do universo com propósitos especificamente determinados para a finalidade do todo[523].

Na concepção de estado de natureza, Locke pressupõe, assim, como destaca Dunn, a noção de "grande cadeia do ser"[524], em que cada espécie tem sua posição e sua graduação, e em que cada um dos elementos foi construído de forma a integrar-se à grande pintura formada pelo todo. Dotado de uma posição de destaque na criação[525], imediatamente abaixo dos anjos, o homem, nesse projeto divino, tem a necessidade de cooperar com seu semelhante de forma voluntária e autoconsciente, mas não com as demais criaturas, que foram criadas por nosso artífice para o uso e o benefício dos homens[526].

520 Cf. LOCKE, *Op.cit.*, p. 431-432. Os destaques são do original.

521 Cf. LOCKE, *Op.cit.*, p. 385.

522 Cf. DUNN, *Op. cit.*, p. 87-88.

523 Tal noção, que era, segundo Arthur LOVEJOY, muito provavelmente "a concepção difundida sobre a *organização* geral das coisas" trazia implícita uma visão da natureza segundo a qual a organização do cosmos é um reflexo da razão divina, que governa o universo. Cf. Arthur LOVEJOY, *A grande cadeia do ser.* São Paulo: Palíndromo, 2005, p. 7.

524 Cf. Arthur LOVEJOY, *Op. cit, passim.*

525 Essa concepção é explicitada por LOCKE já no primeiro capítulo do *Ensaio sobre o entendimento humano,* em que o autor, ao tratar sobre a empreitada de debruçar-se sobre o *entendimento,* afirma que por ser o "*entendimento* aquilo que põe o homem acima dos seres sensíveis, que o torna superior a eles e permite que os domine, sua própria nobreza torna-o digno de investigação". Cf. John LOCKE. *Ensaio sobre o entendimento humano.* São Paulo: Martins Fontes, selo Martins, 2012, p. 21.

526 Cf. DUNN, *Op. cit.*, p. 87-88.

Por reproduzir uma concepção amplamente aceita em seu tempo, a ponto de ser praticamente inquestionável, Locke não se preocupa em fundamentar ou sequer descrever essa característica da criação, limitando-se a afirmar a submissão das classes inferiores à satisfação das necessidades do homem[527]. Embora pareça uma banalidade, tal pressuposto é, segundo Dunn, de grande relevância para o projeto de demonstração da "verdadeira origem, extensão e finalidade do governo civil" que Locke dirige explicitamente em resposta ao *Patriarca*, de Robert Filmer[528], pois os discursos de ambos seriam em grande parte incompreensíveis sem essa suposição[529].

Assim, por exemplo, Locke afirma no *Segundo tratado* que todo homem no estado de natureza tem o poder de matar um assassino, tanto para dar a outros o exemplo das consequências da violação da lei natural, como para impedir outros ataques do mesmo agressor que, por ter renunciado à razão, declarou guerra a todo o gênero humano e por isso pode ser destruído assim como pode ser destruída uma besta selvagem com a qual a humanidade não pode viver em segurança[530]. Para Locke, nesse sentido, o direito de executar um criminoso decorre diretamente da lei da natureza, pois a violação da lei natural representa uma demonstração de renúncia à racionalidade inerente a essa lei, o que rebaixa o agressor a uma categoria inferior da ordem da criação e o equipara a um animal, sobre o qual o homem exerce uma autoridade natural decorrente dos propósitos da criação.

[527] É curioso notar como LOCKE, ao adotar essa suposição, não seguiu sua própria recomendação quanto ao assentimento de testemunhos longínquos ou verdades imemoriais, manifestada no *Ensaio sobre o entendimento humano*. A noção de que *"quanto mais longínquo o testemunho, menor a sua força"*, que, ao ser desprezada, leva muitos a crerem *"que as opiniões ganham força quanto mais velhas sejam, e só porque muitos o repetiram apresentam como certo aquilo que há mil anos ninguém julgaria provável"*, parece ter sido desprezada também por LOCKE no que tange à ideia de "grande cadeia do ser". Cf. John LOCKE. *Ensaio sobre o entendimento humano*. São Paulo: Martins Fontes, selo Martins, 2012, p. 729.

[528] Robert FILMER, Patriarcha and other writings. (Cambridge texts in the history of political thought). New York: Cambridge University Press, 1991.

[529] Como abordado no capítulo II, FILMER desenvolve, em seu *Patriarca*, um amplo esforço de fundamentação do direito divino dos reis a partir da descendência hereditária de Adão e dos patriarcas. O propósito de LOCKE, que é explicitado já na epígrafe do *Primeiro tratado*, é o de que sua obra sirva para que sejam "*desmascarados e derrubados os falsos princípios de onde partem Sir Robert Filmer e seus adeptos*". LOCKE revela, assim, o empenho de refutar a principal doutrina propalada pelos defensores da monarquia absoluta, que derivavam o poder do rei da transmissão hereditária do poder paterno conferido diretamente por Deus a Adão. Cf. *Segundo tratado sobre o governo civil e outros escritos*, *Op. cit.*, p. 51.

[530] Cf. *Op. cit.*, p. 87.

Nessa passagem, conforme salienta Dunn[531], Locke opõe-se frontalmente a Filmer e à concepção vigente quanto ao fundamento do direito de execução de outro homem, que era tradicionalmente descrito como próprio e exclusivo da autoridade política, uma vez que a proibição de matar um semelhante decorre expressamente de em mandamento divino, que impõe ao homem até mesmo a proibição de matar a si próprio. Por esse motivo, para Filmer, a única maneira de compatibilizar a proibição constante do mandamento com o poder de matar concedido à autoridade política seria considerar ambos como derivados diretamente de Deus[532].

Para Locke, por outro lado, o direito de execução de um criminoso é existente ainda no estado de natureza e deve ser deduzido da noção de grande cadeia do ser, em que as várias classes de criaturas foram dispostas por Deus de uma maneira tal em que as mais baixas devem servir aos propósitos das mais elevadas. Para tanto, Deus não apenas deu autoridade ao homem sobre toda a natureza animal, isto é, o direito de apropriar-se dela para sua própria subsistência, mas conferiu também ao homem um poder físico sobre essa natureza. Na medida em que a violação da lei natural constitui uma renúncia à razão, rebaixando o agressor à condição animal, qualquer homem pode legitimamente executá-lo, como exercício de seu poder sobre as criaturas inferiores e para implementação da lei da natureza.

Ao descrever diferentes situações em que os homens se relacionam entre si no estado de natureza e ao afirmar ser esse o estado em que *"todos os homens naturalmente estão"*[533], Locke revela, de acordo com Dunn, que esse estado não é uma condição associal, mas sim uma condição a-histórica. O aspecto social, embora a-histórico, da condição natural é revelado também, segundo Seliger, pelo fato de Locke utilizar o verbo "estar" no presente para se referir a ela, o que indica que o estado de natureza não pertence simplesmente ao passado como um dado histórico[534]. Para Dunn, nesse sentido, por ser o estado em que os homens foram postos por Deus no mundo, o estado de natureza seria um tema para reflexão teológica – ou, como mais precisamente aponta J. W. Gough, para compreensão lógica[535] –, e não para pesquisa antropológica.

531 Cf. DUNN, *Op. cit.*, p. 89.

532 Cf. FILMER, *Op. cit.*, *passim.*

533 Cf. LOCKE, *Dois tratados sobre o governo, Op.cit.*, p. 382.

534 Cf. M. SELIGER. *Locke's Theory of Revolutionary Action*, Western Political Quarterly, n. 3. Setembro de 1963.

535 Cf. J. W. GOUGH. *Introdução.* In: LOCKE, *Op. cit.*, p. 23.

Como destaca Dunn[536], a-historicidade do estado de natureza é importante no desenvolvimento da teoria de Locke como oposição à ideia tradicional, que ganha destaque na obra de Filmer, segundo a qual os homens não nasceram iguais e jamais viveram em um estado de liberdade, pois todo homem é nascido no seio de uma família, em uma condição de impotência biológica e psicológica, o que justificaria a sujeição natural dos homens à autoridade[537].

O fato de se tratar de um conceito a-histórico não significa, contudo, como esclarece Dunn, uma negação total da realidade da história, pois em qualquer estágio do estado de natureza, em qualquer ponto da história, os indivíduos que se confrontem com outros indivíduos nessa condição de igualdade fazem isso não meramente com deveres hipotéticos, mas com deveres reais, a que se submeteram em função de suas vidas particulares, já que, de acordo com Locke, o estado de natureza não é um "estado de licenciosidade". Para entender corretamente o estado de natureza é necessário afastar a história; mas para aplicá-lo na discussão de qualquer questão humana concreta, é necessário permitir o retorno da história exclusivamente no contorno da questão a ser discutida[538].

Dessa forma, Locke descreve o estado de natureza fora da história para a identificação de uma estrutura lógico-jurídica elementar, qual seja, a igualdade fundamental entre os homens, o que lhe permite, também, de acordo com Dunn, o afastamento de questões relacionadas a situações históricas específicas das diferentes sociedades políticas. Isso não importa, em absoluto, na negação de que os valores morais sejam artefatos históricos. Ao contrário, Locke compreendia com clareza que os valores morais são expressos linguisticamente e, como tal, são preservados ao longo do tempo de uma geração a outra, o que afeta a forma pela qual o homem é educado moralmente, por estar imerso em um contexto histórico e linguístico[539]. É o que revela o filósofo ao tratar sobre os testemunhos, no Livro IV do *Ensaio sobre o entendimento humano*:

> *Não quero com isso* [questionar os testemunhos orais], *diminuir o crédito e a utilidade da* história, *muitas vezes a nossa única luz, que nos oferece, com evidência convincente, boa parte das verdades úteis de que dispomos. Em minha opinião, nada é mais valioso que os registros da antiguidade. Seria bom se tivéssemos*

[536] Cf. DUNN, *Op. cit.*, p. 97.
[537] Cf. FILMER, *Op. cit, passim.*
[538] Cf. DUNN, *ob. cit.*, p. 96.
[539] Cf. DUNN, *ob. cit.*, p. 96.

> *mais deles, e fossem menos corrompidos. Mas é preciso dizer que nenhuma* probabilidade *supera o primeiro original*[540].

Desse modo, como enfatiza Dunn, é a consistência linguística que torna disponíveis ao homem o conhecimento da moral existente e de seu vocabulário moral, mas esse vocabulário, por ser ele mesmo um produto histórico, é também profundamente influenciado e modificado pela história. O recurso de Locke a uma lei da natureza surge, assim, segundo Dunn, da necessidade de se afastar essa circularidade, em busca de um critério para a moralidade humana que esteja fora da história, ainda que seja necessariamente manifestado na história[541].

Dito de outro modo, se é o afastamento inicial da história que permite a identificação de uma estrutura jurídica baseada na igualdade fundamental entre os homens no estado de natureza, é a história que permite à razão obter o conhecimento do conteúdo da lei natural, que regula esse estado. E, como bem destaca Lena Haldennius, é nessa estrutura jurídica regulada pela lei natural em que se expressa o mais poderoso argumento da teoria política de Locke: o argumento contra a arbitrariedade. As concepções de Locke sobre a liberdade e sobre o governo legítimo devem ser entendidas, desse modo, como expressões de uma demanda normativa por relações políticas não-arbitrárias, em que o critério para a não-arbitrariedade é a moralidade natural que regula o estado de natureza[542].

Ora, como argumenta Haldennius, a imagem do estado de natureza é a imagem de um estado regulado por uma lei moral objetiva que estatui a obrigatoriedade de sobrevivência da espécie humana. As especificidades dessa lei não estão, contudo, previamente definidas, de modo que a noção de bem comum inerente à necessidade de preservação da humanidade permeia todas as ações da comunidade. Por essa razão, após a instituição da sociedade política, o mandato confiado ao governante será o de governar de modo a promover o bem do povo, tal como estabelecido pela lei da natureza ou pela moralidade natural. A liberdade é, portanto, parte essencial desse mandato, que será regulado pelo poder da comunidade, e não do indivíduo[543].

[540] John LOCKE. *"Ensaio sobre o entendimento humano"*. São Paulo: Martins Fontes, selo Martins, 2012, p. 730. Destaques do original.

[541] Idem, *ibidem*, p. 96-97.

[542] Lena HALDENNIUS, *Locke and the non-arbitrary*. In: *European Journal of Political Theory*. London: Sage publications, 2003.

[543] Cf. HALDENNIUS, *Op. cit.*, p. 262.

4.1.2. Lei natural

Locke define, no capítulo II do *Segundo tratado*, a lei natural como a lei que rege o estado de natureza e *"que a todos obriga"*, identificando-a com a própria razão, que é, ela mesma, esta lei[544].

Como descrito na subseção precedente, por ser um estado de liberdade e igualdade absolutas, em que ninguém possui mais que os outros, vigoram, no estado de natureza, as normas provenientes da razão, que se destinam à ordenação da paz e à conservação da humanidade, impedindo que os homens violem os direitos de seus semelhantes, prejudicando-se entre si. É a observância da razão, portanto, que confere aos homens a perspectiva de sua independência e igualdade em relação aos demais seres humanos, impondo a norma segundo a qual nenhum homem pode lesar outro homem em sua vida, sua saúde, sua liberdade ou seus bens.

É da relação de igualdade que há entre *"nós mesmos e aqueles que são como nós"*[545] que a razão natural extrai os preceitos e cânones para a direção da vida, em especial – conforme argumento desenvolvido por Hooker[546] e incorporado por Locke – o dever que têm os homens de se amarem mutuamente, pois o desejo do homem de ser amado impõe-lhe a obrigação de amar da mesma forma a seu igual, uma vez que deve ser aplicada uma medida comum para coisas iguais. A igualdade e a liberdade são, assim, a base da reciprocidade que no estado de natureza determina todo poder e toda a competência que um homem possa vir a exercer sobre outro homem.

O respeito à razão obriga os homens, segundo Locke, à sua autoconservação e, na medida do possível e desde que a sua própria autoconservação não esteja ameaçada, a zelar pela conservação do restante da humanidade, impedindo a destruição da vida, da liberdade ou dos bens de outra pessoa. A lei natural, que tem por objetivo a manutenção da paz e a conservação da humanidade, confere a todos os homens, assim, o poder de executá-la, punindo os transgressores da razão natural com pena suficiente para reprimir as violações, preservando o inocente e refreando o transgressor. Ao conceber esse poder executivo da lei natural como um dever de todos os homens no estado de natureza, Locke acentua, assim, que a interferência na esfera de liberdade do agressor para imposição da lei natural é fundamental para

[544] Cf. LOCKE, *Dois tratados sobre o governo, Op.cit.*, p. 384.

[545] *Op. cit.*, p. 384.

[546] Richard HOOKER, *Of the laws of ecclesiastical polity*. Cambridge: Cambridge University Press, 1997.

a paz e a preservação da humanidade, que deve ser priorizada em detrimento da liberdade individual[547].

Como analisa Antônio C. dos Santos, a centralidade da autoconservação na teoria de Locke é uma das marcas da modernidade de seu pensamento político, pois se retomarmos em uma fórmula sucinta a dicotomia entre a liberdade dos antigos e a liberdade dos modernos, traçada por Benjamin Constant, poderíamos dizer que se os antigos buscavam a "vida boa", enquanto os modernos preocupam-se com a conservação da existência. Dessa forma, como assinala Santos, "a autoconservação tornou-se, assim, algo sagrado na modernidade, num mundo que racionaliza a religião, mas não se afasta de sua moralidade"[548]. É essa moralidade baseada na sobrevivência e na conservação da humanidade que será expressa pela concepção lockeana de lei natural.

De acordo com D. A. Lloyd Thomas, embora Locke não tenha reservado, no *Segundo tratado*, uma parte para a exposição sistemática da lei natural, o filósofo possui sobre ela uma concepção coerente, que pode ser reconstruída a partir de suas frequentes, embora dispersas, referências à lei natural no *Segundo tratado*, bem como de seus escritos de juventude, especialmente os *Ensaios sobre a lei de natureza*[549].

Com efeito, no *Segundo tratado* Locke descreve sucintamente o conteúdo da lei natural como um comando para a defesa da *"paz e a* conservação *de toda a humanidade"*[550]. Uma análise bem mais detalhada da concepção da lei de natureza é realizada por Locke, seguindo o velho estilo escolástico, nos *Ensaios sobre a lei de natureza*[551].

547 Cf. LOCKE, *Op. cit.*, p. 85.

548 Antônio Carlos dos SANTOS, *John Locke e o argumento da economia para a tolerância*. In: *Trans/Form/Ação*, Marília, v. 36, nº 1, p. 9-24, Jan/Abril, 2013, p. 9.

549 Cf. *Op.cit.*, p.15.

550 Cf. LOCKE, *Dois tratados sobre o governo, Op. Cit.*, § 7, p. 385.

551 Os *Ensaios* são reflexões preparatórias ou paralelas que constituem, segundo GOLDIE, a pré-história do *Segundo tratado*. Por isso, podem ser lidos, de acordo com esse comentador, como um *"palimpsesto do desenvolvimento intelectual de Locke"*. Como destaca GOLDIE, o termo *Ensaios* utilizado para designar a exposição sobre a lei da natureza é equivocado, pois os nove textos escritos por LOCKE são, na verdade, dissertações no tradicional formato escolástico, nas quais LOCKE expõe os argumentos favoráveis juntamente com as objeções contrárias às questões relacionadas à lei natural. Os *Ensaios* fazem parte dos escritos não publicados em vida por LOCKE e que ficaram conhecidos como a "Coleção Lovelace". Juntamente com um grande volume de documentos, tais textos permaneceram praticamente desconhecidos até serem transferidos do escritório de LOCKE para a biblioteca de Oxford, em 1942. Cf. Mark GOLDIE, *Introdução. In:* John LOCKE, *Ensaios políticos*. São Paulo: Martins Fontes, 2007, p. XI-XIII.

Locke inicia os *Ensaios* recorrendo a um argumento de redução ao absurdo, ao constatar que qualquer um que já tenha refletido sobre *"Deus Todo-poderoso, ou o invariável consenso de toda a humanidade a todo tempo e em todos os lugares, ou mesmo sobre si mesmo ou sua consciência"* não poderá acreditar facilmente que só o homem tenha vindo ao mundo totalmente isento de qualquer lei aplicável a si, diferentemente do restante da ordem criada, que possui *"leis válidas e fixas de operação apropriadas à sua natureza"*[552].

Para Locke, a lei natural é designada de diversas maneiras, podendo ser equiparada ao *"bem ou virtude moral"* perseguidos pelos *"filósofos de outrora (e entre eles especialmente os estoicos)"*, à *"reta razão"*, entendida como *"certos princípios definidos de ação dos quais emergem todas as virtudes e tudo quanto é necessário para a moldagem apropriada da moralidade"* e à noção mais ampla de *"lei de natureza"*, que inclui a ideia de uma *"lei que cada um pode detectar meramente pela luz plantada em nós pela natureza"*, isto é, pela *"regra de viver de acordo com a natureza que os estoicos tanto enfatizam"*[553].

Entre todas as distintas designações, Locke considera que a menos apropriada é "reta razão" ou "ditado da razão", já que não é a razão que estabelece a lei da natureza, mas antes *"a busca e descobre como lei instituída como um poder superior e implantada em nossos corações"*. Considerar os ditames da razão como a própria lei de natureza representaria uma violação da *"dignidade do legislador supremo"*, pois a razão não é *"mais autora dessa lei do que sua intérprete"*[554].

Dessa forma, a lei natural é, para Locke, o decreto divino que pode ser percebido por todos os homens pela luz da natureza e interpretado pela razão, e que possui todos os requisitos de uma lei propriamente dita, isto é, uma lei em sentido forte, pois *"estabelece o que se deve e o que não se deve fazer"*[555], obrigando a todos.

Para Locke, a existência da lei da natureza pode ser provada por cinco diferentes argumentos, que são descritos minuciosamente nos *Ensaios sobre a lei de natureza*[556]. Entre tais argumentos, pode-se destacar a recuperação da noção descrita por Aristóteles na *Ética a Nicômaco*[557], segundo a qual, de acordo com

[552] Cf. LOCKE, *Ensaios políticos, Op. cit.*, p. 101.

[553] Cf. *Op. cit.*, p. 102.

[554] Cf. *Op. cit.*, p. 102.

[555] Cf. *Op. cit.*, p. 102.

[556] Para uma análise detalhada dos cinco argumentos apresentados por LOCKE para demonstração da existência da lei natural, cf. Rodrigo R. SOUSA, *O conceito de liberdade no "Segundo Tratado sobre o Governo", de John Locke, Op. cit.*

[557] Cf. ARISTÓTELES, *Ética a Nicômaco*. São Paulo: Atlas, 2009, p. 25-28.

Locke, *"a função própria do homem é agir de acordo com a razão, de tal modo que o homem deve, necessariamente, fazer o que a razão prescreve"*[558]. Assim, a existência de princípios morais universais pode ser evidenciada pela uniformidade das definições de virtudes, que são invariáveis entre todos os homens a despeito das eventuais discordâncias sobre alguns princípios. De acordo com Locke, a grande semelhança entre as leis positivas dos diferentes povos seria uma demonstração da existência de um *"conceito ou obrigação antecedente a tais leis"*, pois se não houvesse uma obrigação moral comum a orientar a edição das leis, não haveria tanto acordo entre as leis dos mais diferentes povos, e a *"virtude seria uma coisa entre os índios e outra entre os romanos"*[559].

Após uma detalhada apresentação dos argumentos que demonstram a existência da lei de natureza, Locke passa a analisar a forma como podemos conhecê-la, passando a investigar, dentre os tipos de conhecimento por ele identificados – a inscrição, a tradição e a experiência sensorial – quais deles podem ser fonte de conhecimento da lei natural. De acordo com Goldie, tais conhecimentos poderiam também ser designados, respectivamente, conhecimento inato, conhecimento recebido ou herdado e dados dos sentidos[560].

Com relação ao conhecimento inato, Locke apresenta três diferentes argumentos para sustentar, em consonância com a exposição realizada no *Ensaio sobre o entendimento humano*, que a lei natural não está inscrita no coração ou na mente dos homens, uma vez que a afirmação segundo a qual *"as almas dos homens, quando nascem, são pouco mais que tábulas rasas, aptas a receber todas as espécies de impressões"* não foi provada, embora *"muitos tenham laborado para essa finalidade"*[561].

Nesse argumento, é preciso notar que, apesar da categórica recusa em conceber a lei natural a partir da noção de ideias inatas – que é empreendida por Locke tanto nos *Ensaios* quanto no *Ensaio sobre o entendimento humano* – o filósofo afirma, no *Segundo tratado*, que o direito de matar um assassino é amplamente reconhecido como decorrente da lei natural *"tão claramente estava isso inscrito*

[558] Cf. LOCKE, *Op. cit.*, p. 103.

[559] Cf. LOCKE, *Op. cit.*, p. 104.

[560] Cf. *Op. cit.*, p. 110.

[561] Com esse argumento, conforme salienta GOLDIE, LOCKE faz uma alusão implícita a DESCARTES. A referência explícita foi apagada por LOCKE do manuscrito dos *Ensaios*, que continham em seu primeiro esboço uma menção expressa a DESCARTES como alguém que "laborou para demonstrar a teoria das ideias inatas". Cf. LOCKE, *Ensaios Políticos, Op. cit.*, p. 119. Para uma compreensão da teoria das ideias inatas de DESCARTES, Cf. DESCARTES, *Discurso do método*. São Paulo: Nova Cultural, 1996.

no coração dos homens[562]". Essa aparente contradição pode ser explicada, inicialmente, como decorrência do estilo argumentativo de superposição de ideias utilizado por Locke nos *Tratados.* Além disso, a formulação de Locke no *Segundo tratado* pode ser compreendida a partir da descrição da faculdade da razão empreendida pelo filósofo em *The Reasonableness of Christianity,* em que a razão é concebida como uma "centelha da natureza divina":

> (...) *Deus, pela luz da razão, revelou a toda a humanidade, que fizesse uso dessa luz, que ele é bom e misericordioso. A mesma centelha da natureza divina e do conhecimento no homem, que faz dele um homem, mostrou a ele a lei a que está submetido, por ser homem; mostrou a ele também o modo de se reconciliar com seu misericordioso, bom e compassivo Criador e Pai de seu ser, quando ele tiver transgredido essa lei. Aquele que fez uso dessa luz do Senhor, que logrou encontrar qual era o seu dever, não pode deixar de encontrar também o caminho para a reconciliação e o perdão, se falhou em cumprir o seu dever: contudo, se não usou sua razão desse modo, se pôs de lado ou negligenciou essa luz, não conseguirá, talvez, enxergar nenhum dos dois*[563].

Assim, a razão, como faculdade que torna os homens semelhantes ao Criador, é o que nos permite, segundo Locke, iluminar o mundo em busca do conhecimento de todas as coisas. Contudo, ela não se identifica com a própria lei de natureza, pois é na verdade a sua intérprete. Ao aludir, no *Segundo tratado,* a algo "inscrito no coração dos homens", Locke procura dar destaque ao conteúdo do preceito da lei natural, sem desenvolver, porém, o processo pelo qual a razão o iluminou, tornando possível o seu conhecimento. Um exemplo pelo qual Locke procura evidenciar que a inscrição não é o modo de conhecimento da lei natural decorre da constatação de que, se a lei natural estivesse inscrita no coração dos homens, os jovens, os analfabetos, as raças primitivas, os tolos e os insanos conheceriam essa lei tanto quanto os outros, o que não ocorre, pois é no conhecimento ou no desconhecimento dessa lei que *"reside a diferença entre o sábio e o estúpido"*[564].

A inscrição, que faz parte do que John Yolton denomina "forma ingênua de crença"[565], é categoricamente rechaçada por Locke, portanto, como o modo de conhecimento da lei natural, que não pode por isso ser conhecida como

[562] Cf. *Op. cit.*, p. 390.

[563] *Cf. John LOCKE. The Reasonableness of Christianity, as Delivered in the Scriptures* In: *The Works of John Locke in Nine Volumes*, Vol. 6, .London: Rivington, 1824, p. 133.

[564] Cf. *Op. cit.*, p. 123.

[565] Cf. John YOLTON, *Locke and the Way of Ideas.* Oxford: Oxford University Press, 1956, *passim.*

se fosse uma lei escrita em tábulas e *"exposta em nossos corações e que, tão logo chegue perto dela alguma luz interior (como um archote se aproximando de um quadro de anúncios pendurado no escuro), é finalmente lida, percebida e notada pelos raios daquela luz"*[566]. Nessa passagem, embora utilize a metáfora da luz de modo semelhante ao descrito em *The Reasonableness of Christianity* para referir-se à maneira pela qual a luz da razão ilumina os sentidos para compreender os valores morais, Locke ressalta que esses valores não estão expostos no coração do homem, afastando-se da ingênua crença segundo a qual o conteúdo da lei natural poderia ser peremptoriamente revelado pela meditação isolada da razão sobre ela mesma.

Após discorrer sobre a impossibilidade de o conhecimento da lei natural ocorrer pela inscrição e pela tradição, Locke conclui que todo conhecimento da lei da natureza está fundado nas coisas que percebemos por meio dos sentidos, que são a matéria utilizada pela razão para a interpretação da lei natural. Dessa forma, é por meio da razão que *"a humanidade chega ao conhecimento da lei natural"*, mas *"as fundações sobre as quais repousa, em toda a sua integridade, esse conhecimento que a razão constrói e alça tão alto quanto o céu, são os objetos da experiência sensorial"*[567].

Para Locke, portanto, a lei de natureza é conhecida por meio dos sentidos, que representam o material utilizado pela razão para a interpretação dos preceitos morais. Para elucidar o processo de conhecimento da lei natural por meio dos sentidos, o filósofo lança mão de expressivas metáforas. Assim, por exemplo, para Locke, a descoberta dos ditames de Deus para os homens deve ser empreendida por nossos sentidos a partir da experiência de Suas obras, assim como *"a argila está sujeita à vontade do oleiro"*[568]. A lei natural pode ser conhecida, nesse sentido, de modo semelhante à concepção de Francis Bacon, não apenas a partir do *"livro da palavra de Deus"*, mas também do *"livro das obras de Deus"*[569].

A concepção de Locke sobre a lei natural, que decorre tanto de sua filosofia moral quanto de sua filosofia política, é plenamente compatível, nesse sentido, com a noção de "tábula rasa", exposta pelo filósofo no *Ensaio sobre*

566 Cf. LOCKE, *Op. cit.*, p. 110.

567 Cf. *Op. cit.*, p. 125.

568 Cf. LOCKE, *Op. cit.*, p. 129. Embora LOCKE não identifique as origens de sua afirmação, a referência à "vontade do oleiro" é inegavelmente uma alusão à passagem do livro de Jeremias (Jr 18, 6) em que Deus compara o trabalho do oleiro à sua atividade de criação dos filhos de Israel.

569 Em inglês, a oposição forma um interessante jogo de palavras: "book of God's word" e "book of God's work". Cf. Francis BACON, *The advancement of learning.* New York: P. F. Collier and Son, 1901.

o entendimento humano e que se constitui em uma das mais relevantes conclusões de sua filosofia do conhecimento. Contudo, como ressalta Jean-Michel Vienne, a noção de lei natural de Locke não deve ser confundida com o conceito de "senso moral", de bases empiristas mais profundas, cuja elaboração pode ser atribuída a autores considerados como "discípulos de Locke", que, partindo das teses empiristas da filosofia do conhecimento de Locke, aprofundaram a sua abrangência, criticando o filósofo por seu insuficiente empirismo[570]. Com efeito, como observa Laurent Jaffro, o conceito de "senso moral", que surge pela primeira vez na obra de Shaftesbury (1671-1713)[571], é resultado de uma postura reativa de autores como Francis Hutcheson (1694-1746), Thomas Burnet (1635? – 1715) e do próprio Shaftesbury, que embora tenham adotado em parte os argumentos empiristas de Locke, formularam uma concepção moral diversa da do filósofo[572].

Como analisa Vienne, nesse sentido, no empirismo de Locke, todo senso refere-se a uma sensação simples, física para os sentidos externos e mental para os sentidos internos, de modo que todas as sensações referem-se a um objeto e não a uma relação. Por esse motivo, para Locke, não se pode estabelecer, por exemplo, a identidade do objeto tocado ou do objeto visto diretamente pelos sentidos, fazendo-se necessário algo além do senso, um julgamento, que constrói uma relação. Para o filósofo, não há como existir, dessa forma, um sentido moral exclusivamente pelos sentidos, pois embora o senso origine-se dos sentidos, ele não pode conter uma relação, razão pela qual a moral é feita de relações unicamente intelectuais[573].

Assim, como bem analisa Vienne, a lei natural é apresentada por Locke, em suas diferentes obras, por meio dos conceitos de "reta razão" e "consciência". No que diz respeito à "reta razão", há que se observar, de início, a

[570] Cf. Jean-Michel VIENNE. *Deux formes de raison contre le sens moral: Locke et Bayle.* In: Laurent JAFFRO (coord), *Le sens moral. Une histoire de la philosophie morale de Locke a Kant*, Paris: Presses Universitaires de France, 2000, p. 63-80.

[571] Antony Ashley COOPER, o 3º conde de Shaftesbury, era neto do 1º conde de Shaftesbury, seu homônimo, mecenas e empregador de LOCKE, com quem o filósofo esteve profundamente implicado nos eventos que caracterizaram a "crise de exclusão", conforme descrito no primeiro capítulo desta obra. Após a morte do 1º conde, LOCKE continuou servindo a família, tendo participado ativamente da educação do 3º conde, o filósofo moral ora referido. Cf. Robert VOITLE, *The third earl of Shaftesbury, 1671-1713,* Baton Rouge: Louisiana State University Press, 1984.

[572] Cf. Laurent JAFFRO. *La formation de la doctrine du sens moral: Burnet, Shaftesbury, Hutcheson.* In: Laurent JAFFRO (coord), *Le sens moral. Une histoire de la philosophie morale de Locke a Kant*, Paris: Presses Universitaires de France, 2000, p. 11-46.

[573] Cf. VIENNE, *Op. cit.*, p. 64.

crítica efetuada por Locke nos *Ensaios sobre a lei de natureza*, o que o leva a considerar que dentre as distintas maneiras de designar a lei natural, as menos apropriadas são exatamente as expressões "reta razão" ou "ditado da razão", haja vista que os ditames da razão não se confundem com a lei de natureza, mas são o seu intérprete, pois a razão "busca e descobre" a lei natural como a lei instituída pela vontade divina, de forma que a adoção dessas expressões daria a entender que se estaria a considerar a razão como a própria lei de natureza, o que representaria, segundo Locke, uma violação da *"dignidade do legislador supremo"*[574]. A despeito dessa expressa ressalva, porém, o próprio autor faz referência, no *Segundo tratado,* à "razão" para referir-se à lei natural[575], o que deve ser compreendido, para a preservação da coerência do conceito na teoria do filósofo, como um recurso metonímico utilizado por Locke, sendo assim uma alusão a esse instrumento de interpretação da lei natural e não à própria lei de natureza.

Como observa Vienne, a expressão "reta razão" é de origem estoica e foi atualizada na Inglaterra pelo neo-estoicismo de Herbert de Cherbury, bem como pelo neoplatonismo de Cambridge. Por meio desse conceito, o estoicismo associava a norma moral aos fatos, na medida em que a razão como intuição do verdadeiro era vista como um fato no homem. Adotando a perspectiva da inscrição, a "reta razão" representava, para o estoicismo, um fato do pensamento, um princípio moral que se impõe, de forma que os enunciados morais podem ser considerados apenas secundariamente como princípios, pois primariamente eles são o próprio ser da razão. Tal conceito foi, como analisa Vienne, posteriormente rearticulado pela escolástica de Tomás de Aquino sob o nome de *syndérèse,* que preconizava que os princípios práticos deveriam ser tomados através da ação, de forma análoga à tomada dos primeiros princípios teóricos do conhecimento e do ser[576]. Sob a mesma perspectiva, Suárez, cujas *Disputationes* haviam servido de manual de escolástica nas universidades inglesas mesmo após a Reforma, considerava essa tomada dos princípios práticos como sendo o próprio objeto do desejo da razão[577]. A despeito dessa rearticulação, segundo Vienne, a syndérèse da escolástica, tal qual a "reta razão", ainda é de ordem especificamente intelectual e não sensível, pois considera a existência, na apropriação da lei natural, de uma

[574] Cf. *Op. cit.*, p. 102.

[575] Cf. *Op. cit.*, p. 384, §6.

[576] Cf. *"Quisdam specialis habitus qui dicitur Intelectus Principiorum"* Cf. Tomás de AQUINO, Suma Teológica, Ia IIae, q. 79, a. 12.

[577] Cf. VIENNE, *Op. cit.*, p. 65.

intuição intelectual dos princípios, mas de nenhum modo de uma sensação. Essa intuição, no entanto, era considerada, como ressalta Vienne, como todo *habitus* aos olhos da escolástica, como fruto de uma educação, podendo por isso perder-se por falta de exercício ou educação suficientes[578].

O segundo termo utilizado com frequência pelo estoicismo é o termo "consciência". Como ressalta Vienne, o termo é de origem clássica e encontrava grande expressão na obra de Cícero, mas seu ressurgimento no pensamento europeu foi favorecido pela publicação, no século XVI, dos textos de Iustus Lipsius, filólogo e humanista flamenco, em especial o *De Constantia*[579], o que permitiu o renascimento da problemática da consciência moral e sua compatibilização com o cristianismo. A "consciência" se distingue da "reta razão" na medida em que anuncia menos os princípios universais que os julgamentos morais dos eventos particulares, mas a despeito dessa particularidade, a ideia de "consciência" ainda exige uma atitude de colocar em relação os casos particulares com os princípios morais universais, que devem portanto ser conhecidos pelo homem ao menos implicitamente[580].

De acordo com Vienne, a despeito dos princípios empiristas de Locke, o autor faz referência em sua obra tanto à "reta razão" quanto à "consciência" para referir-se à lei natural, ainda que ambos os conceitos, assim como a syndérèse, remetam obrigatoriamente ao intelecto em uma busca ativa pelos primeiros princípios. Tanto na syndérèse como na consciência, o espírito humano é centelha do espírito divino, possuindo, nesse sentido, uma postura ativa que lhe permite chegar à verdade moral graças à ação do próprio Deus em si, o que proporciona ao homem a intuição do princípio. Assim, pelas concepções de syndérèse e consciência, o princípio moral surge a partir de uma ordem imposta do exterior e como efeito imediato dessa ordem, mas ainda que, por ser efeito, o valor surja sem qualquer atividade do espírito, ele pressupõe uma postura ativa do intelecto, que deve necessariamente buscá-lo para que a natureza seja expressa no homem por meio desse princípio moral.[581].

Pelo procedimento desencadeado a partir das concepções de "reta razão", "syndérèse" e "consciência", a ideia de natureza deve ser compreendida, nesse sentido, como enfatiza Vienne, não como se o "natural" fosse o geneticamente inato, mas como algo que deve ser elaborado, cultivado e cuidado ao longo da história individual. Esse procedimento, que reforça a ideia de *habitus*

[578] Cf. VIENNE, *Op. cit.*, p. 65.

[579] Cf. J. LAGREE. *Juste Lipse. La restauration du stoïcism*, Paris: Vrin, 1994.

[580] Cf. VIENNE, *Op. cit.*, p. 66.

[581] Cf. VIENNE, *Op. cit.*, p. 66-67.

escolástico, expressa ainda, de acordo com Vienne, a necessidade de uma postura teleológica em relação à natureza, pois apenas o *habitus* permite a experiência capaz de possibilitar a descoberta daquilo que será a natureza humana expressa pelo princípio. Desse modo, segundo o comentador, ainda que do ponto de vista individual o princípio moral intuído seja cronologicamente posterior, por ser decorrente da experiência proporcionada pelo *habitus*, ele é metafisicamente anterior, por já estar presente na natureza humana[582].

Esse modo de conhecimento da lei natural, que exige uma postura ativa da razão, não se confunde, como enfatiza Vienne, com a concepção de "senso moral", que pressupõe uma capacidade pré-formada no sujeito, capaz de atingir certas dimensões do real. Pela noção de "senso moral", assim como o sujeito é capaz de ver passivamente, por ser a visão uma qualidade sensível, ele também é capaz de atingir de forma passiva a dimensão moral de um determinado ato singular da existência. A natureza do "senso moral" é, nesse sentido, totalmente empírica, enquanto a da "consciência" é metafísica[583].

A partir dessa perspectiva, o empirismo de Locke em relação à lei natural mostra-se, segundo Vienne, bastante limitado, na medida em que o filósofo apresenta importantes reticências sobre a hipótese exclusivamente empirista de conhecimento dos princípios morais. Dessa forma, pode-se identificar em Locke uma relatividade da consciência humana, que depende da postura ativa assumida pelo intelecto, razão pela qual se pode afirmar, de acordo com Vienne, existir uma espécie de "ceticismo epistemológico" ou "agnosticismo moral" em sua concepção de lei natural, evidenciando um racionalismo dedutivo em Locke, que se opõe ao empirismo radical dos teóricos do senso moral[584].

De fato, como analisa Jaffro, o conceito surge em circunstâncias que são as do comentário, em alguns casos, ou as da polêmica, em outros, todas elas, porém, em torno das concepções de lei natural e de consciência extraídas da obra de Locke. Assim, por exemplo, o propósito de Thomas Burnet é o de fazer observações sobre o *Ensaio sobre o entendimento humano*, em particular sobre o livro I, ao passo que o de Shaftesbury é o de combater diretamente as concepções morais de Locke[585]. Os defensores do senso moral dedicam-se,

582 Cf. VIENNE, *Op. cit.*, p. 67.

583 Cf. VIENNE, *Op. cit.*, p. 67-68.

584 Cf. VIENNE, *Op. cit.*, p. 68.

585 Como ressalta JAFFRO, HUTCHESON ocupa-se em refutar também MANDEVILLE e SHAFTESBURY volta-se à contestação, além de LOCKE, de HOBBES e ROCHEFOUCAULD. Cf. JAFFRO, *Op. cit.*, p. 14.

nesse sentido, como explicita Jaffro, à questão sobre o modo pelo qual fazemos a diferença moral entre o bem e o mal, isto é, se somos ensinados, se podemos fazê-la porque somos obrigados por alguém a fazê-la – seja esse "alguém" uma potência exterior, a sociedade, Deus, o costume ou a lei – ou se na verdade fazemos de algum modo essa diferença diretamente por nós mesmos. A conclusão a que chegam esses autores é de que o "moral sense" consiste precisamente nessa capacidade comum, orgânica e natural, de realizar essa diferença diretamente por meio dos sentidos, anteriormente a todas as instituições, sejam elas a lei, o costume, a religião, as magistraturas do governo e até mesmo o razão[586].

Assim, segundo Jaffro, para a concepção de "senso moral" as distinções morais são consideradas pressupostas e por isso não podem ser completamente inventadas, pois seu reconhecimento apoia-se sempre nas intuições comuns, que são preliminares[587]. Esse aspecto diferencia-se por completo da concepção moral de Locke, na medida em que, para o filósofo, a relação que permite o reconhecimento dos objetos apresentados pelos sentidos depende de um julgamento, realizado pela razão. Para Locke, não há como existir, dessa forma, um sentido moral exclusivamente pelos sentidos, pois embora o senso origine-se dos sentidos, ele não pode conter uma relação, de modo que a moral é feita de relações unicamente intelectuais.

A contrariedade de Locke quanto à concepção de "senso moral" pode ser evidenciada também, como destaca Vienne, pela análise do conceito de "entusiasmo" realizada pelo filósofo, que pode ser tomada como uma espécie de "crítica antecipada" das posições que seriam posteriormente sustentadas pelos teóricos do senso moral. Com efeito, no capítulo XIX do livro IV do *Ensaio sobre o entendimento humano*, adicionado pelo autor apenas na quarta edição da obra, Locke discorre sobre um "princípio errado" de raciocínio ao qual frequentemente se recorre para validar a "iluminação sem pesquisa", a "certeza sem prova e exame":

> §8,9. As estranhas opiniões e extravagantes ações às quais o *entusiasmo* leva os homens seriam suficientes para preveni-los contra esse princípio errado, tão dado a desorientá-los em sua crença e em sua conduta; mas o gosto do extraordinário, o privilégio e a glória de ser inspirado e estar acima dos caminhos e vias comuns e naturais de conhecimento são tão

586 Cf. JAFFRO, *Op. cit.*, p. 15.
587 Cf. JAFFRO, *Op. cit.*, p. 15.

> lisonjeiros para a preguiça, a ignorância e a vaidade dos homens, que, uma vez na trilha de revelação imediata, de iluminação sem pesquisa, de certeza sem prova e exame, dificilmente voltam atrás. Estão perdidos para a razão, acima dela: não erram pois veem a infusão da luz em seu entendimento, clara e visível, radiante como a luz do sol, sem precisarem de outra prova que sua própria evidência; experimentam a mão de Deus dentro de si mesmos, a movê-los; experimentam os impulsos do espírito, e não se enganam de sua própria experiência. E assim vão, certos de que a razão concerne aquilo que veem e experimentam dentro de si mesmos, de que sua experiência sensível não admite dúvida nem precisa de prova. Não seria ridículo alguém que pedisse que lhe fosse provado que a luz brilha? Ela é prova de si mesma, e não precisa de outra. O espírito ilumina nossa mente e dispersa a escuridão. Vemos sua luz como o sol do meio-dia; não precisamos de razão para descobri-la. A luz dos céus, forte, clara e pura, embute sua própria demonstração. Seria tão racional recorrer ao vaga-lume para descobrir o sol quanto examinar o raio celestial com este pálido candelabro, a razão[588].

A irônica crítica de Locke ao entusiasmo dirige-se, nesse sentido, àqueles que baseiam sua conduta na "revelação imediata" em detrimento do "tedioso e nem sempre bem-sucedido labor do estrito raciocínio"[589], o que acarreta, como destaca Vienne, uma confusão entre o conhecimento em sentido estrito, que depende necessariamente da razão, e a sensação[590]. Assim, embora a reprovação aos entusiastas se destine aos que se apegam ao caráter pretensamente acabado de uma verdade revelada, ao referir-se ao erro fundamental que decorre do apelo a um senso passivo em detrimento das relações e investigações que este deveria acarretar, a crítica de Locke se aplica muito bem, como destaca Vienne, às verdades morais das quais estão convencidos os "iluminados", pois a passividade da sensação pretendida pelos teóricos do "senso moral" é apenas um meio de escapar à atividade crítica do livre exame, como já antecipara o filósofo:

> §9. Assim dizem os entusiastas: estão certos porque têm certeza de estarem; sua persuasão é correta porque é forte. (...)

[588] Cf. *Ensaio sobre o entendimento humano, Op. cit.*, p. 769-770.
[589] Cf. LOCKE, *Ensaio, Op. cit.*, p. 768.
[590] Cf. VIENNE, *Op. cit.*, p. 69-70.

> §14. Quem não quiser se entregar a erros e ilusões extravagantes deve levar a julgamento o guia, a *luz interior.* Deus, ao fazer o profeta, não desfaz o homem; mas deixa suas faculdades em estado natural, para que julguem se as inspirações são ou não de origem divina. (...)[591]

Desse modo, a concepção moral de Locke situa-se, no que diz respeito ao grau de empirismo, entre a syndérèse da escolástica e o intuicionismo do senso moral, na medida em que se afasta do caráter predominantemente intelectual e não sensível da primeira, mas rechaça as fundações entusiastas, baseadas em uma "iluminação sensitiva" da segunda formulação. Para Locke, nesse sentido, se a lei natural não está inscrita no coração dos homens como uma luz interior, é a razão que, como um "pálido candelabro" faculta ao homem estabelecer pelo "labor do estrito raciocínio" a relação entre os objetos apresentados pelos sentidos, permitindo a formulação dos juízos morais de que se constitui a lei natural:

> §13. Luz na mente, verdadeira luz, só pode ser a evidência de verdade de uma proposição, que, não sendo evidente em si mesma, recebe sua luz da validade e da clareza de provas que permitem aceitá-la. Falar de outra *luz no entendimento* é mergulhar na escuridão ou entregar-se ao poder do príncipe das trevas. (...)[592]

No que se refere à obrigatoriedade da lei natural, Locke deduz a necessidade de obediência universal à lei da natureza da sabedoria divina do legislador e de Seu poder sobre a ordem criada, vez que estamos obrigados a nos submeter à autoridade de Deus, de quem depende a nossa existência. Além desse argumento, que aproxima Locke, segundo Charles Taylor[593], da tradição do voluntarismo teológico, o filósofo sustenta que a obrigatoriedade da lei natural pode ser extraída também da *"apreensão racional do que é certo"*[594], haja vista que não podemos escapar, sob a luz da razão, de reconhecer nossas próprias faltas e violações, sendo que esse

[591] Cf. LOCKE, *Op. cit.*, p. 773-775.
[592] Cf. LOCKE, *Op. cit.*, p. 774.
[593] Cf. Charles TAYLOR, *As fontes do self – A construção da identidade moderna.* São Paulo: Loyola, 2005, p. 223.
[594] Cf. *Op. cit.*, p. 146.

reconhecimento não se dá pelo medo da punição, mas por nosso julgamento moral[595].

Como se pode depreender da análise da noção de lei natural exposta por Locke nos *Ensaios*, a lei da natureza para Locke não deve ser compreendida, como destaca Thomas[596], como um conjunto de regras científicas que governam os processos físicos, mas sim como uma lei em sentido forte, isto é, como norma da conduta humana. Para Locke, as leis da natureza são, portanto, leis que prescrevem como uma determinada conduta humana *deve ser*, e não leis que descrevem como a conduta dos seres humanos *é*.

De acordo com Thomas[597], na estrutura da lei natural podem-se identificar dois aspectos, um *formal* e outro *material*. O aspecto *formal* refere-se às características que identificam um comando como uma lei da natureza, sem indicar, contudo, o comando específico que decorre dessa lei, ou a forma como eles se relacionam entre si. O aspecto *material* refere-se ao conteúdo dos comandos da lei natural e à estrutura por meio da qual eles se relacionam. Para Thomas, a visão de Locke sobre o aspecto *formal* da lei da natureza é convencional para seu tempo[598], ao passo que o aspecto *material* da lei natural para Locke diferencia-se dos conceitos propostos pelos demais filósofos de seu tempo que trataram da lei da natureza[599].

[595] Para explicitar a diferença entre a obediência à lei natural pela consciência de seu valor moral e a obediência pelo simples medo da punição, LOCKE lança mão do seguinte exemplo: se considerarmos, de um lado, um homem que fosse obrigado a servir a um pirata como escravo e, de outro, um súdito livre obrigado a obedecer a uma lei civil, podemos concluir que, no primeiro caso, uma eventual desobediência não afrontaria a consciência do cativo, ao passo que uma desobediência da lei civil deve levar à condenação da consciência do cidadão, pois o descumprimento leva à violação de um direito de outrem. Cf. LOCKE, *Op. cit.*, p.146.

[596] Cf. *Op. cit.*, p. 15.

[597] Cf. *Op. cit.*, p. 15.

[598] THOMAS identifica quatro aspectos *formais* na estrutura da lei de natureza que são compartilhados pelos diferentes filósofos que abordam esse conceito em suas construções teóricas. Em primeiro lugar, a lei natural prescreve uma conduta independente da lei positiva das sociedades políticas e das convenções ou costumes sociais. Em segundo lugar, a lei da natureza é a lei da razão, de modo que agir de acordo com a lei da natureza é sempre agir de acordo com a razão. Em terceiro lugar, a lei da natureza é a lei que Deus impôs a toda a humanidade e segundo a qual todos devem se comportar. Por fim, a lei da natureza é universal, pois se aplica a todos, em todos os lugares e em todos os momentos. Além disso, as leis de todas as sociedades políticas, as convenções sociais e os costumes devem ser compatíveis com o conteúdo da lei da natureza. Isso não significa, porém, que a lei da natureza não permita variações das leis positivas dos diferentes países, pois ela não determina precisamente todas as normas da conduta humana. Cf. THOMAS, *Op. cit.*, p. 15-16.

[599] Cf. *Op. cit.*, p. 16.

Quanto ao aspecto *material* da lei da natureza, Locke pressupõe, como analisa Thomas[600], em primeiro lugar, a existência de um comando geral, que representaria a "lei fundamental da natureza", que prescreve que tudo o que existe na Terra deve ser, tanto quanto possível, preservado. Em segundo lugar, Thomas identifica a existência de uma lei natural derivada, cujo preceito pode ser obtido pelo homem por meio do uso de sua razão, em busca dos comandos que, em uma determinada situação específica, sejam compatíveis com a lei fundamental da natureza. O conteúdo específico dessa lei da natureza derivada deve ser, portanto, racionalmente justificado. Isso significa que uma lei natural derivada pode se mostrar racionalmente necessária a partir do conteúdo da lei fundamental da natureza, bem como de certas circunstâncias práticas da vida humana devidamente conhecidas. A concepção de Locke para a justificação racional de uma lei natural é, portanto, teleológica: uma lei natural derivada mostra-se racionalmente necessária à luz das circunstâncias usuais da vida humana e de um fim determinado, expresso como o conteúdo da lei fundamental da natureza, qual seja, a preservação da humanidade[601].

Para Thomas[602], a conclusão de que o conteúdo da lei fundamental da natureza é a preservação da humanidade está, porém, sujeita a objeções, pois a hipótese de que a humanidade deva ser preservada tanto quanto possível não representa uma exigência estritamente racional, mas apresenta-se, na teoria de Locke, a partir do postulado teológico segundo o qual o homem é um artefato da criação divina, conforme expresso em diferentes passagens da obra do filósofo, de que é exemplo o seguinte excerto do *Segundo tratado*:

> *Pois sendo todos os homens artefato de um mesmo Criador onipotente e infinitamente sábio, todos eles servidores de um Senhor soberano e único, enviados ao mundo por sua ordem e para cumprir Seus desígnios, são propriedade de Seu artífice, feitos para durar enquanto a ele aprouver, e não a outrem.*[603]

[600] Cf. *Op. cit.*, p. 16.

[601] Segundo A. J. SIMMONS, a superestrutura da teoria moral de LOCKE, que decorre de sua concepção de lei da natureza, trata-se de uma espécie de consequencialismo, em que a preservação da humanidade funciona como o "fim último" a ser atingido. Cf. A.J. SIMMONS. *The Lockean Theory of Rights*. Princeton: Princeton University Press, 1992, p. 50-51.

[602] Cf. *Op. cit.*, p. 17.

[603] Cf. *Op. cit.*, p. 384.

Segundo Thomas[604], a racionalidade da lei fundamental da natureza só pode ser sustentada se for aceita a premissa teológica, que está na base da argumentação sobre a lei da natureza, pois Locke postula que o dever de autopreservação deve ser extraído da constatação de que o homem é fruto da criação divina, pelo seguinte raciocínio: se Deus nos criou, então é sua intenção que devamos continuar a existir pelo tempo que Ele determinar, assim como se deve presumir que um pintor pretendeu que sua pintura continue a existir na ausência de qualquer indicação em sentido contrário[605].

Por outro lado, ainda que não seja possível, como analisa Waldron, simplesmente desconsiderar os fundamentos teológicos da teoria política de Locke, em razão de suas implicações internas em alguns trechos específicos da obra, desde que se tome o cuidado de analisar as construções do filósofo de modo a identificar a eventual força inferencial dos preceitos religiosos no âmbito interno de seus argumentos, nada obsta que sua teoria seja considerada válida em termos estritamente racionais. Com efeito, ao contrário do postulado por Thomas, ainda que a lei fundamental da natureza tenha sido concebida por Locke a partir de fundamentos teológicos, sua fundamentação prescinde desse alicerce, podendo ser baseada em evidências de ordem exclusivamente racional, como postularam posteriormente diferentes teorias científicas[606].

O fato de a lei natural ser derivada de um axioma da teologia não deve, portanto, ser considerado um motivo para desqualificação da teoria de Locke, haja vista que outras justificativas seculares podem ser encontradas para a sustentação do mesmo fundamento. A rejeição de seu conteúdo filosófico por esse motivo significaria, como bem aponta Waldron[607], privar a teoria de Locke de um de seus caracteres mais importantes: a descrição da maneira peculiar pela qual os valores morais se relacionam com a política e com o direito.

604 Cf. *Op. cit.*, p. 18.

605 Cf. THOMAS, *Op. cit.*, p. 17.

606 Tome-se, por exemplo, a finalidade de preservação das espécies para a teoria *darwinista*, que preceitua o mesmo conteúdo da lei fundamental da natureza de LOCKE a partir de uma formulação estritamente racional.

607 Cf. WALDRON, *Op. cit.*, p. 44-45.

4.1.3. Propriedade

Conforme exposto na subseção precedente, a lei fundamental da natureza preceitua, de acordo com Locke, a necessidade de preservação da humanidade, que deve ser promovida por todos os homens.

Para atingir essa finalidade, Locke assinala no *Segundo tratado* que, *"quer consideremos a razão natural"*, quer se considere a revelação, todos os homens têm direito à preservação e, nesse sentido, *"à comida, bebida e a tudo quanto a natureza lhes fornece para sua subsistência"*, pois Deus "deu a terra aos filhos dos homens, *deu-a para a humanidade em comum*"[608].

Recorrendo a diversas passagens das sagradas Escrituras, Locke descreve o estado de natureza, como bem salienta Laslett[609], como marcado por um comunismo original, em que todos os bens pertencem à humanidade em comum, sem que *"ninguém tenha originalmente um domínio particular sobre eles à exclusão de todo o resto da humanidade"*[610].

A ênfase conferida por Locke à descrição do comunismo primitivo decorre, como destaca Laslett, de sua preocupação em contestar a tese sustentada por Filmer no *Patriarca*[611], segundo a qual a única forma de tornar legítima a propriedade privada seria derivá-la da atribuição de todos os bens da Terra aos patriarcas descritos no livro do Gênesis, pois se a propriedade fosse originária do comunismo original, seria necessário o consentimento de toda a humanidade para cada ato particular de apropriação[612].

Com efeito, após contestar a afirmação de Filmer pela qual *"é impossível pressupor uma liberdade natural da humanidade sem negar a criação de Adão"*, Locke dedica-se, no *Primeiro tratado*, a refutar a tese desse mesmo autor segundo a qual Adão teria um direito de propriedade sobre todas as coisas em razão da doação de Deus, que teria determinado ao primeiro homem que submetesse a Terra e exercesse a dominação sobre todas as criaturas e, desse modo, feito dele "monarca do mundo"[613]. Interpretando o texto bíblico, Locke afirma que

608 Cf. LOCKE, *Op. cit.*, p. 405-406, § 25.

609 Cf. LASLETT. In: LOCKE, *Op. cit.*, p. 406.

610 Cf. LOCKE, *Op. cit.*, p. 406-407, § 26.

611 Cf. FILMER, *Op. cit, passim.*

612 Cf. LASLETT. In: LOCKE, *Op. cit.*, p. 406.

613 Para responder a FILMER, LOCKE volta-se longamente no *Primeiro tratado* à seguinte passagem do Livro do Gênesis, extraída de Gn 1, 28: *"E Deus os abençoou e lhes disse: 'Sede fecundos e multiplicai-vos, enchei a terra e submetei-a! Dominai sobre os peixes do mar, as aves do céu e todos os animais que se movem pelo chão'"*. Cf. LOCKE, *Op. cit.*, p. 224-225.

"Deus não lhe outorgou [a Adão] *o domínio privado sobre as criaturas inferiores, mas um domínio comum a toda a humanidade; tampouco se fez* monarca *com base na propriedade que aqui se lhe atribuiu"*[614].

Para Locke, ao contrário do que Filmer confusamente quer fazer crer, *"a Terra, e tudo quanto nela há, é dada aos homens para o sustento e o conforto de sua existência"*, não havendo qualquer fundamento para que os bens coletivamente atribuídos por Deus a todos os homens sejam considerados de propriedade de apenas uma parte da humanidade. A despeito do reconhecimento da propriedade de todos os homens sobre os bens terrenos, Locke salienta no *Segundo tratado*, que *"cada homem tem uma* propriedade *em sua própria* pessoa", de maneira que o trabalho de seu corpo e a obra de suas mãos pertencem a cada um dos homens em particular. Por esse motivo, qualquer coisa que o homem retire com seu trabalho do estado comum em que Deus deixou todas as coisas mistura-se ao homem por esse trabalho, que adiciona a um bem em particular algo que é exclusivamente seu, tornando esse bem parte de si e afastando o direito dos demais sobre esse bem específico.

Desse modo, o que torna *"o cervo propriedade do* índio *que o abateu"* e faz da *"lebre que alguém caça (...)* propriedade *daquele que a está perseguindo"*[615] é a lei natural, pois aquele que se apropria pelo trabalho de algo que estava no patrimônio comum da humanidade dá a esse patrimônio o fim necessário ao cumprimento do preceito da lei fundamental da natureza, que determina a preservação de todos os homens. Como pode ser evidenciado pela compreensão desse argumento em contraposição ao argumento de Filmer, o que Locke pretende afastar ao afirmar que a lei natural atribui um direito de propriedade àquele que, por seu trabalho, dá cumprimento ao preceito geral da lei da natureza é a tese segundo a qual o homem seria dependente da graça dos monarcas, na qualidade de sucessores de Adão, para ter acesso aos bens necessários à sua sobrevivência, uma vez que, de acordo com Filmer, Deus teria feito de Adão "monarca do mundo" e proprietário de todos os bens ao atribuir a ele o domínio sobre toda a Terra.

Da legitimidade do ato de apropriação, pelo trabalho, dos bens pertencentes ao patrimônio comum da humanidade, não resulta, porém, a legitimidade da acumulação privada de patrimônio, pois, conforme esclarece Locke, *"a mesma lei da natureza que por este meio nos concede a propriedade, também* limita essa propriedade", uma vez que Deus deu aos homens tudo em abundância,

[614] Cf. LOCKE, *Op. cit.*, p. 226.
[615] LOCKE, *Op. cit.*, p. 411-412, § 30.

mas apenas para que possam usufruir dos bens postos à sua disposição. Por esse motivo, o homem pode estabelecer a propriedade tão-somente sobre o que possa utilizar antes que se estrague, de modo que *"o que quer que esteja além disso excede sua parte e pertence aos outros"*, pois *"nada foi feito por Deus para que o homem estrague ou destrua"*[616].

A necessidade dessa moderação de meios no ato de apropriação é expressada por Locke também nos *Ensaios sobre a lei de natureza*:

> *Víveres, roupas, adornos, riquezas e todas as outras coisas boas desta vida são para uso comum. Assim, quando um homem apanha para si o mais que pode, tira do monte de outro a quantidade que acrescenta ao próprio monte, sendo impossível que alguém se torne rico, salvo a expensas de outra pessoa*[617].

Para Locke, portanto, a apropriação privada deve ser limitada à quantidade suficiente para garantir a sobrevivência e a conservação de cada indivíduo que, por seu trabalho, delimita para si a parte do bem comum que lhe é devida para essa finalidade. A despeito disso, a ganância e o desejo dos homens de ter mais do que o necessário permitiu, com a invenção do dinheiro, que os homens tivessem, contrariamente à lei natural, *"posses maiores e um direito a estas"*, o que não seria necessário se a apropriação dos bens fosse realizada de acordo com a utilidade e a necessidade dos indivíduos, pois *"há terra bastante no mundo para o dobro de habitantes"*[618].

Na descrição do comunismo originário realizada no *Primeiro tratado,* Locke já observara, no mesmo sentido, que o direito de propriedade existente no estado de natureza é necessariamente limitado, pois se trata de um pecado a utilização da propriedade de um modo tal que permita que alguém faça "perecer seu irmão ao não se valer de sua abundância para aliviar a condição dele":

> *Por conseguinte, homem algum jamais poderia dispor de um justo poder sobre a vida de outrem por direito de propriedade sobre a terra ou outros bens, dado que sempre seria um pecado, para qualquer homem de posses, deixar perecer seu irmão ao não se valer de sua abundância para aliviar a condição dele.*[619]

[616] Cf. LOCKE, *Op. cit.*, p. 412.
[617] Cf. LOCKE, *Ensaios políticos, Op. cit.*, p. 162.
[618] LOCKE, *Op. cit.*, p. 416-417, § 36.
[619] Cf. LOCKE, *Primeiro tratado, Op. cit.*, p. 244.

Dessa forma, conforme descrito no capítulo precedente, assim como alguém pode adquirir um direito de propriedade sobre uma determinada parte da criação por dela apropriar-se por seu "esforço honesto", tal direito é, contudo, limitado no mesmo instante do seu surgimento pela emergência de um "direito ao excesso" àqueles que não possuem a propriedade necessária à sua subsistência.

Dessa forma, como bem destaca Ashcraft, longe de defender uma conservadora atitude de justificação da acumulação privada, a teoria de Locke sobre a propriedade expressa um radicalismo político que dirige um contundente ataque à apropriação privada defendida por grande parte dos autores tradicionais da cristandade. De fato, segundo Ashcraft, a doutrina do cristianismo sobre a propriedade é "instável em seu núcleo", pois permitiu a oscilação ao longo da história entre uma perspectiva de defesa intransigente da propriedade comunal e posturas conservadoras que apregoam a propriedade privada como forma de manutenção da família e do lar, que chegam ao ponto de fundamentar a necessidade da instituição do governo para preservação do direito à apropriação[620].

Enquanto essa segunda perspectiva destaca a proibição de interferências externas sobre o patrimônio dos indivíduos, a primeira enfatiza a necessidade de um vínculo social interno à comunidade, que une os indivíduos na persecução do bem comum. De acordo com Ashcraft, embora ambas as perspectivas possam ser identificadas no argumento de Locke sobre a propriedade, apenas a segunda perspectiva é incorporada pelo discurso político radical expresso por Locke no *Segundo tratado*[621].

Assim, embora reconheça que a criação da moeda permitiu a maior oferta de bens aos homens, em especial em decorrência do maior cultivo da terra propiciado pela expectativa de venda dos bens cultivados, Locke afirma que a regra pela qual cada homem deve possuir apenas quanto possa usar estaria ainda em vigor, não fosse o acordo que estabeleceu que "um pedacinho de metal amarelo *que se conserva sem se perder ou apodrecer valeria um pedaço grande de carne ou todo um monte de grãos*", que decorre do desejo dos homens de ter mais do que o necessário[622].

Conforme analisa Thomas, a exposição da propriedade realizada por Locke no capítulo V do *Segundo tratado* representa um dos aspectos da teoria política

[620] Cf. ASCHCRAFT, *Op. cit.*, p. 258.
[621] Cf. ASCHCRAFT, *Op. cit.*, p. 258-260,
[622] LOCKE, *Op. cit.*, p. 416-417, §§ 36 e 37.

de Locke mais amplamente disputados pelos diferentes espectros de orientação política, que evocam a formulação de Locke na tentativa de justificar as mais conflitantes teses de teoria política e econômica. Assim, por exemplo, Menger sustenta que a crítica de Locke à acumulação de bens além do necessário à sobrevivência do indivíduo representou uma inspiração indireta à teoria da exploração de Marx[623]. Macpherson, por outro lado, identifica nesse aspecto da teoria de Locke a descrição de um *"direito natural às posses desiguais"*, além de uma justificativa para a *"apropriação individual ilimitada"*, que teria proporcionado *"uma base moral positiva para a sociedade capitalista"*[624].

Como bem salienta Thomas, porém, há poucos motivos para se interpretar a teoria de Locke nos moldes propostos por Macpherson, pois é inegável que ela contém uma crítica à apropriação de bens para além dos limites da necessidade individual, não havendo elementos no texto ou no contexto em que o *Segundo tratado* foi escrito que possam sustentar que Locke teria pretendido legitimar a acumulação desigual de bens.

Nem mesmo o surgimento da moeda pode justificar, como ressalta Dunn, o aumento do consumo dos bens que Deus concedeu para a sobrevivência dos homens no mundo ou sua acumulação desenfreada, pois esse padrão de apropriação representa uma violação do preceito da lei natural, a indicar uma corrupção dos seus princípios, de modo que um eventual ganho de bem-estar representaria ao mesmo tempo uma perda de qualidade moral, o que seria inaceitável para Locke[625].

Para além dessa oposição de correntes que disputam o legado da teoria de Locke sobre a propriedade, deve-se destacar, como sustenta Thomas, que a inclusão da propriedade dentre os direitos naturais do indivíduo, com sua vinculação ao conteúdo da lei natural fundamental, pode ser mais facilmente atribuída ao discurso de Locke contra a dominação praticada por Carlos II, que investia com frequência contra o patrimônio dos súditos por meio do estabelecimento de impostos sem a prévia manifestação do parlamento[626].

Outro importante aspecto a ser observado acerca da concepção de Locke sobre a propriedade diz respeito à significativa polissemia do termo em língua inglesa no momento em que o filósofo elaborou a sua teoria política. De fato, além da diferenciação entre propriedade em sentido estrito, que alude

[623] Cf. Anton MENGER, *The Right to the Whole Produce of Labour.* Londres: McMillan, 1899, *Apud* THOMAS, *Op. cit.*, p. 90.

[624] Cf. MACPHERSON, *Op. cit.*, p. 231-233.

[625] Cf. DUNN, *Op. cit.*, p. 119.

[626] Cf. THOMAS, *Op. cit.*, p. 91.

especificamente ao direito real sobre coisas e bens, e de propriedade em sentido amplo, que surge no texto de Locke como sinônimo de "vida, liberdade e bens", há que se observar, conforme analisa Laslett, que Locke utiliza indistintamente para designar a propriedade os termos *propriety* e *property*, que não possuem hoje o mesmo significado, pois enquanto o primeiro denota "propriedade, qualidade do que é próprio", o segundo indica "propriedade, patrimônio, posse"[627].

Além disso, o termo *propriety* era frequentemente utilizado em inglês para traduzir o termo latino *decorum*[628], que expressa um conceito central da filosofia ciceroniana. Assim, o *decorum,* que segundo Cícero possui um significado "tal que não podemos dissociá-lo da honestidade", pode ser considerado como aquilo que é apropriado, conveniente, adequado, próprio do agir do homem. Como algo que convém à honestidade, há, de acordo com Cícero, "algo de decoroso em toda virtude, algo que podemos isolar desta antes pelo pensamento que pela realidade". Para o filósofo romano, do mesmo modo que a beleza do corpo é inseparável da saúde, também o decoro "acha-se todo confundido com a virtude, embora possamos distingui-lo com o pensamento e o raciocínio"[629]. A constante utilização do termo *propriety* por Locke para referir-se à propriedade, em detrimento de outros possíveis[630], não parece ser fruto do acaso, colocando em evidência, por outro lado, a dimensão moral que subjaz ao ato de apropriação dos bens materiais, que deve ser efetivado como realização prática do comando de sobrevivência contido na lei natural, e como tal não pode ser dissociado da virtude.

Por fim, na definição de "interesses civis"[631] apresentada por Locke na *Carta sobre a tolerância,* o filósofo oferece uma descrição praticamente idêntica à definição de propriedade em sentido amplo, a indicar que o termo deve ser compreendido como sinônimo de direitos, conforme será analisado no capítulo V, na seção correspondente à sociedade política.

[627] Cf. LOCKE, *Op. cit.*, p. 149.

[628] O *decorum,* como identifica Walter MILLER, é tradução do termo grego πρεπον (*prépon*), ele mesmo também de difícil tradução para o latim. Cf. CÍCERO, *De officiis,* Londres: William Heinemann ltd.; Nova York: Putnam's sons, 1928, p. 96.

[629] Cf. CÍCERO, *Dos deveres, Op. cit.*, p. 47-48.

[630] Uma escolha possível de tradução para referir-se à propriedade material seria *possession.*

[631] Na *Carta sobre a tolerância,* LOCKE define a sociedade política como a "sociedade de homens apenas visando a busca, a preservação e o progresso de seus próprios interesses civis", e define como interesses civis a "vida, a liberdade, a saúde e a libertação da dor; e também a posse de coisas externas, tais como dinheiro, terras, casas, móveis etc.", em descrição quase totalmente coincidente com a definição de propriedade em sentido amplo, como "vida, liberdade e bens". Cf. *Carta sobre a tolerância, Op. cit.*, p. 243.

4.2. Liberdade natural como não-arbitrariedade

A liberdade natural é descrita por Locke, como visto, como a liberdade exercida pelos homens no estado de natureza, em que todos possuem "perfeita liberdade *para regular as suas ações e dispor de suas posses e pessoas do modo como julgarem acertado, dentro dos limites da lei da natureza*"[632]. Uma vez consideradas as noções de estado de natureza, lei natural e propriedade, tornam-se mais adequadamente delineados os contornos conferidos por Locke à liberdade natural.

Considerando que, para além de uma condição de perfeita liberdade, o estado de natureza caracteriza-se por ser também um estado de perfeita *igualdade*, no qual são recíprocos todo poder e toda jurisdição, tem-se que a liberdade natural é concebida, para Locke, como um poder de agir nos termos estabelecidos pela lei da natureza, que se explicita somente com a noção de igualdade. Ser livre, portanto, é ser considerado igualmente submetido à lei natural, conjuntamente com os demais seres humanos.

Diante do poder e do dever igualmente compartilhados por todos de, no estado de natureza, executar a lei natural para garantir a manutenção da paz e a conservação da humanidade, fica razoavelmente claro que Locke não está realmente preocupado com a ausência de impedimentos por si mesma, mas com a ausência de impedimentos arbitrários, pois todos os homens podem igualmente agir contra os transgressores da lei natural, limitando a ação individual de outrem para garantir a conservação da humanidade, desde que o façam de modo não arbitrário, isto é, nos termos da razão natural, que se constitui no instrumento de que os homens dispõem para compreender o conteúdo da lei natural[633].

Para essa particular visão da liberdade, apenas uma intervenção arbitrária representa uma violação da liberdade, e não a interferência em cumprimento aos preceitos da lei natural. Para Locke, uma vontade é arbitrária se não é derivada racionalmente da lei natural, isto é, quando não é governada por razões morais. Uma vontade que expresse a lei da natureza não pode, nesse sentido, ser arbitrária. Como aponta Haldennius, para que uma ação restritiva constitua uma violação da liberdade natural nos termos em que esta é concebida

[632] Cf. LOCKE, *Dois tratados sobre o governo*, *Op. cit.*, p. 381-382.
[633] Cf. HALDENNIUS, *Op. cit.*, p. 263.

por Locke, tal ação tem de ser tomada no âmbito de uma relação de dependência assimétrica que, por si só, seja contrária à liberdade[634].

A liberdade natural exposta por Locke identifica-se, portanto, como bem analisa Haldennius, com a noção de *"liberdade como não-dominação"* descrita por Pettit[635] como o cerne da concepção republicana de liberdade, pois não exige que haja um caso real de interferência ou restrição para que a liberdade seja considerada violada, ao mesmo tempo em que não considera toda ação de interferência como uma ofensa à liberdade. As violações da liberdade natural consistem no estabelecimento de relações de dependência e sujeição, não em ações individuais de imposição da lei natural[636]. A liberdade natural para Locke não reside, portanto, no silêncio da lei para salvaguarda de uma esfera de ação individual, mas na expressão da lei natural no seio das relações sociais, que já existem no estado de natureza e precedem o estabelecimento da sociedade política.

Para compreender mais adequadamente o modo como Locke concebe o papel da lei e a atuação das instituições para a garantia da liberdade após o estabelecimento da sociedade política, faz-se necessário analisar a noção de liberdade política, que será abordada no próximo capítulo.

634 Idem, *ibidem*, p. 263.

635 Cf. Philip PETTIT, *Republicanism: a theory of freedom and government*. Oxford: Oxford University Press, 1999.

636 Cf. HALDENNIUS, *Op. cit.*, p. 263.

TERCEIRA PARTE

5.
LIBERDADE POLÍTICA

A primeira publicação levada a lume por John Locke, ainda como um despretensioso acadêmico de Oxford com seus vinte anos de idade recém-completados, foi um poema laudatório dedicado a Oliver Cromwell, como uma saudação pelo êxito do Lorde Protetor na guerra contra os holandeses. Em seus versos, Locke exalta Cromwell pela vitória militar, comparando-o ao imperador Augusto e a Júlio César, e exaltando-o como sendo "muito maior que ambos":

> Um pacífico império o grande Augusto conduziu
> Sobre aquele que antes conquistara pelas armas o grande Júlio;
> Com todos os troféus marciais a Júlio se coroou,
> Por suas artes pacíficas a Augusto se celebrou.
> Roma os chama grandes e os faz divindades,
> Este por sua bravura, aquele por sua política.
> Vós, poderoso Príncipe, sois de longe muito maior que ambos;
> Governais em paz o mundo que conquistastes pela guerra.
> Vós, Senhor, dos Céus saístes consumado herói,
> Pois que somente vós superais dois deuses pagãos[637].

Ainda que, como observa Goldie[638], a publicação de coletâneas de poemas congratulatórios fosse uma prática regular nas universidades inglesas, a saudação de Locke à mais controvertida figura política do período republicano, com a utilização de metáforas da antiguidade romana imperial, não deixa de ser intrigante, em especial se considerarmos os diferentes aspectos que,

[637] Cf. John LOCKE, *Ensaios políticos, Op. cit.*, p. 249.
[638] Cf. LOCKE, *Op. cit.*, p. 249.

como destaca Laslett, vinculavam o jovem Locke a esse regime, pois seu pai havia sido capitão do exército parlamentar e lutara contra Carlos I ao lado dos cabeças-redondas, além de depender dos favores de uma poderosa família parlamentar associada a Cromwell[639].

Poucos anos mais tarde, entre 1660 e 1662, já no contexto da restauração da monarquia dos Stuart, Locke escreve sua primeira obra teórica, um opúsculo denominado *Two tracts on governnment,* que não chegou a publicar, no qual afirma que o poder do magistrado civil deve ser um "poder absoluto e arbitrário sobre todas as ações indiferentes de seu povo"[640], devendo conduzir-se sempre pelo bem do público, do qual, porém, "apenas ele é juiz"[641] Em tal obra, Locke sustenta, ainda, que para que o magistrado possa representar a totalidade da nação, a liberdade dos indivíduos deve ser transferida de forma irrevogável ao magistrado, a quem se deve obedecer de forma absoluta em todas as questões por ele tratadas. A liberdade dos indivíduos poderia ser exercida, nesse contexto, apenas em relação àquilo que não foi regulado pelo magistrado.

Como analisa Laslett, a visão tradicionalista e autoritária sobre a política apresentada por Locke em *Two tracts on government,* que viria a ser contestada em todas as obras posteriormente escritas pelo filósofo, pode ser explicada pelo sentimento de intranquilidade e incerteza que se abateu sobre o jovem autor e sobre toda a Inglaterra nos "tumultuados e anárquicos meses" que se seguiram à morte de Oliver Cromwell e antecederam a restauração da monarquia. A despeito da firme defesa da autoridade do magistrado, Locke se mostra, segundo Laslett, mesmo em seu "mais antigo e autoritário ponto de vista", preocupado com a legitimidade da autoridade, na medida em que adota por pressuposto a origem popular do poder político, condenando a constituição arbitrária da autoridade e indicando que o poder absoluto poderia ser exercido apenas em relação às "questões indiferentes"[642]. Além disso, nem mesmo para afirmar a autoridade absoluta do magistrado Locke recorre, como observa Laslett, à teoria do direito divino dos reis e ao patriarcalismo, que representavam o modo mais seguro e convencional para sustentar o caráter absoluto do poder político[643].

639 Cf. LOCKE, *Dois tratados,* "Introdução", *Op. cit.,* p. 24.

640 Cf. John LOCKE, *Two tracts on government,* Cambridge: Cambridge University Press, 1967, p. 123.

641 Cf. LOCKE, *Op. cit.,* p. 126.

642 Cf. LOCKE, *Dois tratados sobre o governo,* "Introdução", *Op. cit.,* p. 27-28.

643 Cf. LOCKE, *Op. cit.,* p. 27.

Conquanto os textos de juventude de Locke possam trazer alguns elementos importantes acerca do desenvolvimento intelectual do filósofo, é apenas a partir do esforço de contestação ao patriarcalismo de Robert Filmer, que introduziu na teoria absolutista a ideia de arbitrariedade, que pode ser encontrada a formulação madura do conceito de liberdade política do filósofo. De fato, conforme explicitado no capítulo II, as ideias absolutistas difundidas antes da obra de Filmer representavam, como destaca Spitz, a formulação de um "absolutismo sem arbítrio", pois se restringiam a afirmar a supremacia do rei sem postular a superioridade absoluta do monarca em relação às leis, ainda que estas fossem provenientes apenas da graça real. É apenas com Filmer que o arbítrio passa a ser tomado como uma característica intrínseca ao exercício do poder absoluto pelo monarca, o qual deve impor a lei e governar exclusivamente de acordo com sua vontade, sem submeter-se a nenhuma norma objetiva de justiça[644].

O campo problemático proveniente do propósito de contestação do patriarcalismo de Filmer – que negava em sua teorização a existência de qualquer regra objetiva de justiça capaz de limitar ou simplesmente nortear a vontade do monarca – levará Locke a conceber, conforme descrito no capítulo precedente, a ideia de uma lei plenamente válida e eficaz antes mesmo da instituição da sociedade política, a estabelecer que os homens são naturalmente livres e iguais. Embora a liberdade natural decorra, nesse sentido, da realização concreta do comando da lei natural que preconiza a não-arbitrariedade no âmbito das relações sociais, tal liberdade é quase sempre sucedida, segundo Locke, da liberdade política, concebida pelo filósofo como a liberdade exercida pelos homens após a instituição da sociedade política.

Com efeito, no capítulo IV do *Segundo tratado*, Locke assim define a liberdade política:

> A liberdade do homem em sociedade *consiste em não estar submetido a nenhum outro poder legislativo senão àquele estabelecido no corpo político mediante consentimento, nem sob o domínio de qualquer vontade ou sob a restrição de qualquer lei afora as que promulgar o legislativo, segundo o encargo a este confiado. A* liberdade, *portanto, não corresponde ao que nos diz sir R. F., ou seja,* uma liberdade para cada um fazer o que lhe aprouver, viver como lhe agradar e não estar submetido a lei alguma. *Mas* a liberdade dos homens sob um governo *consiste em viver segundo uma regra permanente, comum a todos nessa*

[644] Cf. SPITZ, *Op. cit.*, p. 132.

> *sociedade e elaborada pelo poder legislativo nela erigido: liberdade de seguir minha própria vontade em tudo quanto escapa à prescrição da regra e de não estar sujeito à vontade inconstante, incerta, desconhecida e arbitrária de outro homem. Assim como a* liberdade da natureza *consiste em não estar sujeito a restrição alguma senão à da lei da natureza*[645]

Dessa forma, a liberdade política é, para Locke, a liberdade exercida pelo homem na sociedade política, em que os homens não possuem qualquer restrição ou interferência, exceto as restrições das leis promulgadas pelo poder legislativo, que é instituído mediante consentimento, e que protegem o homem contra a dominação decorrente de toda sorte de arbitrariedade.

A compreensão da noção de liberdade política depende, nesse sentido, da análise da noção de sociedade política, do consentimento que institui o poder legislativo, bem como dos contornos do "encargo" confiado a esse poder. Nas seções subsequentes serão analisadas, assim, as noções de sociedade política, consentimento e poder legislativo, indispensáveis à delimitação do conceito de liberdade política para Locke[646].

5.1. Sociedade política

Locke identifica, no capítulo IX do *Segundo tratado*, que embora o homem seja de tal forma livre e desfrute, no estado de natureza, do domínio absoluto de sua própria liberdade, sem suportar o ônus de submeter-se a quem quer que seja, o exercício de sua liberdade é, nesse estado, *"bastante incerto e está constantemente exposto à violação por parte dos outros"*[647].

Desse modo, embora os homens sejam, no estado de natureza, totalmente livres e iguais, nem todos são estritos observadores da lei natural, o que torna

[645] Idem, *ibidem*, p. 401-402.

[646] Para uma análise da liberdade política formulada por LOCKE no âmbito específico do *Segundo tratado* Cf. Rodrigo Ribeiro de SOUSA. *O conceito de liberdade no 'Segundo Tratado sobre o governo' de John Locke*. Dissertação (Mestrado em Filosofia) – Faculdade de Filosofia, Letras e Ciências Humanas, Universidade de São Paulo, São Paulo, 2011. Em tal trabalho, tivemos a oportunidade de explorar o conceito de liberdade política enunciado por LOCKE em sua obra política mais relevante. Com o propósito de empreender uma abordagem abrangente da liberdade política na obra de LOCKE, diferentes aspectos descritos na citada dissertação serão aqui novamente explicitados.

[647] Cf. LOCKE, *Op. cit.*, p. 495.

o gozo dos direitos naturais *"bastante incerto e inseguro"*, inserindo nesse estado de equidade e justiça uma tendência à degeneração em um estado de guerra[648].

Para Locke, nesse sentido, a união dos homens em sociedades políticas e a instituição do governo têm como principal objetivo a preservação de suas vidas, liberdades e bens[649], o que deve ser realizado com a superação das carências e debilidades existentes no estado de natureza.

A utilização do termo "propriedade" em seu sentido amplo para designar o objetivo da instituição da sociedade política pode ser compreendida, conforme sugere Thomas[650], como uma perspicaz estratégia adotada por Locke para garantir a adesão a possíveis aliados à sua teoria, haja vista que a grande polissemia do termo de língua inglesa é capaz de proporcionar um espectro muito amplo de interpretação do conteúdo desse conceito. De fato, além de favorecer a confusão entre a propriedade em sentido estrito, que alude especificamente ao direito sobre coisas e bens, Locke se refere à mesma ideia, conforme observa Laslett, empregando indistintamente os termos *propriety* e *property*, que não possuem hoje o mesmo significado, pois enquanto o primeiro denota "propriedade, qualidade do que é próprio", o segundo denota "propriedade, patrimônio, posse"[651], identificando-se com a noção de propriedade em sentido estrito.

Além disso, conforme descrito no capítulo precedente, o termo *propriety* era frequentemente utilizado em inglês para traduzir o termo latino *decorum*, que expressa um conceito central da filosofia ciceroniana, evidenciando a dimensão moral capaz de associar a propriedade como um direito – aquilo que é próprio a cada um – à virtude exigida a seu exercício. Com efeito, é com esse mesmo sentido de propriedade como direito que Locke emprega, na *Carta sobre a tolerância*, a expressão "interesses civis", apresentada como sinônimo de "direitos do homem" e descritos como "a vida, a liberdade, a saúde e a libertação da dor", além da "posse de coisas externas"[652], em enumeração um pouco mais extensa em comparação à fórmula "vida, liberdade e bens", repetida à exaustão no *Segundo tratado*.

Assim, ao afirmar, no *Segundo tratado*, que o objetivo da instituição do governo é a preservação da propriedade em sentido amplo, Locke está

648 Idem, *ibidem*, p. 495.

649 Idem, *ibidem*,. p. 495.

650 Cf. THOMAS, *Op. cit.*, p. 10.

651 Cf. LOCKE, *Op. cit.*, p. 149.

652 Cf. John LOCKE, *A letter concerning toleration*. Indianapolis: Hackett Publishing Company, 1983, p. 26.

a afirmar que a finalidade do poder político é a salvaguarda dos direitos naturais cujo gozo pode ser aprimorado pela instituição da sociedade política. De fato, embora o estado de natureza seja descrito como um estado de paz e equidade, Locke identifica nesse estado três diferentes carências e debilidades decorrentes do modo difuso e individualizado de execução da lei natural, modo esse que é inerente à condição de liberdade e de igualdade que caracteriza esse estado original.

A primeira debilidade decorrente da execução individualizada da lei natural é a inexistência de uma lei geral aceita e reconhecida pelo consentimento de todos, o que torna o estado de natureza bastante inseguro diante da constante exposição dos indivíduos a julgamentos por parte daqueles que não sejam estritos observadores da lei natural, que tendem a ser *"influenciados por seus interesses próprios"*[653].

A segunda carência do estado de natureza é a de *"um* juiz conhecido e imparcial, *com autoridade para solucionar todas as diferenças segundo a lei estabelecida"*, pois como o julgamento e a execução da lei natural são de competência de todos os homens indistintamente, não há garantias contra a indiferença da maioria quanto às violações que não lhe digam respeito, ficando os homens expostos, ainda, no caso dos julgamentos em causa própria, aos excessos causados pela paixão e pelo desejo de vingança daqueles que são, a um só tempo, vítimas e juízes em um mesmo julgamento[654].

A terceira debilidade identificada por Locke no estado de natureza decorre da inexistência de um poder instituído e estruturado para amparar e sustentar as execuções dos julgados, o que expõe a constantes perigos aqueles que procuram implementar as decisões tomadas de acordo com a lei da natureza e permite aos infratores, sempre que possível, *"fazer valer pela força, sua injustiça"*[655].

Assim, a despeito dos privilégios da liberdade exercida pelos homens no estado de natureza, as inconveniências decorrentes do *"exercício irregular e incerto"* do poder executivo da lei natural expõem os homens à contínua possibilidade de perda da sua liberdade e dos demais direitos naturais, em razão da degeneração do estado de natureza em um estado de guerra, caracterizado pelo predomínio do arbítrio e da violência privada. É a busca pela salvaguarda de seus direitos naturais que inclina os homens, portanto, à formação da

653 Cf. LOCKE, *Op. cit.*, p. 496.

654 Cf. LOCKE, *Op. cit.*, p. 496-497.

655 Cf. LOCKE, *Op. cit.*, p. 497.

sociedade política, a fim de que o gozo dos direitos possa ser garantido pela autoridade do governo.

Essa exposição da condição natural dos homens ao exercício incerto do poder por seus semelhantes introduz no conceito de estado de natureza, conforme descrito no capítulo IV, uma aparente ambiguidade, uma vez que, tal qual exposto por Cox[656], a oposição existente entre o estado de natureza e o estado de guerra, proposta por Locke nos capítulos II e III do *Segundo tratado*, parece dissolver-se no capítulo IX, aproximando o conceito de estado de natureza da definição hobbesiana.

Com efeito, no capítulo III do *Segundo tratado*, Locke afirma haver uma *"clara* diferença entre o estado de natureza e o estado de guerra, *os quais, por mais que alguns homens os tenham confundido, tão distantes estão um do outro quanto um estado de paz, boa vontade, assistência mútua e preservação está de um estado de inimizade, malignidade, violência e destruição mútua"*[657].

No capítulo IX, por outro lado, Locke considera que, embora o homem seja, no estado de natureza, *"senhor absoluto de sua própria pessoa e suas próprias posses"*, gozando plenamente de sua liberdade, o exercício dessa liberdade *"é bastante incerto e está constantemente exposto à violação por parte dos outros"*, pois os homens não são *"na sua maioria, estritos observadores da equidade e da justiça"*, o que torna o usufruto da liberdade *"bastante incerto e inseguro"*[658].

As duas possíveis compreensões do estado de natureza foram abordadas por Locke nos *Ensaios sobre a lei da natureza*, inicialmente como mera exposição das duas hipóteses, realizada no quinto ensaio, da seguinte forma:

> *De acordo com a lei de natureza, todos os homens são igualmente amigos uns dos outros e estão vinculados por interesses comuns, a não ser (como sustentam alguns) que no estado de natureza haja uma guerra geral e um ódio perpétuo, mortal, entre os homens*[659].

Da simples exposição, no quinto *Ensaio*, das duas possíveis compreensões do estado de natureza, Locke passa, no oitavo *Ensaio*, à categórica rejeição da ideia de que o estado de natureza seja marcado por uma situação de guerra geral, tal qual sustentado por "alguns".

[656] Cf. *Locke on war and peace*. Oxford: Clarendon Press, 1960.
[657] Cf. LOCKE, *Dois tratados sobre o governo, Op. cit*, § 19., p. 398.
[658] Idem, *ibidem*, p. 495.
[659] Cf. LOCKE, *Ensaios políticos, Op. cit.*, p. 132.

De fato, Locke sustenta que o estado de natureza seria marcado pela guerra constante apenas se o princípio da utilidade fosse considerado a base da lei natural, o que não pode ser admitido, sob pena de se *"abrir a porta para todo tipo de vileza"*, e tendo em vista que *"os deveres da vida não divergem uns dos outros, nem armam os homens uns contra os outros"*[660].

Nesse sentido, conclui Locke no oitavo *Ensaio*:

> *Que razão há para o cumprimento das promessas, que salvaguarda da sociedade, que vida comum entre um homem e outro, quando a equidade e a justiça são idênticas à utilidade? O que mais, de fato, pode ser o convívio humano, além de fraude, violência, ódio, roubo, assassinato e coisas semelhantes quando todo homem não somente pode, mas deve, tomar de outro, por todo e qualquer meio, o que o outro é obrigado, por sua vez, a manter seguro?*[661]

Dessa forma, o estado de natureza não é caracterizado, para Locke, pela guerra generalizada, o que só é possível de ser sustentado por aqueles que admitem o princípio da utilidade como a base da lei natural, o qual retira da vida *"toda a justiça, amizade e generosidade"*[662]. De acordo com Locke, *"os defensores dessa doutrina buscam o princípio da ação moral e uma regra mediante a qual viver nos apetites e instintos naturais dos homens, e não na força obrigatória de uma lei, como se fosse moralmente melhor aquilo que a maioria das pessoas desejasse"*[663].

Ainda que o estado de natureza não possa ser confundido com o estado de guerra, Locke reconhece, no entanto, que o fato de nem todos os homens serem estritos observadores da equidade e da justiça faz com que o estado de natureza tenda a degenerar-se em estado de guerra devido às injustiças decorrentes dos julgamentos em causa própria e à indiferença da maioria dos homens em relação à maior parte das violações da lei natural.

Nesse sentido, o estado de natureza como condição de paz original tende a degradar-se ao estado de guerra sempre que os homens não observarem a equidade e a justiça, regendo-se pelo princípio da utilidade.

Para explicitar esse argumento, Locke formula, assim, no capítulo IX do *Segundo Tratado*, a seguinte indagação retórica:

660 Cf. Idem, *ibidem*, p. 162.

661 Cf. *Op. cit.*, p. 163.

662 Cf. *Op. cit.*, p. 164.

663 Cf. *Op. cit.*, p. 164.

> Se o homem é livre como se disse, se é senhor absoluto de sua própria pessoa e suas próprias posses, igual ao mais eminente dos homens e a ninguém submetido, por que haveria ele de se desfazer dessa liberdade? Por que haveria de renunciar a esse império e submeter-se ao domínio e ao controle de qualquer outro poder?[664]

Segundo Locke, a renúncia à liberdade natural e a posterior submissão à autoridade do governo origina-se, assim, da constatação de que o exercício da liberdade no estado de natureza é incerto e está constantemente exposto à violação por parte dos que não pautam a sua conduta pela moralidade comum estabelecida pela lei da natureza, deixando-se conduzir pelo princípio da utilidade, pois nem todos são *"estritos observadores da igualdade e da justiça"*, o que introduz nos homens o desejo de abandono da condição natural *"que, embora livre, está repleta de medos e perigos contínuos"*[665].

Dessa forma, para Locke, o impulso que leva os homens à constituição da sociedade política decorre da necessidade de evitar-se a ocorrência do estado de guerra, no qual o estado de natureza tende a degenerar-se em razão da inobservância da lei natural.

5.1.1. Locke contra Hobbes: a negação do estado de guerra permanente

A clara distinção entre o estado de natureza e o estado de guerra realizada por Locke tem por objetivo inequívoco, como ressalta Christophe Miqueu, combater a doutrina hobbesiana e "todos os que buscam os princípios da moral e a regra da vida nos apetites naturais e nas inclinações do homem, em detrimento das obrigações da lei"[666]. De fato, diferentemente da concepção de Locke sobre o estado de natureza, para Hobbes, a natureza humana é caracterizada pelas paixões individuais que, na ausência do poder político, levam os homens necessariamente à discórdia:

> (...) *os homens não tiram prazer algum da companhia uns dos outros (e sim, pelo contrário, um enorme desprazer), quando não existe um poder capaz de manter a todos em respeito. Porque cada um pretende que seu companheiro lhe atribua*

[664] Cf. LOCKE, *Op. cit.*, p. 494, § 123.

[665] Idem, *ibidem, passim.*

[666] Cf. Christophe MIQUEU, *Spinoza, Locke et l'idée de citoyenneté. Une génération républicaine à l'aube des Lumières.* Paris: Classiques Garnier, 2012, p. 278.

> *o mesmo valor que ele se atribuiu a si próprio e, na presença de todos os sinais de desprezo ou subestimação, naturalmente se esforça, na medida em que a tal se atreva (o que, entre os que não têm um poder comum capaz de submeter a todos, vai suficientemente longe para levá-los a destruir-se uns aos outros), por arrancar de seus contendores a atribuição de maior valor, causando-lhes dano*[667].

Para Hobbes, o estado de natureza é marcado, nesse sentido, pela preponderância das paixões e apetites dos indivíduos que, na ausência de um poder capaz de subjugá-los, são movidos pela competição, pela desconfiança e pelo desejo de glória em suas relações com os outros indivíduos, o que acarreta um ambiente de permanente discórdia.

De acordo com Hobbes, são três as causas da discórdia: a competição, que deriva da cobiça e faz com que os homens ataquem-se uns aos outros em busca de lucro; a desconfiança, que decorre do medo de ser dominado e subjugado por outros indivíduos, levando o homem a atacar o seu semelhante para defender-se, na tentativa de livrar-se de futuras ameaças e em busca de segurança; e o desejo de glória, que é decorrente da concepção vaidosa que os homens têm de si, e leva-os a buscar reputação por meio de *"ninharias, como uma palavra, um sorriso"*[668].

Por essa razão, para o mesmo autor, *"durante todo tempo em que os homens vivem sem um poder comum capaz de os manter a todos em respeito, eles se encontram naquela condição a que se chama guerra; e uma guerra que é de todos os homens contra todos os homens"*, em que a vida do homem é *"solitária, pobre, sórdida, embrutecida e curta"*[669].

Esse ambiente de constante perigo que marca a condição natural dos homens tal qual concebida por Hobbes gera neles o medo da morte violenta, que, em conjunto com o desejo de uma vida confortável e com a esperança de consegui-la por meio do trabalho, leva-os a reconhecer, a partir de um preceito geral da razão, a *"lei primeira e fundamental da natureza"* que consiste em *"procurar a paz e segui-la"*[670], e inclina os homens a buscar a sua conservação por meio da introdução de uma *"restrição sobre si mesmos sob a qual os vemos viver nos Estados"*[671].

[667] Cf. Thomas HOBBES, *Leviatã ou Matéria, Forma e Poder de um Estado Eclesiástico e Civil*. São Paulo: Nova Cultural, 1997, p. 108.

[668] Cf., *Op. cit.* p. 109.

[669] *Op. cit.* p. 109.

[670] *Op. cit.* p. 114.

[671] *Op. cit.* p. 141.

Para Hobbes, portanto, a criação da sociedade política deve-se ao desejo que os homens possuem, no estado de natureza, de sair da condição de guerra de todos contra todos que caracteriza esse estado, e que é a *"consequência necessária (...) das paixões naturais dos homens, quando não há um poder visível capaz de os manter em respeito, forçando-os, por meio do castigo, ao cumprimento de seus pactos e ao respeito [às] leis de natureza"*[672].

Desse modo, se para Hobbes a formação da sociedade política tem por objetivo a *fuga* do estado de guerra, para Locke, por outro lado, a instituição da sociedade política deve-se à necessidade de *evitar* o estado de guerra, no qual o estado de natureza *tende* a degenerar-se em virtude da inexistência de um juiz capaz de punir com imparcialidade as violações da lei natural, que possui plena eficácia no estado de natureza:

> *Evitar esse estado de guerra (no qual não há apelo senão aos céus, e para o qual pode conduzir a menor das diferenças, se não houver juiz para decidir entre os litigantes) é a grande* razão pela qual os homens se unem em sociedade *e abandonam o estado de natureza. Ali onde existe autoridade, um poder sobre a Terra, do qual se possa obter amparo por meio de* apelo, *a continuação do estado de guerra se vê excluída e a controvérsia é decidida por esse poder*[673]

Nesse sentido, no estado de natureza, embora todos os homens possuam o poder executivo da lei da natureza, a indiferença quanto às violações que dizem respeito apenas a uma parte dos homens e a ausência de imparcialidade decorrente dos julgamentos em causa própria contribuem para a degeneração desse estado em estado de guerra, em que a força é utilizada em desacordo com a lei natural, compelindo os homens à instituição da sociedade política, por meio da criação de uma autoridade destinada a garantir o integral cumprimento da lei natural:

> Quando, porém, não existe tal apelo, como no estado de natureza, por falta de leis positivas e de juízes com autoridade a quem apelar, uma vez deflagrado, o estado de guerra continua, tendo a parte inocente o direito de destruir a outra quando puder, até que o agressor proponha a paz

[672] *Op. cit.* p. 141.
[673] Cf. LOCKE, *Dois tratados sobre o governo, Op. cit.*, p. 400, §21.

> e deseje a reconciliação em termos tais que possam reparar quaisquer males por ele já cometidos e que assegurem o inocente no futuro[674]

Conforme observa Miqueu[675], o estado de guerra lockeano pode ser compreendido apenas a partir da valoração do estado de natureza como um estado elevado e diferenciado, noção essa que será retomada por Rousseau no *Discurso sobre a origem da desigualdade entre os homens.* Tal aspecto, que diferencia explicitamente a condição natural dos homens para Locke do estado de natureza hobbesiano pode ser evidenciado, entre outras passagens, pela afirmação de que no estado de natureza original "o fruto da caça que alimenta o índio selvagem, que desconhece o que seja um lote e é ainda possuidor em comum, deve ser dele"[676].

A ausência de propensão ao conflito na descrição da condição ideal em que viviam os "índios selvagens" na natureza afasta completamente, como sublinha Miqueu, o estado de natureza de Locke do autoritarismo hobbesiano, apontando que, para Locke, as relações entre os homens no estado de natureza não implicam necessariamente um choque belicoso entre interesses contraditórios, sendo aptas a realizar, ainda que parcialmente, o ideal de "amizade comum"[677] prescrito pela lei de natureza. Desse modo, conforme explicita Locke, o estado de natureza é "muito melhor" do que governos que consistem na simples submissão à vontade de outrem, como é o caso da monarquia absoluta, que elimina por completo a liberdade dos homens, devendo esta ser por isso preterida mesmo em favor do estado de natureza:

> (...) os *monarcas absolutos* são apenas homens, e, se o governo há de ser o remédio aos males que necessariamente se seguem de serem os homens juízes em suas próprias causas, razão pela qual o estado de natureza não pode ser suportado, gostaria de saber que tipo de governo é esse e em que é ele melhor que o estado de natureza, no qual um homem, no comando de uma multidão, tem a liberdade de ser juiz em causa própria e pode fazer a todos os seus súditos o que bem lhe aprouver, sem que qualquer

674 Cf. *Op. cit.*, p. 399, § 20.

675 Cf. Christophe MIQUEU, *Spinoza, Locke et l'idée de citoyenneté. Une génération républicaine à l'aube des Lumières.* Paris: Classiques Garnier, 2012, p. 278.

676 Cf. LOCKE, *Op. cit.*, p. 407, § 26.

677 Para além da menção realizada nos *Ensaios sobre a lei de natureza,* a expressão "amizade comum" é utilizada por LOCKE, também, na *Carta sobre a tolerância.* Cf. John LOCKE, *A letter concerning toleration.* Indianapolis: Hackett Publishing Company, 1983, p. 33.

> um tenha a mínima liberdade de questionar ou controlar aqueles que executam o seu prazer. Em que todos devem submeter-se a ele no que quer que faça, sejam os seus atos ditados pela razão, pelo erro ou pela paixão? Muito melhor é o estado de natureza, no qual os homens não são obrigados a se submeter à vontade injusta de outrem e no qual aquele que julgar erroneamente em causa própria ou na de qualquer outro terá de responder por isso ao resto da humanidade[678].

Até mesmo a manutenção do estado de natureza, com suas carências e inconveniências, é preferível, portanto, de acordo com Locke, à submissão dos homens à vontade arbitrária de um monarca, tendo em vista que este pode fazer de seus súditos o que lhe aprouver, suprimindo-lhes toda a "liberdade de questionar ou controlar" o exercício do poder político.

Como salienta Miqueu, o estado de natureza, como um estado de convivência pacífica entre os homens, passa a ter a tendência a degenerar-se em uma condição de intranquilidade e insegurança apenas com a complexificação das relações sociais naturais, que provoca, a partir de um determinado estágio de desenvolvimento, incertezas decorrentes do fato de cada um ser juiz em causa própria. Dessa forma, a instituição do governo afigura-se como um remédio para a superação dessa condição, em virtude da possibilidade de aplicação do direito de maneira uniforme, o que afasta os riscos da imposição, por meio da força, da vontade arbitrária daqueles que julgam em causa própria. Essa arbitrariedade, que se mostra, no estado de natureza, apenas como um risco potencial, representa, assim, como destaca Miqueu, uma realidade concreta na monarquia absoluta, que se constitui inexoravelmente como um regime de submissão à vontade arbitrária do monarca, o que leva Locke a rejeitar de forma cabal a possibilidade de adoção de tal regime[679].

Assim, conforme explicita Thomas, o que leva os homens a aceitar a renúncia ao poder executivo da lei da natureza é, de um lado, a busca por uma autoridade capaz de julgar as violações da lei natural com imparcialidade e constância e, de outro, a procura por proporcionalidade nos julgamentos, o que não ocorre especialmente nos julgamentos em causa própria, em que as propensões e preconceitos de cada indivíduo tendem a proporcionar interpretações distorcidas da lei natural, levando a excessos de punição[680].

[678] Cf. LOCKE, *Segundo tratado, Op. cit.*, p. 392, § 13.

[679] Cf. MIQUEU, *Op. cit.*, p. 278.

[680] Cf. THOMAS, *Op. cit.*, p. 23.

O impulso de criação da sociedade política descrito por Locke no *Segundo tratado* ocorre, assim, de acordo com Thomas, por duas razões. Em primeiro lugar, decorre da necessidade de unificação e padronização das interpretações da lei natural, pois deve haver *"uma única, comum e conhecida interpretação da lei de natureza, em relação à qual as disputas possam ser solucionadas"*. Em segundo lugar, tal impulso advém da necessidade de unificação e padronização das retribuições decorrentes da violação da lei natural, pois *"deve haver punições padronizadas para as violações das regras comuns, imparcialmente administradas e executadas"*[681].

Segundo Thomas, ainda que essa não seja a única função da organização política tal qual concebida por Locke, o Estado é, para Locke, *"um aparelho que assegura que a lei da natureza regule de fato as relações das pessoas umas com as outras"*[682].

Assim, embora no estado de natureza a lei natural possa ser devidamente executada pelos homens a despeito da inexistência do poder político que caracteriza esse estado, as dificuldades decorrentes de sua execução irregular e incerta levam os homens a transferir essa atribuição a um ente destinado a assegurar o efetivo cumprimento da lei natural, garantindo a preservação de suas vidas, liberdades e bens e, consequentemente, a preservação da humanidade.

A reunião dos homens em sociedades políticas e a instituição do poder político têm fundamento, nesse sentido, na necessidade de instituição de leis civis que unifiquem e padronizem as interpretações da lei natural, e de organização e estruturação de órgãos de justiça que garantam a padronização das retribuições e a execução perene e imparcial da lei natural, que continua a vigorar a despeito da criação da sociedade política.

Para Locke, portanto, a sociedade política tem por finalidade a garantia do gozo pacífico da propriedade no seu sentido mais amplo, isto é, dos direitos naturais, constituindo suas bases sobre um fundamento jurídico: a instituição de uma lei geral que possa ser aplicada por um juiz comum que afaste as inconveniências decorrentes da indiferença da maioria dos homens e as injustiças provocadas pelos julgamentos em causa própria.

681 Cf. *Op. cit*, p. 23.

682 Cf. *Op. cit.*, p. 23.

5.1.2. Individualismo racional e cidadania

A despeito das diferenças radicais entre o estado de natureza descrito por Locke e a condição natural hobbesiana, que acarretam distinções essenciais nos motivos que levam os homens a instituir a sociedade política, há, como destaca Miqueu, uma ideia de fundamental importância da antropologia de Hobbes que é partilhada por Locke, qual seja, a de que o indivíduo precede a cidade. A adoção de tal pressuposto, que representa uma das marcas mais características da modernidade política de ambos os filósofos, não é por eles empreendida, porém, como observa Miqueu, de maneira idêntica, haja vista que Locke inflige profundas modificações no princípio individualista de Hobbes[683].

Com efeito, se o indivíduo é, para os dois autores, a base da instituição da sociedade política, a adoção do princípio individualista por Locke é empreendida, de acordo com Miqueu, de modo extremamente singular, na medida em que o autor dos *Tratados* realiza uma "modernização da problemática antropológica" hobbesiana ao propor, por meio de uma reformulação de ordem teológica, a existência de uma sociabilidade natural complexa. Partindo de uma compreensão radical do cristianismo protestante, fundada na concepção racionalista de Deus e do homem, Locke desenvolve, segundo Miqueu, uma antropologia totalmente distinta da insociabilidade natural de Hobbes, tornando possível a articulação linguística entre a terminologia do direito natural e a linguagem republicana. Por meio do reestabelecimento da primazia do cidadão em relação à autoridade, Locke encontra, nesse sentido, segundo Miqueu, um caminho para ultrapassar o posicionamento aporético de Hobbes, fundado em premissas individualistas baseadas na ideia de utilidade[684].

Dessa forma, o princípio individualista pressuposto por Locke é formulado, segundo Miqueu, a partir de uma "evolução" da teoria hobessiana, tanto no que diz respeito a seu modo de afirmação quanto em relação a suas consequências políticas, na medida em que se dá, na obra de Locke, uma complexa passagem do indivíduo ao cidadão. Com efeito, como bem analisa Miqueu, a concepção de Deus para Locke leva-o a conceber a natureza e a condição humanas como governadas pela lei de natureza, instituída por Deus para

683 Cf. MIQUEU, *Op. cit.*, p. 279.

684 A reformulação empreendida por LOCKE a partir de premissas teológicas originárias de sua visão radical de cristianismo é também realizada por ESPINOSA com base em premissas ontológicas, decorrentes de seu imanentismo radical. Cf. MIQUEU, *Op. cit.*, p. 280.

ordenação do mundo, de modo que um critério mais importante do que a simples procura pela utilidade é, para o filósofo, a preservação do gênero humano, conforme prescrito pela lei natural[685].

Conforme destaca Miqueu, nesse sentido, ainda que a busca pela utilidade seja constitutiva da reflexão sobre o indivíduo, Locke não reduz a sociabilidade a um cálculo interessado, pois a sociabilidade lockeana é anterior à instituição da sociedade política, além de ser inteiramente governada pela lei natural, de forma que o indivíduo só pode se desenvolver plenamente por meio da realização dos princípios nela previstos. É nesse aspecto que, de acordo com Miqueu, revela-se a estreita conexão entre antropologia e política concebida por Locke, que se estabelece de modo totalmente distinto da relação proposta por Hobbes, na medida em que Locke não opõe o homem – com sua dimensão natural – ao cidadão – com seu *status* artificial –, mas procura conciliá-los ainda no estado de natureza[686].

Para Locke, o verdadeiro fundamento da sociabilidade natural reside, conforme enfatiza Miqueu, na lei natural e no universo teológico que ela carrega. Conquanto essa sociabilidade não represente ainda, como observa Dunn, uma condição política, ela também não significa a negação total dos relacionamentos estáveis entre os indivíduos, que caracteriza o estado de guerra ou o estado de natureza hobbesiano, haja vista que a lei natural que rege a condição natural dos homens é, para Locke, uma lei em sentido forte, capaz de regular as interações e relacionamentos entre os indivíduos. Por esse motivo, de acordo com Dunn, embora o estado de natureza seja um estado a-histórico, a plena vigência da lei de natureza faz com que as obrigações morais dos indivíduos se apresentem nesse estado em função de suas próprias histórias de vida e do relacionamento com seus semelhantes, pois os indivíduos relacionam-se entre si no estado de natureza em uma condição de plena igualdade jurídica, o que lhes atribui obrigações não meramente hipotéticas, mas deveres reais. Assim, como destaca Dunn, ao prescrever a igualdade essencial entre os homens, a lei natural impõe uma estrutura jurídica baseada em deveres morais reais, o que pressupõe a existência de uma sociabilidade natural, pois do contrário

[685] Cf. MIQUEU, *Op. cit.*, p. 281-282.
[686] Cf. MIQUEU, *Op. cit.*, p. 281.

haveria a caracterização de um "estado de licença"[687], que Locke diferencia claramente do estado de natureza[688].

A sociabilidade existente ainda no estado de natureza atesta, nesse sentido, como enfatiza Miqueu, que o princípio individualista de Locke é indissociável da vida em comunidade, e não oposto a ela, como é frequentemente afirmado por aqueles que se deixam levar por um "preconceito contemporâneo". Além disso, como fica evidente da descrição da condição natural dos homens empreendida por Locke, a principal característica dos homens no estado de natureza é a igual liberdade, de modo que, além de serem naturalmente livres, os homens são também naturalmente iguais, sendo assim inconcebível qualquer forma de sujeição. O único limite à expressão individual é a lei natural, que no primeiro momento se impõe como uma lei de conservação individual, mas que se transforma, assim que essa exigência vital é satisfeita, em uma lei que obriga os homens não apenas a não prejudicar os seus semelhantes, mas principalmente a respeitá-los em suas vidas, liberdades e bens. É portanto ao combinar a preservação do indivíduo e a preservação do gênero humano que a lei natural regula, segundo Miqueu, a sociabilidade individual[689].

Dessa particular compreensão de individualidade, que é empreendida por Locke no *Segundo tratado*, como recorda Miqueu, para a justificação racional do governo civil não autoritário, pode-se depreender que a sujeição do homem a seu semelhante é absolutamente inconcebível, tanto no estado de natureza, quanto na condição civil, haja vista que não pode existir outra subordinação senão a subordinação a Deus, que é estabelecida pela lei de natureza com dimensão universal:

> E tendo todos as mesmas faculdades, compartilhando todos uma mesma comunidade de natureza, não se pode presumir subordinação alguma entre nós que nos possa autorizar a destruir-nos uns aos outros, como se fôssemos feitos para o uso uns dos outros, assim como as classes inferiores das criaturas são para o nosso uso[690].

[687] Ao descrever a condição natural dos homens e a lei de natureza, LOCKE afirma, no *Segundo tratado,* conforme anteriormente explicitado, que o estado de natureza, embora seja "um *estado de liberdade,* não é um estado de licenciosidade". Cf. LOCKE, *Segundo tratado, Op. cit.*, p. 384, § 6º.

[688] Cf. DUNN, *Op. cit.*, p. 112.

[689] Cf. MIQUEU, *Op. cit.*, p. 282.

[690] Cf. LOCKE, *Segundo tratado, Op. cit.*, § 6º, p. 385.

Além disso, como analisa Miqueu, a concepção antropológico-política de Locke revela, também, que o homem é propriedade de Deus, razão pela qual o primeiro dever decorrente da lei natural é o de preservar a si mesmo e a seus semelhantes, além de todas as criações de Deus, o que lhe confere uma vocação eminentemente pacífica:

> Cada um está *obrigado a preservar-se*, e não abandonar a sua posição por vontade própria; logo, pela mesma razão, quando sua própria preservação não estiver em jogo, cada um deve, tanto quanto puder, *preservar o resto da humanidade*, e não pode, a não ser que seja para fazer justiça a um infrator, tirar ou prejudicar a vida ou o que favorece a preservação da vida, liberdade, saúde, integridade ou bens de outrem[691].

Não obstante esteja baseada em premissas de origem claramente teológica, a concepção antropológico-política de Locke, afigura-se, de acordo com Miqueu, essencialmente distinta da "conservação interessada" de Hobbes, uma vez que "o indivíduo humano, *insubordinável* a seu semelhante, é concebível apenas em seu indissolúvel *vínculo com a totalidade da humanidade*"[692]. Desse modo, como bem acentua Miqueu, a descrição da condição natural dos homens e da lei natural, realizada por Locke para justificação da instituição da autoridade política, revela um grande distanciamento em relação aos postulados ordinários da filosofia liberal. Ora, se o proprietário é, conforme descrito anteriormente, um ser que articula a sua própria preservação com a preservação do gênero humano, de acordo com o preceito da lei natural, a propriedade deve ser definida, segundo Miqueu, como "o conjunto de meios que Deus atribuiu aos homens para o cumprimento de seus deveres de cristãos e para que obedeçam à lei natural"[693]. Por essa abordagem, o indivíduo lockeano deve ser compreendido como vinculado a uma indissolúvel lógica do dever e não como regido pela lógica de atingimento de seus próprios benefícios e interesses. Compreender a noção de indivíduo de Locke a partir de uma lógica de "utilidade individual máxima" é, como bem destaca Miqueu, ignorar a ética protestante indissociável a esse conceito, retirando dela seu aspecto substancial[694].

691 Cf. LOCKE, *Op. cit.*, § 6º, p. 385.
692 Cf. MIQUEU, *Op. cit.*, p. 284.
693 Cf. MIQUEU, *Op. cit.*, p. 284.
694 Cf. MIQUEU, *Op. cit.*, p. 285.

A partir dessa concepção de indivíduo, o estado político resulta, para Locke, de um aperfeiçoamento do quadro de deveres teológico-morais aos quais todos os homens têm acesso por meio da razão para a preservação do gênero humano. Dessa forma, como bem assinala Miqueu, o direito natural lockeano conduz diretamente à ideia de coisa pública, podendo ser compreendido como a base de um "humanismo cívico de uma nova era", na medida em que consiste no bem comum para cada um individualmente e para toda a humanidade[695]. De fato, diante do conteúdo da lei natural, o indivíduo só pode, para Locke, existir como tal a partir de sua relação com seus semelhantes, pois apenas a organização coletiva torna possível a existência de cada um. Como enfatiza Miqueu, nesse sentido, a concepção de indivíduo de Locke leva à conclusão de que o homem só pode atingir plenamente a sua dimensão racional na sociedade política, "que garante aos indivíduos as condições reais de sua afirmação singular, em uma existência essencialmente comum"[696].

Há na concepção de indivíduo de Locke, desse modo, como observa Spitz, uma interpretação peculiar, que torna possível a preservação da liberdade dos cidadãos mesmo após a submissão ao poder político e que consiste em colocar em primeiro plano não as paixões individuais, mas o ser moral[697]. Por esse motivo, como analisa Spitz, a primeira das comunidades humanas não é propriamente a sociedade política, mas a comunidade racional dos homens que dispõem naturalmente da capacidade de agir moralmente, de forma individual, para a preservação de todos[698]. Nessa comunidade, em que os indivíduos possuem o *status* de cidadãos conferido pela lei natural antes mesmo da instituição do poder político, o homem deve procurar, como destaca Spitz, realizar a sua felicidade a partir da racionalidade, e não apenas pela busca do prazer[699]. É o que Locke procura explicitar no *Ensaio sobre o entendimento humano,* ao abordar a liberdade do indivíduo como o poder de agir ou não agir, que deve sempre ser mediado pela razão para que se possa atingir a "verdadeira felicidade":

> A *liberdade* dos seres intelectuais no constante empenho e na constante perseguição da verdadeira felicidade tem como pivô a capacidade de, em casos particulares, *suspender* a busca, até que se examinem e se informem

695 Cf. MIQUEU, *Op. cit.*, p. 285.
696 Cf. MIQUEU, *Op. cit.*, p. 287.
697 Cf. SPITZ, *Op. cit.*, p. 11.
698 Cf. SPITZ, *Op. cit.*, p. 18.
699 Cf. SPITZ, *Op. cit.*, p. 18.

> se um particular proposto ou desejado está ou não no caminho que leva ao principal fim, se é ou não uma parte real do maior bem. (...) Peço, portanto, que se considere se a principal brecha da liberdade, se o exercício de toda a liberdade que o homem tem ou pode ter, que lhe é útil e da qual depende o caráter de suas ações, não estaria no poder de suspender desejos, de impedir que a vontade determine uma ação até que o devido e correto *exame* mostre, na medida da importância da coisa, se ela é boa ou má[700].

Dessa forma, da concepção de indivíduo de Locke resulta uma enfática recusa de toda sorte de utilitarismo, pois ainda que o homem seja, como destaca Spitz, um ser de desejo e razão, ele tem a necessidade de conter suas paixões por meio de uma "suspensão dos desejos", que é prescrita pela razão como uma exigência imposta para preservação do gênero humano. Conforme explicita Spitz, nesse sentido, se o homem é motivado pelo apetite, isso não o impede de, por estar submetido ao império da razão, estar também obrigado àquilo que é direito, que é determinado pela natureza antes mesmo de sua própria vontade[701].

Tal aspecto da compreensão de indivíduo representa, segundo Taylor, um desenvolvimento da noção de "sujeito desprendido" de Descartes, pois além de propor que o agente humano é capaz de remodelar-se por meio de uma ação metódica disciplinada, como decorre da filosofia de Descartes, Locke toma o domínio individual como resultado de um processo de "objetificação" capaz de privá-lo de sua força normativa para o sujeito, permitindo a este a adoção de uma postura neutra em relação à individualidade[702]. Esse desenvolvimento da noção de indivíduo, que Taylor designa "self-pontual", afasta as teorias do conhecimento que propõem uma sintonia inata com a verdade, bem como uma "teleologia da mente", pois o indivíduo é, para Locke, de acordo com Taylor, um agente moral que assume responsabilidade por seus atos à luz das disposições da lei natural, ainda que a retribuição ou a punição pelo descumprimento dessa lei seja esperada apenas ao fim de sua vida[703].

Diante da vigência universal da lei natural, a sociedade natural tal qual concebida por Locke é, assim, como analisa Spitz, uma comunidade e não uma mera justaposição de indivíduos privados que instituem o poder político para a satisfação máxima de seus desejos, pois os homens estão autenticamente

[700] Cf. LOCKE, *Ensaio sobre o entendimento humano*, *Op. cit.*, p. 274-275.

[701] Cf. SPITZ, *Op. cit.*, p. 18.

[702] Cf. Charles TAYLOR, *Op. cit.*, p. 209 e seguintes.

[703] Idem, *ibidem*, p. 226.

ligados uns aos outros pelos direitos e deveres estabelecidos pela norma moral comum que prescreve aquilo que um indivíduo deve a outro. A instituição do poder político terá por função exatamente a preservação desses direitos que unem os homens como verdadeiros cidadãos, conferindo a cada um, de acordo com Spitz, seu ser moral e sua humanidade[704].

Desse modo, como bem conclui Miqueu, em um contexto de crise de referência cívica e de predomínio da ideia de sujeição, Locke logrou articular, assim como Espinosa[705], mais de um século antes das revoluções francesa e americana, noções clássicas da tradição republicana com o aporte teórico jusnaturalista, em particular o princípio individualista. Ao compatibilizarem a nascente linguagem dos direitos com a lógica antiga dos deveres do cidadão, Locke e Espinosa devem ser considerados, assim, como propõe Miqueu, dois expoentes do republicanismo moderno, integrantes de uma "geração republicana no alvorecer das luzes"[706].

Considerando, assim, que esse indivíduo-cidadão é descrito por Locke como o titular, juntamente com seus semelhantes, do poder de executar a lei natural, a efetiva instituição do poder político para o aprimoramento do quadro de direitos e deveres morais e para superação das inconveniências do estado de natureza não pode ser empreendida sem a transferência da titularidade desse poder, o que só é possível de ser realizado por meio do consentimento.

5.2. Consentimento

Embora os homens disponham, no estado de natureza, do *"direito de punir o transgressor e de ser o executor da lei da natureza"*, uma vez que o infrator da lei natural, ao transgredir essa lei, *"declara estar vivendo segundo outra regra que não a da* razão *e da equidade comum"*[707], diante das dificuldades decorrentes da execução irregular e incerta da lei natural, há, segundo Locke, uma inclinação a instituir o poder político para que se possa garantir a efetiva aplicação da lei

[704] Cf. SPITZ, *Op.cit.*, p. 19.

[705] Conforme descrito em nota *supra*, a reformulação empreendida por LOCKE no princípio individualista de HOBBES com base em premissas teológicas é realizada por ESPINOSA a partir de premissas ontológicas, que decorrem de seu imanentismo radical. Cf. MIQUEU, *Op. cit.*, p. 279-281.

[706] Essa expressão é anunciada já no título da obra de MIQUEU, *Spinoza, Locke et l'idée de citoyenneté. Une génération républicaine à l'aube des Lumières.*

[707] Cf. *Op. cit.*, p. 387, § 8.

natural e a preservação dos direitos naturais, o que deve ser empreendido por meio do estabelecimento de leis civis que unifiquem e padronizem as interpretações da lei natural, bem como da estruturação de órgãos de justiça, que garantam a proporcionalidade das sanções a serem impostas aos infratores da lei natural.

O poder político que os homens são inclinados a instituir para aprimorar a efetividade da lei natural e a preservação dos direitos naturais é assim definido por Locke no início do *Segundo tratado*:

> o *poder político* é o direito de editar lei com pena de morte e, consequentemente, todas as penas menores, com vistas a regular e a preservar a propriedade, e de empregar a força do Estado na execução de tais leis na defesa da sociedade política contra os danos externos, observando tão-somente o bem público[708].

Uma vez que o poder político consiste no direito de editar leis para a preservação da propriedade, isto é, dos direitos naturais do homem, bem como no poder de executar tais leis, e considerando que o poder executivo da lei da natureza pertence a todos os homens, a renúncia a esse poder por meio do consentimento representa, nesse sentido, a única maneira de instituição do poder político:

> Sendo todos os homens, como já foi dito, naturalmente livres, iguais e independentes, ninguém pode ser privado dessa condição nem colocado sob o poder político de outrem sem o seu próprio consentimento. A única maneira pela qual uma pessoa qualquer pode abdicar de sua liberdade natural e revestir-se dos elos da sociedade civil é concordando com outros homens em juntar-se e unir-se em uma comunidade[709]

A formação da sociedade política depende, para Locke, como bem postula Thomas, da observância de duas etapas[710]. Em um primeiro momento, todos os homens celebram com cada um dos indivíduos que desejam sair do estado de natureza um acordo por meio do qual consentem em transferir

[708] Cf. *Op. cit.*, p. 380-381, § 2.

[709] Cf. LOCKE, *Op. cit.*, p. 468, § 95.

[710] A separação em duas etapas do processo de manifestação do consentimento indispensável à formação da sociedade política pode ser identificada a partir da análise conjugada de diferentes passagens do *Segundo tratado*. Cf. LOCKE, *Op. cit.*, §97, §99, §132, §149.

o poder executivo da lei de natureza a todos que, como uma coletividade, celebraram o acordo. Nessa etapa, cada um dos indivíduos concorda em ceder o seu poder individual de execução da lei natural em troca de um igual compartilhamento do poder de execução da lei com os demais contratantes. Por meio dessa transferência conjunta do controle sobre a execução da lei natural, o poder executivo da lei da natureza é, segundo Thomas, "desprivatizado"[711].

A transferência do poder executivo da lei de natureza resulta, nesse sentido, na formação de uma entidade denominada por Locke de comunidade, que representa uma etapa intermediária entre o estado de natureza e a sociedade política. A comunidade diferencia-se do estado de natureza na medida em que o controle individual sobre a execução da lei natural foi transferido para a coletividade, mas essa comunidade ainda não constitui uma sociedade política propriamente dita, pois não há nesse momento um governo formalmente constituído para exercer o poder que decorre dessa transferência, isto é, o poder de editar as leis e executá-las de acordo com a lei natural.

A concepção, na teoria de Locke, dessa etapa intermediária entre o estado de natureza e o estado civil é decorrente, segundo Thomas, de um argumento simultaneamente racionalista e universalista. Trata-se de um argumento racionalista na medida em que essa etapa pode ser deduzida como decorrência lógica da descrição de estado de natureza empreendida por Locke, em que os indivíduos são os legítimos executores da lei natural. Ao mesmo tempo, trata-se de um argumento universalista porquanto todos os que desejem sair do estado de natureza para evitar o estado de guerra estão aptos a formar a comunidade, independentemente dos motivos particulares que deram origem a essa inclinação.

Dessa forma, para Thomas, os indivíduos que celebram o pacto de formação da comunidade precisam estar unidos apenas por um desejo recíproco de sair do estado de natureza e por um entendimento comum da forma como isso deve ser feito[712].

De fato, para Locke, qualquer número de homens pode consentir conjuntamente em formar uma comunidade, sem que isso represente uma violação da *"liberdade dos demais, que são deixados, tal como estavam, no estado de natureza"*. Somente após terem consentido em deixar o estado de natureza, formando a comunidade, é que os homens passam a constituir "um único corpo político

[711] Cf. THOMAS, *Op. cit.*, p. 25.

[712] Para THOMAS, o conceito de comunidade delineado por LOCKE é *"uma das mais interessantes e férteis contribuições de Locke para o pensamento político"*. Cf. *Op. cit.*, p. 25-26.

no qual a maioria *tem o direito de agir e deliberar pelos demais"*. É apenas esse corpo político formado pelo consentimento – a comunidade – que terá o poder de constituir o governo[713].

5.2.1. De indivíduos a cidadãos: a comunidade e a emancipação do indivíduo

O princípio individualista reinserido nas relações de sociabilidade natural regidas pela lei de natureza representa, conforme exposto na seção precedente, a grande singularidade da teoria política de Locke, pois permite afastar da noção de indivíduo sua compreensão meramente utilitarista. De fato, a conexão essencial entre liberdade e igualdade concebida por Locke proporciona, conforme observa Spitz, as condições para uma "emancipação autêntica do indivíduo" em relação a todas as formas de dominação, na medida em que, partindo de um fundamento moral que reconhece a necessidade de preservação dos direitos naturais de todos os membros da comunidade, Locke propõe a instituição da sociedade política pelos indivíduos como uma forma de manutenção das relações entre os indivíduos nos limites da não-dominação, atribuindo ao governo e à lei civil a tarefa de preservar os direitos naturais de cada cidadão[714].

O consentimento dos indivíduos, que dá origem, por meio da renúncia ao poder executivo da lei de natureza, à comunidade – que é estabelecida, assim, em um momento que antecede à própria instituição do governo – pressupõe a ideia de colaboração entre os indivíduos que atesta a existência do vínculo de cidadania antes mesmo da instituição do poder político. Fundado na predisposição dos homens de manter e aperfeiçoar, a partir de sua condição de igualdade, igual fruição a todos de seus direitos naturais, tal vínculo importa no reconhecimento pelos indivíduos da liberdade a ser igualmente usufruída por seus semelhantes, levando ao enraizamento do ideal de não-dominação, que deverá permear todas as relações da sociedade política a ser posteriormente instituída.

De acordo com Spitz, nesse sentido, não obstante o consentimento por meio do qual é formada a comunidade esteja fundado na ideia de indivíduo, a necessidade de preservação dos direitos naturais de todos os cidadãos impõe,

[713] Cf. LOCKE, *Op. cit.*, p. 468-469, § 95.

[714] Cf. Jean-Fabien SPITZ, *Le moment républicain em France*. Paris: Gallimard, 2005, p. 106-108.

para Locke, o reconhecimento de uma "emancipação do indivíduo", pois a noção de comunidade política só pode fazer sentido a partir do reconhecimento e do respeito pela expressão individual de cada um dos cidadãos[715]. Por meio dessa concepção, a autoridade é colocada, como destaca Miqueu, em um segundo plano, pois o desafio maior da associação é a discussão pela comunidade política dos modos de garantia da liberdade, com o afastamento de toda forma de sujeição[716].

O anseio de aperfeiçoar a condição natural, que leva os homens a instituir a comunidade, materializa-se, para Locke, portanto, por meio de uma luta intransigente contra a dominação, pois uma verdadeira comunidade política só pode existir, como pondera Miqueu, se for formada por concidadãos que coexistem e se relacionam pacificamente, sem qualquer tipo de dominação de um homem por seus semelhantes.

Diferentemente do pacto de sujeição proposto por Hobbes, no qual o vínculo político resulta apenas da instituição de um poder soberano onipotente capaz de sujeitar todos os homens, o consentimento concebido por Locke para a instituição da comunidade decorre de uma clara diferenciação entre associação política e sujeição, pois a comunidade só se justifica para a superação da dominação e afirmação da liberdade. Dessa forma, conforme explicita Miqueu, enquanto a sujeição decorrente do pacto hobbesiano anula toda individualidade, o vínculo produzido pela comunidade política de Locke é instituído por meio da afirmação das individualidades, na medida em que se concretiza por meio do compromisso de superação de toda sorte de sujeição, o que permite o aperfeiçoamento da liberdade como não-dominação e dos demais direitos naturais[717].

É nesse sentido que a articulação entre o indivíduo e o cidadão empreendida por Locke não é o resultado da contraposição entre o estado de natureza e o estado civil, mas de um aperfeiçoamento da condição social existente no estado natural por meio da afirmação do ideal de não-dominação, que permite a superação de todo tipo de sujeição. Com efeito, pelo processo de "emancipação do indivíduo", os homens se aproximam de seus semelhantes em decorrência da relação de confiança recíproca que emerge do fato

[715] A expressão utilizada por SPITZ é "affranchissement de l'individu". Embora utilize tal expressão para referir-se ao republicanismo idealista de Henry MICHEL, SPITZ esclarece que essa abordagem já havia sido realizada anteriormente por LOCKE, podendo ser encontrada também em ROUSSEAU, CONDORCET e MONTESQUIEU. Cf. SPITZ, *Op. cit.*, p. 106.

[716] Cf. MIQUEU, *Op. cit.*, p. 326.

[717] Cf. MIQUEU, *Op. cit.*, p. 326.

de partilharem uma racionalidade comum, inerente à natureza humana, que os conduz à formação de uma comunidade. Embora ainda seja regida pela lei natural, a comunidade passa a reunir na coletividade – e não mais em cada indivíduo singular – o poder de execução da lei de natureza, proporcionando o surgimento de um espaço público de exercício da cidadania, cuja principal finalidade é assegurar os cidadãos contra a dominação, seja de um em relação aos outros, seja do governo a ser instituído em relação aos cidadãos. Assim, a formação da comunidade, esse ente intermediário entre o estado de natureza e a sociedade política, que continuará a existir mesmo após a instituição do governo, afasta da teoria do consentimento de Locke a dualidade presente na concepção hobbesiana de pacto, permitindo ao filósofo de Somerset estruturar as noções de estado natural e o estado político como realidades complementares e não opostas.

Se a sociedade política de Locke, como uma criação de homens livres, exige um ato de consentimento pelo qual é instituída preliminarmente a comunidade, é portanto em torno da noção de consentimento, como constata Miqueu, que se delimita teoricamente o conceito de cidadania do filósofo, que existe antes mesmo da formação da sociedade política e decorre da articulação do indivíduo com seus semelhantes, mediada pela lei natural[718]. Tal concepção afasta definitivamente, conforme anteriormente explicitado, a concepção de individualidade de Locke da noção hobbesiana, ao mesmo tempo em que não implica, como observa Simone Goyard-Fabre, um retorno ao naturalismo aristotélico[719], na medida em que a sociedade política lockeana não é um resultado inexorável da sociabilidade natural, porquanto sua formação depende da intervenção da racionalidade humana, que levará o indivíduo a identificar as condições em que deve consentir para a formação da comunidade, esse espaço singular e privilegiado de garantia contra a dominação, no qual poderá afirmar plenamente a sua individualidade, cuja natureza é essencialmente comum.

Dessa forma, ao formular um conceito de cidadania para além da noção de destinação natural de Aristóteles, sem subordinar a existência do cidadão aos mecanismos artificiais da sociedade política, como decorre da concepção hobbesiana, Locke é capaz de articular a individualidade e a vida comunitária, além de compatibilizar o anseio dos indivíduos de assegurar a plenitude de seus direitos naturais com a potência da sociedade política, que é instituída

[718] Cf. MIQUEU, *Op. cit.*, p. 305.

[719] Cf. Simone GOYARD-FABRE, *John Locke et la raison raisonnable*, Paris: Vrin, 1986, p. 125.

exatamente para o aperfeiçoamento das condições de exercício desses direitos. Essa concepção de cidadania como "emancipação do indivíduo" permite, de acordo com Miqueu, a formulação de um "republicanismo jusnaturalista" por Locke, que propõe a instituição de um governo livre, capaz de erigir a lei ao único padrão de obediência, do mesmo modo em que confere ao indivíduo o poder de lutar contra toda sorte de abuso do poder civil, provendo assim, a um só tempo, os direitos individuais da pessoa humana e os deveres cívicos que lhes são associados[720].

Estruturada no *Segundo tratado* por meio de constantes referências à oposição entre, de um lado, a condição de servo ou escravo e, de outro, o status de homem livre, a ideia de "emancipação do indivíduo" a partir da qual Locke formula a sua noção de cidadania constitui notória recuperação da linguagem política formulada em momentos anteriores de formulação do republicanismo inglês, em especial o "momento do Direito Romano" e o "momento dos filósofos e historiadores da antiguidade", caracterizados no capítulo I.

Conforme salienta Ashcraft, embora a doutrina da comunidade enunciada por Locke possua importantes elementos que a diferenciam das teorias políticas anteriores ao *Segundo tratado*, a noção geral de uma comunidade ou de um corpo de pessoas com um poder moral sobre o governo já permeava havia algum tempo a ideologia dos defensores da supremacia do parlamento em relação ao rei[721], o que pode ser identificado, de maneira bastante semelhante, nas obras de alguns autores desse movimento, especialmente Philip Hunton[722] e George Lawson[723].

No entanto, ainda que os defensores da supremacia do parlamento reconhecessem a existência de um poder derivado do povo, esse poder era compreendido antes como um "poder moral"[724] que como um poder político, pois, como sustentado por Hunton, ele não poderia ser exercido por nenhum grupo específico. Da mesma forma, conforme analisa Ashcraft, Lawson reconhecia

[720] Cf. MIQUEU, *Op. cit.*, p. 327.

[721] Grupo político posteriormente designado por "whigs". Conforme anteriormente exposto (cf. nota *supra*), a identificação dessa corrente, assim como dos defensores da supremacia do rei ("tories), pela designação que vieram a adquirir após a Revolução Gloriosa é evitada nesta obra a fim de evitar eventuais anacronismos.

[722] Philip HUNTON. *A Treatise of Monarchy*. 1643, reeditado em 1680. *Apud* Julian H. FRANKLIN, *John Locke and the Theory of Sovereignty. Mixed Monarchy and the Right of Resistance in the* Political Thought of the English Revolution. Cambridge: Cambridge University Press, 1981.

[723] George LAWSON. *Politica Sacra and Civilis*. 1660, reeditado em 1689. *Apud* Julian H. FRANKLIN, *Op. cit.*

[724] ASHCRAFT, *Op. cit.*, p. 310.

que em uma situação em que os homens se deparassem com a dissolução de um governo, eles não estariam subordinados a nenhuma instituição constituída, mas tão-somente à comunidade[725].

De acordo com Ashcraft, no contexto histórico em que Lawson e Hunton formularam as suas teorias, qual seja, durante a guerra civil inglesa, em que as disputas entre os diferentes segmentos da sociedade pela autoridade política opôs em luta armada o rei ao parlamento, o apelo desses autores por uma "comunidade amórfica", desvencilhada de qualquer identidade política, trazia em si um tom de "praga contra os dois lados" em disputa, ao mesmo tempo em que introduzia os ingredientes básicos necessários para um argumento radical de soberania popular, que não chegou, no entanto, a ser enunciado.

Foi apenas Locke que, ao receber a influência da teoria política dos defensores da supremacia do parlamento da década de 1640 e mediante a recuperação de parte da linguagem política desenvolvida nos momentos anteriores do processo de formação do republicanismo inglês, logrou elaborar, no contexto da "crise de exclusão", uma teoria da supremacia popular que estende o significado do termo "povo" até as mais baixas classes da sociedade, conferindo a elas, como salienta Aschcraft, uma responsabilidade moral e política que não pode ser identificada com nenhum grupo político específico[726].

Essa responsabilidade, que terá especial relevância na elaboração da teoria do direito de resistência, representa, segundo Ashcraft, a resposta de Locke ao debate sobre o tema da rebelião e reflete, em parte, a linha ideológica a que Locke estava associado no âmbito do movimento dos defensores da supremacia do parlamento, embora suas conclusões tenham representado um argumento bem mais radical.

Assim, por exemplo, ao contrário de seu benfeitor Shaftesbury[727] e de outros teóricos que escreveram panfletos contra as constantes dissoluções do parlamento por Charles II, e que pleiteavam apenas a realização de "ajustes" na prerrogativa do rei de convocar e dissolver o parlamento – que era considerado por esses autores como a instituição dotada das melhores condições para lidar com as demandas do povo – Locke sustentava que a responsabilidade moral pelas violações da ordem constituída pelo consentimento não deveria ser identificada com nenhuma instituição, mas com toda a comunidade.

[725] ASHCRAFT, *Op. cit.*, p. 311.

[726] ASHCRAFT, *Op. cit.*, p. 311.

[727] Cf. *Vox popoli, Vox Dei: Or, England's General Lamentation for the Dissolution of the Parliament*, p. 1 *Apud*: ASHCRAFT, *Op. cit.*, p. 316.

Diferentemente de todos os demais defensores da supremacia do parlamento, a radical compreensão de Locke sobre o papel da comunidade é apta a explicar, por exemplo, conforme salienta Thomas, como o povo pode manter a sua vontade nos casos de dissolução do parlamento pelo rei. Para Locke, a vontade do povo reside, nessas circunstâncias, na comunidade, que possui um verdadeiro poder político legitimado a instituir os órgãos do governo, e não apenas um poder moral limitado a pressionar o rei a evitar a dissolução do parlamento ou a cobrar a sua imediata reconvocação.

Desse modo, para Locke, a comunidade, formada por *todos os homens* que, pelo consentimento, renunciaram ao poder executivo da lei da natureza, é uma entidade popular e soberana já dotada de poder político, razão pela qual é a única legitimada a instituir ou dissolver qualquer órgão do governo.

Essa coletivização do poder executivo da lei da natureza representa, segundo Thomas, uma das mais interessantes e férteis contribuições de Locke para o pensamento político[728]. A renúncia ao poder executivo da lei da natureza, que institui a comunidade em decorrência da transferência consentida desse poder a toda a coletividade, não é suficiente, todavia, para tornar a comunidade uma sociedade política, pois não há ainda um corpo político formalmente constituído para editar as leis positivas e executá-las de acordo com a lei natural, demandando assim o desenvolvimento de um segundo estágio para o aperfeiçoamento das condições do estado de natureza.

5.2.2. Da comunidade à sociedade política

De acordo com Locke, embora represente uma etapa essencial do processo de "emancipação do indivíduo", a formação da comunidade não é apta, por si, a afastar as inconveniências do estado de natureza, razão pela qual a permanência dos homens nessa condição deve ser sempre temporária e demanda o desenvolvimento de um segundo estágio para a superação das debilidades do estado de natureza, que consiste na atribuição, pela maioria dos membros da comunidade, do poder executivo da lei natural a uma autoridade formalmente constituída, que deverá aplicar a lei natural de maneira padronizada e imparcial em favor de todos os homens:

[728] Cf. *Op. cit.*, p. 25.

> *Deve-se entender, portanto, que todos aqueles que abandonam o estado de natureza para se unirem a uma* comunidade *abdicam, em favor da* maioria *da comunidade, a todo o poder necessário aos fins pelos quais eles se uniram à sociedade, a menos que tenham expressamente concordado em qualquer número superior à maioria.* (...) *Por conseguinte, o que inicia e de fato* constitui qualquer sociedade política *não passa do consentimento de qualquer número de homens livres capazes de uma maioria no sentido de se unirem e incorporarem a uma tal sociedade. E é isso, e apenas isso, que dá ou pode dar* origem *a qualquer* governo legítimo *no mundo*[729]

Logo, nessa segunda etapa de formação da sociedade política, os membros da comunidade devem *confiar*, por uma regra de maioria, o poder executivo da lei natural a um governo capaz de assumir o compromisso com a preservação e a defesa da vida, da liberdade e dos bens de todos os membros da sociedade, finalidade essa da qual dependerá a legitimidade do exercício do poder executivo da lei natural confiado ao governo:

> *Contudo, embora quando entrem em sociedade os homens entreguem a igualdade, a liberdade e o poder executivo que possuíam no estado de natureza nas mãos da sociedade, para que deles disponha o legislativo segundo o exija o bem da sociedade, contudo, como cada qual o faz apenas com a intenção de melhor conservar a si mesmo, a sua liberdade e propriedade – pois não se pode supor que uma criatura racional mude propositalmente sua condição para pior –, o poder da sociedade ou o* legislativo *por esta constituído* jamais pode supor-se estenda-se para além do bem comum"[730]

Com essa segunda etapa necessária à constituição da sociedade política, Locke não está defendendo, conforme analisa Thomas, uma "teoria de dois contratos", isto é, um primeiro contrato celebrado por cada um dos indivíduos com os demais para a formação da comunidade e um segundo firmado entre a comunidade e o futuro governo. Para esse autor, a única dessas relações que assume a forma de um pacto na teoria de Locke é a primeira etapa de formação da sociedade política, em que os indivíduos assumem obrigações recíprocas, concordando em transferir à maioria dos membros da comunidade o poder executivo da lei natural.

[729] Cf. LOCKE, *Op. cit.*, p. 471-472, §99.
[730] Cf. LOCKE, *Op. cit.*, p. 499, §131.

Assim, por exemplo, se um indivíduo deixa de seguir as determinações impostas por um governo legitimamente estabelecido pela maioria dos membros da comunidade, o dever que está sendo descumprido nessa hipótese não é um dever vinculado ao governo diretamente, mas um dever derivado da relação estabelecida com os demais indivíduos que com ele constituíram a comunidade.

Para Thomas, nesse sentido, embora ambas as etapas de formação da sociedade política estejam baseadas no consentimento, a concordância dos indivíduos é bastante distinta em cada uma dessas fases. No primeiro estágio, em que os indivíduos concordam em renunciar ao poder executivo da lei da natureza em favor da comunidade, o consentimento é pactual. No segundo estágio, em que o consentimento está vinculado à aceitação do governo pela maioria do povo, esse consentimento não é pactual, mas comportamental[731].

A ideia de um consentimento comportamental introduz na teoria de Locke um importante aspecto distintivo em contraste com a concepção política dos demais defensores da supremacia do parlamento em relação ao rei, conferindo a sua teoria um elemento revolucionário que transpõe os limites contextuais da Revolução Gloriosa.

De fato, conforme bem pondera Thomas, a preocupação central de Locke no *Segundo tratado* consiste tanto em demonstrar como o governo pode ser legitimamente constituído, quanto como ele pode ser legitimamente destituído pelos membros da sociedade política[732]. Nesse sentido, a noção de um consentimento manifestado por meio de um comportamento adotado pela maioria dos cidadãos constitui um elemento essencial para o desenvolvimento desse segundo aspecto da teoria de Locke.

[731] Para explicitar a ideia de consentimento comportamental (*"attitudinal consent"*), THOMAS lança mão do seguinte exemplo: se, em um determinado local, os não fumantes não se importam com o fato de os fumantes fumarem e toleram esse fato pela ausência de oposição, isso quer dizer que foi dado pelos não fumantes um consentimento comportamental em relação à conduta dos fumantes, ainda que os não fumantes não tenham manifestado nenhuma concordância formal com essa conduta. Nesse caso, embora não tenha havido a formalização de nenhum contrato, pode-se dizer que os não fumantes manifestaram o consentimento por seu comportamento. Em geral, a existência de um consentimento comportamental precede a formalização de um consentimento contratual, mas isso nem sempre acontece. Há hipóteses, por exemplo, em que alguém pode vir a consentir formalmente com algo com o que não concorda ou que não deseja em termos comportamentais, apenas para que possa obter alguma cooperação da outra parte. É o caso, por exemplo, dos não fumantes que eventualmente concordem em celebrar um acordo com os fumantes para permitir a estes que fumem se estes permitirem aos não fumantes o direito de praticar esportes. Cf. THOMAS, *Op. cit.*, p. 32-33.

[732] Cf. THOMAS, *Op. cit.*, p. 31.

Conforme destaca Thomas, esse comportamento representa, em geral, não mais que uma concordância tácita dos cidadãos com relação ao governo instituído na sociedade política, pois embora todos estejam legitimados a participar ativamente das decisões que culminarão na instituição do governo, a indiferença de muitos leva-os a manifestar o seu assentimento pela simples ausência de oposição à atribuição realizada pelos demais.

Ainda que não tenham participado de maneira ativa do processo de atribuição do poder político a um determinado sistema de governo, todos os membros da sociedade política mantêm o poder de, por decisão da maioria, destituir um governo que não tenha cumprido a finalidade para a qual foi instituído, violando o encargo que lhe foi confiado, bastando para tanto que retirem do governo o assentimento anteriormente manifestado, alterando o seu consentimento por uma simples mudança de comportamento ou de atitude.

Dessa forma, para Locke, como destaca com precisão Gough[733], o ato de consentimento indispensável à formação da sociedade política não é um contrato nos moldes propostos pelos defensores da supremacia do parlamento em relação ao rei – que concebiam o ato instituidor da sociedade política como um contrato firmado entre o rei e o povo –, mas assemelha-se, antes, à noção tipicamente inglesa de curadoria[734], uma vez que por esse ato a comunidade transfere ao governo o poder pertencente a cada indivíduo, pelo tempo em que o considerar adequado, *"encarregando-o de governá-la pelas leis promulgadas"*[735] e em conformidade com a confiança que neles foi depositada, pois *"todo poder confiado como um instrumento para se atingir um fim é limitado a esse fim, e sempre que esse fim for manifestamente negligenciado ou contrariado, isto implica necessariamente na retirada da confiança, voltando assim o poder para as mãos daqueles que o confiaram"*[736].

Essa relação da comunidade com o poder político assemelha-se, também, conforme observa Miqueu, ao instituto do *fideicomisso,* pelo qual era representada, na República romana, a união entre o corpo formado pelos cidadãos livres e a autoridade política. A utilização do termo "trust" para referir-se à relação de confiança entre o mandatário e a comunidade é uma marca, segundo Miqueu, da genialidade de Locke, que logrou encontrar na língua inglesa o vocábulo capaz de expressar esse instituto do direito civil romano

[733] Cf. *Op. cit.*, p. 31.

[734] Cf. GOUGH. In: LOCKE, *Segundo tratado sobre o governo civil e outros escritos, Op. cit.*, p. 31.

[735] Cf. *Op. cit.*, p. 165, § 136.

[736] Cf. *Op. cit.*, p. 173, § 149.

para representar a superioridade moral do povo em relação à autoridade política[737].

A atribuição, por meio do consentimento da maioria dos membros da comunidade, do poder executivo da lei natural a uma autoridade formalmente constituída não é realizada, pois, de forma irrevogável pelos membros da sociedade política, ficando condicionada à finalidade para a qual a autoridade foi instituída, isto é, à garantia do gozo pacífico dos direitos naturais de todos os homens, cuja preservação é derivada diretamente da lei natural, sobrepondo-se, portanto, à autoridade constituída.

A supremacia do povo em relação ao governo constitui-se, assim, no pressuposto da relação de confiança[738] entre os membros da sociedade política e os governantes, que exercem o poder exclusivamente em nome dos indivíduos e para a garantia da liberdade de todos.

5.2.3. Supremacia Popular

Conforme descrito nas seções precedentes, o processo de formação da sociedade política depende, segundo Locke, da observância de duas etapas sucessivas. Na primeira etapa, todos os homens celebram entre si um acordo por meio do qual o poder executivo da lei da natureza é coletivizado, o que dá origem à comunidade. Na segunda etapa, a comunidade transmite, pela maioria de seus membros, o poder executivo da lei natural a uma autoridade formalmente constituída, instituindo, assim, a sociedade política e o governo.

Para Locke, nesse sentido, a comunidade é formada por *todos os homens* que renunciaram, por seu consentimento, ao poder executivo da lei da natureza, tratando-se da única entidade apta a instituir ou dissolver legitimamente o poder político.

O processo de instituição do poder político pela comunidade desenvolve-se para Locke, nesse passo, de acordo com os princípios da regra majoritária, ainda que, evidentemente, os atos desse processo sejam realizados de maneira informal, dada a inexistência, nesse momento, dos órgãos que comporão o aparelho estatal[739].

[737] Cf. MIQUEU, *Op. cit.*, p. 307.

[738] Para LOCKE, conforme será analisado no tópico seguinte, não obstante o poder legislativo seja o poder supremo *"ao qual todos os outros estão e devem estar subordinados"*, ele é *"um poder fiduciário e se limita a certos fins determinados"*. Cf. *Op. cit.*, p. 173.

[739] THOMAS cita como exemplos desse processo democrático informal a instituição da constituição inglesa, além da dissolução do último governo da Alemanha Oriental. Cf. *Op. cit.*, p. 28.

É o que resulta da exposição de Locke sobre o início das sociedades políticas, realizada no capítulo VIII do *Segundo tratado*:

> Pois quando um número qualquer de homens formou, pelo consentimento de cada indivíduo, uma comunidade, fizeram eles de tal comunidade, dessa forma, um corpo único, com poder de agir como um corpo único, o que se dá apenas pela vontade e determinação da maioria. Pois sendo aquilo que leva qualquer comunidade a agir apenas o consentimento de seus indivíduos, e sendo necessário àquilo que é um corpo mover-se numa certa direção, é necessário que esse corpo se mova na direção determinada pela força predominante, que é o consentimento da maioria. (...)
>
> Deve-se entender, portanto, que todos aqueles que abandonam o estado de natureza para se unirem a uma comunidade abdicam, em favor da maioria da comunidade, a todo o poder necessário aos fins pelos quais eles se uniram à sociedade, a menos que tenham expressamente concordado com qualquer número superior à maioria. (...)
>
> Para concluir, porém, estando a razão claramente do nosso lado quando afirmamos que os homens são naturalmente livres, e mostrando os exemplos da História que os governos do mundo, que começaram em paz, tiveram seu início apoiado nessa base e foram formados pelo consentimento do povo, não pode haver muito espaço para dúvidas, quer onde reside o direito, quer sobre qual tenha sido a opinião ou a prática da humanidade quanto ao estabelecimento dos primeiros governos[740].

Assim, para Locke, o governo só pode ser legitimamente instituído com o consentimento do povo, que, com a formação da comunidade, passa a ser o único ente soberano, cuja vontade deve ser expressada, como corpo político, por meio da manifestação da maioria dos indivíduos que o compõem.

A despeito dessa categórica defesa da soberania popular e da regra majoritária, Locke não empreende, contudo, conforme salienta Ashcraft, uma minuciosa exposição acerca do conteúdo do termo "povo", que é utilizado no *Segundo tratado* de forma bastante ambígua, a fim de permitir a adesão à teoria de um maior espectro de convicções políticas, diminuindo em parte as inafastáveis resistências ao radicalismo de seu argumento[741].

[740] Cf. LOCKE, *Op. cit*, p. 469-476, §§ 96, 99 e 104.

[741] Cf. ASHCRAFT, *Op. cit.*, p. 236-237.

Com efeito, conforme propõe Thomas, o *Segundo tratado* deve ser lido também como um trabalho de persuasão política e não apenas como um texto acadêmico, o que fez com que Locke deixasse em aberto, nas passagens mais polêmicas – entre as quais se destaca a exposição sobre a titularidade do poder de instituir e dissolver o governo – a sua posição, de modo a evitar o afastamento de possíveis aliados[742].

Em um contexto permeado pela posição conservadora dos autores que defendiam o absolutismo monárquico, para os quais a participação política deveria estar restrita aos proprietários de terra e os despossuídos de bens deveriam simplesmente obedecer ao governo como forma de evitar a anarquia, a exposição ambígua e cautelosa de Locke sobre a temática da soberania popular deve ser entendida como um importante recurso capaz de permitir a manutenção da coerência de sua teoria, sem intensificar ainda mais as disputas já tão inflamadas do momento.

Assim, por exemplo, George Hickes, notável defensor da supremacia do rei em relação ao parlamento, sustentou, contrariamente à visão de que o poder político está original e radicalmente situado no povo, que a compreensão defendida por Locke introduziria inúmeras "questões incômodas", tais como a necessidade – inaceitável no século XVII – de que também as mulheres devessem participar da organização política. Para Hickes, *"se o poder supremo pertence a todo o povo de forma promíscua"* isso levaria à conclusão de que todos os homens, *"sem distinção de sexo, condição ou qualidade"*, estariam legitimados a participar da instituição do poder político, o que seria inadmissível[743].

A tentativa de refutar a posição defendida por Locke e outros autores por meio da utilização de um argumento de "redução ao absurdo" demonstra, conforme bem postula Thomas, a abrangência e a ousadia da teoria de Locke, que foi compreendida, a despeito de todas as cautelas, como excessivamente radical para um contexto em que as questões políticas eram vistas como domínio reservado apenas à "melhor parte do povo", isto é, aos proprietários de terras, aos letrados e aos ricos[744].

De fato, até mesmo autores que defendiam a supremacia do parlamento em relação ao rei – alguns dos quais identificados claramente com a tradição republicana – apregoavam o papel da comunidade como legítima instituidora do governo e sustentavam a necessidade de que o termo "povo" fosse

[742] Cf. THOMAS, *Op. cit.*, p. 10.

[743] Cf. George HICKES. *A discourse of the Sovereign Power*, 1682, p. 22-24, *Apud* Richard ASHCRAFT, *Op. cit.*, p. 236.

[744] Cf. THOMAS, *Op. cit.*, p. 30.

concebido de forma restritiva, devendo referir-se apenas aos proprietários de bens ou de terras.

Dentre os defensores da supremacia do parlamento, é esse o caso de Tyrrel, que escreveu que os homens *"sem nenhuma propriedade de bens ou terras não tiveram razão para votar na instituição do governo"*, embora, prossegue o autor, mesmo os *"que não possuem uma parcela dos bens ou das terras de um reino, ainda assim podem usufruir dos benefícios comuns do governo, motivo pelo qual devem do mesmo modo obedecer a ele e mantê-lo"*[745].

Embora reconheça que a submissão ao governo pelos pobres possa *"aparecer como um inconveniente para eles, e a propriedade estabelecida aparente ser contrária a seus interesses, dada a pequena participação que possuem tanto em terras como em bens"*, tais indivíduos devem, ainda assim, obedecer ao governo constituído, pois a desobediência seria uma ofensa à paz, o que representa uma violação da lei natural, e poderia levar ao estado de guerra e à anarquia[746].

Já entre os autores inequivocamente identificados com a tradição republicana, pode-se apontar o caso de Neville que, conforme exposto detalhadamente no capítulo II, não obstante reconheça que "o bem do povo é e deve ser a mais suprema ou soberana lei no mundo", demonstra extrema cautela ao considerar que esse bem não pode ser julgado por "pessoas privadas, ainda que muito numerosas", pois nada poderia ser alegado para justificar a tomada de armas por qualquer pessoa contra seu príncipe, que deve ser considerada traição, "com exceção da reivindicação por uma jurisdição legítima ou organização do governo, pela qual eles possam julgar e defender seus próprios direitos, e então pretendam lutar pelo governo e defendê-lo"[747].

Embora afirme que o povo é o chefe e dá o poder ao rei e aos magistrados, Neville sustenta, após aproximar os membros do parlamento com a imagem dos sábios da Grécia, que o bem do povo só pode ser julgado pelos magistrados inferiores, isto é, pelo parlamento, que é considerado o "médico de Estado" capaz de tratar e curar as patologias de que padece o corpo político.

Assim, conforme descreve Ashcraft, os autores ingleses que defendiam, na Inglaterra do século XVII, a supremacia do parlamento em relação ao rei, sustentavam, de maneira geral, assim como Tyrrell, uma perspectiva que enfatizava a propriedade de terras como pressuposto para a participação

[745] Cf. James TYRRELL. *Patriarcha non Monarca.*1681, p. 84, 86-87. *Apud* ASHCRAFT, *Op. cit.*, p. 236, em tradução livre.

[746] Cf. TYRRELL, *Op. cit.*, p. 147.

[747] Cf. NEVILLE, *Op. cit.*, p. 86.

política, deixando indeterminado o *status* político que deveriam possuir os não proprietários[748].

Segundo Ashcraft, nesse sentido, os autores que precederam Locke na abordagem do tema da instituição e dissolução do governo, tais como Lawson e Hunton, ainda que tenham se referido ao "povo" como o único titular do direito de instituição do poder político, fizeram-no por meio da descrição de uma "comunidade amórfica", incapaz de ser identificada com qualquer segmento social e desvencilhada de toda identidade política. Conforme bem analisa Aschcraft, foi apenas Locke quem elaborou um argumento radical de soberania popular, que estende o significado do termo "povo" até as mais baixas classes da sociedade, conferindo a todos uma igual responsabilidade moral e política[749].

Dessa forma, ao mesmo tempo em que não descreve o conteúdo do termo "povo", deixando de identificá-lo com um grupo político específico, Locke não exclui desse conceito segmento algum da sociedade, levando à compreensão de que a participação política deve ser estendida a todas as categorias sociais.

De fato, ao considerar que a comunidade é formada por "*todos aqueles que abandonam o estado de natureza*"[750], Locke não faz qualquer ressalva ou restrição, conduzindo a interpretação ao sentido mais abrangente em que o termo "povo" pode ser considerado, de maneira a incluir a universalidade dos indivíduos.

Ainda que não efetue uma detalhada exposição do conteúdo da participação política concedida ao "povo", Locke assume, portanto, uma posição muito mais ousada que a postura de seus contemporâneos, reconhecendo que o direito de participação política na comunidade pertence a todos os homens livres, sem fazer qualquer distinção entre proprietários ou não proprietários.

Desse modo, para Locke, o "povo" deve ser compreendido, conforme sustenta Thomas, como o conjunto de todos os homens que estejam em pleno gozo de seus direitos naturais, reunindo, portanto, todos os homens livres. É formado, em sua maior parte, de membros das classes mais baixas, tais como comerciantes, artesãos, empregados e trabalhadores rurais. Para Locke, são eles que, em última análise, se constituem nos titulares fundamentais do direito de participação política[751].

[748] Cf. ASHCRAFT, *Op. cit.*, p. 237.
[749] Cf. ASHCRAFT, *Op. cit.*, p. 311.
[750] Cf. LOCKE, *Op. cit.*, p. 476, § 104.
[751] Cf. THOMAS, *Op. cit.*, p. 30.

Todavia, conforme salienta Thomas, a maior parte dos defensores da supremacia do parlamento em relação ao rei, inclusive Shaftesbury, era contrária a essa concepção ampla do direito de participação política, e via com grandes ressalvas a extensão do voto às classes mais baixas da sociedade. Com o objetivo de conciliar essa concepção abrangente e radicalmente democrática de participação política com as ideias defendidas por esses autores, é que Locke sustenta, segundo Thomas, que o espaço ocupado pelo povo na instituição do governo não significa, necessariamente, que o governo a ser instituído deva ser invariavelmente democrático[752].

É esse, portanto, de acordo com Thomas, o motivo subjacente à descrição das formas que a comunidade pode atribuir, pela maioria de seus membros, à sociedade política:

> Tendo a maioria naturalmente em suas mãos, conforme demonstrado, todo o poder da comunidade desde o momento em que os homens originalmente se uniram em sociedade, pode empregar tal poder para baixar leis para a comunidade de tempos em tempos e fazer executar essas mesma leis por meio de funcionários por ela mesma designados – caso em que a forma de governo que se tem é uma perfeita democracia. Ou, ainda, pode depositar o poder de elaborar leis nas mãos de um pequeno número de homens seletos e de seus herdeiros ou sucessores, quando então se tem uma oligarquia. Ou, ainda, não mãos de um único homem, quando se tem uma monarquia. (...) Assim, conforme todos esses modos, a comunidade pode adotar formas composta e mistas de governo, segundo julgar mais conveniente"[753].

Assim, a segunda etapa do processo de formação da sociedade política, pelo qual o poder executivo da lei da natureza é confiado a uma determinada forma de governo, deve ser realizada de acordo com os ditames da regra majoritária, embora a forma de organização do governo a quem esse poder venha a ser confiado não tenha de ser, necessariamente, democrática.

Dentre as diferentes formas de governo consideradas por Locke como aptas a serem adotadas pela maioria da comunidade, não está, no entanto, conforme destaca Thomas, a monarquia *absoluta*, pois a escolha dessa forma

[752] Cf. THOMAS, *Op. cit.*, p. 30.
[753] Cf. LOCKE, *Op. cit.*, p. 500, § 132.

implicaria a aceitação de que a autoridade política fundamental não repousa no consentimento do povo, mas na vontade arbitrária do monarca[754].

A admissibilidade da instituição, pela comunidade, de formas de governo não democráticas na sociedade política deve ser interpretada, nesse sentido, como mais uma concessão de Locke à elite dos defensores da supremacia do parlamento, que eram relutantes em partilhar o poder político de maneira mais ampla e viam como uma ameaça o reconhecimento da legitimidade da participação do povo na instituição do governo, tal qual defendido por Locke. É em busca da adesão desses setores que Locke sugere, conforme analisa Thomas, que o espaço ocupado pelo povo na instituição do governo não precisa, necessariamente, ser reproduzido após a instituição do governo, a depender da forma de governo à qual o poder político vier a ser confiado pela comunidade[755].

Ainda que a forma de governo atribuída à comunidade seja uma forma menos democrática e participativa, isso não significa, segundo Locke, que o governo tenha recebido o poder para exercê-lo de maneira absoluta e arbitrária. Como recurso contra os abusos do governo exercido em desconformidade com o encargo a este confiado, Locke reconhece, como um direito de toda a comunidade, independentemente da forma de governo adotada, o direito de resistência e de revolução.

5.2.3.1. Trabalho e pobreza: o *Ensaio sobre a lei dos pobres*.

Embora Locke tenha estendido, na sistematização realizada no *Segundo tratado*, a noção de povo às classes mais baixas da sociedade, conferindo a todos uma igual responsabilidade moral e política, o que denota a sua preocupação com a ampliação do direito de participação política e com a superação do *status* de desigualdade política então reinante, no que se refere à desigualdade econômica, por outro lado, o filósofo adota, em um sintético memorando oficial dirigido ao Ministério do Comércio, uma perspectiva absolutamente tradicional e conservadora, referindo-se aos pobres em termos preconceituosos e autoritários.

É o que se observa no texto denominado *Esboço de uma representação, contendo um plano de métodos para empregar os pobres* (*Draft of a Representation, Containing a Scheme of Methods for the Employment of the Poor*), um memorando escrito por Locke em 1697, na qualidade de comissário do Ministério do

[754] Cf. THOMAS, *Op cit.*, p. 27.
[755] Cf. LOCKE, *Op. cit.*, p. 30-31.

Comércio e das Colônias, e encaminhado a seus colegas de Ministério em outubro do mesmo ano[756].

Ao referir-se posteriormente a seu memorando, Locke o identifica como seu "projeto para proporcionar mais auxílio e emprego aos pobres" e afirma que a questão "exige dos ingleses suas melhores reflexões, pois não existe nenhuma outra coisa, até onde sei, de cuja correta regulação a prosperidade deste país dependa"[757]. Assim, Locke procura responder por meio de seu *Ensaio*, conforme sintetiza Serge Milano, à questão sobre como dar emprego aos pobres, de crucial importância para o governo da Inglaterra no final do século XVII. De fato, conforme dados divulgados em 1696 pelo estatístico Gregory King, a pobreza havia aumentado consideravelmente no país e o número de desempregados não parava de crescer, o que representava um grande problema de ordem pública, além de acarretar sérias dificuldades econômicas às paróquias, que eram então responsáveis pela assistência aos pobres, de modo que, a despeito do aumento do valor do imposto para custeio dos auxílios contra a pobreza e do número de pessoas sujeitas a esse imposto, os recursos de assistência paroquial eram insuficientes para custear as crescentes despesas necessárias a essa assistência[758].

De acordo com Goldie, nesse sentido, o projeto de lei apresentado por Locke por meio de seu memorando destinava-se a revigorar e aprimorar a legislação assistencial Isabelina, pela qual cada paróquia era obrigada a fornecer emprego para homens fisicamente capazes e prestar a necessária subsistência aos incapazes de trabalhar, permitindo para tanto a arrecadação de um imposto da pobreza[759]. Como medida administrativa, Locke propõe a substituição da autoridade das paróquias isoladas pela de grupos de paróquias. Já como medidas jurídicas, Locke sustenta que não são necessárias alterações substanciais na legislação em vigor e propõe que o primeiro passo

[756] Tal texto é conhecido atualmente por diversos títulos, entre os quais *Ensaio sobre a lei assistencial, Ensaio sobre as escolas operárias* e *Ensaio sobre a lei dos pobres, sendo que* adotaremos aqui esta última designação, por sua maior proximidade com o título original do documento. O título adotado pela principal tradução brasileira, da lavra de Eunice OSTRENSKY, foi *Ensaio sobre a lei assistencial.* Para além da maior proximidade com o título original, a designação do memorando de LOCKE por *Ensaio sobre a lei dos pobres* é uma decorrência também da escolha realizada por diversas traduções francesas, como a de Laurent BURY, que o intitula *De la loi sur les pauvres et des écoles d'industrie.* Cf. John LOCKE, *Que faire des pauvres?* Paris: Presses Universitaires de France, 2013.

[757] Cf. Carta 2398, In: LOCKE, *Escritos políticos, Op. cit.*, p. 226.

[758] Cf. Serge MILANO, *Présentation.* In: John LOCKE, *Que faire des pauvres?* Paris: Presses Universitaires de France, 2013, p. 5-6.

[759] Cf. LOCKE, *Escritos políticos, Op. cit.*, p. 226.

para lançar os pobres ao trabalho deveria ser "a restrição de sua libertinagem por meio da estrita execução das leis estipuladas contra isso, mais particularmente pela supressão das lojas de bebidas alcoólicas supérfluas e cervejarias desnecessárias, sobretudo nas paróquias do interior que não dependam de grandes estradas"[760].

Após apresentar uma tipologia dos pobres, Locke destina a maior parte de seu *Ensaio* à análise das medidas a serem adotadas em relação aos pobres inativos, que representavam a maioria, incluindo os que mentem fingindo não conseguir encontrar trabalho e aqueles que se encontram sem salvo-conduto ou detêm um salvo-conduto falso em uma paróquia diferente da sua, vivendo "unicamente da mendicância, ou coisa pior"[761]. Na abordagem das proposições a serem adotadas em relação aos inativos, Locke utiliza uma linguagem extremamente pejorativa e insultante, referindo-se aos desempregados como "vadios" ou "parasitas do trabalho alheio":

> Para suprimir esta última espécie de vadios, os quais vivem desnecessariamente do trabalho de outras pessoas, já existem leis boas e salutares, suficientes para esse propósito, desde que devidamente executadas[762].
>
> (...)
>
> Considerado corretamente, isso nos mostra qual o verdadeiro e apropriado auxílio aos pobres. Consiste em encontrar trabalho para eles e tomar cuidado para que não vivam como parasitas do trabalho alheio[763].

Embora admita expressamente que aqueles que não são realmente capazes de trabalhar devem ser sustentados pelos demais, no que se refere aos que podem trabalhar mas não trabalham, Locke equipara sua conduta a um delito, motivo pelo qual deveriam sofrer as punições já previstas na legislação vigente, as quais propõe sejam tornadas ainda mais rigorosas:

> Todo homem de corpo e mente sã, acima de quatorze anos e abaixo de cinquenta anos de idade, que esteja mendigando em condados marítimos fora de sua paróquia sem salvo-conduto deverá ser preso, quer por qualquer funcionário da paróquia onde esteja mendigando (...), quer pelos próprios habitantes da casa onde forem mendigar. Em seguida será trazido

[760] LOCKE, *Op. cit.*, p. 228.
[761] LOCKE, *Op. cit.*, p. 229.
[762] LOCKE, *Op. cit.*, p. 229.
[763] LOCKE, *Op. cit.*, p. 235.

> por estes, ou qualquer destes, perante o mais próximo juiz de paz ou guardião de pobres (...) e será mandado com salvo-conduto não para uma casa de correção (já que em muitos condados a queixa é de que essas casas são antes locais de descanso e promoção dos senhores de lá do que de correção e reforma dos que para lá são mandados), mas, acontecendo em um condado marítimo, deverá ser mandado para a cidade portuária mais próxima e aí mantido em trabalho forçado, até que algum dos navios de Sua Majestade, chegando lá ou nas proximidades, ofereça a oportunidade de subi-lo a bordo, onde deverá servir por três anos em estrita disciplina, à paga de soldado (sendo o dinheiro da subsistência deduzido de seus víveres a bordo)[764].

Além de prever a condenação a trabalhos forçados daqueles que, estando capacitados, não se dispusessem a trabalhar, Locke considera ainda, em seu memorando, a hipótese de imposição de penas de mutilação e deportação àqueles que falsificassem o salvo-conduto que autorizava alguém a não trabalhar, além de castigos físicos a crianças que fossem encontradas mendigando fora da paróquia onde viviam, medidas por meio das quais, acreditava ele, estariam devidamente coibidas as práticas daqueles que alegavam falsamente não poder trabalhar ou não conseguir um trabalho:

> Quem falsificar um salvo-conduto perderá as orelhas na primeira vez que for culpado da falsificação, e na segunda vez será transportado para as Colônias, como no caso de felonia.
>
> (...)
>
> Se meninos ou meninas, abaixo de quatorze anos de idade, forem encontrados mendigando fora da paróquia onde vivem (no perímetro de cinco milhas da referida paróquia), serão enviados para a escola operária mais próxima para lá serem judiciosamente açoitados e obrigados a trabalhar até o anoitecer (...).
>
> Com essa supressão dos vagabundos ociosos, não haverá, como supomos, na maioria das paróquias do interior, muitos homens que aleguem faltar-lhes trabalho[765].

[764] Cf. LOCKE, *Op. cit.*, p. 230.
[765] Cf. LOCKE, *Op. cit.*, p. 231-232.

Diante de tão severas e cruéis prescrições, a expressar clara proposta de criminalização da pobreza, que seriam consideradas desumanas até pelo mais despótico dos leitores contemporâneos, como seria possível acreditar nas proposições de igualdade natural e universalização dos direitos políticos apresentadas pelo mesmo autor? Como acreditar que o autor dos *Dois tratados sobre o governo* e da *Carta sobre a tolerância*, pudesse se satisfazer com lugares comuns tão aviltantes e propor tamanha violência contra os pobres, a ponto de fazer de seu memorando um verdadeiro ensaio *contra* os pobres?

Como analisa Milano, há certamente outro propósito nas propostas de Locke do que simplesmente reproduzir proposições que apregoam a violência e o preconceito, ao qual devemos nos atentar se quisermos obter alguma coerência sistêmica da obra do filósofo, sem recorrer a anacronismos e superficialidades. Tal propósito, de acordo com Milano, é indicado pelo próprio autor de forma sub-reptícia no início de suas propostas, embora ele não retorne a ele posteriormente ao longo do texto. De fato, logo depois de afirmar que as causas da pobreza não podem resultar "nem da penúria dos víveres, nem da falta de emprego para os pobres", Locke acrescenta que essas causas devem ser procuradas "no relaxamento da disciplina e na corrupção dos costumes"[766]. Salvo se considerarmos Locke como completamente ilógico, devemos observar, segundo Milano, que o filósofo não menciona a corrupção de *seus* costumes, isto é, a corrupção dos costumes dos pobres, mas sim a corrupção *dos* costumes, o que deve ser interpretado como um relaxamento geral da disciplina que tem, no mínimo, dois protagonistas, pois além dos que escapam do trabalho, isto é, os "pobres desocupados", há também um relaxamento daqueles que devem lhes dar trabalho: a aristocracia agrária[767].

Dessa forma, se a corrupção dos costumes é certamente atribuída por Locke aos pobres, ela não é, como observa Milano, inteiramente imputável a eles, o que pode ser constatado pelo fato de o autor estabelecer ao longo do *Ensaio* inúmeras obrigações aos empregadores e às autoridades paroquiais de criação de postos de trabalho, para que não faltasse emprego para os pobres. Assim, conforme analisa Milano, Locke propõe em seu memorando o estabelecimento da obrigatoriedade de abertura de emprego em favor dos aprendizes, às custas dos proprietários, fazendeiros e mestres de embarcações, além da obrigatoriedade de oferta de trabalho a todos os adultos nas escolas

[766] Cf. LOCKE, *Op. cit.*, p. 228.

[767] Cf. Cf. Serge MILANO, *Présentation*. In: John LOCKE. *Que faire des pauvres? Op.cit.*, p. 8-10.

operárias, às expensas de todos os habitantes de uma paróquia[768]. É, de fato, o que dispõe o memorando, nos artigos 14, 15 e 17:

> [14] Os artesãos de cada cento serão obrigados a acolher um ou outro dos respectivos aprendizes entre os meninos pertencentes a algumas das escolas do respectivo cento, sem nenhuma contrapartida em dinheiro (...), permanecendo contratados até a idade de vinte e três anos.
>
> (...)
>
> [16] Todos os meninos que não forem por esses meios contratados como aprendizes, até completarem catorze anos de idade, deverão, na reunião anual de Páscoa dos guardiães de cada cento, vincular-se aos cavaleiros, agricultores ou fazendeiros do referido distrito que concentrarem o maior número de acres de terra, estando estes obrigados a tomá-los como aprendizes até a idade de vinte e três anos.
>
> [17] Também os adultos (para afastar suas alegações de falta de trabalho) poderão ir às respectivas escolas operárias para aprender, e lá se deverá, consequentemente, ser-lhes providenciado trabalho[769].

Conforme explicita Milano, Locke denuncia também a responsabilidade dos inspetores de pobres, que tinham por missão encontrar trabalho para as pessoas, mas ignoravam as leis que tinham a obrigação de aplicar, além de criticar veemente a atuação dos diretores das casas de correção. As proposições dirigidas por Locke às autoridades soam, assim, segundo Milano, como um "apelo à ordem", pois embora as leis tenham sido elaboradas para oferecer aos pobres uma ajuda verdadeira, isto é, um posto de trabalho, elas não vinham sendo aplicadas pelos responsáveis, de modo que o julgamento que o filósofo faz sobre a corrupção dos pobres deve ser analisado de modo indissociável do julgamento que ele faz acerca da corrupção das instituições[770].

Além disso, conforme se depreende das inúmeras críticas dirigidas por Locke aos diretores das casas de correção, pode-se evidenciar que os principais destinatários das acusações de "corrupção dos costumes" por ele dirigidas eram, na verdade, as autoridades encarregadas da política assistencial, e não propriamente os pobres. Com efeito, como destaca Goldie, o memorando de Locke tinha como principal proposta de alteração legislativa a substituição

[768] Cf. MILANO, *Op. cit.*, p. 10.

[769] Cf. LOCKE, *Op. cit.*, p. 239.

[770] Cf. MILANO, *Op. cit.*, p. 10.

da autoridade das paróquias isoladas pela de grupos de paróquias, que seriam denominados "centos" no campo e "corporações de pobres" nos municípios. A criação de tais órgãos, que passariam a ser os responsáveis pela aplicação da lei assistencial e pelo gerenciamento da política de emprego, representava uma estratégia dos *whigs* para assumir o protagonismo nessa política, até então exercido pelos *tories,* que controlavam a maioria das paróquias[771]. Por fim, não se deve olvidar, como recorda Milano, que o *Ensaio* foi redigido por Locke na qualidade de comissário real do Ministério do Comércio, de modo que a defesa dos interesses do comércio em contraposição aos da aristocracia agrária era um enfoque mais do que esperado para o documento[772].

Por esses motivos, ao analisar o texto de Locke deve-se levar em consideração, como propõe Milano, que a lógica do trabalho forçado sobre a qual se baseia o *Ensaio* já era amplamente prevista em sucessivas legislações de países europeus – e não apenas na Inglaterra –, que a obrigação imposta aos pobres de trabalhar representava uma prática antiga na Inglaterra, estando presente em numerosos ensaios da época, e que o mesmo também pode ser dito a respeito dos castigos corporais e da desconfiança em relação aos pobres. Ao se constatar tais aspectos, pode-se concluir, segundo Milano, que Locke simplesmente reproduziu em um documento oficial aspectos já previstos em outras normas, de modo que não foi a introdução de tais dispositivos, de conteúdo inegavelmente abjeto, que motivou a elaboração do memorando pelo autor[773]. Para que se possa tomar o *Ensaio* para além de um repulsivo manifesto de preconceito em relação aos pobres, é necessário considerar as reproduções realizadas pelo autor das normas anteriormente vigentes ao lado das alterações administrativas por ele propostas para a efetividade do sistema assistencial, bem como das pretensões políticas dos *whigs* em relação à modificação da estrutura de poder nas paróquias. Sob tal enfoque, pode-se depreender que a preocupação de Locke era predominantemente a de oferecer uma crítica à atuação dos órgãos do reino encarregados da política para os pobres, e não simplesmente manifestar odiosos preconceitos contra os pobres, que representavam em seu tempo deploráveis lugares-comuns.

Tal aspecto pode ser realçado, também, como indica Milano, pelas considerações a respeito dos pobres realizadas pelo filósofo em outro pequeno *Ensaio,* escrito em 1693, no qual aborda o projeto de lei de naturalização geral

[771] Cf. LOCKE, *Escritos políticos, Op. cit.,* p. 226-227.

[772] Cf. MILANO, *Op. cit.,* p. 11.

[773] Cf. MILANO, *Op. cit.,* p. 11.

dos estrangeiros que viviam na Inglaterra, o que dá a Locke ocasião para afastar a principal crítica dos que se opunham ao projeto, a de que a naturalização aumentaria o número de pobres no país. Nesse *Ensaio,* intitulado *Em defesa de uma naturalização geral,* Locke manifesta mais claramente a opinião de que a falta de trabalho é um problema essencialmente do governo e das instituições, muito mais do que um vício atribuído aos despossuídos:

> Outra objeção bastante apropriada a fazer é a de que isso aumentará o número de pobres.
>
> Caso se entenda por pobre quem não possui nada para sustentá-lo, a não ser as próprias mãos, os [que] vivem de seu trabalho estão muito longe de ser um ônus: é a eles que devemos nossas riquezas.
>
> Caso se entenda por pobre quem precisa de auxílio e, sendo ele mesmo ocioso, vive do trabalho dos outros, se já houver entre nós gente pobre que é capaz de trabalhar e não trabalha, isso é uma vergonha para o governo e uma falha em nossa constituição que deve ser remediada, pois enquanto isso for permitido nos arruinaremos, quer tenhamos muitas ou poucas pessoas[774].

A ênfase nas falhas do governo e das instituições para prover os empregos necessários a toda a população indica, dessa forma, que não obstante tenha reproduzido no *Ensaio sobre a lei dos pobres* os ultrajantes dispositivos em relação aos pobres constantes na legislação inglesa desde o reinado de Elizabete I, a principal preocupação de Locke era, na verdade, o aprimoramento da política governamental de assistência, o que deveria ser realizado por meio da exclusão da competência das paróquias para a execução dessa política. Em substituição a essa atuação descentralizada e ineficaz da política assistencial, Locke propõe a atribuição da competência a órgãos centralizados, os quais poderiam gerir mais adequadamente os recursos provenientes do imposto instituído para o custeio dessa política, destinada a afastar o "relaxamento da disciplina e a corrupção dos costumes", em especial a negligência da aristocracia agrária em disponibilizar os postos de trabalho necessários ao oferecimento de oportunidades de emprego aos pobres.

Para além da maior clareza dos propósitos do *Ensaio* proporcionada pela sua inclusão no contexto da política dos *whigs* para o Ministério do Comércio, pode-se observar, ainda, que a linguagem injuriosa e a perspectiva autoritária

[774] Cf. LOCKE, *Escritos políticos, Op. cit.*, p. 405.

da legislação sobre os pobres expressavam o predomínio de uma moralidade de cunho aristocrático que permeava a sociedade inglesa, em muito baseada, como identifica Peter Burke, na transposição para a Inglaterra de obras do renascimento italiano que divulgavam assimetrias morais entre o povo e a nobreza, tais como *O Cortesão*, de Baldassare Castigione e *O Galateo*, de Giovanni della Casa. A reprodução por Locke dessa pejorativa linguagem, que demonstra grande desprezo contra os que "vivem desnecessariamente do trabalho de outras pessoas", não deve ser atribuída, todavia, à adesão do autor a essa compreensão de moralidade, podendo ser explicada, antes, pela reverberação de valores da moral protestante, em relação aos quais o pensamento do filósofo é indissociável[775].

De fato, para as diferentes vertentes do protestantismo, de modo geral, e para o calvinismo, em especial, o trabalho humano era tido como decorrência imediata da queda, pois ao expulsar o homem do paraíso Deus o condenou a comer "o pão com o suor de seu rosto" e cultivar "a terra de onde havia sido tirado"[776], de modo que a recusa ao trabalho era tida como violação a uma ordem expressa do criador, que poderia alijar o homem da graça de Deus. Tal comando do antigo testamento, reforçado pela veemente exortação de Paulo segundo a qual "quem não quer trabalhar também não deve comer"[777] expressa-se, conforme exposto nos capítulos III e IV, na formulação do conceito de propriedade de Locke, pelo qual, consoante enunciado nos *Tratados*, o homem, por sua liberdade, é o proprietário de sua pessoa e de sua força de trabalho, razão pela qual é também o único proprietário do produto de seu trabalho.

Dessa forma, a condenação de Locke aos inativos decorre diretamente de sua perspectiva acerca da propriedade e do trabalho, derivada da ética protestante, e pela qual o filósofo associa direito e dever, na medida em que cada um tem o direito a apropriar-se apenas daquilo que é produzido pela transformação da natureza para a estrita finalidade de preservação de sua vida, de modo que o direito de propriedade sobre as coisas é um direito de usar e não de abusar. Para Locke, nesse sentido, a propriedade decorrente do trabalho não deve conduzir nem ao desperdício nem à privação de outrem daquilo que é necessário à sua subsistência, o que explica, como analisa Milano, porque

[775] Cf. Peter BURKE. *The European Renaissance. Centres and Peripheries*. Oxford: Blackwell, 1998. Cf. também, do mesmo autor, *As fortunas d'O Cortesão: a recepção europeia a O Cortesão de Castiglione*. São Paulo: EDUNESP, 1997.

[776] Cf. Gn. 3, 19, 23

[777] Cf. 2Ts 3, 10

o filósofo se lança em uma guerra contra a inatividade e a desocupação, seja dos pobres, a quem ele quer obrigar a trabalhar, seja dos aristocratas, aos quais ele quer impor uma obrigação de fornecer trabalho[778].

Além disso, é importante salientar que a associação de trabalho e propriedade empreendida por Locke é frequentemente indicada como uma das fontes da teoria marxista do valor, o que também ensejou, pela centralidade conferida ao trabalho, conforme destaca Milano, a inclusão de enfáticas condenações à inatividade na legislação dos países do socialismo real, como por exemplo as Constituições da União das Repúblicas Socialistas Soviéticas de 1918 e 1936, que estabeleceram que "o trabalho é obrigatório e quem não trabalha não come", bem como a Constituição de 1977, que dispôs que "a recusa de fornecer um trabalho útil à sociedade não é compatível com os princípios da sociedade socialista"[779].

A agressiva condenação de Locke à inatividade dos pobres e sua ingênua proposta de superação do desemprego por meio da obrigação de criação de postos de trabalho imposta aos empregadores colocam em evidência, porém, a limitação da abrangência de um importante pressuposto teórico do filósofo, a igualdade, na medida em que o autor não aborda em nenhum momento as causas reais de empobrecimento e a assimetria de poder decorrente da desigualdade material. Será necessário aguardar o desenvolvimento do modelo republicano francês para que a "pulsão igualitária" venha denunciar que a desigualdade material importa em restrições substanciais à liberdade[780].

[778] Cf. MILANO, *Op. cit.*, p. 12-13.

[779] Tal era a disposição dos artigos 18 e 12 das Constituições de 1918 e 1936 da URSS, respectivamente, que repetiram sem alterações a mesma norma. Já na Constituição de 1977, houve uma pequena alteração, pois após dispor no artigo 40 que os cidadãos possuem o direito a um emprego garantido, a Lei Maior acrescentou, no artigo 60, que "É um dever e uma honra para todos os cidadãos fisicamente aptos trabalhar em atividades úteis e respeitar a disciplina de trabalho. A recusa de fornecer um trabalho útil à sociedade não é compatível com os princípios da sociedade socialista". Cf. MILANO, *Op. cit.*, p. 15-16.

[780] A expressão "pulsão igualitária" é utilizada por SPITZ em *Le moment républicain en France* ao explicitar que o projeto republicano francês tem por objeto a distribuição de recursos e de bens, recusando a dicotomia entre política e economia. Cf. Jean-Fabien SPITZ, *Le moment républicain en France*. Paris: Gallimard, 2005.

5.3. Poder político

Conforme exposto no item precedente, o fim maior e principal[781] da união dos homens em sociedades políticas, que os leva a consentir na instituição dos governos, é a conservação de suas vidas, liberdades e bens, a que Locke designa genericamente por propriedade[782], o que deve ser feito por meio do afastamento das debilidades do estado de natureza.

A primeira debilidade do estado de natureza a ser afastada por meio da instituição do poder político com vistas a garantir a preservação da vida, da liberdade e dos bens dos indivíduos é a inexistência de leis positivas e amplamente conhecidas por todos, motivo pelo qual "a lei positiva primeira e fundamental *de todas as sociedades é o estabelecimento do poder legislativo*"[783], porquanto não pode *"edito algum de quem quer que seja, seja de que forma concebido, ou por que poder apoiado, ter força e obrigação de* lei *se não for* sancionado pelo legislativo *escolhido e nomeado pelo público*"[784], pois se assim não fosse, não teria a lei o consentimento da sociedade política, que só pode ser expresso pelo legislativo.

O exercício do governo por meio de *"leis promulgadas e estabelecidas"* constitui, assim, o primeiro encargo *"confiado pela sociedade e pela lei de Deus e da natureza"* ao poder legislativo, expressando, no estado de sociedade, a garantia fundamental de igualdade entre os indivíduos, pois as leis *"não poderão variar nos casos particulares"*, devendo ser observada *"a mesma regra para ricos e pobres, para o favorito na corte e o camponês no arado"*[785].

O segundo encargo a ser observado pelo poder legislativo é a obrigação de realizar a justiça por intermédio de "juízes conhecidos e autorizados"[786], o que envolve a proibição de editar leis e julgar casos com base em interesses particulares, pois as "leis *não devem destinar-se a outro fim que não, em última análise, o* bem do povo"[787].

[781] Cf. LOCKE, *Op. cit*, p. 495, § 124.
[782] Idem, *ibidem*, p. 495, § 124.
[783] Cf. LOCKE, *Op. cit*, p. 500, § 131.
[784] Cf. Idem, *ibidem*, p. 503, § 134.
[785] Cf. Idem, *ibidem*, p. 513, § 142.
[786] Cf. Idem, *ibidem*, p. 506-507, § 136.
[787] Cf. Idem, *ibidem*, p. 513, § 142.

O terceiro encargo imposto ao legislativo é a proibição de supressão de qualquer parte da propriedade[788] dos homens sem o seu consentimento, *"pois, sendo a preservação da propriedade o fim do governo e a razão por que os homens entram em sociedade, isso pressupõe e necessariamente exige que o povo* tenha propriedade, *sem o que será forçoso supor que todos percam, ao entrarem em sociedade, aquilo que constituía o objetivo pelo qual nela ingressaram"*[789].

Por fim, o quarto encargo atribuído ao legislativo consiste na proibição de transferência do poder de elaborar leis para outras pessoas ou órgãos, *"pois, não sendo ele senão um poder delegado pelo povo, aqueles que o detêm não podem transmiti-lo a outros"*[790].

Desse modo, os quatro encargos impostos ao poder legislativo, que se vinculam à própria finalidade de instituição do poder político, estão relacionados à superação das carências e debilidades do estado de natureza, que fazem com que os homens busquem instituir a sociedade política.

Assim, o primeiro encargo atribuído ao legislativo, qual seja, a obrigação de governar por meio de leis estabelecidas e promulgadas, tem por objetivo afastar a debilidade do estado de natureza consistente na dificuldade de reconhecimento da lei natural, pois *"embora a lei da natureza seja clara e inteligível a todas as criaturas racionais"*[791], os interesses particulares ocasionam disputas quanto ao conteúdo da norma a ser aplicada nas recorrentes situações que importam em julgamentos em causa própria.

Em segundo lugar, a obrigação de que as disputas sejam julgadas por "juízes conhecidos e autorizados"[792] decorre da carência, no estado de natureza, de uma autoridade capaz de julgar com imparcialidade as diferenças entre os homens, pois *"a paixão e a vingança tendem a levá-los muito longe, e com ardor demasiado, em seus próprios pleitos"*[793].

O terceiro encargo, por sua vez, está relacionado com a superação da terceira debilidade existente no estado de natureza, que consiste na ausência de

[788] Na referência à propriedade feita por LOCKE nessa etapa do argumento há a preponderância do terceiro elemento componente desse conceito, qual seja, os "bens", cuja preservação parece ser a principal preocupação para a imposição do terceiro encargo ao poder legislativo. É o que se depreende da seguinte passagem: *"dado que os homens em sociedade possuem propriedade, têm eles sobre os bens que, com base na lei da comunidade, lhes pertencem, um direito tal que a ninguém cabe o direito de tolher seus haveres, ou partes destes, sem o seu próprio consentimento"*. Cf. LOCKE, *Op. cit.*, p. 509-510, § 138.

[789] Cf. Idem, *ibidem*, p. 509, § 138.

[790] Cf. Idem, *ibidem*, p. 513, § 141.

[791] Cf. Idem, *ibidem*, p. 496, § 124.

[792] Cf. Idem, *ibidem*, p. 506-507, § 136.

[793] Cf. Idem, *ibidem*, p. 496, § 125.

um poder destinado a executar as decisões tomadas com base na lei natural. Com efeito, a execução das sentenças, que demanda a estruturação de um sistema coercitivo de imposição da lei positiva, não pode dar espaço a abusos por parte do legislativo, o que poderia levar à subversão da finalidade para a qual a sociedade política foi instituída, motivo pelo qual nem mesmo ao legislativo é dado impor restrições à vida, à liberdade e aos bens dos súditos, além daquelas com que os próprios indivíduos consentiram.

Da mesma forma, o quarto encargo imposto ao poder legislativo, que consiste na vedação da transferência, pelo próprio legislativo, dos poderes que lhe foram conferidos pela maioria dos membros da comunidade, resulta igualmente da necessidade de controlar o poder instituído, impondo-lhe limitações que possam controlar potenciais manobras capazes de expor os indivíduos aos mesmos perigos que eles procuraram evitar com a instituição da sociedade política.

Para Locke, embora os indivíduos consintam em entregar *"a igualdade, a liberdade e o poder executivo que possuíam no estado de natureza nas mãos da sociedade, para que deles disponha o legislativo segundo o exija o bem da sociedade"*[794], o governo por eles instituído após a renúncia de todos ao poder executivo da lei de natureza está vinculado ao fim para o qual foi estabelecido, estando obrigado a garantir a preservação da propriedade de todos por meio da adoção de medidas contra as debilidades ou inconveniências do estado de natureza.

Assim, todo aquele que estiver no exercício do poder legislativo – que ora é identificado por Locke com a própria noção de poder político[795], ora é designado como a parte mais importante ou suprema desse poder[796] – está obrigado a: a) governar segundo as leis vigentes, *"promulgadas pelo povo e de conhecimento deste, e não por meio de decretos extemporâneos"*; b) instituir "juízes *imparciais e probos"* a quem caiba decidir as controvérsias nos termos das leis positivas; e c) empregar a força da sociedade "apenas na execução de tais leis", devendo tudo estar voltado a *"não outro* fim *a não ser a* paz, a segurança *e o* bem público do povo"[797].

Conforme pode-se depreender da exposição dos encargos que devem ser atribuídos ao poder legislativo, não obstante Locke descreva o legislativo como o poder supremo da sociedade política, esse poder não constitui,

[794] Cf. LOCKE, *Op. cit.*, p. 499, § 131.
[795] Cf. Idem, *ibidem*, p. 499, § 131.
[796] Cf. Idem, *ibidem*, p. 501, § 134.
[797] Cf. Idem, *ibidem*, p. 500, § 131.

evidentemente, um poder absoluto ou arbitrário, pois essas características *"não podem ser compatíveis com os fins da sociedade e do governo"*[798].

De fato, para Locke, não há como supor que os homens pretendessem conceder a quem quer que seja uma força para impor contra eles a sua vontade ilimitada, pois isso significaria um retrocesso em relação à situação em que se encontravam no estado de natureza, *"no qual gozavam de liberdade para defender seu direito contra as injúrias causadas por terceiros e encontravam-se em termos iguais de força para sustentá-lo"*[799].

Por outro lado, caso tivessem se *"oferecido ao* poder absoluto e arbitrário *e à vontade de um legislador, teriam desarmado a si mesmos e armado a este, para se tornarem sua presa quando bem lhe aprouvesse"*, o que os exporia a um agravo ainda maior do que as inconveniências do estado de natureza, porque *"muito pior é a condição de quem está exposto ao poder arbitrário de um só homem a comandar cem mil outros, do que a de quem está exposto ao poder arbitrário de cem mil homens isolados"*[800].

A resistência ao poder absoluto e arbitrário e os limites impostos ao poder instituído na sociedade política constituem, assim, o cerne da noção de liberdade política exposta por Locke no "Segundo Tratado".

5.3.1. Rebelião e direito de resistência

De acordo com Thomas, toda a exposição de Locke no *Segundo tratado* está circunscrita à análise de dois temas centrais: como o governo pode ser legitimamente constituído e como o povo pode legitimamente rebelar-se contra ele[801].

Se a argumentação de Locke sobre a legítima instituição do governo iluminou, segundo Thomas, a natureza e o fundamento da autoridade política, sem representar, contudo, uma inovação extraordinária à teoria política de seu tempo, é a fundamentação do direito legítimo de rebelião contra o governo que torna, por sua vez, a teoria política de Locke um pilar essencial da teoria política moderna.

A exposição de Locke sobre a instituição do poder político e a fundamentação do direito de rebelião não podem, contudo, ser consideradas de maneira separada, pois constituem duas partes de um mesmo argumento, segundo

[798] Cf. Idem, *ibidem*, p. 508, § 137.
[799] Cf. Idem, *ibidem*, p. 508, § 137.
[800] Cf. Idem, *ibidem*, p. 508, § 137.
[801] Cf. THOMAS, *Op. cit.*, p. 31.

o qual o poder político é instituído para a garantia da liberdade e dos direitos naturais, não podendo, portanto, ser arbitrário.

Assim, de maneira oposta aos teóricos defensores da supremacia do rei em relação ao parlamento, que sustentavam a incompatibilidade do exercício da autoridade com uma teoria que considerasse legítimo o direito de rebelião – pois essa teoria impossibilitaria a legítima instituição do governo e autorizaria a desobediência civil –, Locke afirma que as bases de legitimidade do governo são as mesmas que fundamentam e legitimam o direito de rebelião, conforme categoricamente sustentado no capítulo XIX do *Segundo tratado*:

> Há, portanto, em segundo lugar, outra maneira pela qual os governos são dissolvidos, quando quer o legislativo, quer o príncipe, age contrariamente ao encargo que lhe foi confiado.
>
> *Em primeiro lugar*, o legislativo age contrariamente ao encargo a ele confiado quando tenta violar a propriedade do súdito e fazer a si, ou a qualquer parte da comunidade, senhor ou árbitro da vida, liberdade ou bens do povo.
>
> A razão pela qual os homens entram em sociedade é a preservação de sua propriedade; e o fim para o qual elegem e autorizam um legislativo é a formulação de leis e o estabelecimento de regras como salvaguarda e defesa da propriedade de todos os membros da sociedade, para limitar o poder e moderar o domínio de cada parte ou membro desta. Pois, como não se pode jamais supor ser a vontade da sociedade que o legislativo tenha o poder de destruir aquilo que todos têm o propósito de proteger ao entrar em sociedade, e em nome de que o povo se submete aos legisladores por ele próprio instituídos, sempre que tais legisladores tentarem violar ou destruir a propriedade do povo ou reduzi-lo à escravidão sob um poder arbitrário, colocar-se-ão em estado de guerra com o povo, que fica, a partir de então, desobrigado de toda obediência e deixado ao refúgio comum concedido por Deus a todos os homens contra a força e a violência[802]

Dessa forma, para Locke, se o governo legítimo é instituído com a finalidade específica de proteger a vida, a liberdade e os bens dos homens contra as debilidades a que estão expostos no estado de natureza, sempre que as pessoas ou os órgãos a quem o governo estiver *confiado* atentarem contra qualquer um desses direitos naturais, deixando de cumprir a finalidade para

[802] Cf. LOCKE, *Op. cit.*, p. 584-585, § 226.

a qual o governo foi instituído e violando o encargo que lhe foi atribuído, essas pessoas ou órgãos passam a exercer o poder fora do mandato que lhes foi concedido, colocando-se em estado de guerra contra o povo, que fica legitimamente desobrigado da obediência com a qual havia consentido.

Conforme alerta Thomas, não é o povo que, para Locke, rebela-se contra o governo, porque aqueles que exercem a autoridade em desacordo com o encargo que lhes foi confiado não são mais, rigorosamente, *o governo* da sociedade política, mas tiranos que se equiparam a ladrões ou a piratas, que exercem a força sem o direito[803].

É o que se depreende das seguintes passagens do *Segundo tratado*:

> (...) *a tirania* é o exercício do poder além do direito, a que ninguém pode ter direito. Consiste ela em fazer uso do poder que alguém tenha em mãos não para o bem daqueles que estiverem submetidos a esse poder, mas para sua vantagem própria, distinta e privada; quando o governante, seja lá que título tenha, não faz da lei, mas de sua vontade, a regra, e suas ordens e ações não estão dirigidas à conservação das propriedades de seu povo, mas à satisfação de sua própria ambição, vingança, cobiça ou qualquer outra paixão irregular[804].
>
> (...)
>
> *Mas, se aqueles que dizem que isso* estabelece um fundamento para a rebelião *querem afirmar que pode ocasionar guerras civis ou lutas intestinas dizer ao povo que está desobrigado da obediência quando se fazem intentos ilegais contra sua liberdade e propriedades, e que ele tem o direito de se opor à violência ilegal daqueles que são seus magistrados quando estes violarem suas propriedades, contrariamente ao encargo a eles confiado, e que, portanto, essa doutrina não pode ser permitida por ser tão destrutiva à paz no mundo, também poderiam dizer, com o mesmo fundamento, que os homens honestos não se podem opor aos ladrões ou aos piratas porque tal pode ocasionar desordem ou derramamento de sangue*[805].

Os limites do legítimo exercício do poder político decorrem, para Locke, da observância pelo governo dos fins para os quais foi instituído, isto é, a preservação dos direitos naturais do indivíduo e a defesa do bem comum. Na hipótese de desvio dessa finalidade, os comandos do governo deixam

[803] Cf. THOMAS, *Op cit.*, p. 61.
[804] Cf. LOCKE, *Op. cit.*, p. 560-561, § 199.
[805] Cf. LOCKE, *Op. cit.*, p. 585-586, § 228.

de ser legítimos, o que torna lícita a resistência às ordens proferidas por aqueles a quem o poder fiduciário fora atribuído, que deixam de possuir o consentimento da comunidade, indispensável para a legitimidade do governo.

Assim, sustenta Locke no capítulo XIX do *Segundo tratado*:

> Todo aquele que usa de força sem direito, assim como todos aqueles que o fazem na sociedade contra a lei, coloca-se em estado de guerra com aqueles contra os quais a usar e, em tal estado todos os antigos vínculos são rompidos, todos dos demais direitos cessam e cada qual tem o direito de defender-se e resistir ao agressor[806].

Com efeito, conforme bem destaca Gough[807], o direito de insurgência contra os desvios perpetrados pelos ocupantes do governo é uma decorrência lógica da concepção de Locke sobre o conteúdo do ato de consentimento dos indivíduos que forma a sociedade política, pois para esse autor, conforme exposto anteriormente, o consentimento dado pelos homens para a formação da comunidade e para a posterior instituição da sociedade política não é um contrato, em que os indivíduos concordam com a transferência do poder executivo da lei natural ao governo, mas assemelha-se, antes, à noção de curadoria[808].

Nesse sentido, por meio do ato de consentimento que dá origem à sociedade política, a comunidade transfere ao governo o poder tão-somente com a finalidade de garantir a preservação dos direitos naturais, confiando-lhe o encargo de afastar as debilidades do estado de natureza, o que limita a amplitude de exercício do poder à finalidade para a qual foi instituído, pois, como reconhece Locke, *"todo poder confiado como um instrumento para se atingir um fim é limitado a esse fim, e sempre que esse fim for manifestamente negligenciado ou contrariado, isto implica necessariamente na retirada da confiança, voltando assim o poder para as mãos daqueles que o confiaram"*[809].

De acordo com Gough, o exercício do poder pelo governo na sociedade política desenvolve-se, assim, de maneira análoga ao exercício da função de curador, de que é exemplo a relação estabelecida na administração dos bens de um incapaz, em que o curador tem o poder de administrar os bens de pessoa incapacitada com a finalidade específica de garantir a sobrevivência

806 Cf. LOCKE, *Op. cit.*, p. 588-590, § 232.
807 Cf. GOUGH. In: LOCKE, *Op. cit.*, p. 31.
808 Cf. Idem, *ibidem*, p. 31.
809 Cf. *Op. cit.*, p. 518-519, § 149.

e o bem-estar do incapaz e de impedir o perecimento de seus bens ao longo do período em que perdurarem as causas da incapacidade. A utilização dos bens para finalidade distinta da que levou à instituição da curadoria – como por exemplo, a utilização do patrimônio do incapaz para locupletamento pessoal do curador – torna ilegítima a curadoria, o que permite a destituição do curador, e sua consequente responsabilização pelos danos causados ao incapaz.

Outro conceito jurídico capaz de representar essa relação entre a comunidade e o governo é, como aponta Miqueu, o instituto do *fideicomisso*, vigente na época da República romana e posteriormente extinto na compilação de Justiniano, pelo qual uma pessoa – o fideicomitente – podia transmitir a outra – o fiduciário – por um pacto de confiança, a propriedade temporária de um bem, para que este a transmitisse posteriormente a um terceiro – o fideicomissário[810]. Dependente originalmente da boa-fé do fiduciário, tal instituto jurídico foi adotado pelo direito inglês com o nome de "trust", mesmo termo utilizado por Locke para referir-se à relação da comunidade com o governo, sendo capaz de expressar, nesse sentido, o vínculo moral de confiança existente entre a comunidade e o mandatário, que se assemelha à relação entre o fiduciário e o fideicomitente[811].

Para Locke, nesse sentido, a rebelião torna-se justificável, de maneira geral, sempre que o exercício do poder por aqueles a quem as funções de governo foram confiadas ocorrer fora dos limites para os quais o poder político foi estabelecido. Para além dessa hipótese geral, Locke descreve, também, diversas situações específicas que tornam justificável a rebelião contra os tiranos ou usurpadores do poder político. De acordo com Thomas, tais situações podem ser reunidas em quatro diferentes grupos, que serão a seguir analisados.

A primeira hipótese em que a rebelião torna-se legítima, segundo Thomas, decorre da falha do governo em empreender a execução da lei natural, o que pode ocorrer de duas maneiras: por meio da efetiva adoção de políticas

[810] O *fideicomisso* expressava-se, na época da República romana, como uma solicitação ou pedido feito ao sucessor ao fiduciário e prescindia de qualquer formalidade, podendo ser formulado em testamento, codicilo ou outro meio idôneo. A execução do fideicomisso dependia, originalmente, apenas da boa-fé do fiduciário, representando, assim, uma obrigação moral. Com a posterior admissão da possibilidade do fideicomissário propor ação contra o fiduciário, o instituto passou a ter maior segurança, mas apesar de suas vantagens, foi extinto pela compilação de Justiniano, ao ser anexado ao instituto do legado. Cf. Thomas MARKY, *Curso elementar de direito romano,* São Paulo: Saraiva, 1995, p. 195-196.

[811] Cf. MIQUEU, *Op. cit.*, p. 307.

diretamente contrárias à lei natural; ou em virtude da falha ou da negligência dos órgãos do governo em tornar efetivas as disposições da lei natural[812].

Uma segunda situação capaz de ensejar o direito de rebelião dá-se na hipótese de o governo falhar na promoção do bem comum, pois se o poder político é, para Locke, o *"direito de editar leis com pena de morte"* e de empregar a força da sociedade política na execução dessas leis *"observando tão-somente o bem público"*[813], o exercício do poder para além dos limites do bem comum retira a legitimidade indispensável para que a obediência ao governo seja mantida pelos homens.

Nesse aspecto, é importante notar, conforme salienta Thomas com precisão, que a noção de bem comum exposta por Locke é muito mais ampla do que a mera garantia de não violação dos direitos individuais, pois comporta até mesmo o poder de suprimir parcialmente alguns desses direitos na hipótese de se tornar necessária a defesa de direitos coletivos, que dizem respeito à segurança e à preservação da sociedade política como um todo. É o que decorre da noção de *prerrogativa*, por meio da qual Locke sustenta ser admissível a supressão parcial de direitos individuais no caso, por exemplo, de um incêndio urbano que coloque em risco toda a coletividade. Nessa hipótese, a destruição do patrimônio individual torna-se justificável diante da necessidade de se afastar um dano maior à coletividade, ainda que isso acarrete a supressão de um direito do indivíduo[814].

A terceira hipótese que torna justificável o direito de resistência é o caso de o governo perder a confiança da maioria da comunidade, o que retira dele a sua legitimidade. De fato, o poder executivo da lei natural é transferido ao governo, pela maioria dos membros da comunidade, por um ato de confiança e para o exercício do encargo de garantir o gozo pacífico dos direitos naturais. Dessa forma, se o governo perde o consentimento da maioria, o que pode ser identificado, como bem sustenta Thomas, por uma simples mudança de comportamento[815], ele perde, consequentemente, a sua legitimidade. Caso a autoridade ou o órgão investidos do poder de governo insistam em manter o exercício do poder político sobre os indivíduos, estes possuem o direito de resistir, até mesmo pela força, se for necessário.

Com efeito, conforme exposto anteriormente, o poder político, para Locke, não pertence aos órgãos ou pessoas investidas das funções de governo, mas ao

[812] Cf. THOMAS, *Op. cit.*, p. 62.
[813] Cf. LOCKE, *Op. cit.*, p. 381, §3.
[814] Cf. THOMAS, *Op. cit.*, p. 63-64.
[815] Consentimento comportamental. Cf. THOMAS, *Op. cit.*, p. 32-33.

povo, motivo pelo qual esse poder deve ser restituído sempre que o povo assim desejar. Disso decorre que a perda da confiança depositada no governo pela comunidade ocorre também na hipótese de transferência do poder a órgãos ou pessoas diferentes daqueles a quem a comunidade o confiou:

> Pois, sendo o fim pelo qual as pessoas entraram em sociedade o serem conservadas numa única sociedade integral, livre e independente, e governadas por suas próprias leis, tudo isso se perde sempre que elas forem entregues ao poder de outrem[816].

Segundo Thomas, Locke tem em mente na descrição dessa situação em particular as frequentes ameaças perpetradas por Carlos II de submeter o governo da Inglaterra ao controle da França de Luís XIV. Nesse caso, assim como na hipótese de *usurpação,* o povo tem o direito de resistir tanto em face daquele que recebeu o poder – por se tratar de um usurpador – quanto em relação àquele que não cedeu o poder, em razão da perda da confiança[817].

Por fim, outra hipótese descrita por Locke como legitimadora do direito de resistência é o caso de o governo atuar fora dos limites da lei positiva, violando as leis estabelecidas. De fato, se as leis positivas são estabelecidas para a garantia do pleno exercício dos direitos naturais, a violação dessas leis constitui uma violação indireta a esses direitos, cuja salvaguarda é o fim último de instituição do poder político.

Uma situação que, segundo Thomas, deve ter levado Locke a descrever essa particular hipótese foram as constantes tentativas levadas a efeito por Carlos II para impedir o parlamento de se reunir. Outra violação da lei positiva frequentemente praticada pelo rei e que certamente serviu de inspiração para a descrição dessa hipótese foram as frequentes supressões do direito de propriedade perpetradas pelo rei sem a autorização do parlamento[818].

Do elenco de hipóteses listadas por Locke como passíveis do legítimo exercício do direito de rebelião, pode-se depreender, como destaca Ashcraft, um conjunto de situações concretas ou de ameaças vivenciadas de fato na política inglesa do século XVII, sobre as quais Locke e os defensores da supremacia do parlamento em relação ao rei tiveram que se posicionar[819].

816 Cf. LOCKE, *Op. cit.*, p. 576, § 217.
817 Cf. THOMAS, *Op. cit.*, p. 65.
818 Cf. Idem, *ibidem*, p. 65-66.
819 Cf. ASHCRAFT, *Op. cit.*, p. 237.

Os frequentes arbítrios levados a efeito por Carlos II desenhavam um quadro, conforme salienta Ashcraft, em que a rebelião passou a ser um tema frequente no debate político da Inglaterra, principalmente no âmbito das discussões sobre a religião do monarca, em que um defensor da primazia do parlamento afirmou, por exemplo, que o cenário político estava dividido entre *"ficar sentado e correr o risco de ter um sucessor papista, ou lutar e ser rebelde"*[820].

Conforme postula Ashcraft, já no *Primeiro tratado* Locke deu eco ao discurso revolucionário, ao chamar a atenção para o fato de que a aceitação da defesa da monarquia absoluta realizada por Filmer permitiria o *"rompimento dos vínculos de governo e de obediência"*[821], e que o debate entre a tese da origem popular do poder e a tese do direito divino dos reis consistiria em admitir, respectivamente, a sujeição dos homens à *"eleição e ao consentimento"* ou à *"tirania e à usurpação"*[822].

Os defensores do absolutismo monárquico, por sua vez, como descreve Ashcraft, sustentavam a ilegitimidade do direito de rebelião contra o soberano a partir de dois principais argumentos. O primeiro, que ganhou destaque especialmente nos sermões e pregações dos religiosos, consistia em um apelo ao respeito à hierarquia da sociedade e do universo, pois se os homens foram colocados pela providência divina em uma determinada posição na sociedade, os indivíduos não possuem o direito de se levantar contra aqueles que foram colocados por Deus no governo, devendo, como pregou Calamy, *"ficar quietos, cuidar de seus próprios negócios em suas devidas esferas de atribuição e não se intrometer com os negócios do governo"*[823].

O segundo argumento utilizado pelos defensores da monarquia absoluta consistia na afirmação de que o reconhecimento de um direito de resistência importaria em negar a ideia de soberania monárquica e admitir, nas reveladoras palavras de John Maxwell, a *"soberania do populacho"*, ou da *"escória da humanidade"*[824], o que levaria a sociedade a uma situação equiparada ao estado de guerra hobbesiano, pois a igualdade sustentada pelos defensores da

[820] Henry BOOTH, *Works*, 1694, p. 95 *Apud* ASHCRAFT, *Op. cit.*, p. 288. Tradução livre.

[821] Cf. LOCKE, *Op. cit.*, p. 312, § 105.

[822] Cf. Idem, *ibidem*, p. 258-259, § 148.

[823] Cf. Benjamin CALAMY. *A sermon preached before de Lord Mayor*, 1682, p. 17. *Apud* ASCHCRAFT, *Op. cit.*, p. 292.

[824] John MAXWELL. *Sacro-Sancta Regum Majestas: or the sacred and royal prerrogative of christian kings.* 1644, *Apud* ASCHCRAFT, *Op. cit*, p. 298.

supremacia do parlamento levaria o país *"ao absurdo estado de guerra de Hobbes"*, na categórica afirmação de Robert Brady[825].

Diante desse quadro, Locke procurou realçar em sua teoria, como bem expõe Ashcraft[826], as diferenças entre a sua concepção de estado de natureza e o estado de guerra hobbesiano, destacando o fato de que a ausência, no estado de natureza, de um governo constituído, não importa na ausência de qualquer lei, de maneira que as situações de dissolução do governo não levam, do mesmo modo, a um estado de guerra, mas ao império da lei natural, que visa a garantir a paz e a harmonia da humanidade.

Se a resposta de Locke à apropriação da teoria de Hobbes pelos defensores da monarquia absoluta recebeu boa acolhida entre os defensores da supremacia do parlamento, o mesmo não ocorreu com sua exposição sobre a soberania popular, que encontrou opositores até mesmo entre os defensores da supremacia do parlamento em relação ao rei, em virtude do seu radicalismo.

De fato, conforme exposto anteriormente, a ampliação do direito de participação da comunidade a todos os homens introduziu na teoria de Locke um argumento de soberania popular que estende o significado do termo "povo" até as mais baixas classes da sociedade, noção essa que não era compartilhada, contudo, pelos autores que defendiam a supremacia do parlamento, alguns dos quais inequivocamente identificados com a tradição republicana, com era o caso de Neville. Assim, para Tyrrell, por "povo" deveria compreender-se apenas os proprietários de bens ou de terras[827], enquanto Neville, ainda que reconhecesse que "o bem do povo é e deve ser a mais suprema ou soberana lei no mundo", ressalvava que tal bem não poderia ser julgado por "pessoas privadas, ainda que muito numerosas", de modo que nada poderia justificar a tomada de armas por qualquer pessoa contra um príncipe, que deveria ser considerada traição, devendo a competência de julgar o governo ser atribuída exclusivamente ao parlamento[828].

Dessa forma, conforme bem analisa Ashcraft, Locke assume, na temática do direito de resistência, uma posição muito mais ousada do que a postura de seus contemporâneos, reconhecendo que o direito de rebelião pertence a todos os homens livres, o que confere a todos uma igual responsabilidade moral e política e uma igual participação na soberania[829].

825 Cf. Robert BRADY. *The great point of succession discussed,* 1681, p. 25. *Apud* ASCHCRAFT, *Op. cit,* p. 294.

826 Cf. ASCHCRAFT, *Op. cit,* p. 294.

827 Cf. ASHCRAFT, *Op. cit.,* p. 237.

828 Cf. NEVILLE, *Op. cit.,* p. 86.

829 Cf. ASHCRAFT, *Op. cit.,* p. 311.

5.3.2. Prerrogativa

A ideia de supremacia popular que resulta da enfática defesa do direito de resistência realizada por Locke deve ser tomada, conforme descrito no capítulo II, como uma decorrência do esforço de contestação da teoria do direito divino dos reis elaborada por Filmer, que acrescentou à teorização absolutista a noção de arbítrio como característica inerente ao exercício do poder absoluto pelo monarca. Para Filmer, desse modo, o rei, legítimo herdeiro de Adão, deve impor a lei e governar exclusivamente de acordo com sua vontade, sem submeter-se a nenhuma norma, positiva ou natural, não estando obrigado nem mesmo por suas próprias declarações ou promessas anteriores[830].

Por essa concepção, a prerrogativa real, tão questionada pelo parlamento no "momento do direito romano", avulta como um direito do monarca por excelência, que poderia não apenas vetar as proposições do parlamento, mas legislar e executar as leis de acordo com sua própria vontade, sem o auxílio de nenhum dos outros "estados" do reino. Ao vincular a função do governo à finalidade específica de garantir e aprimorar o exercício dos direitos naturais e atribuir ao povo o direito de dissolver o governo sempre que tal objetivo não estiver sendo alcançado, Locke afasta por completo o risco do exercício arbitrário do poder, reafirmando a máxima "*salus populi suprema lex*", extraída da Lei das Doze Tábuas e rearticulada no republicanismo inglês no "momento dos filósofos e historiadores da antiguidade".

A expressão desse argumento no âmbito do "republicanismo jusnaturalista" de Locke pode ser observada na abordagem do tema da prerrogativa pelo filósofo, o qual sustenta que, nas sociedades políticas em que o poder executivo e o poder legislativo sejam exercidos por órgãos distintos, "como ocorre em todas as monarquias moderadas e nos governos bem constituídos", há questões que devem ser deixadas à discrição do poder executivo para serem equacionadas "conforme o exijam o bem e a vantagem do público":

> Esse poder de agir conforme a discrição em prol do bem público, sem a prescrição da lei e por vezes até contra ela, é o que se chama *prerrogativa*.
>
> (...)
>
> Esse poder, enquanto for empregado para benefício da comunidade e conforme os encargos e fins do governo, *é uma prerrogativa acima de qualquer dúvida*, e nunca é questionado. Pois as pessoas raramente, ou nunca,

830 Cf. SPITZ, *Op. cit.*, p. 132.

> são escrupulosas ou justas neste ponto; estão longe de examinar a *prerrogativa* quando esta é empregada, em qualquer grau tolerável, para o uso a que foi destinada; ou seja, para o bem do povo e não manifestamente contra ele. Porém, se chega a haver uma controvérsia entre o poder executivo e o povo, *acerca* de alguma questão que se pretenda prerrogativa, ela facilmente se resolverá conforme tenda o exercício da *prerrogativa* para o bem ou para o mal do povo.
>
> (...)
>
> Pois a *prerrogativa não é senão o poder de fazer o bem público independentemente das regras*[831].

Dessa forma, a prerrogativa é concebida por Locke como o poder do poder executivo de agir com discricionariedade em favor do interesse público e para o bem do povo – e jamais contrariamente a este – na hipótese de lacunas legislativas ou em situações de emergência. Por estar obrigado a cumprir a lei positiva, mas, em primeiro lugar, por estar submetido ao comando da lei natural que prescreve que "tanto quanto seja possível, *todos* os membros da sociedade devem ser *conservados*", o titular do poder executivo deve, segundo Locke, possuir um poder de suprimir alguns direitos individuais, em benefício do bem comum e do interesse do povo:

> Pois, visto que muitos acidentes podem ocorrer em situações em que observância estrita e rígida das leis pode causar danos (como não demolir a casa de um homem inocente para deter um incêndio quando a casa vizinha esteja em chamas) e visto que por vezes alguém pode cair na alçada da lei, que não faz distinções entre as pessoas, por uma ação que pode merecer recompensa e perdão, é conveniente que o governante tenha o poder, em muitos casos, de atenuar a severidade da lei e perdoar alguns infratores[832].

Da formulação do conceito de prerrogativa, pode-se observar que a função do governo não está restrita, para Locke, à observância do ideal de não-intervenção nos direitos naturais do homem, pois ao estar vinculada à realização do preceito da lei natural que determina a conservação de todos tanto quanto possível, a intervenção e até mesmo a supressão de alguns direitos individuais é possível e até mesmo almejada para o interesse público. O critério para

[831] Cf. LOCKE, *Op. cit.*, p. 530-334 §§ 160, 161 e 166.
[832] Cf. LOCKE, *Op. cit.*, p. 529, §159.

identificação das hipóteses em que tal intervenção é possível ou necessária deve ser obrigatoriamente o interesse do povo, o que permite que a intervenção não seja arbitrária e, desse modo, realize o ideal de não-dominação, prescrito pela lei natural.

Dessa forma, como enfatiza Thomas, a abordagem da prerrogativa demonstra, para Locke, que a noção de bem comum é muito mais abrangente do que a mera garantia de não violação dos direitos individuais, haja vista que para a sua realização o governo não deve apenas assumir uma postura passiva de não interferência nos direitos de cada um, mas deve atuar de forma ativa para a realização do interesse público, que não é apenas a soma dos interesses individuais[833].

Na supressão de direitos pela prerrogativa para a realização do bem comum tem-se, nesse sentido, uma clara caracterização da liberdade como não-dominação, na medida em que aquele que teve de suportar a destruição de seu patrimônio para a preservação de sua vida, embora tenha sofrido uma intervenção do poder executivo, não foi por ele dominado, pois a intervenção não foi realizada de acordo com o arbítrio daquele que exerce o poder, mas destinou-se exatamente a promover o ideal de preservação expresso na lei natural.

Essa intervenção sem dominação assemelha-se à situação descrita por Pettit para ilustrar a ideia de autocontrole trazida pela lei, como se pode observar no episódio da Odisseia em que Ulisses, ao deixar a ilha de Circe em direção à ilha das Sereias, instrui seus homens a tampar os ouvidos de toda a tripulação e amarrá-lo ao mastro do navio, sem que tivesse ele mesmo tampado seus ouvidos, para que pudesse assim ouvir a bela canção das sereias. Embora tenha sido mantido preso por sua tripulação mesmo sob seus posteriores protestos para que fosse desamarrado, a intervenção dos marinheiros e a contenção de Ulisses não podem ser consideradas, como conclui Pettit, restrições de sua liberdade, pois além de terem sido por ele consentidas, foram determinadas por sua própria vontade e para a preservação de sua vida[834].

Ao defender a legitimidade do ato de interferência decorrente da prerrogativa a partir do amparo na lei natural, Locke está descrevendo, como constata Skinner[835], uma abordagem "moralizada" da interferência, pois embora possa parecer que os governantes, detentores do poder de prerrogativa, possuam de algum modo um poder arbitrário, essa aparência é na verdade enganosa,

833 Cf. THOMAS, *Op. cit.*, p. 63-64.

834 Cf. Philip PETTIT, *Law and liberty*, Princeton: Princeton University Press, 2008, p. 46.

835 Cf. Quentin SKINNER, *Freedom as the absence of arbitrary power*, In: Cécile LABORDE and John MAYNOR (org), *Republicanism and political theory*, Oxford: Blackwell, 2008, p. 86.

à medida que a prerrogativa é regulada pela ideia de bem público e consiste simplesmente, como assevera o filósofo, no *"poder de fazer o bem público independentemente das regras"*[836].

A diferença entre a interferência exercida de acordo com a lei natural, como na hipótese da prerrogativa – que nesse caso não representa uma violação da liberdade – e a interferência arbitrária ou a mera possibilidade de interferência arbitrária – que importa necessariamente em violação da liberdade – pode ser observada, como ilustra Skinner, na hipótese de um escravo que estivesse submetido a um senhor bom e justo, que não lançasse mão de seus poderes de senhorio para a restrição da liberdade de seu servo. Nesse caso, a despeito da inocorrência concreta da intervenção do senhor sobre o escravo, haveria, ainda assim, pela perspectiva da liberdade como não-dominação delineada por Locke, uma violação da liberdade, pois o servo estaria à mercê do arbítrio de seu senhor e submetido a uma condição de dependência[837].

A enfática condenação de Locke à interferência arbitrária e à mera situação de dependência pode ser identificada nas diversas passagens em que o filósofo manifesta seu repúdio à redução do homem à condição de escravidão, que é considerada, conforme disposto no Digesto, uma negação da natureza humana. É o que Locke sustenta, por exemplo, ao tratar da mera tentativa do governo em reduzir o povo à escravidão por um poder arbitrário, que leva à formação do estado de guerra e desobriga os cidadãos da obediência ao governo:

> (...) sempre que tais legisladores tentarem violar ou destruir a propriedade do povo ou reduzi-lo à escravidão sob um poder arbitrário, colocar-se-ão em estado de guerra com o povo, que fica, a partir de então, desobrigado de toda obediência e deixado ao refúgio comum concedido por Deus a todos os homens contra a força e a violência[838]

Essa concepção da escravidão como absolutamente contrária à natureza humana, pela qual Locke recupera a perspectiva desenvolvida, no âmbito do republicanismo inglês, no "momento do Direito Romano" e no "momento dos filósofos e historiadores da antiguidade", é expressada por Locke, também, na própria definição de escravidão apresentada no *Segundo tratado*, concebida como *"o estado de guerra continuado entre um conquistador legítimo e um cativo"*,

[836] Cf. LOCKE, *Op. cit.*, p. 534, §166.
[837] Cf. SKINNER, *Liberty Before Liberalism*. Cambridge: Cambridge University Press, 1998, p. 84.
[838] Cf. LOCKE, *Op. cit.*, p. 584-585, § 226.

não podendo jamais decorrer de qualquer espécie de acordo, uma vez que homem algum pode "ceder a outrem aquilo que ele próprio não possui – um poder sobre sua própria vida"[839].

Para Locke, nesse sentido, por representar uma violação a sua natureza de artefato de Deus criado para a liberdade, o homem não pode submeter-se voluntariamente ao poder arbitrário de outrem e, consequentemente, reduzir-se à escravidão[840]. A admissão por Locke da escravidão decorrente de uma guerra justa decorre, por outro lado, de sua concepção de estado de guerra, que se caracteriza pela renúncia à razão por parte daquele que viola a lei natural, importando na declaração de "guerra a toda a humanidade e, portanto, pode ser destruído como um leão ou um tigre, um desses animais selvagens com os quais os homens não podem ter sociedade ou segurança". Nessa situação, de acordo com Locke, por ter perdido o direito à própria vida ao renunciar à razão e à sua humanidade, a vítima do agressor "pode fazer uso dessa pessoa para seu próprio serviço", pois se está em poder da vítima cumprir a lei natural e tirar a vida do agressor, também pode ela impor a este uma pena menor[841].

Desse modo, em sua enunciação da prerrogativa, assim como em suas inúmeras abordagens da escravidão, Locke invoca, segundo Skinner, "uma compreensão republicana da liberdade em resposta aos argumentos de Filmer", podendo ser incluído, assim, entre os mais notáveis defensores da liberdade como não-dominação[842].

5.4. Liberdade política como não-dominação.

Tendo sido consideradas as concepções de sociedade política, do consentimento de homens livres que institui a sociedade política e do poder político exercido no âmbito dessa sociedade, resta analisar a noção de liberdade política formulada por Locke a partir desses conceitos.

[839] Cf. LOCKE, *Op. cit.*, p. 404, § 24.

[840] Como observa LASLETT, a escravidão voluntária ou consensual é tomada por LOCKE como contrária à lei natural, em clara oposição à perspectiva de HOBBES, que concebe no capítulo 20 do *Leviatã* a possibilidade de auto-imposição da escravidão por consentimento ou pacto. Cf. LOCKE, *Op. cit.*, p. 404.

[841] Cf. LOCKE, *Op. cit.*, p. 403, § 23.

[842] Cf. SKINNER, *Op. cit.*, p. 85.

De fato, Locke define a liberdade política como a liberdade exercida pelo homem no âmbito da sociedade política, em que os homens não devem possuir qualquer restrição, exceto as das leis promulgadas pelo governo, instituído mediante consentimento, e que protegem o homem contra a dominação decorrente da *"vontade inconstante, incerta, desconhecida e arbitrária de outro homem"*[843].

Para Locke, nesse sentido, a liberdade dos homens na sociedade política consiste em não ser dominado pela vontade inconstante e arbitrária de outrem, o que só pode ser obtido sob a proteção da lei, que, por sua vez, diante da liberdade e da igualdade que caracterizam a condição natural do homem, só pode ser instituída por meio do consentimento.

É esse o contorno dado à liberdade por Locke no capítulo VI do *Segundo tratado*:

> Pois a lei, em sua verdadeira concepção, não é tanto uma limitação quanto a direção de um agente livre e inteligente rumo a seu interesse adequado, e não prescreve além daquilo que é para o bem de todos quantos lhe estão sujeitos. Se estes pudessem ser mais felizes sem ela, a lei desapareceria por si mesma como coisa inútil (...). De modo que, por mais que possa ser mal interpretado, o fim da lei não é abolir ou restringir, mas conservar e ampliar a liberdade, pois, em todos os estados de seres criados capazes de leis, onde não há lei, não há liberdade. A *liberdade* consiste em estar livre de restrições e de violência por parte de outros, o que não pode existir onde não existe lei. Mas não é, como já nos foi dito, liberdade para que cada um faça o que bem quiser (pois quem poderia ser livre quando o capricho de qualquer outro homem pode dominá-lo?), mas uma liberdade para dispor e ordenar como quiser a própria pessoa, ações, posses e toda a sua propriedade, dentro dos limites das leis às quais se está submetido; e, portanto, não estar sujeito à vontade arbitrária de outrem, mas seguir livremente a sua própria[844]

Assim, para Locke, a lei é um instrumento para ampliação da liberdade e garantia contra toda forma de abuso, especialmente o arbítrio do poder político, e não uma ferramenta destinada à imposição de restrições e impedimentos à liberdade.

843 Cf. LOCKE, *Op. cit.*, p. 403, § 22.

844 Cf. LOCKE, *Op. cit.*, p. 433-434, § 57.

Conforme destaca Spitz, a precisa compreensão do conceito de liberdade política de Locke depende da análise do contexto histórico em que foi formulado, sendo reflexo de uma tentativa de manter em equilíbrio a autonomia individual em face de duas poderosas fontes de opressão: a violência privada e os abusos cometidos pelo poder político, em especial pelas monarquias absolutistas[845].

De fato, para Spitz, embora a centralização do poder político ocorrida no início da época moderna tenha sido de fundamental importância para o desenvolvimento do conceito de soberania, abrindo caminho para a formulação teórica que permitiu a utilização do poder do Estado como um meio eficiente de luta contra a violência privada e a anarquia feudal, não tardou para que as evoluções históricas e teóricas desse conceito permitissem compreender que o instrumento de proteção poderia ser igualmente perigoso para os indivíduos, e que *"a garantia da liberdade e dos direitos do indivíduo* contra *o Estado poderia ser ao menos tão importante quanto a garantia obtida* graças ao *Estado contra o arbítrio e a violência particulares"*[846].

Nesse sentido, segundo Spitz, é a partir do momento em que o mecanismo estatal forjado para combater a anarquia torna-se ele mesmo uma fonte maior de insegurança que se desenvolve a reflexão sobre a limitação do poder do Estado, que surge com o desafio de conciliar a liberdade e a soberania, debruçando-se especialmente sobre as seguintes questões: *"como estar protegido sem ser escravizado por aquele que nos protege? Como conciliar a obediência e a liberdade, a qualidade de sujeito e a de cidadão?"*[847]

Diferentemente de outros teóricos do mesmo período, Locke procura enfrentar essas questões, segundo Spitz, sem se seduzir pelo anarquismo e sem deixar de estar atento, tampouco, às consequências absolutistas do argumento de Hobbes acerca da soberania, reconstituindo a problemática do direito de resistência e da limitação dos poderes do governo em um contexto intelectual inteiramente novo, *"colocando explicitamente o problema da instituição do poder político a partir dos indivíduos que o compõe"*[848].

Com efeito, ao contrário das soluções propostas pelas diversas teorias que defendem a limitação do poder monárquico, Locke não está preocupado com a limitação do poder pelo poder, com a contraposição de uma instituição a outra, como propunham seus contemporâneos que defendiam a supremacia

[845] Cf. SPITZ, *Op. cit.*, p. 5.
[846] Cf. SPITZ, *Op. cit.*, p. 5.
[847] Cf. SPITZ, *Op. cit.*, p. 5.
[848] Cf. SPITZ, *Op. cit.*, p. 289.

do parlamento em relação ao rei como forma de controle sobre as arbitrariedades. Conforme sustenta Spitz com precisão, Locke procura demonstrar, em objeção a Filmer e a Hobbes, que todos os poderes instituídos são limitados por um poder ilimitado que, embora não seja constituído, é superior a todos os poderes constituídos. Locke postula, portanto, a limitação do próprio poder político, e não de um ou outro órgão da sociedade política[849].

Para Spitz, nesse sentido, Locke não pretende questionar apenas a soberania do rei, mas *"toda a ideia de soberania por ela mesma, enquanto conceito político que permita definir o poder do povo sobre ele mesmo. Ele não a admite como algo presente nas mãos do rei, nas mãos do Parlamento, e tampouco a aceita nas mãos do povo como entidade legal incorporada; ele a reconhece apenas como pertencente ao povo como entidade constituinte, ou ao conjunto formado pelas razões individuais convidadas a interpretar por elas mesmas (e de forma imprescritível) o que exigem a lei de Deus e a lei da natureza"*[850].

Essa compreensão da soberania como algo pertencente à comunidade na qualidade de entidade constituinte realça o conteúdo moral imposto pela lei da natureza a todos os homens, o que aproxima o conceito de liberdade de Locke, conforme propõe Goldie, da noção de liberdade *para* agir e se autodeterminar, própria à liberdade positiva[851].

De fato, se a comunidade é, para Locke, a única entidade legitimada a instituir o poder político, será no âmbito dessa entidade, organizada coletivamente, que os homens poderão garantir a sua liberdade, escolhendo a forma de governo a ser atribuída à sociedade política, fixando os contornos da constituição política e determinando os limites da autoridade a ser confiada aos órgãos de governo.

Além disso, mesmo após a instituição do poder político é à comunidade a quem compete, segundo Locke, a vigilância sobre o exercício do poder político confiado ao governo, o que confere aos indivíduos a atribuição de interpretar a lei natural, decidindo coletivamente os destinos da organização política.

Segundo Ashcraft, nesse sentido, a noção de comunidade, que introduziu na teoria de Locke a ideia de supremacia popular, estendendo o significado do termo "povo" a todas as classes da sociedade, traz subjacente a noção de autodeterminação, uma vez que é à comunidade a quem compete, por meio

[849] Cf. SPITZ, *Op. cit.*, p. 299.

[850] Cf. SPITZ, *Op. cit.*, p. 299.

[851] Cf. Mark GOLDIE. *Introduction*. In: *Two Treatises of Government*. Londres: Everyman, 1993, p. 25, *apud* Lena HALDENNIUS. *Locke and the non-arbitrary*. In: *European Journal of Political Theory*. London: Sage publications, 2003, p. 265.

da maioria, a responsabilidade moral e política de decidir os destinos de todos os seus membros[852].

Assim, por exemplo, da noção de consentimento da comunidade descrita por Locke – que segundo Thomas pode ser definido como um "consentimento comportamental"[853], vez que representa, em geral, não mais que uma concordância tácita dos cidadãos com relação ao governo instituído na sociedade política – resulta a ideia de autodeterminação dos indivíduos também para a dissolução do governo, tendo em vista que, para Locke, os órgãos de governo podem ser destituídos pela simples manifestação da maioria da comunidade.

Para além da noção de autodeterminação subjacente à tese de supremacia popular descrita no *Segundo tratado*, o destaque dado por Locke à luta contra as arbitrariedades do poder político faz com que seu conceito de liberdade aproxime-se também, conforme bem destaca Haldennius[854], da noção de *"liberdade como não-dominação"*, que é descrita por Pettit[855] como o cerne da concepção republicana de liberdade, pois não exige que haja um caso real de interferência ou restrição para que a liberdade seja considerada violada.

Com efeito, para Locke, o poder executivo da lei natural é transferido pela maioria dos membros da comunidade por um ato de confiança e para o exercício do encargo de garantir o gozo pacífico dos direitos naturais. Assim, se a mera perda da confiança no governo, expressada pela maioria da comunidade, retira do poder instituído a sua legitimidade, o que pode ser identificado, como sustenta Thomas, por uma mera mudança de comportamento[856], o simples exercício do poder pelo governo após a manifestação da desconfiança da comunidade constitui uma violação da liberdade, não sendo necessária a efetiva interferência nos direitos naturais do indivíduo.

Desse modo, o conceito de liberdade política descrito por Locke no *Segundo tratado* deve ser compreendido por meio da ideia de não-dominação, sendo que tal liberdade deve ser preservada pela comunidade formada pelo "povo", que embora permaneça latente após a instituição do poder político, constitui a única entidade absolutamente soberana, a quem compete interpretar a moralidade comum delineada pela lei da natureza, que se apresenta como *"instrumento de proteção"* contra o arbítrio do poder político.

852 ASHCRAFT, *Op. cit.*, p. 311.

853 Cf. *Op. cit.*, p. 31.

854 Cf. *Op. cit.*, p. 263.

855 Cf. Philip PETTIT, *Republicanism: a theory of freedom and government*. Oxford: Oxford University Press, 1999.

856 Consentimento comportamental (*"attitudinal consent"*). Cf. THOMAS, *Op. cit.*, p. 31.

6.
LIBERDADE RELIGIOSA

Nos momentos finais de seu exílio na Holanda, Locke publicou anonimamente sua principal obra sobre liberdade religiosa, a *Carta sobre a tolerância*, que apareceu em 1689 em Gouda, escrita em latim, como um esforço para enfrentar uma das questões que traziam, desde o início da Reforma, mais ameaças à liberdade em seu país: a tolerância religiosa. Como observou o tradutor da obra para o inglês, William Popple[857], a profusão de escritos sobre o mesmo tema na Inglaterra até então não fora suficiente para equacionar o problema, pois embora não existisse "nação sob o céu em que tanto já se tenha dito sobre o tema da tolerância", não existia também um povo que continuasse "necessitando que mais seja dito e feito nesse ponto do que a Inglaterra"[858].

De fato, segundo Popple, o governo da Inglaterra havia sido extremamente parcial nas questões de religião, mas também aqueles que foram oprimidos pela parcialidade tentaram reivindicar seus próprios "direitos e liberdades" a partir dos interesses de suas próprias seitas, o que desencadeou as inúmeras confusões vividas no país. Para que a patologia que acometia a Inglaterra pudesse ser tratada, fazia-se necessária, de acordo com Popple, a aplicação de "remédios" que não se restringissem apenas a "declarações de indulgência" ou "atos de compreensão", que seriam "meros paliativos" e poderiam até mesmo agravar a enfermidade. Para o tradutor da *Carta*, era necessário que se colocasse "a liberdade em prática", tanto de parte dos governantes em relação

857 POPPLE, que era sobrinho de Andrew MARVELL, traduziu a *Carta sobre a tolerância* ainda em 1689. Apenas em seu testamento, porém, lavrado em 1704, LOCKE reconheceu a autoria da *Carta*, bem como avalizou a tradução de POPPLE, ainda que esta não tenha contado com a sua participação. Cf. Raymond KLIBANSKY, *Prefácio*, In: *Carta sobre a tolerância*, Lisboa: Edições 70, 2014.

858 Cf. John LOCKE, *A letter concerning toleration*. Indianapolis: Hackett Publishing Company, 1983, p. 21. Os trechos da *Carta* citados no decorrer da obra são decorrentes de livre tradução para o português do texto em inglês.

ao povo quanto entre os segmentos do povo que discordavam entre si, pois o que a Inglaterra estava precisando era da "liberdade absoluta, a justa e verdadeira liberdade, a liberdade igual e imparcial"[859].

Assim, de acordo com Popple, não haveria remédio mais preciso e oportuno para tratar da doença da intolerância religiosa que há tantos anos acometia a Inglaterra do que a *Carta* de Locke, escrita para auxiliar os "homens de alma grande" e todos aqueles que queiram se inspirar na justiça e na possibilidade prática de se exercer a tolerância, preferindo "o verdadeiro interesse do povo ao interesse de um partido"[860].

Essa visão favorável da tolerância defendida por Locke, manifestada por Popple já no *Prefácio* da *Carta*, expressa o início de um processo de inversão de sentido do conceito de tolerância, o qual, segundo Jacques Le Goff, embora tenha surgido no século XVI, apenas posteriormente adquiriu um sentido positivo, passando a ser descrito inequivocamente como uma virtude apenas no século XVIII[861]. Como analisa Maria Cecília Almeida, no século XVI, a tolerância expressava claramente uma ideia negativa, ligada à conivência ou à aceitação de um erro que não se queria ou não se podia impedir. O tolerante era tido como o indiferente ou contrário à religião, enquanto a intolerância manifestava uma espécie de integridade moral em relação aos preceitos religiosos e morais[862]. A transformação da tolerância de vício em virtude deve-se, como bem destaca a comentadora, à decisiva contribuição de Locke, designado por Voltaire como um "sábio" que, juntamente com Pierre Bayle, fora vítima de perseguição dos "cães do lodo teológico"[863].

Conforme descreve Christopher Hill, no mesmo sentido, na Inglaterra, mesmo ao longo do século XVII a tolerância religiosa era tida como "o pior de todos os males", como afirmou em 1646 o puritano Thomas Edwards, pois começaria trazendo o "ceticismo em matéria doutrinária" e a "falta de vergonha na conduta da vida", para enfim conduzir ao ateísmo. Além disso, a necessidade de sobreposição entre a religião e o poder político havia sido explicitamente sustentada tanto por autoridades do reino – como Carlos I, que afirmara que "a religião é o único alicerce firme para todo poder" – quanto

[859] Cf. LOCKE, *Op. cit.*, p. 21.

[860] Idem, *ibidem*, p. 21.

[861] Cf. Jacques LE GOFF, *As raízes medievais da intolerância*, In: *A Intolerância - Academia Universal das Culturas*. Org. Françoise Barret-Ducrocq. Rio de Janeiro: Bertrand Brasil, 2000, *passim*.

[862] Cf. Maria Cecília P. ALMEIDA, *A tolerância e sua medida em John Locke e Pierre Bayle*, In: *Princípios*, Natal, v.17, nº 27, jan/jun. 2010, p. 31-52, p. 2.

[863] Cf. VOLTAIRE. *Dicionário Filosófico*. São Paulo: Abril Cultural, 1978, p. 191.

por religiosos, como o bispo Goodman – que sustentara que "a Igreja e o Estado apoiam-se e assistem-se mutuamente"[864]. De acordo com Hill, os tradicionalistas viam o fim de toda forma de igreja oficial como a "negação de qualquer ordem social bem erigida", pois estava claro que a função de uma igreja estatal não se resumia à orientação espiritual dos homens, mas se destinava sobretudo a mantê-los subordinados aqui na terra. Assim, segundo Hill, o maior impulso à teoria da tolerância religiosa veio daqueles a quem Lilburne denominou "os desconhecidos e pequenos deste mundo", que reivindicavam o direito de professar com independência a sua religião sem o risco de serem acusados de cisma ou heresia[865]. Por outro lado, a resistência à tolerância ressoava intensamente no parlamento, como se observa do discurso de Thomas Case, proferido em 1647 na Câmara dos Comuns:

> [se for concedida a liberdade aos independentes] eles em pouco tempo virão também a saber (...) que têm por nascença um direito a se libertarem do poder dos Parlamentos e (...) reis, bem como a tomarem em armas contra ambos quando estes não votarem ou agirem de acordo com os seus humores. Isso que eles chamam, falsamente, de liberdade de consciência pode rápido converter-se em liberdade de terras, em liberdade de casas, em liberdade de esposas[866].

Dessa forma, como observa Hill, a tolerância foi considerada na Inglaterra do século XVII, mesmo no decorrer da guerra civil inglesa, como um problema político, pois como confessou Philip Henry, o maior problema dos independentes estava no fato de que "eles derrubam a cerca que protege a ordem paroquial", de modo que, como tão bem identificou o panfleto anônimo denominado *The Poore-Mans admonition unto all the Plain People of London*, que circulou em 1640, "[termos como herege e cismático] não passam de nomes pejorativos aplicados a qualquer um que se oponha aos tiranos e opressores"[867].

[864] Cf. Christopher HILL, *O mundo de ponta-cabeça: ideias radicais durante a revolução inglesa de 1640*, São Paulo: Companhia das Letras, 1987, p. 110.
[865] Cf. HILL, *Op. cit.*, p. 112.
[866] Apud: HILL, *Op. cit.*, p. 112.
[867] Apud: HILL, *Op. cit.*, p. 112.

6.1. Tolerância religiosa

Percebendo com clareza as implicações políticas da tolerância e contrariando radicalmente a acepção negativa associada ao termo, Locke procura exaltar, desde o início de sua *Carta sobre a tolerância*, a importância dessa prática, considerada por ele "a principal marca característica da Verdadeira Igreja", pois quaisquer que sejam as marcas ou sinais de que se vangloriam os diferentes grupos religiosos, "seja da antiguidade de lugares e nomes ou da pompa de sua veneração, por alguns, seja da qualidade da reforma de sua disciplina, por outros, ou da ortodoxia de sua fé, por todos, essas questões são muito mais características de homens lutando pelo poder e pelo domínio sobre outro homem do que da igreja de Cristo"[868]. Assim, segundo Locke, embora essas reivindicações possam ser genuínas, na medida em que reflitam corretamente as convicções de cada grupo, elas não expressam a verdadeira religião, mas apenas indicam que "cada um é ortodoxo para si mesmo"[869]. A questão da verdadeira religião é, de acordo com o filósofo, "algo completamente diferente", pois ela não foi instituída para o estabelecimento de uma "pompa externa" ou para a obtenção de uma "dominação eclesiástica", nem tampouco para o exercício de uma "força compulsória", mas para a "regulação da vida dos homens, de acordo com as regras da virtude e da piedade"[870].

Para Locke, nesse sentido, a tolerância para com os defensores de opiniões diferentes e opostas em questões religiosas está "tão de acordo com o Evangelho de Cristo e com a razão pura da humanidade" que parece até "monstruoso" que alguns não vejam a sua necessidade e a sua vantagem, de modo que só podem estar cegos. De fato, a incapacidade de enxergar as vantagens da tolerância deve-se, segundo Locke, a defeitos humanos como o "orgulho e a ambição de alguns" e "a paixão e o zelo pouco indulgente de outros". Embora tais defeitos talvez jamais possam ser totalmente erradicados, sua intensidade é tal que ninguém suportaria que essas falhas lhe fossem abertamente imputadas "sem disfarçá-las com algumas cores ilusórias", de modo que aqueles que não observam a tolerância esperam receber elogios mesmo quando estão "sendo levados por suas paixões irregulares". Assim, de acordo com o filósofo, os orgulhosos e ambiciosos pretendem colorir seu espírito de perseguição e crueldade "com uma pretensa preocupação com o bem público e observância

[868] Cf. LOCKE, *Op. cit.*, p. 23.

[869] Idem, *ibidem*, p. 23.

[870] Idem, *ibidem*, p. 23.

da lei", enquanto os apaixonados e pouco indulgentes, por sua vez, "buscam impunidade para sua licenciosidade e libertinagem"[871].

Diante de todos esses esforços para esconder e disfarçar os defeitos humanos que levam à intolerância e considerando que "ninguém pode se impor a si mesmo ou aos outros alegando lealdade e obediência ao príncipe ou ternura e sinceridade na veneração a Deus", Locke afirma ser necessário, acima de todas as coisas, "distinguir com precisão as funções do governo civil daquelas da religião, e estabelecer a demarcação precisa entre um e outro", pois do contrário, segundo o filósofo "não será possível pôr um fim às controvérsias entre aqueles que têm, ou pelo menos pretendem ter, uma preocupação com a salvação das almas de um lado e, de outro, com a segurança da sociedade política"[872]. A distinção entre as sociedades religiosas e as sociedades políticas, que deve ser empreendida a partir das funções e finalidades de cada uma delas, é proposta por Locke, nesse sentido, como forma de impedir os disfarces utilizados por aqueles que agem de forma intolerante, que se valem da confusão entre as finalidades e atribuições da religião e da sociedade política para esconder os seus defeitos e perpetuar a conduta de intolerância.

Dessa forma, Locke assim define a sociedade política na *Carta sobre a tolerância*:

> A sociedade política me parece ser uma sociedade de homens constituída apenas visando à busca, à preservação e ao progresso de seus próprios interesses civis.
>
> Por *interesses civis*, designo a vida, a liberdade, a saúde e a libertação da dor; e também a posse de coisas externas, tais como dinheiro, terras, casas, móveis e assemelhados.
>
> É dever do magistrado civil, por meio da execução imparcial de leis iguais, assegurar a todo povo em geral e a cada um de seus súditos em particular a posse justa dessas coisas que pertencem a esta vida[873].

Na sumária definição apresentada na *Carta sobre a tolerância*, Locke concebe a sociedade política, nesse sentido, como a sociedade voluntariamente instituída pelo homens para a garantia e ampliação de seus interesses civis, razão pela qual a jurisdição do magistrado civil está necessariamente restrita

[871] Cf. LOCKE, *Op. cit.*, p. 25-26.
[872] Cf. Idem, *ibidem*, p. 26.
[873] Cf. LOCKE, *Op. cit.*, p. 26.

às questões civis, de modo que "todo poder, direito e dominação civis estão confinados ao cuidado único de promover essas coisas", o que "não pode nem deve de maneira alguma se estender à salvação das almas"[874]. Dessa forma, segundo Locke, em caso de violação das "leis da justiça pública e da igualdade", estabelecidas para a garantia dos interesses civis dos homens, o infrator deve ser reprimido com a "privação ou diminuição desses interesses civis, ou bens, que de outro modo ele poderia e deveria usufruir". Além disso, as ameaças de violação das leis civis devem ser dissuadidas pelo "medo do castigo" passível de ser infligido pelo magistrado civil, o qual "se investe da força e energia de todos os súditos, a fim de punir aqueles que violam quaisquer direitos de outro homem"[875].

Nessa descrição da sociedade civil, que prescinde, por sua brevidade, do relato de estado de natureza, Locke designa expressamente os interesses civis como "direitos do homem", que identifica como "a vida, a liberdade, a saúde e a libertação da dor", além da "posse de coisas externas", em enumeração bastante semelhante à fórmula "vida, liberdade e bens", repetida à exaustão pelo filósofo no *Segundo tratado* para referir-se à propriedade em sentido amplo.

Assim, Locke concebe a sociedade civil, na *Carta sobre a tolerância,* como a sociedade instituída pelo consentimento dos homens para a garantia e ampliação de seus direitos, de forma que a jurisdição do magistrado deve ter o "cuidado único" de promover esses direitos, não podendo de maneira nenhuma "se estender à salvação das almas". Essa limitação deve-se, de acordo com Locke, a três motivos.

O primeiro resulta do fato de a "cura das almas" não ter sido outorgada diretamente por Deus ao magistrado, o que tampouco pode ser atribuído a qualquer poder civil pelo consentimento do povo, pois "toda energia e poder da verdadeira religião consiste na persuasão interior e plena da mente; e não existe fé sem convicção". O segundo motivo decorre da constatação de que o poder do magistrado civil consiste apenas em uma força externa, enquanto a "religião verdadeira e salvadora consiste na persuasão interna da mente, sem a qual nada pode ser aceitável a Deus", de maneira que, diante das características do entendimento humano, ninguém pode ser impelido a ter fé por uma força externa. Por fim, a salvação das almas não pode ser atribuída ao magistrado, segundo Locke, pois ainda que o "rigor das leis" pudesse ser capaz de mudar as mentes dos homens, ele em nada auxiliaria na salvação

[874] Idem, *ibidem*, p. 26.

[875] Cf. LOCKE, *Op. cit.*, p. 26.

de suas almas, porquanto apenas a "luz de sua própria razão" e os "ditames de suas próprias consciências"[876] podem levar à verdadeira religião, e não a vontade dos governantes. Ora, se assim não fosse, não haveria, de acordo com Locke, tantas opiniões contraditórias sobre religião nos diferentes países e "o caminho estreito estaria muito reduzido", pois "somente um país estaria certo" e a felicidade ou miséria eternas estariam definidas pelo simples local de nascimento[877].

Tendo assim estabelecido os limites do governo civil, que deve estar "confinado às coisas deste mundo e nada tem a ver com o mundo futuro", Locke passa a considerar os objetivos e finalidades das sociedades religiosas, que são assim definidas pelo filósofo:

> Parece-me que uma igreja é uma sociedade voluntária de homens que se reúnem por vontade própria para o culto público de Deus, do modo como acreditam ser aceitável por Ele e eficaz para a salvação de suas almas.
>
> Afirmo que ela é uma sociedade livre e voluntária. Ninguém nasce membro de qualquer igreja; caso contrário, a religião dos pais seria transmitida aos filhos pelo mesmo direito de herança que seus bens temporais, cada um devendo sua fé à mesma ascendência que lhe cedeu seus bens; não se pode imaginar nada mais absurdo[878].

A finalidade de uma sociedade religiosa é, nesse sentido, para Locke, o culto público de Deus, por meio do qual os homens podem alcançar a vida eterna. Por esse motivo, de acordo com o filósofo, as regras e a disciplina estabelecidas no âmbito de cada igreja devem conduzir apenas a esse fim e a ele restringir-se, não sendo possível à sociedade religiosa adotar qualquer medida relacionada à "posse de bens civis e terrestres". Diante disso, segundo Locke, a força, que pertence inteiramente ao magistrado civil, não deve ser utilizada nas sociedades religiosas em nenhuma hipótese, devendo as leis eclesiásticas ser destituídas de todo poder coercitivo, pois o seu cumprimento pelos fiéis depende da "convicção" e da "aprovação da mente", e não de uma conduta externa, o que torna qualquer coerção "absolutamente inútil e desvantajosa"[879].

876 LOCKE enuncia aqui a sua visão racionalista da religião, que será detalhadamente exposta em *A razoabilidade do cristianismo.*

877 Cf. LOCKE, *Op. cit.*, p. 26-27.

878 Idem, *ibidem*, p. 28.

879 Cf. LOCKE, *Op. cit.*, p. 30.

Por esse motivo, de acordo com Locke, as únicas armas passíveis de serem utilizadas para constranger os membros das sociedades religiosas ao cumprimento de seus deveres são "exortações, admoestações e conselhos". Caso esses meios não se mostrem eficazes a recuperar os transgressores das leis eclesiásticas, porém, a única alternativa disponível às igrejas é a expulsão da sociedade religiosa daqueles que tenham descumprido de forma contumaz as regras da sociedade, e que não tenham demonstrado "esperança de regeneração". A separação da comunhão da igreja constitui, nesse sentido, a máxima punição de competência da autoridade eclesiástica, por meio da qual se empreende, segundo Locke, uma "interrupção de relacionamento entre o corpo e o membro amputado", deixando a pessoa de fazer parte da sociedade religiosa, por ter sido excluída da comunhão[880].

Para ilustrar a diferenciação entre as funções e finalidades de cada uma das sociedades instituídas pelos homens, Locke se vale do exemplo de uma ordem dada aos pais de um recém-nascido para que banhem o seu filho em uma fonte d'água. Como explicita o filósofo, o magistrado pode ordenar que os recém-nascidos sejam banhados caso entenda cabível para a prevenção de enfermidades, tendo em vista que a preservação da vida é de interesse público e, como tal, função do poder legislativo. Contudo, o mesmo magistrado não tem o direito de "ordenar por lei que todas as crianças devam ser batizadas por padres na fonte sagrada para a purificação de suas almas", porquanto a salvação das almas é função das igrejas[881].

Uma vez estabelecidos com clareza os limites de competência da sociedade política e das sociedades religiosas, Locke passa a considerar a dimensão do dever de tolerância que deve ser observado por todos. Assim, o autor esclarece, em primeiro lugar, que nenhuma igreja está obrigada pelo dever da tolerância "a manter em seu seio qualquer pessoa que, mesmo após admoestação, continue obstinadamente a ofender as leis da sociedade", haja vista que a condição da comunhão e o limite da sociedade é o respeito às leis comuns. A despeito disso, a decisão que reconheça o descumprimento às regras eclesiásticas e determine a excomunhão não deve, de acordo com Locke, carregar "consigo nenhum uso grosseiro da palavra ou da ação, causando à pessoa expulsa qualquer dano a seu corpo ou a seus bens", uma vez que a força "pertence apenas

[880] Cf. LOCKE, *Op. cit.*, p. 30.

[881] Idem, *ibidem*, p. 40.

ao magistrado" e só por ele pode ser utilizada, sendo admitido o seu uso por outros apenas na hipótese de autodefesa contra violência injusta[882].

Outra decorrência do dever de tolerância é o fato de que nenhum indivíduo possui, de acordo com Locke, qualquer direito de prejudicar outra pessoa em seus bens e direitos porque ela pertence a outra igreja ou religião. Com efeito, para o autor, "todos os direitos e privilégios que lhe pertencem, como homem ou como cidadão, são invioláveis e devem ser preservados", não sendo admissível a imposição a qualquer pessoa de nenhum tipo de "violência ou injúria" em decorrência de sua religião, pois "se um homem se extravia do caminho reto, isso é infelicidade dele próprio, não injúria a outro; e ninguém tem direito de puni-lo nas coisas desta vida porque acredita que será miserável naquela que está por vir". Tal regra pode ser extraída, de acordo com Locke, diretamente do Evangelho e deduzida pela própria razão, pois tanto a revelação quanto a razão ordenam que "vivamos na amizade natural em que nascemos"[883].

Além disso, Locke salienta que o dever de tolerância que um indivíduo possui e os consequentes direitos dele decorrentes aplicam-se do mesmo modo às igrejas entre si, que possuem umas com as outras a mesma relação que as pessoas possuem entre elas. Isso se deve ao fato de cada igreja, tal qual as pessoas, ser "ortodoxa para si mesma", enquanto para as outras igrejas é necessariamente considerada "errônea ou herética". Por essa razão, segundo o filósofo, ainda que o magistrado pertença a uma ou outra igreja, nenhuma religião pode possuir qualquer jurisdição sobre outra, haja vista que o governo civil não pode outorgar nenhum direito às igrejas, por serem estas sociedades livres e voluntárias, do mesmo modo que as igrejas também não podem atribuir qualquer direito ao governo civil. Locke enfatiza, nesse sentido, que mesmo em sendo possível determinar qual igreja é a igreja ortodoxa, nem por isso seria conferido a essa sociedade religiosa qualquer direito de destruir as demais, pois nenhuma igreja pode possuir jurisdição em questões seculares[884].

Dessa forma, segundo Locke, nem os indivíduos, nem as igrejas e nem mesmo as sociedades políticas possuem qualquer justo título para "invadir os direitos civis e os bens terrenos de alguém em nome da religião", pois "o fogo e a espada não são instrumentos adequados para convencer as mentes das pessoas quanto ao erro e instruí-las na verdade". Como realça o filósofo,

[882] Idem, *ibidem*, p. 31.

[883] Idem, *ibidem*, p. 31.

[884] Cf. LOCKE, *Op. cit.*, p. 32.

o único "método correto de propagação da verdade" é a estruturação de "argumentos fortes" lastreados em "bom raciocínio", acrescentada à "brandura da civilidade e do bom tratamento"[885].

Como analisa Antônio C. dos Santos, podem-se distinguir na *Carta* de Locke, nesse sentido, três fortes argumentos em favor da tolerância: um primeiro de caráter religioso, um segundo de natureza política e um terceiro de caráter institucional. Pelo argumento religioso, Locke sustenta que a tolerância possui bases no Evangelho, que ensina os valores do amor a Deus e ao próximo, o que deveria levar os homens a afastar-se da postura de ódio àqueles que simplesmente professam uma religião diferente. Pelo argumento político, o filósofo aponta que a diversidade de opiniões não pode ser evitada, mas a discórdia e as guerras decorrentes da incapacidade de convivência com as visões divergentes poderiam ser coibidas com a renúncia à tentativa de impor uma unidade forçada em matéria de religião. Pelo argumento institucional, Locke expressa uma clara separação entre as tarefas e competências do Estado e da Igreja, preconizando que enquanto o cidadão deve se ocupar dos assuntos públicos, o indivíduo deve tratar da salvação de sua alma, que é um assunto privado, reconhecendo, porém, a inviolabilidade de todos os direitos pertencentes ao homem, quer como indivíduo, quer como cidadão[886].

No que diz respeito aos destinatários do dever de tolerância, Locke identifica que tal dever é ainda maior entre os que exercem algum ofício religioso do que aquele a que estão obrigados os demais homens, pois não basta aos eclesiásticos abster-se da "violência, da pilhagem e de todos os modos de perseguição", pois eles têm que pretender ser sucessores dos apóstolos, possuindo assim a responsabilidade de ensinar e de advertir quanto aos deveres da paz e da boa vontade para com todos os homens, exortando a todos "à caridade, à humildade e à tolerância"[887]. Embora Locke assuma, nessa recomendação aos eclesiásticos, uma perspectiva inicialmente restrita aos valores da fé cristã, na medida em que considera que os clérigos de modo geral devem almejar serem sucessores dos apóstolos, ao fundar esse dever de tolerância mais rigoroso em valores mais abrangentes, tais como a "paz e a boa vontade" e a "caridade e a humildade", pode-se depreender que esse dever também se estende aos eclesiásticos de todas as religiões que compartilhem

[885] Idem, *ibidem*, p. 33.

[886] Cf. Antônio C. dos SANTOS, *Os elementos republicanos na tolerância de John Locke*, Rev. Kriterion, vol. 55, nº 130, Belo Horizonte, dez. 2014. Artigo sem paginação.

[887] Cf. LOCKE, *Op. cit.*, p. 33-34.

esses mesmos valores, não estando necessariamente limitado, nesse sentido, àqueles que devam apresentar-se como "sucessores dos apóstolos".

Com relação ao dever de tolerância a ser observado especificamente pelo magistrado, Locke enfatiza que, diante da clara diferença de finalidades entre a sociedade política e as sociedades religiosas, nenhum cuidado das almas pode, como regra geral, ser de incumbência do magistrado, pois só "quem mistura o céu e a terra, coisas tão remotas e opostas", pode confundir essas duas sociedades. Sem embargo, para melhor explicitar a situação do magistrado em questões de religião, Locke estabelece uma distinção entre duas espécies de cuidado referentes ao magistrado. A primeira delas é o "cuidado magisterial", que consiste na função política própria da magistratura e se exerce pelo estabelecimento de prescrições por meio de leis e de coerções através de punições. Para Locke, nenhum nível de cuidado magisterial pode ser admitido em questões religiosas, haja vista que o cuidado das almas pertence apenas aos próprios homens e às igrejas, não sendo incumbência do magistrado. Com efeito, assim como nenhum homem pode ser forçado a ser rico ou saudável contra a sua vontade, ninguém pode ser compelido pela força das leis a cuidar da sua alma e da sua salvação[888].

Para além do cuidado magisterial, há, no entanto, uma segunda espécie de cuidado, que Locke denomina "cuidado caritativo", e que consiste em "ensinar, admoestar e persuadir" os homens para que zelem por suas almas. Embora essa função não possa decorrer do exercício da magistratura, Locke observa que o exercício desse cuidado "não pode ser negado a nenhum homem", podendo nesse sentido ser praticado também pelo magistrado. Contudo, esse zelo deve ser prestado pelo magistrado na condição de simples fiel, não sendo admitido o uso de qualquer meio coercitivo, mas apenas a força dos argumentos, a eloquência e a sabedoria, pois um cuidado manifestado pelo "fogo e pela espada" revela na verdade que "seu real desejo é a dominação secular", proveniente de sua ambição e não do amor para com seu irmão:

> Pois será muito difícil convencer os homens de bom senso que aquele que, com olhos enxutos e consciência tranquila, é capaz de entregar seu irmão ao executor para ser queimado vivo, possa sinceramente e de todo coração estar preocupado em salvar aquele irmão das chamas do inferno no mundo futuro[889].

[888] Cf. LOCKE, *Op. cit.*, p. 35.

[889] Idem, *ibidem*, p. 35.

Essa concepção, que afasta qualquer possibilidade de uso da força em questões de religião, representou, como observa Santos, um dos principais aspectos em relação aos quais a noção de tolerância de Locke passou a ser atacada por seus contemporâneos, defensores de que a necessidade de se encontrar a "verdadeira religião" justificaria a possibilidade de utilização da força para conduzir os fiéis ao "caminho reto"[890]. O principal oponente desse ponto de vista foi Jonas Proast, que em sua obra *The argument of the Letter concerning toleration, briefly consider'd and answer'd,* publicada em 1690, defendeu que, diferentemente da proposta de Locke de afastar completamente o uso da força, a coerção por parte do magistrado deveria ser admitida em matérias religiosas, pois este deveria ter o poder de combater a "falsa religião", e ainda que a coerção não pudesse levar diretamente à mudança de compreensão sobre a religião, certos usos da força poderiam "inculcar crenças" ou tornar a mente predisposta à fé[891].

Além de condenar qualquer uso da força para fins religiosos e de ressaltar que a preocupação com a salvação e a ortodoxia da fé são frequentemente utilizadas como pretexto para objetivos de dominação política, Locke pressupõe, em sua diferenciação entre as duas espécies de zelo passíveis de serem desempenhadas pelo magistrado, uma separação entre a pessoa particular (*private person*) do magistrado, capaz de exercer um cuidado caritativo em relação a seus semelhantes, em condição de igualdade com os demais homens, e sua função política, de natureza pública, exercida através do estabelecimento de leis e punições, consistente no cuidado magisterial, no qual o magistrado se coloca em posição de superioridade em relação aos súditos, posição esta que não pode ser assumida em nenhuma hipótese em questões relacionadas à religião. Essa distinção, que exclui a possibilidade de imposição de qualquer norma alheia à sociedade religiosa em matéria de religião, evidencia uma concepção de liberdade religiosa como não-interferência, estabelecendo, também, uma delimitação clara entre as esferas que constituem o ofício público do magistrado e o seu âmbito privado, afastando-se do modo tradicional de apresentação do corpo do rei.

De fato, conforme analisa Ernst H. Kantorowicz em sua referencial obra *Os Dois Corpos do Rei,* havia no pensamento medieval uma ideia amplamente difundida que associava política e religião, e pela qual todo rei possuiria dois

[890] Cf. Antônio C. dos SANTOS, *John Locke e o argumento da economia para a tolerância, Op. cit.*, p. 12.

[891] Cf. Jonas PROAST, *The argument of the Letter concerning toleration, briefly consider'd and answer'd,* New York: Garland Press, 1984.

corpos: o primeiro deles se constituía em seu corpo físico ou natural, o qual, assim como o corpo de qualquer pessoa, estava sujeito a vícios e imperfeições; o segundo deles tratava-se do seu corpo místico, que por estar diretamente ligado a Deus, não comportaria imperfeições, haja vista que o Criador teria atribuído diretamente o poder aos reis, que governavam seus povos como "lugares-tenentes" de Deus na Terra e como tais poderiam intervir na vida de seus súditos em todas as questões[892]. A concepção de Locke segundo a qual os magistrados não poderiam utilizar a força para o exercício do cuidado caritativo em relação a seus súditos, relacionando-se com seus semelhantes em questões religiosas não na condição de soberano, mas em termos iguais, representava, nesse sentido, uma rearticulação cabal da noção tradicional dos dois corpos do rei. Assim, diante do caráter consensual da sociedade política, tal qual descrito por Locke, o magistrado deveria ser alijado de qualquer poder relacionado a questões de fé, que passavam assim a fazer parte tão-somente da dimensão natural do corpo do monarca e do cuidado deste com a sua alma, ficando seu poder de interferência sobre seus súditos relegado apenas à sua capacidade de persuasão e convencimento.

Em que pese atribua ao magistrado a possibilidade de exercer o cuidado caritativo em relação a seus súditos, Locke adverte com grande veemência que o caminho a ser adotado por cada um em questões de religião deve ser resultado de um juízo livre e racional da consciência do próprio indivíduo, por meio da "persuasão interna da mente", cumprindo aos homens adotar postura de grande cautela diante das influências do magistrado e de sua religião, pois apenas a convicção racional pode levar ao caminho da salvação:

> O único e estreito caminho que leva ao céu não é melhor conhecido pelo magistrado do que pelas pessoas comuns e por isso não posso tomá-lo como meu guia, já que ele pode ser tão ignorante quanto eu do caminho e certamente está menos preocupado do que eu com a minha própria salvação. Entre tantos reis dos judeus, quantos a quem um israelita tenha seguido cegamente não caíram na idolatria e por isso na destruição? [E mesmo se o magistrado não ordenar] o seguimento de seus próprios decretos, mas os da igreja, devemos perguntar: de qual igreja? Certamente daquela que ele mais gosta. (...) Se a religião de qualquer igreja se tornasse verdadeira e salvadora porque assim proclamaram

[892] Ernst H. Kantorowicz, *Os Dois Corpos do Rei*, São Paulo: Cia. das Letras, 1998, *passim*.

> seus dirigentes, prelados e padres, que religião poderia ser considerada errônea, falsa e destrutiva?[893]

Assim, Locke rejeita enfaticamente o estabelecimento de qualquer espécie de religião oficial, pois uma vez que as práticas religiosas devem decorrer da convicção livre e racional do próprio indivíduo "é inútil os príncipes ordenarem seus súditos a pertencerem a sua própria igreja, sob pretexto de salvarem suas almas". Ora, como enfatiza o filósofo, "os homens não podem ser forçados a ser salvos" e por maior que seja a boa vontade e a caridade do magistrado, se os homens acreditarem, irão por sua própria vontade, se não acreditarem, "de nada valerá seu comparecimento"[894].

O repúdio de Locke à existência de uma religião oficial é evidenciado pela expressa reprovação do filósofo, ainda na etapa inicial de seu desenvolvimento intelectual, da proposta de inclusão, no projeto das *Constituições fundamentais da Carolina*[895], de um artigo que estabelecia a obrigatoriedade de construção e manutenção, com recursos públicos, de uma igreja e de seu clero, sempre que uma região da Carolina atingisse um determinado estágio de desenvolvimento. Tal artigo[896], que continha também a declaração de que a Igreja Anglicana seria a "única religião nacional verdadeira e única ortodoxa" e por isso deveria receber a outorga de subsídios públicos, foi colocado, segundo Gough, entre colchetes na revisão do projeto realizada por Locke, em demonstração de

[893] Cf. LOCKE, *Op. cit.*, p. 37.

[894] Cf. LOCKE, *Op. cit.*, p. 38.

[895] Embora o nome de LOCKE tenha sido por muito tempo associado à Carolina e às suas *Constituições*, o alcance da contribuição do filósofo à autoria do projeto das *Constituições Fundamentais da Carolina* é, segundo GOLDIE, uma questão controversa. A hipótese mais provável é a de que LOCKE tenha sido apenas um revisor do projeto, pois no manuscrito de 1669 estão em sua letra apenas os dois primeiros parágrafos e a primeira frase do terceiro, além da maioria do grande número de correções. Além disso, segundo GOLDIE, LOCKE estava nesse período desempenhando a função de secretário dos proprietários da Carolina, o que torna muito improvável que ele tivesse tido tempo de criar o documento, sendo mais verossímil que este lhe tenha sido entregue para comentários e correções. Cf. LOCKE, *Constituições Fundamentais da Carolina*, In: *Ensaios políticos, Op. cit.*, p. 199-200.

[896] O inteiro teor do artigo é: "(96) Na medida em que o país estiver suficientemente cultivado e distribuído em divisões adequadas, caberá ao parlamento cuidar da construção de igrejas e da manutenção pública do clero, a ser empregado no exercício da religião de acordo com a Igreja da Inglaterra, a qual, sendo a única religião nacional verdadeira e ortodoxa de todos os domínios do rei, é também a da Carolina. Portanto, será a única a que se permitirá receber sustento público mediante concessão do parlamento". Cf. LOCKE, *Constituições Fundamentais da Carolina*, In: *Ensaios políticos, Op. cit.*, p. 221.

sua desaprovação, mas foi mantido na proposta final do documento elaborada em 1670 pelos proprietários da Carolina[897].

Como explicita Santos, ao preconizar a delimitação das esferas e competências da religião e do Estado e demonstrar que, pelas regras do entendimento, é possível a um indivíduo conviver com religiões diferentes da sua sem que isso represente uma ofensa à sua racionalidade, Locke conclui que a necessidade de observância do dever de tolerância pode ser facilmente constatada pelo indivíduo, devendo se converter, consequentemente, em uma prática corriqueira[898].

No que diz respeito à abrangência dessa prática, que deveria se transformar em uma atitude prosaica dos cidadãos, mais do que simplesmente defender a separação entre as esferas das sociedades eclesiásticas e da sociedade política e de condenar o estabelecimento de qualquer espécie de "religião de Estado", a tolerância lockeana atinge dimensões que superam o âmbito das disputas entre as diferentes denominações eclesiásticas cristãs originadas a partir da Reforma, atingindo proporções quase universais.

Assim, por exemplo, para Locke, até mesmo uma igreja idólatra deve ser tolerada, pois qualquer poder conferido ao magistrado para a supressão de uma igreja idólatra poderia ser utilizado também para destruir uma igreja ortodoxa. De acordo com o filósofo, como "a religião de todo príncipe é ortodoxa para ele mesmo", se fosse outorgado um poder ao magistrado em questões espirituais, "como aquele que existe em Genebra", ele poderá extirpar, "pela violência e com sangue, a religião considerada idólatra", do mesmo modo e com a mesa autoridade com que "outro magistrado, em algum país vizinho", pode oprimir a religião reformada ou a cristã de um modo geral[899]. Para Locke, nesse sentido, ainda que a idolatria seja um pecado para muitas religiões, isso não quer dizer que ela não possa vir a ser punida, mas simplesmente que ela deve ser punida pelas próprias sociedades religiosas, de acordo com suas leis eclesiásticas, e não pelo magistrado[900].

No que tange especificamente à sociedade política dos judeus, Locke ressalta que se deve considerar que, diferentemente de todas as sociedades, Israel constituiu-se como uma teocracia absoluta, na qual Deus era o rei dos judeus, de modo que o reconhecimento de outro deus equivaleria

[897] Cf. *Constituições Fundamentais da Carolina*, In: John LOCKE, *Segundo tratado sobre o governo civil e outros escritos, Op. cit.*, p. 312.

[898] Cf. SANTOS, *Os elementos republicanos na tolerância de John Locke, Op. cit.*

[899] Cf. LOCKE, *Carta sobre a tolerância, Op. cit.*, p. 42.

[900] Idem, *ibidem*, p. 43.

ao reconhecimento de outro rei e um ato de alta traição contra Ele. Foi isso o que, segundo Locke, levou a idolatria a ser extirpada dos limites do reino, nos termos da lei mosaica[901], não como um ato de punição religiosa, mas em decorrência da violação das próprias leis civis, que se confundiam com as leis eclesiásticas[902].

No que concerne à religião praticada pelos americanos, Locke afirma que não há motivos para não ser ela também tolerada, mesmo que os homens das Américas estejam submetidos a um príncipe cristão, pois ninguém está obrigado a abraçar qualquer fé. Procurando reconstituir os laços dessa dominação política, Locke ressalta que "tudo começou com um pequeno e insignificante grupo de cristãos, despojados de tudo, que chegaram a um país pagão", e que receberam dos habitantes locais os elementos essenciais à sua sobrevivência; tão logo os cristãos tornaram-se um grupo mais poderoso, porém, todos os pactos foram rompidos para que se pudesse extirpar a idolatria "e aqueles pagãos inocentes, rigorosos observadores das regras da igualdade e da lei de natureza", foram despojados de suas terras e das posses dos seus antepassados e até mesmo de suas vidas. De acordo com o filósofo, nesse sentido, a história da dominação política das Américas é um claro exemplo do que o suposto zelo por uma igreja, "acompanhado do desejo de dominação", pode acarretar, pois a religião e a salvação das almas são "facilmente utilizadas como subterfúgio para a cobiça, a pilhagem e a ambição". Para Locke, tanto o exemplo da história americana quanto as inúmeras guerras de religião ocorridas na Europa demonstram, assim, que "o cerne da questão é o mesmo", isto é, que nenhuma pessoa pode ter, "seja por que direito for", os seus bens terrenos ou seus direitos civis violados "pela facção predominante de uma igreja da corte"[903].

A despeito da grande abrangência e radicalidade da concepção de tolerância lockeana, que abarca, para mencionar as religiões citadas expressamente pelo filósofo, presbiterianos, anabatistas, arminianos, quackers, judeus, maometanos, pagãos e independentes, Locke aponta na *Carta sobre a tolerância* três situações que se colocam como limites da tolerância e em relação às quais não se deve adotar uma postura tolerante.

A primeira delas é quanto às igrejas que sejam constituídas de tal modo que "todos aqueles que nela ingressam se entregam *ipso facto* à proteção e ao serviço de outro príncipe", isto é, aquelas cujos membros utilizam a religião

901 Cf. Ex 22,20.21

902 Idem, *ibidem*, p. 44.

903 Cf. LOCKE, *Op. cit.*, p. 43.

como pretexto para reivindicar um poder político. De acordo com Locke, se o magistrado tolerasse uma sociedade eclesiástica dessa natureza, ele estaria permitindo a abertura de uma margem para "o estabelecimento de uma jurisdição estrangeira em seu próprio país" e para o "alistamento de se seu próprio povo como soldados contra seu governo". Um exemplo dessa situação, citado expressamente por Locke, é o de um "maometano que vive entre cristãos" mas jura obediência cega ao mufti de Constantinopla. Caso reconheça na mesma pessoa o chefe de sua igreja e o supremo magistrado do Estado, esse fiel, segundo Locke, repudiará veementemente o seu governo e reivindicará a autoridade de seu líder sobre os que não pertencem a seu grupo eclesiástico, razão pela qual uma religião como essa não possui o direito de ser tolerada[904].

Ao descrever essa situação das religiões e seitas que arrogam para si e aos membros de sua própria seita um poder político, é relevante notar que, diferentemente do que afirmam diversos comentadores, Locke não cita expressamente a religião católica dentre aquelas que não podem ser toleradas pelo magistrado, mas menciona apenas uma hipótese específica de culto da religião muçulmana em que há a confusão do poder eclesiástico com o poder político. Com efeito, a tolerância em relação à religião católica, desde que não haja a sobreposição entre as atribuições políticas e religiosas – o que importaria na negação do próprio fundamento da tolerância – é implicitamente reconhecida por Locke ao tratar das diversas espécies de culto a serem toleradas:

> O resumo de tudo o que aqui acionamos é que todo homem pode desfrutar dos mesmo direitos que são garantidos a outros. É permitido cultuar Deus à maneira romana? Que seja permitido também fazê-lo à maneira de Genebra. É permitido falar latim no mercado? Permitam que aqueles que o desejem, o façam também na igreja[905].

A menção de Locke à necessidade de tolerância à forma de culto "à maneira romana" e ao uso do latim na igreja, que aludem às práticas da religião católica tal qual era professada no século XVII, não significa, porém, que o filósofo não tivesse em mente os abusos da igreja de Roma ao afirmar que as religiões que usam como pretexto artigos de fé para reivindicar um poder político não devessem ser toleradas. De fato, ao sustentar que não cabe qualquer direito

[904] Cf. LOCKE, *Op. cit.*, p. 50.
[905] Cf. LOCKE, *Op. cit.*, p.53.

de tolerância àqueles que "se arrogam o direito de depor reis" e contestam que a excomunhão seja apenas um "direito específico de sua hierarquia", atribuindo-se privilégios e poderes acima em questões civis e reivindicando "autoridade sobre aqueles que não pertencem a seu grupo eclesiástico", Locke tem em mente, de forma inequívoca, a prática política do papismo, que desde a Reforma procurava intervir na política inglesa.

Não obstante, o reconhecimento desse limite à tolerância não deve ser confundido com a condenação a toda forma de prática dessa religião, haja vista que Locke reconhece o dever de tolerância em relação às formas de culto católico. A preocupação do filósofo está direcionada, por outro lado, à nociva interferência que, a pretexto de questões religiosas, o poder papal exercia em questões políticas, o que ocorrera na Inglaterra nos reinados de Eduardo VI e Elizabete I, cujos governos foram declarados ilegítimos por terem os monarcas sido considerados hereges.

A segunda situação em que a tolerância encontra um limite é, de acordo com Locke, a daqueles que "não reconhecem nem ensinam o dever da tolerância a todos os homens em questões puramente religiosas", pois os defensores de doutrinas que concebem uma determinada religião e seus praticantes como superiores a todos os demais fiéis, por serem os praticantes exclusivos da "verdadeira religião", agirão necessariamente com intolerância em relação a todas as outras religiões, valendo-se da tolerância do magistrado "apenas até que se encontrem suficientemente fortes para efetuar o seu ataque" contra o governo e contra os demais cidadãos[906]. Locke refere-se aqui às religiões que evocam um "domínio fundado na graça", baseando sua fé no "entusiasmo religioso". Com efeito, conforme descrito anteriormente, no capítulo XIX do livro IV do *Ensaio sobre o entendimento humano*, Locke discorre de forma crítica sobre o "princípio errado" de raciocínio ao qual alguns homens recorrem para sustentar a "certeza sem prova e exame", o entusiasmo, que não se baseia nem na razão nem na revelação, e leva os homens a expressarem opiniões e adotarem ações totalmente extravagantes:

> §7. O entusiasmo é propriamente, no meu entender, um grau de assentimento que, embora não se funde em razão nem revelação divina, mas surja da trama de um cérebro fervoroso e arrogante, uma vez firmado tem mais poder sobre a opinião e a ação dos homens que a razão, revelação ou ambas juntas (...).

[906] Cf. LOCKE, *Op. cit.*, p. 50.

> §8,9. (...) mas o gosto do extraordinário, o privilégio e a glória de ser inspirado e estar acima dos caminhos e vias comuns e naturais de conhecimento são tão lisonjeiros para a preguiça, a ignorância e a vaidade dos homens, que, uma vez na trilha de revelação imediata, de iluminação sem pesquisa, de certeza sem prova e exame, dificilmente voltam atrás. Estão perdidos para a razão, acima dela: não erram pois veem a infusão da luz em seu entendimento, clara e visível, radiante como a luz do sol, sem precisarem de outra prova que sua própria evidência; experimentam a mão de Deus dentro de si mesmos, a movê-los; experimentam os impulsos do espírito, e não se enganam de sua própria experiência. E assim vão, certos de que a razão concerne aquilo que veem e experimentam dentro de si mesmos, de que sua experiência sensível não admite dúvida nem precisa de prova (...)[907].

De acordo com Locke, os homens que se comportam com um "fervor entusiasmado" e se veem como iluminados pela graça, acreditando estar acima da própria razão e sustentando que sua seita deve possuir privilégios em questões civis em decorrência de uma revelação de Deus só a eles acessível, não têm como ser tolerados, pois o princípio de sua religião é a destruição das demais e da própria sociedade política[908]. Assim, como propõe Saulo Silva, o entusiasmo, que decorre de um defeito nos artigos de fé e modos de adoração de uma religião, pode ser compreendido como a própria intolerância, o "julgamento errado em matéria de religião", que leva os homens a reivindicarem para si toda a autoridade por estarem na posse de um "conteúdo diretamente revelado por Deus a eles"[909].

Desse modo, como, segundo Locke, nenhuma paz e segurança, muito menos a "amizade comum", podem ser estabelecidas ou preservadas entre os homens onde houver a opinião de que uma religião pode ser propagada pela força das armas por ter seu domínio fundado na Graça, não é possível tolerar uma religião fundada no entusiasmo, porquanto esta permanecerá sempre à espreita para, tão logo esteja suficientemente fortalecida, "efetuar o seu ataque"[910] e estabelecer "uma dominação sobre os outros"[911].

[907] Cf. LOCKE, *Ensaio sobre o entendimento humano, Op. cit.*, p. 769-770.

[908] Cf. LOCKE, *Op. cit.*, p. 50.

[909] Cf. Saulo H. S. SILVA, *Tolerância civil e religiosa em John Locke,* São Cristóvão: Editora UFS, 2013, p. 177.

[910] Cf. LOCKE, *Op. cit.*, p. 50.

[911] Idem, *ibidem*, p. 51.

O terceiro limite à tolerância descrito na *Carta sobre a tolerância* refere-se àqueles que "negam a existência de Deus", os quais, de acordo com o autor da *Carta*, "não devem de forma alguma ser tolerados", tendo em vista que "as promessas, os pactos e os juramentos, que são os vínculos da sociedade humana", não podem ser mantidos por um ateu[912]. Além disso, segundo Locke, por destruir toda religião, o ateu não pode "a pretexto da religião, reivindicar para si o privilégio da tolerância"[913].

De fato, conforme explicitado no capítulo IV, a filosofia moral de Locke funda-se na pressuposta existência da lei natural, que expressa a vontade de Deus, constituindo a base de toda sociabilidade comum. Por esse motivo, a supressão de Deus, que é o legislador supremo da lei natural, representa, para o sistema lockeano, a destruição de todo o fundamento moral e político, colocando abaixo todo o edifício da sociabilidade humana. A negação da existência do Criador e artífice da lei natural importaria, nesse sentido, de acordo com Locke, na recusa da validade da própria lei natural e na renúncia à razão, sua intérprete, o que impede que os homens cumpram os pactos e promessas, que são a base da convivência comum, pois é a lei natural que preceitua que "sendo todos iguais e independentes, ninguém deveria prejudicar a outrem em sua vida, saúde, liberdade ou posses"[914].

Intrinsecamente ligada à lei natural, da qual Deus é o autor, a existência de Deus é tida por Locke, desse modo, como a base da convivência humana, que só se faz possível pela mediação da lei natural. Dessa forma, como ressalta Raymond Polin, "Locke não hesita em atribuir à lei uma consequência considerável ainda: a existência de toda sociedade humana. Contra Hobbes, com efeito, ele faz da lei de natureza a condição de toda relação social e de toda união entre os homens"[915]. Além disso, como observa Santos, a ressalva de Locke ao ateísmo é partilhada pela maior parte dos filósofos que trataram do tema da tolerância, em particular Rousseau e Montesquieu, mas não por Pierre Bayle, que ao retirar da moral o seu fundamento religioso, conclui que o ateísmo não acarreta necessariamente a corrupção dos costumes[916].

[912] Cf. LOCKE, *Op. cit.*, p. 51.

[913] Cf. LOCKE, *Op. cit.*, p. 51.

[914] Cf. LOCKE, *Segundo tratado sobre o governo civil, Op. cit.*, p. 384.

[915] Cf. POLIN, *La politique morale de John Locke,* Paris: PUF, 1960, p. 98.

[916] MONTESQUIEU vê o ateísmo como o "mal maior" da falta de moral; ROUSSEAU, por sua vez, incluiu a crença em Deus como um elemento central da profissão de fé do cidadão. Cf. Antônio C. dos SANTOS, *Pierre Bayle: ateísmo e tolerância,* In: *Variações filosóficas: entre a ética e a política,* São Cristóvão: EDUFS, 2002, p. 49.

Assim, como bem sintetiza Silva, os limites à tolerância estabelecidos por Locke são dirigidos ao papismo sob um argumento de natureza política; aos entusiastas ou intolerantes, por uma questão epistemológica; e aos ateus, por uma questão moral[917].

A despeito das ressalvas à tolerância apresentadas pelo filósofo, se analisada no contexto de sua edição, a contundência da teoria lockeana da tolerância, que argumenta com clareza em favor de uma ampla liberdade religiosa, resta evidenciada, como salienta M. C. Almeida, pela contribuição de Locke ao processo de inversão do sentido do conceito de tolerância, que deixou de ser considerado um vício próprio dos fracos em suas convicções de fé para designar a virtude daqueles que respeitam a liberdade religiosa e as crenças de seus semelhantes. Há na concepção de Locke sobre a tolerância, nesse sentido, como conclui Almeida, algo de "novo" e "revolucionário", que escapa ao leitor moderno exatamente pela intensidade com que a noção foi enraizada na modernidade, graças em grande medida à contribuição do filósofo[918].

Desse modo, de acordo com Almeida, a exposição de Locke sobre a tolerância prestou-se a rechaçar, de um só lanço, duas das principais teorias que sustentavam a intolerância em questões de religião. A primeira delas era a expressa no adágio "cujus regio, hujus religio" ou "a religião do súdito é a religião do príncipe", que havia sido fundamental para a revogação do Édito de Nantes na França, pois sustentava que a uniformidade religiosa era fundamental à unidade do Estado[919]. A oposição de Locke a essa concepção destinava-se, dessa forma, a contestar o caráter absoluto do poder político, que englobava também a religião, sendo que os males a ela relacionados manifestavam-se de modo mais visível, no decorrer do século XVII, no reino da França, cujo caráter patológico do governo levou Locke a denominá-lo, assim como Henry Neville, de *morbo gallico,* ou a "doença francesa".

O segundo argumento em favor da intolerância combatido por Locke tratava-se da suposta legitimidade de se utilizar meios coercitivos para constranger aqueles que não seguissem a "verdadeira religião", a pretexto do amor que se deve ter por eles, pois a omissão poderia levá-los à perdição. Com relação a esse argumento, Locke posiciona-se, conforme anteriormente explicitado, radicalmente contrário a qualquer ação coercitiva, seja ela direta ou indireta, pois a convicção interior é algo imprescindível para a verdadeira fé,

[917] Cf. SILVA, *Op. cit.,* p. 174.

[918] Cf. Maria Cecília P. ALMEIDA, *Op. cit.,* p. 33.

[919] Cf. ALMEIDA, *Op. cit.,* p.

a qual, segundo o filósofo, é a única capaz de agradar a Deus. Assim, como destaca Almeida, o entendimento humano não pode, para Locke, ser obrigado ou vencido, mas apenas persuadido, o que afasta qualquer possibilidade de intervenção do magistrado em questões de religião, na medida em que o poder deste consiste apenas em força exterior[920].

6.2. Filosofia da religião: o cristianismo racional

A enfática defesa da tolerância realizada por Locke encontra fundamento em sua teoria do conhecimento e em sua peculiar concepção racionalista da religião. Enquanto aquela foi pormenorizadamente enunciada pelo filósofo no *Ensaio sobre o entendimento humano,* esta foi sistematizada em sua principal obra de teologia e filosofia da religião, *A razoabilidade do cristianismo,* publicada pela primeira vez em 1695. Como observa Victor Nuovo, a relevância desta obra pode ser constatada pelo fato de ter sido erigida, ao longo do século XVIII, em um padrão para a educação teológica, muito embora a partir do século XIX ela tenha passado a ser negligenciada[921]. De acordo com John C. Higgins-Biddle, o interesse moderno sobre Locke tem, com efeito, se concentrado nos aspectos de sua obra que foram historicamente mais influentes, em especial sua filosofia política e sua filosofia do conhecimento, mas parece ter passado despercebido para a maior parte dos intérpretes que as opiniões de Locke sobre política, conhecimento e moral estão intrincadamente entrelaçadas, de modo que seu trabalho como filósofo político, filósofo do conhecimento e expoente da tolerância não pode ser compreendido de forma apartada de seu pensamento religioso[922].

Com efeito, conforme aponta Nicholas Wolterstorff[923], uma característica marcante do pensamento de Locke reside no fato de que suas concepções religiosas estão presentes em todas as partes de sua extensa obra, que não devem ser artificialmente isoladas, a ponto de se poder afirmar, como enfatiza Aschcraft, que a filosofia de Locke como um todo pode ser considerada uma

[920] Cf. ALMEIDA, *Op. cit.,* p. 37.

[921] Cf. Victor NUOVO, *Introduction,* In: John LOCKE, *The reasonableness of Christianity as delivered in the scriptures.* Bristol: Thoemmes Press, 1997, p. v.

[922] Cf. John C. HIGGINS-BIDDLE, *Preface,* In: John LOCKE, *The reasonableness of Christianity as delivered in the scriptures.* Oxford: Clarendom Press, 1999, passim.

[923] Cf. Nicholas WOLTERSTORFF, *A filosofia da religião.* In: Vere CHAPPELL, *Locke,* Aparecida: Ideias e Letras, 2011, p. 213-242.

filosofia cristã[924]. Ainda que não se possa olvidar que as questões de religião permeiam inteiramente o pensamento do filósofo, se considerarmos especificamente suas reflexões acerca da religião, podemos identificar, como analisa Wolterstorff, a existência de uma sólida filosofia da religião no pensamento de Locke, que emerge como uma das realizações mais criativas de toda a história da filosofia da religião ocidental, pela grande influência exercida na modernidade, em virtude de suas "interconexões entre razão, responsabilidade e convicções religiosas"[925].

De acordo com Wolterstorff, a filosofia da religião de Locke deve ser compreendida como uma epistemologia do conhecimento e da crença religiosos, por meio da qual o filósofo procurou refletir sobre o alcance e os limites do conhecimento humano, bem como sobre como deve ser tratado o assentimento a determinadas proposições quando se está diante de questões que estão além dos limites do conhecimento. Essa perspectiva epistemológica adotada por Locke resulta, como pondera Wolterstorff, do contexto cultural e social de sua época, no qual os modos humanistas de interpretação de textos e as consistentes críticas do protestantismo permitiram o questionamento da tradição textual escolástica, que consistia em considerar os textos religiosos como um corpo de verdades perfeitamente articulado e praticamente acabado.

Foi o propósito de apontar as "insuficiências da tradição" em matérias de religião em um contexto favoravelmente delineado, como aponta Wolterstorff, na Inglaterra e na Holanda de meados do século XVII, que levou Locke a refletir sobre o entendimento e os limites do conhecimento humano, como declarado pelo filósofo logo no início do *Ensaio sobre o entendimento humano*, conduzindo-o, por conseguinte, à reflexão sobre os artigos da fé cristã, empreendida em *A razoabilidade do cristianismo*[926].

[924] Cf. Richard ASCHFRAFT, *Faith and Knowledge in Locke's Philosophy*. In: John YOLTON (org.) *John Locke, problems and perspectives*, Cambridge, Cambridge University Press, 1969, p. 194-223.

[925] WOLTERSTORFF, *Op. cit.*, p. 213.

[926] De acordo com WOLTERSTORFF, o assunto mencionado por LOCKE no *Ensaio sobre o entendimento humano* como sendo a origem de sua reflexão seria precisamente a moral e a religião revelada. De fato, conforme descrito pelo filósofo na "Epístola ao leitor", que introduz o *Ensaio*, o autor estava com "quatro ou cinco amigos, reunidos em minha sala, conversando sobre um assunto muito diferente deste [o entendimento]", quando todos se viram "assolados por muitas dificuldades", o que chamou a sua atenção à necessidade de realizar um exame "de nossas habilidades para ver quais objetos seriam ou não predispostos ao nosso entendimento". A conclusão de que esse "assunto muito diferente", não revelado por LOCKE, era exatamente a moral e a religião pode ser obtida, segundo WOLTERSTORFF, pelo relato de TYRRELL, que registrou o assunto em uma anotação particular. Cf. WOLTERSTORFF, *Op. cit.*, p. 215.

De acordo com Higgins-Biddle, nos mais de trezentos anos desde a publicação de *A razoabilidade do cristianismo*, as diferentes interpretações do pensamento religioso de Locke levaram invariavelmente à compreensão de sua obra a partir de três categorias gerais. Assim, segundo o comentador, Locke foi interpretado ora como um deísta, ora como um sociniano ou unitarista, ora um hobbesiano. Para Higgins-Biddle, porém, todas essas tradições são pouco convincentes, além de terem sido veementemente rejeitadas em vida pelo próprio autor, razão por que devem ser descartadas[927].

De fato, como afirma o próprio filósofo no *Prefácio* de *A razoabilidade do cristianismo*, a "pouca satisfação e consistência" por ele encontradas na maioria dos "sistemas de divindade" levaram-no a recorrer à sua "própria leitura das Escrituras", para o entendimento da religião cristã. Dessa forma, a obra é resultado do esforço de leitura e compreensão do próprio filósofo sobre as Escrituras, empreendido "por um estudo atento e imparcial", em relação ao qual o autor pede ao leitor que, caso encontre alguma "confirmação na verdade", "agradeça ao pai das luzes, por sua condescendência a nossos entendimentos", mas caso perceba que houve enganos sobre a "essência dos Evangelhos", procure corrigi-lo, "como um verdadeiro cristão, no espírito do Evangelho (que é a caridade)"[928].

Consoante anunciado pelo próprio autor, *A razoabilidade do cristianismo* consiste, nesse sentido, em uma investida de compreensão racional dos Evangelhos levada a efeito para a compreensão dos fundamentos do cristianismo, conforme decorre diretamente das Escrituras, sem recurso a intérpretes ou intermediários. Tratava-se da empresa por excelência dos protestantes, que popularizaram o mote "sola scriptura", além de um exercício prático do processo de conhecimento de um sentido interno, descrito no *Ensaio sobre o entendimento humano*, pelo qual a sensação ou sentido externo deve somar-se, no processo de conhecimento, à reflexão[929], que não pode ser simplesmente substituída pela *revelação*:

927 Cf. HIGGINS-BIDDLE, *Introduction*, In: LOCKE, *Op. cit.*, passim.

928 Cf. LOCKE, *Op. cit.*, *Preface*, passim.

929 "Em segundo lugar, a outra fonte a partir da qual a experiência provê de ideias o entendimento é a percepção, dentro de nós, de operações interiores da nossa própria mente com ideias que adquiriu; operações que, uma vez refletidas e consideradas pela alma, oferecem ao entendimento um novo conjunto de *ideias*, que não poderiam se obter de coisas de fora, tais como: *percepção*, *pensamento*, *dúvida*, *crença*, *raciocínio*, *conhecimento*, *vontade* e demais atos de nossa própria mente, dos quais somos conscientes e dos quais, sendo observados em nós mesmos, recebe o entendimento *ideias* tão distintas quanto aquelas de corpos que afetam nossos sentidos. Essa nascente de *ideias* cada homem tem inteira em si mesmo. E, apesar de não ser um sentido, pois não tem a ver com

> Ao que me consta, nada poderia, com o título de *revelação*, abalar ou superar a autoridade do simples conhecimento, nem racionalmente convencer o homem a admitir como verdade o que contradiz diretamente a clara evidência de seu próprio entendimento. Nenhuma evidência das faculdades das quais podemos receber *revelação* excede, mesmo que iguale, a certeza de nosso conhecimento intuitivo; e assim jamais poderíamos aceitar como verdade aquilo que é diretamente contrário ao nosso conhecimento claro e distinto[930].

Como observa Higgins-Biddle, nesse sentido, Locke propõe-se a estudar racionalmente a Bíblia a fim de extrair os "artigos fundamentais da fé cristã", que formam a essência dessa fé. Embora não tenha inaugurado essa concepção, Locke a utiliza, segundo o comentador, de uma maneira original, pois considera consistentemente os artigos fundamentais como as verdades em que alguém necessariamente deve acreditar para ser admitido na "Igreja de Cristo na Terra" e conduzido à "salvação eterna no paraíso"[931]. Assim, não obstante admitisse que toda a revelação do cristianismo devesse ser considerada verdadeira e, por isso, acreditada pelos homens tão logo se tornasse conhecida, Locke sustenta que, dentre as verdades das Escrituras, Deus apontou algumas como "mínimos essenciais da fé", em relação às quais bastaria a leitura da Bíblia para encontrá-las conforme "entregues pelas Escrituras". Com essa proposta, de acordo com Higgins-Biddle, Locke procura afastar toda a autoridade dos diferentes "sistemas teológicos", condenando de início as diversas "confissões de fé" exigidas pelo clero de todas as igrejas[932].

No esforço de identificar os artigos fundamentais da fé cristã, Locke, de princípio, exclui das fontes dessas teses fundamentais as epístolas, visto que haviam sido escritas para aqueles que já eram cristãos e que portanto já deviam conhecer os fundamentos de sua fé. Embora reconhecesse que as epístolas expressavam em parte os artigos de fé, Locke adverte que estes estavam

objetos externos, é como um sentido e pode chamar-se propriamente *sentido interno*. Se o sentido externo chama-se *sensação*, aquele chama-se REFLEXÃO". Cf. LOCKE, *Ensaio sobre o entendimento humano, Op. cit.*, Livro II, §4, p. 98-99.

930 Cf. LOCKE, *Ensaio sobre o entendimento humano, Op. cit.*, Livro IV, §5, p. 760-761.

931 De acordo com HIGGINS-BIDDLE, além de LOCKE, dois importantes teólogos que o filósofo possuía em alta conta já haviam utilizado essa mesma técnica, embora em termos parcialmente distintos: William CHILLINGWORTH, em *The religion of protestants*, de 1638, e Philip van LIMBORCH, em *De veritate religionis Christianae*, de 1687. Cf. HIGGINS-BIDDLE, *Introduction*, In: LOCKE, *Op. cit.*, p. xxi.

932 Cf. HIGGINS-BIDDLE, *Introduction*, In: LOCKE, *Op. cit.*, p. xxii.

"promiscuamente misturados, sem distinção, com outras verdades e em discursos que eram (ainda que para a edificação) apenas ocasionais". Dessa forma, o filósofo propõe em sua obra que os artigos fundamentais da fé cristã devem ser derivados apenas dos Evangelhos e dos Atos dos Apóstolos[933].

Esse afastamento das epístolas está fundado no fato de os artigos de fé terem sido apresentados por Jesus apenas no período anterior à sua ressurreição, pois, segundo Locke, "nosso Salvador pregou ao longo de todo o curso de seu ministério, antes da sua Paixão: e nenhum outro mistério de fé Ele revelou aos apóstolos depois de sua Ressureição"[934]. Tal fato estaria claramente explicitado, de acordo com o filósofo, no testemunho de Lucas, manifestado no início dos Atos dos Apóstolos, segundo o qual, após a ressureição, Jesus teria falado apenas "das coisas do Reino de Deus"[935]. A simples redução do universo de textos a partir dos quais os artigos de fé do cristianismo deveriam ser extraídos representava, conforme analisa Higgins-Biddle, uma cabal desautorização da tradição de todas as igrejas, especialmente da Igreja Católica, pois se Jesus nada revelou após a sua ressureição, a base para uma tradição oral secreta ou restrita apenas aos iniciados estaria totalmente destruída. Com essa proposta, Locke contrapunha-se à forma tradicional de estudos de teologia, que consistia predominantemente na análise das epístolas, atribuindo, em contrapartida, maior importância aos relatos históricos da vida de Jesus e erigindo os ensinamentos diretos de Cristo à posição de autoridade última[936].

Para elucidar e compreender os ensinamentos de Jesus, Locke adota, de acordo com Higgins-Biddle, um método estritamente histórico e não literal de interpretação, concentrando sua análise nas parcelas do Novo Testamento que possuíam maiores elementos históricos e utilizando as narrativas bíblicas com a finalidade de determinar os eventos e os contextos em que os ensinamentos foram proferidos, e não apenas o que restou cristalizado nos textos. Por esse motivo, mais de um terço de *A razoabilidade do cristianismo* é dedicado à reconstrução das vidas de Jesus e seus discípulos. Para Locke, nesse sentido, o verdadeiro lugar da revelação divina e a autoridade principal da religião cristã, estava nos ensinamentos de Jesus, que seriam discerníveis a partir das narrativas do Evangelho[937].

[933] Cf. LOCKE, *Op. cit.*, p. 166.
[934] Cf. LOCKE, *Op. cit.*, p. 105.
[935] Cf. At 1, 3.
[936] Cf. HIGGINS-BIDDLE, *Introduction*, In: LOCKE, *Op. cit.*, p. xxiii.
[937] Cf. HIGGINS-BIDDLE, *Introduction*, In: LOCKE, *Op. cit.*, p. xxiv.

Após dedicar-se à empreitada de encontrar os artigos fundamentais da fé cristã por meio dos ensinamentos diretos de Jesus, Locke conclui que a fé dos cristãos poderia ser resumida a uma única proposição, qual seja, a crença que Jesus era o Messias, o que demonstraria que a essência do cristianismo seria, na verdade, bastante simples e evidente:

> Aquele que acreditar que ele [Jesus] é o Salvador prometido, que ressuscitou dos mortos, e que se constitui no Juiz e Senhor de todos os homens, sendo seu Rei e Legislador, será salvo. Essa é uma proposição clara e evidente: e o Deus todo-misericordioso parece assim ter incluído os pobres deste mundo, e a maior parte da humanidade. Esses são artigos que os trabalhadores e os homens analfabetos podem compreender. Esta é uma religião que não requer nada além das capacidades ordinárias de compreensão, sendo adequada ao estado da humanidade neste mundo[938].

Assim, como analisa Higgins-Biddle, o artigo fundamental do cristianismo, que distinguiria os crentes dos não crentes, poderia ser resumido, de acordo com Locke, na crença na existência de Deus, em que Jesus foi o Messias que ressuscitou dos mortos e ascendeu aos céus e em que Ele é o único legislador e futuro juiz da humanidade[939].

Embora tais fatos não pudessem ser inequivocamente comprovados pela razão, a autoridade dos ensinamentos de Jesus e a validade dos artigos de fé poderiam ser confirmadas pelos milagres que Ele realizou durante a sua vida, que confeririam um elevado grau de probabilidade ao artigo de fé e permitiriam aos homens atribuir à proposição o seu assentimento. Trata-se, nesse sentido, da relação entre fé e conhecimento, ou ainda, probabilidade e certeza, descrita por Locke no *Ensaio sobre o entendimento humano*:

> Probabilidade é semelhança de verdade e a própria notação da palavra significa uma proposição para a qual há argumentos ou provas de que pode passar por verdadeira ou ser aceita enquanto tal. A mente trata essa sorte de proposição como *crença*, com *assentimento* ou com *opinião*, palavras que significam admitir ou aceitar como verdadeira uma proposição, a partir de argumentos ou de provas que nos persuadem a abraçá-la sem nenhum conhecimento certo. Nisso reside a *diferença entre probabilidade*

[938] Cf. LOCKE, *Op. cit.*, p. 111-112.

[939] Cf. HIGGINS-BIDDLE, *Introduction*, In: LOCKE, *Op. cit.*, p. xxiv.

> *e certeza, entre fé e conhecimento*: em cada parte do conhecimento há intuição; cada ideia intermediária, cada passo, tem visível e certa conexão. O que me faz crer é algo estranho à coisa em que creio, algo que não se junta a ela de nenhum jeito, que não mostra evidente concordância ou discordância entre as ideias em consideração[940].

Para Locke, nesse passo, embora os artigos fundamentais da religião cristã não pudessem ser considerados certos por sua relação interna, seria possível dar-lhes assentimento por sua alta probabilidade, atestada sobretudo pelos testemunhos dos milagres realizados por Jesus:

> A experiência comum e o curso ordinário das coisas têm justamente uma poderosa influência na mente dos homens quando se trata da crença numa proposição. Entretanto, há um caso em que a estranheza do fato não enfraquece o assentimento de uma boa testemunha. Se eventos sobrenaturais convêm aos fins almejados por aquele que tem o poder de mudar o curso da natureza, nessa circunstância a predisposição deles a angariar crença pode ser tanto maior quanto mais excedam ou contrariem a observação ordinária. Esse é propriamente o caso de *milagres;* que, sendo bem atestados, não apenas recebem crédito como o dão a outras verdades que precisam de confirmação[941].

Assim, à compreensão de que os artigos fundamentais da fé cristã estavam claramente estabelecidos nas Escrituras, Locke acrescenta sua concepção de fé, que consiste em considerar a crença como uma questão de aceitação de proposições a partir do seu grau de probabilidade. Nesse quadro, embora a razão não possa sustentar sozinha a validade de uma proposição, ela assume a importante tarefa de estabelecer a validade de uma revelação, a partir do julgamento de uma probabilidade. Conforme salienta Wolterstorff, em que pese considere o problema da revelação em termos da probabilidade de uma proposição, é importante observar que Locke não se dedica em nenhum momento à questão levantada por David Hume sobre em que circunstâncias, se alguma, se pode aceitar o próprio testemunho da ocorrência de um milagre[942].

940 Cf. LOCKE, *Ensaio sobre o entendimento humano, Op. cit.*, p. 720.

941 Cf. LOCKE, *Ensaio sobre o entendimento humano, Op. cit.*, p. 733.

942 Essa questão é proposta e enfrentada por HUME no décimo capítulo de *Uma investigação acerca do entendimento humano.* Cf. WOLTERSTORFF, *Op. cit.*, p. 240.

Como observa Higgins-Biddle, uma das peculiaridades do pensamento de Locke reside precisamente no fato de ele acreditar que a fé, o consentimento de alguém quanto a uma revelação, poderia trazer uma confiança ou segurança além de qualquer dúvida ou vacilação, muito embora a autoridade divina da revelação fosse apenas uma questão de probabilidade. Dessa forma, após analisar minuciosamente a revelação bíblica, Locke conclui que deve ser dado o assentimento aos artigos de fé do cristianismo diante da alta probabilidade da origem divina das Escrituras, que poderia ser deduzida pela razão a partir de evidências externas, as quais resistiriam a todas as tentativas de falseamento[943].

O papel central atribuído por Locke à razão no processo de julgamento tanto do conteúdo quanto da autenticidade da revelação levou sua obra a ser acusada de propagar um "racionalismo religioso", que era na verdade, como destaca Higgins-Biddle, a principal perspectiva que ele procurava refutar. De fato, como observa o comentador, a insatisfação primordial a que Locke procurou responder ao analisar meticulosamente as Escrituras era a tese dos teólogos deístas, que se propunham a rejeitar o cristianismo devido à pretensa oposição entre a doutrina cristã e a razão. Contrariamente a essa concepção, a versão do cristianismo exposta pelo filósofo em *A razoabilidade do cristianismo* poderia ser denominada racional não porque concordava perfeitamente com a razão natural, mas apenas porque os artigos de fé poderiam ser considerados "claros e inteligíveis" para serem submetidos a um juízo racional de probabilidade. Dessa forma, Locke procura contestar a rejeição racional do cristianismo pretendida pelo deísmo valendo-se de uma forma diferente de racionalidade[944].

A mais implacável acusação sofrida pela obra de Locke foi, porém, a empreendida por John Edwards[945], que publicou, apenas cinco semanas após a publicação de *A razoabilidade do cristianismo*, o livro intitulado *Some Thoughts concerning the Several Causes and Occasions of Atheism*, no qual procurava combater as diversas formas de ateísmo difundidas na Inglaterra, em especial o socinianismo.

[943] Cf. HIGGINS-BIDDLE, *Introduction*, In: LOCKE, *Op. cit.*, p. xxiv.

[944] Cf. HIGGINS-BIDDLE, *Introduction*, In: LOCKE, *Op. cit.*, p. xxxviii-xxxix.

[945] Reconhecido pelos seus livros de interpretação bíblica escritos na época em que fora aluno do St. Johns College, em Cambridge, John EDWARDS era filho do também teólogo Thomas EDWARDS, que havia provocado um dos mais violentos debates na primeira metade do século XVII com a publicação, em 1646, de *Gangrena, or A catalogue of Many of the errours, Heresies, Blasphemies and Pernicious Practices of the Sectaries of the Time*, Londres: 1646, que levou MILTON a apelidá-lo em seu *Poems* de "o raso Edwards". Cf. HIGGINS-BIDDLE, *Introduction*, In: LOCKE, *Op. cit.*, p. xliii.

No prefácio, Edwards indica que sua obra fora resultado de pregações realizadas em "um dos púlpitos da cidade" de Londres, onde *A razoabilidade do cristianismo* fora também mencionada, e acusa a obra e seu autor de serem "socinianizados por toda parte"[946].

Conforme explicita Higgins-Biddle, o termo "socianianismo" referia-se ao movimento religioso e teológico derivado de Laelius e Faustus Socinus, reformadores italianos do século XVI, mas o rótulo de "sociniano" carregava uma ampla variedade de conotações nas polêmicas teológicas do século XVII, a maior parte decorrente de distorções das ideias sustentadas pelos fundadores dessa doutrina. De acordo com Edwards, tanto Faustus Socinus quanto Johannes Crellius, as principais referências do socinianismo continental, negariam a "imensidão, a onipresença, a presciência e a imaterialidade de Deus", o que tornaria essa doutrina uma espécie de ateísmo. Em que pesem essas conclusões, como bem analisa Higgins-Biddle, tenham sido obtidas por Edwards a partir de uma interpretação fraudulenta das obras de Faustus Socinus e Johannes Crellius[947], essa compreensão permitiu a atribuição do rótulo de "sociniano" a toda teoria que sustentasse a impossibilidade de se acreditar em qualquer coisa que não pudesse ser claramente discernível pela razão[948].

Ao atribuir à obra de Locke o estigma de "sociniana", Edwards estava fundamentalmente afirmando que *A razoabilidade do cristianismo* seria uma forma de ateísmo, o que estaria evidenciado, segundo o teólogo, nas passagens da obra em que o autor sustenta ser preciso ao cristão apenas crer que Jesus era o Messias, o que importaria na negação de Deus e na contestação das profissões de fé de todas as religiões cristãs, que continham a obrigatoriedade da crença em todas as verdades expressas na Bíblia. Edwards afirma, nesse sentido, que o autor de *A razoabilidade do cristianismo* "reafirma diversas vezes em palavras formais que 'nada se exige que seja acreditado por nenhum Cristão senão isso, que Jesus é o Messias'"[949]. No entanto, como denunciou o próprio Locke na réplica que dirigiu à obra de Edwards, essa afirmação não está contida em

[946] Cf. HIGGINS-BIDDLE, *Introduction,* In: LOCKE, *Op. cit.,* p. xliii.

[947] HIGGINS-BIDDLE identifica que EDWARDS sustenta a suposta negação da imaterialidade de Deus que estaria presente na doutrina de Faustus SOCINUS e Johannes CRELLIUS com base apenas em duas referências, ambas fraudulentas, pois nas páginas citadas de SOCINUS, o autor não nega a imaterialidade de Deus, e o trecho citado da obra de CRELLIUS era na verdade uma metáfora. Cf. HIGGINS-BIDDLE, *Introduction,* In: LOCKE, *Op. cit.,* p. xliii.

[948] Cf. HIGGINS-BIDDLE, *Introduction,* In: LOCKE, *Op. cit.,* p. xliii-xliv.

[949] Cf. *Some Thoughts concerning the Several Causes and Occasions of Atheism,* Nova York: Garland, 1984, p. 105

sua obra do modo como é citada pelo teólogo, o que pode ser evidenciado no fato de ele sequer citar as páginas de onde teria extraído essa sentença. Na verdade, o que Locke sustenta, como observa Higgins-Biddle, é algo muito mais sutil e que foi objeto de deliberada distorção da parte de Edwards, pois o autor de *A razoabilidade do cristianismo* faz uma clara distinção entre os artigos ou crenças fundamentais necessários para *tornar* alguém um cristão e os artigos ou crenças secundários, necessários *depois* que alguém se torna um cristão. Assim, embora Locke considere, de fato, que a crença em Jesus como o Messias era a única necessária para tornar alguém um cristão, quanto àqueles que já tinham tal crença – e já eram, portanto, cristãos – Locke afirma que lhes seria exigido adicionalmente acreditar em tudo o que encontrassem nas Escrituras. Desse modo, como conclui Higgins-Biddle, Locke não propõe um cristianismo que negue a doutrina fundada na Bíblia, como quer fazer crer Edward em sua acusação[950].

Com efeito, assim expõe Locke no capítulo IV de *A razoabilidade do cristianismo*:

> Que temos que acreditar para obter a vida Eterna, está plenamente estabelecido no Evangelho. São João nos conta em Jo 3, 36. O que significa "acreditar no Filho", é esclarecido no capítulo posterior. "Acreditar no Filho" é "Acreditar que Jesus foi o Messias", o que pode ser feito ao se dar crédito aos milagres que ele praticou e à Profissão que ele fez de si mesmo.
>
> Essa é a grande proposição que era então controvertida em relação a Jesus de Nazaré, se ele era ou não o Messias. E a aceitação ou não disso era o que distinguia os fiéis dos infiéis. Trata-se, enfim, da aceitação da proposição de Pedro após a declaração de Jesus de que ele era o Pão da Vida descido do céu, que chocou e escandalizou a muitos, o que fez com que muitos de seus discípulos deixassem de segui-lo. Pedro, em resposta à pergunta de Jesus se também os apóstolos iriam partir afirmou: "Senhor, a quem iremos? O senhor tem palavra de vida eterna. E nós acreditamos, e sabemos que és o Messias, o Filho de Deus vivo" (Jo, VI. 69)[951].

Ora, se o assentimento à proposição de que Jesus foi o Messias era o critério distintivo entre aqueles que poderiam ser considerados ou não cristãos, a condição de cristão exigia, segundo Locke, a adesão à verdade proferida

[950] Cf. HIGGINS-BIDDLE, *Introduction,* In: LOCKE, *Op. cit.*, p. xliii-xliv.
[951] Cf. LOCKE, *Op. cit.*, p. 22-23.

de forma inspirada pelos autores do Evangelho, que deu origem a uma nova moralidade:

> (...) E aquele que venha a coletar todas as leis morais dos filósofos e compará-las com as contidas no Novo Testamento perceberá que elas são mais estreitas que a *Moralidade* entregue por nosso Salvador, e ensinada por seus apóstolos; um colégio formado na maior parte por ignorantes, porém inspirados, pescadores[952].

Por fim, outra acusação dirigida contra *A razoabilidade do cristianismo* de Locke foi a de que a obra teria sido baseada nos mesmos fundamentos concebidos por Hobbes para a religião. Assim, por exemplo, John Edwards afirmou sobre o autor da obra que "quando aquele escritor estava delineando um 'novo cristianismo', ele tomava o *Leviatã* de Hobbes como o 'Novo Testamento', e o filósofo de Malmesbury por nosso Salvador e Apóstolo"[953]. Mais tarde, já no século XIX, John Robertson também repercutiu essa opinião ao sustentar que "o ideal de Locke de um cristianismo prático e não dogmático (...) era praticamente idêntico ao de Hobbes"[954]. Além disso, conforme analisa Higgins-Biddle, intérpretes mais recentes, que procuraram sustentar que a teoria política de Locke era secretamente semelhante à de Hobbes, entre os quais Macpherson e Leo Strauss, utilizaram a semelhança entre o pensamento teológico dos autores para defender suas posições[955].

Como bem explicita Higgins-Biddle, no entanto, a acusação de hobbismo restringe-se à semelhança de palavras e de uma única tese, ainda que esta seja de relativa importância para a obra de Locke. Com efeito, Hobbes havia concluído no capítulo LXIII do *Leviatã* que "O Único *(unum necessarium)* artigo de fé que as Escrituras tornam simplesmente necessário para a salvação é este, que Jesus é o Cristo"[956], conclusão em muito semelhante ao artigo essencial de fé do cristianismo identificado por Locke, com a sutil diferença de que Locke preferiu o termo hebraico "Messias", em detrimento de "Cristo". A despeito das semelhanças das afirmações de ambos os autores, uma vez interpretadas em seus contextos, pode-se identificar, como bem observa Higgins-Biddle,

[952] Cf. LOCKE, *Op. cit.*, p. 149.

[953] Cf. John EDWARDS, *The eternal and intrinsick reasons of good and evil*, Cambridge, 1699, p.27.

[954] Cf. John ROBERTSON, *A short history of freethought*, London: S. Sonnenschein & Co; New York: The Macmillan Co.,1899, p. 309.

[955] HIGGINS-BIDDLE, *Introduction*, In: LOCKE, *Op. cit.*, p. lxxvi.

[956] Cf. HOBBES, *Leviatã*, *Op. cit.*, cap. 43, p. 414.

que o objetivo e o significado dessas afirmações são bem diferentes nas obras de cada um deles, pois Hobbes volta-se à temática dos artigos fundamentais de fé para resolver os conflitos entre as reivindicações contraditórias da autoridade religiosa e civil, conforme evidencia no *Leviatã:*

> O mais pretexto de sedição e de guerra civil mais frequente nos Estados cristãos teve durante muito tempo sua origem numa dificuldade, ainda não suficientemente resolvida, de obedecer ao mesmo tempo a Deus e aos homens, quando suas ordens se contradizem[957].

Locke, por outro lado, pensa o problema em termos substancialmente distintos, pois aborda a questão a partir da perspectiva de tolerância entre os cristãos, de modo que a obediência aos comandos de Cristo não passa de nenhuma forma pela coerção da autoridade do magistrado, que não deve se imiscuir nas questões religiosas. Conforme salienta Higgins-Biddle, para Locke, as exigências de uma fé baseada na adesão racional e na tolerância poderiam trazer a mesma paz, estabilidade e segurança à Inglaterra e à cristandade que Hobbes procurava por meio da imposição de um único caminho[958].

6.3. As duas faces da liberdade religiosa

Da compreensão da tolerância religiosa exposta por Locke na *Carta sobre a tolerância*, bem como de sua filosofia da religião estruturada em *A razoabilidade do cristianismo* pode-se depreender que a liberdade religiosa é concebida pelo filósofo como veemente oposição à prática de dominação secular, o que põe em relevo a ideia de liberdade como não-dominação, característica da liberdade republicana. Por outro lado, é também na concepção de liberdade religiosa que se delineia na filosofia de Locke a ideia de um espaço de ausência total de interferência da autoridade política, que por dizer respeito à salvação das almas está afetado exclusivamente à esfera das sociedades eclesiásticas e à consciência do indivíduo (*private person*), o qual conta apenas com sua racionalidade para empreender o juízo de probabilidade necessário ao assentimento às proposições de fé de sua religião.

957 Cf. HOBBES, *Op. cit.*, cap. XLIII, p. 411.
958 Cf. HIGGINS-BIDDLE, *Introduction*, In: LOCKE, *Op. cit.*, p. cxiv.

Dessa forma, o destaque que a noção de Locke sobre a tolerância confere à racionalidade e à independência dos homens em assuntos religiosos indica que os indivíduos devem ter um direito subjetivo à não intervenção do magistrado em suas crenças, evidenciando uma concepção de convivência comum baseada em uma estrutura jurídica de reciprocidade, em que o bem comum é atingido por uma lógica de direitos e deveres individuais de tolerância, o que realça o ideal liberal de liberdade, fundado na não-interferência.

Por outro lado, se tomarmos a liberdade religiosa para Locke a partir de sua perspectiva acerca da religião, pela qual o indivíduo deve adotar uma postura crítica em relação à revelação, deixando-se conduzir apenas por seu entendimento para a identificação das proposições de fé que mereçam o seu assentimento – o que só é possível de ser realizado em um ambiente de tolerância e de não-dominação, em que uma igreja, uma doutrina ou o Estado não pretendam impor-se ao livre julgamento do indivíduo –, podemos identificar que a concepção de liberdade religiosa do filósofo está permeada pela ideia de ação política, porquanto pressupõe, como ressalta Santos, o conhecimento de si, o relacionamento institucional com os outros e os valores que cada um escolhe para si, o que exige o reconhecimento de um espaço público marcado pelo pluralismo e construído sob a égide da paz comum[959]. Por essa ótica, como conclui Santos, "é possível que John Locke tenha sido o maior dos republicanos no século XVII"[960], pois sua noção de liberdade religiosa compreende, pela grande amplitude conferida ao direito de resistência, uma defesa da ação política mesmo quando o direito positivo não é favorável ao cidadão, possibilitando a sua libertação de toda sorte de dominação.

Em sua compreensão da liberdade e da tolerância religiosas, Locke associa, desse modo, a um só tempo, elementos próprios da concepção republicana e da noção liberal de liberdade, mostrando-se, como bem destaca Santos, "ao mesmo tempo um republicano e um liberal":

> Ao defender essa posição em suas obras, Locke se mostra ao mesmo tempo um republicano e um liberal. Republicano, uma vez que privilegiou a igualdade dos cidadãos diante da lei para promover a liberdade como ausência de dominação. Liberal, porque defendeu a limitação do poder político, visando a reduzir os obstáculos à expansão do poder dos indivíduos em função de seus objetivos privados, inclusive, econômicos.

959 Cf. Antônio C. dos SANTOS, *Os elementos republicanos na tolerância de John Locke, Op. cit.*

960 Cf. Idem, *ibidem.*

> Se, no primeiro caso, vemos o poder das instituições, no segundo, vemos a força dos indivíduos. Nos dois casos, a lei se torna a expressão máxima de obediência em um mundo civilizado[961].

Ainda que se possa identificar, em alguns aspectos da concepção da liberdade religiosa para Locke, uma expressão da liberdade como não-interferência, característica da tradição liberal de liberdade, há que se destacar que tal noção é enunciada, nas obras de religião e tolerância do filósofo, de forma associada à liberdade republicana, de modo a harmonizar-se com a noção republicana exposta pelo filósofo em todas as suas obras, inclusive nas que tratam da liberdade religiosa, conforme exposto no presente capítulo. Desse modo, a constatação da presença de elementos da liberdade liberal na abordagem de Locke sobre a liberdade religiosa não nos parece suficiente para caracterizar o autor como o "pai do liberalismo", na medida em que, conforme explicitado ao longo desta obra, tal teoria não foi sistematicamente formulada e defendida pelo filósofo, o que viria a ocorrer apenas nas obras de Jeremy Bentham e Stuart Mill.

Essa associação das "duas faces" da liberdade política na concepção de Locke sobre a liberdade religiosa está a atestar, assim, a modernidade de sua filosofia política, que ao mesmo tempo em que apura, desenvolve e aprofunda os aspectos do republicanismo inglês concebidos no "momento da supremacia popular", projeta uma outra dimensão da liberdade, que viria a ser explorada, com base em pressupostos totalmente diversos da liberdade religiosa lockeana, pelos teóricos do liberalismo político.

[961] Cf. Antônio C. dos SANTOS, *John Locke e o argumento da economia para a tolerância*, *Op. cit.*, p. 22.

CONCLUSÕES

A extrema naturalidade com que a obra de John Locke é vinculada à tradição liberal dá testemunho de que uma determinada tradição de leitura de sua obra prevaleceu. O modo corriqueiro com que o rótulo de "liberal" é atribuído a sua filosofia política, que de tão banal não mais inquieta os que se deparam com essa categórica identificação, indica que tal noção inseriu-se no campo das concepções pressupostas, que levam, quase inevitavelmente, à interrupção do pensamento e à submissão irrefletida à tradição. Antes de resultar de uma minuciosa análise dos argumentos dos textos, tal conclusão decorre, porém, de uma interpretação da obra do filósofo subtraída do contexto de sua elaboração, alijada dos conflitos que puseram em movimento o pensamento do filósofo e das tensões que o fizeram intervir no discurso político de seu tempo, soando como uma composição musical executada por um inadequado instrumento.

Ao recuperar-se o campo problemático e polêmico[962] em que a obra de Locke foi elaborada, levando em conta o caráter essencialmente discursivo da filosofia política[963], pode-se evidenciar, como ressalta Aschcraft, que ao contrário do que passou a integrar o senso comum logo após o sucesso da Revolução Gloriosa, a principal obra política do filósofo não foi composta para uma fictícia maioria de "conscientes cidadãos ingleses do século XVII", mas para uma minoria radical da "facção militante" dos *whigs*, que desejavam resistir, no contexto da "crise de exclusão", às práticas arbitrárias de Carlos II, o que levou Locke a elaborar uma consistente teoria do direito de resistência[964].

[962] Cf. JAFFRO, *Op. cit.*, p. 13.

[963] Cf. POCOCK, *Linguagens do ideário político. Op. cit.*, p. 63-64.

[964] Cf. ASHCRAFT, *Op.cit.*, p. 327.

A despeito da radicalidade dos fundamentos de sua teoria, Locke adota grande cautela ao expressá-la em sua principal obra política, deixando de explicitar alguns aspectos passíveis de identificá-la com as ideias subversivas que poderiam caracterizar o delito de traição, punível com a pena capital, que havia sido imposta a Sidney exatamente com a utilização dos *Discourses concerning governement* como prova cabal de seus atos de traição. Tal aspecto, que favoreceu a ocorrência de interpretações divergentes dos conceitos elaborados nos *Tratados*, impediu, por outro lado, como propõe Thomas[965], o afastamento de possíveis aliados, servindo ao propósito do autor de intervir no discurso político de seu tempo. A grande precaução de Locke com a redação dos *Tratados* pode ser compreendida, assim, como uma perspicaz utilização da técnica da *hypónoia*[966], uma das mais ricas perspectivas de interpretação da obra de Platão, que teria sido utilizada pelo filósofo grego para escrever *A República* mesmo em meio aos riscos e ameaças que se seguiram à condenação de Sócrates, e pela qual seria possível dizer a verdade mais perigosa de uma forma segura, valendo-se de terminologia e recursos expressivos adequados ao contexto.

Para dar conta de sua empreitada, Locke precisava rechaçar o principal fundamento teórico sobre o qual então se estruturava o absolutismo, o *Patriarca*, de Robert Filmer, que havia sido recém-publicado pelos realistas como uma categórica defesa do poder absoluto e arbitrário do monarca. Longe de ser encarada a partir da caricatura e do preconceito contemporâneos, a obra de Filmer representou, na década de 1680, um verdadeiro manifesto político, tendo empreendido, conforme observa Spitz, uma verdadeira revolução na teoria do absolutismo monárquico então predominante, ao introduzir na teoria absolutista a ideia de arbítrio, que havia sido cuidadosamente afastada pelos teóricos precedentes do absolutismo, por estar associada aos desvios de um monarca que tomasse seus próprios caprichos e fantasias como a única lei de suas ações[967].

Ao afastarmo-nos de uma análise descontextualizada e inerte da obra de Locke, realizada em um "vácuo histórico", como se suas ideias formassem uma estática coleção, e tomá-la a partir de sua contraposição a Filmer, podemos

[965] Cf. THOMAS, *Op. cit.*, p. 10.

[966] Do grego ὑπόνοια, traduzido literalmente como "inteligência subjacente". De acordo com FOUCAULT, expressa a ideia de que a linguagem não diz exatamente o que significa. O termo é utilizado também para descrever a noção de *alegoria*. Cf. Michel FOUCAULT ,*Nietzsche, Freud, Marx, In: Nietzsche, Cahiers du Royaumont, Paris: Les Editions du Minuit, 1964, p 183-192.*

[967] Cf. Jean-Fabien SPITZ, *John Locke et les fondements de la liberté moderne, Op. cit.*, p. 113-114.

identificar o aspecto polêmico do texto, baseado no conflito e na oposição de ideias. Por essa lógica discursiva, que nos leva a recuperar a urdidura dos tecidos de que se compõe o ideário político, o viés republicano do pensamento político de Locke pode ser mais facilmente evidenciado. Com efeito, ao dedicar-se à refutação da teoria absolutista de Filmer, Locke contrapôs-se frontalmente à ideia de poder arbitrário, elaborando uma teoria política que sustenta que a liberdade consiste em *"não estar sujeito à vontade inconstante, incerta, desconhecida e arbitrária de outro homem"*[968], que pode ser identificada com a ideia de *"liberdade como não-dominação"*, descrita por Pettit como o âmago da concepção republicana de liberdade[969].

Além dos significativos elementos textuais extraídos de sua obra política, ao recuperarmos o caráter problemático de sua filosofia e analisarmos o canônico texto de Locke em paralelo a obras menos estudadas, concebidas no mesmo contexto da "crise de exclusão" e com o mesmo propósito de refutar a teoria expressa no *Patriarca* de Robert Filmer, podemos identificar vocabulários, referências e recursos expressivos comuns que nos permitem caracterizar uma importante etapa do processo de formação do pensamento republicano na Inglaterra, o "momento da supremacia popular", do qual Locke participa de forma decisiva.

Com efeito, da análise comparativa da obra de Locke com as obras de Henry Neville e Algernon Sidney, os dois últimos amplamente associados à tradição republicana, podemos identificar o recurso, em maior ou menor medida, a argumentos desenvolvidos nos momentos anteriores de formação do pensamento republicano na Inglaterra, que possibilitaram a retomada e o aprofundamento, pelos três autores, de aspectos fundamentais que compõem a perspectiva republicana da liberdade, passíveis de serem divisados principalmente nas seguintes teses comuns: afirmação da liberdade natural dos homens, em contraposição à dominação natural proposta por Filmer; reconhecimento do consentimento dos homens como a única fonte de instituição da autoridade política; rejeição de qualquer espécie de dominação arbitrária; submissão de todos à lei; supremacia do povo, por quem e para quem o governo é instituído e a quem é garantido o direito de resistência em caso de exercício arbitrário do poder político.

968 Cf. LOCKE, *Dois tratados sobre o governo. Op. cit.*, p. 403, § 22.

969 Cf. PETTIT, *Republicanism: a theory of freedom and government, Op. cit.*

Embora essa contundente contestação da teoria absolutista de Filmer – que relegou seu patriarcalismo à condição de mera "nota de rodapé"[970] das obras de seus adversários – tenha sido realizada por meio de uma distinta recuperação dos argumentos desenvolvidos nos "momentos" anteriores do processo de "anglicização da república", a afirmação da liberdade natural do povo e a contestação do caráter arbitrário do poder monárquico levou os autores do "momento da supremacia popular" a afirmar a supremacia do povo na esfera política, em especial no que diz respeito aos modos de instituição e controle do poder político, conduzindo a uma reestruturação da máxima "*salus populi suprema lex*", extraída do Direito Romano e amplamente explorada no republicanismo inglês no "momento dos filósofos e historiadores da antiguidade".

Com sua categórica oposição ao patriarcalismo de Filmer – que associava o monarca à figura de "pai do povo" – Locke e os demais autores que protagonizaram o "momento da supremacia popular" puderam caracterizar, assim, que a demanda da política não é uma demanda por cuidado, mas sobretudo pela apreensão das condições de constituição, de exercício e de desconstituição da autoridade.

A despeito das semelhanças e das teses compartilhadas entre tais pensadores, podem-se identificar, porém, relevantes diferenças entre suas ideias e perspectivas. Assim, por exemplo, enquanto Neville permanece muito mais associado ao "momento maquiaveliano", Locke e Sidney voltam-se preponderantemente para o "momento do Direito Romano" e para o "momento dos filósofos e historiadores da antiguidade". Além disso, como analisa West, ao basear-se em noções de indivíduo e de natureza humana que questionam com clareza a concepção aristotélica segundo a qual o homem é orientado por natureza para a vida política, o republicanismo de Locke está baseado em premissas mais radicalmente modernas do que as adotadas por Sidney, cujo republicanismo ainda está significativamente ligado à tradição antiga e medieval[971].

Se a inserção da noção de indivíduo é a principal marca da modernidade do pensamento de Locke, é exatamente o modo peculiar pelo qual o filósofo concebe o princípio individualista que expressa o aspecto mais característico de seu republicanismo. De fato, como destaca Spitz, o princípio individualista reinserido nas relações de sociabilidade natural regidas pela lei de natureza constitui a grande singularidade da filosofia política de Locke,

[970] Cf. SCHOCHET. *Op. cit.*, p. 2.

[971] Cf. WEST, *Sidney and Locke,* In: SIDNEY, *Op. cit.*, p. 20.

pois permite afastar da noção de indivíduo a sua compreensão meramente utilitarista. Ora, ao partir do fundamento moral que prescreve a preservação dos direitos naturais de todos os membros da comunidade e ao conceber as noções de liberdade e igualdade como essencialmente relacionadas, Locke proporciona as condições para uma "emancipação autêntica do indivíduo" em relação a todas as formas de dominação[972].

Assim, o "republicanismo jusnaturalista" de Locke baseia-se, como destaca Miqueu, em sua concepção do estado de natureza, descrito como um estado de sociabilidade e amizade entre os homens, que pressupõe a ideia de colaboração entre os indivíduos, atestando a existência do vínculo de cidadania antes mesmo da instituição do poder político[973]. O indivíduo lockeano é, nesse sentido, como descreve Taylor, um agente moral que assume responsabilidade por seus atos à luz das disposições da lei natural[974], lei esta que, por sua vigência universal, leva os homens, conforme enfatiza Spitz, à formação, antes mesmo da instituição do governo, de uma verdadeira comunidade, a qual não se confunde com uma mera justaposição de indivíduos privados que buscam instituir o poder político para a satisfação máxima de seus desejos, uma vez que, para Locke, os homens estão autenticamente ligados uns aos outros pelos direitos e deveres estabelecidos pela norma moral comum, que permanece vigente mesmo após a instituição da sociedade política[975].

Pela perspectiva de "emancipação do indivíduo", em que os indivíduos já possuem, na comunidade, um *status* de cidadãos conferido pela lei natural, antes mesmo da instituição do poder político, o homem deve procurar, como destaca Spitz, realizar a sua felicidade a partir da racionalidade e não apenas pela busca do prazer[976]. Por essa peculiar caracterização do estado de natureza e da comunidade que antecede a formação da sociedade política, Locke opõe-se frontalmente à doutrina hobbesiana e à concepção de liberdade de Hobbes, que, como afirma Skinner, foi "o mais formidável inimigo da teoria republicana da liberdade"[977].

Assim, se a heurística e o contextualismo da "Escola de Cambridge" permitem colocar à mostra os "atos do discurso" subjacentes à noção de liberdade de Locke, tal perspectiva faculta, também, a identificação dos "parâmetros

972 Cf. SPITZ, *Le moment républicain en France, Op. cit.*, p. 106-108.
973 Cf. MIQUEU, *Op. cit.*, p. 326.
974 Cf. TAYLOR, *Op.cit.*, p. 226.
975 Cf. SPITZ, *John Locke et les fondements de la liberté moderne, Op. cit.*, p. 18.
976 Cf. SPITZ, *Op. cit.*, p. 18.
977 Cf. SKINNER. *Hobbes e a liberdade republicana, Op. cit.*, p. 13.

reconhecíveis de inovação"[978] de sua filosofia. Com efeito, uma das principais inovações de Locke decorre da reformulação empreendida no princípio individualista de Hobbes, pois ao identificar o indivíduo com o cidadão ainda no estado de natureza, o autor dos *Tratados* afasta-se de uma concepção atomística de indivíduo, atribuindo a este um amplo espaço de ação política a ser exercida no âmbito da comunidade. Nesse sentido, se a comunidade é, para Locke, responsável por instituir o governo, é também esse corpo, amalgamado pelos laços morais que unem os cidadãos, a quem compete, após a formação da sociedade política, a vigilância e o monitoramento das práticas do governo que possam caracterizar violações aos direitos naturais, ensejando eventualmente a dissolução do governo. Dessa forma, conforme explicita Santos, a perspectiva de Locke acerca da liberdade dos cidadãos não introduz apenas um modelo jurídico baseado nos direitos do indivíduo, mas articula ao mesmo tempo direitos e deveres, "dois lados da mesma moeda [que] denotam que a liberdade é instituída na medida em que ela é amparada pela lei"[979].

A liberdade não é, assim, para Locke, uma liberdade que "termina onde começa a do outro", mas uma liberdade que se exerce com o outro e para o outro, em cumprimento ao preceito de autopreservação da humanidade contido na lei natural, que se mantém após a formação da sociedade política, a qual é instituída pela comunidade para aprimoramento do quadro de direitos e deveres morais e para superação das inconveniências do estado de natureza.

No que diz respeito a esse conjunto de direitos a serem resguardados pela sociedade política, pode-se observar outro importante aspecto da teoria de Locke passível de ser identificado como uma inovação no pensamento republicano e que viria a representar um dos principais traços do republicanismo moderno: a adoção da linguagem dos direitos. Tal perspectiva, que é assumida tanto por Locke quanto por Sidney ao conceberem a liberdade ao lado de um conjunto de "direitos naturais" derivados da lei de natureza, é desenvolvida de modo consistente na obra de Locke, cujo caráter acabado e sistemático permitiu uma melhor caracterização da lei natural e dos direitos dela decorrentes em comparação à enunciação de Sidney, que por ter permanecido inconclusa restou ainda muito próxima das perspectivas antiga e medieval. Dessa maneira, ao articular a noção de lei natural expressa em

978 Cf. POCOCK, *Linguagens do ideário político, Op. cit., passim.*

979 Cf. SANTOS, *Os elementos republicanos na tolerância de John Locke, Op. cit.*

sua filosofia política com os modos de conhecimento dessa lei investigados em sua filosofia do conhecimento, Locke apresenta uma formulação consistente da lei natural, diferenciada, por sua perspectiva empirista, das concepções antiga e medieval, o que possibilitou ao filósofo transformar a eclética tradição jusnaturalista, sobre a qual edifica sua moderna teoria do direito natural.

Dessa forma, como conclui Miqueu, em um contexto de crise de referência cívica e de predomínio da ideia de sujeição, Locke logrou articular, mais de um século antes das revoluções francesa e americana, noções clássicas da tradição republicana com o aporte teórico jusnaturalista, em particular o princípio individualista. Ao compatibilizar a nascente linguagem dos direitos com a lógica antiga dos deveres do cidadão, Locke deve ser considerado, assim, como propõe Miqueu, um expoente do republicanismo moderno, integrante, juntamente com Espinosa, de uma "geração republicana no alvorecer das luzes"[980].

Conquanto a reformulação do princípio individualista, que permite a inequívoca aproximação do pensamento político de Locke da tradição republicana, seja empreendida por Locke com base em premissas de origem claramente teológicas, é importante destacar que tal característica não representa uma peculiaridade do republicanismo do autor, haja vista que a sobreposição entre ideias políticas e argumentos religiosos constitui um traço característico de diversos autores do republicanismo inglês, que foi engendrado no contexto da Reforma protestante, do qual é indissociável. Assim, se o republicanismo de Milton pode ser tomado como um republicanismo puritano, por expressar claramente um radicalismo religioso fundado na lógica da predestinação, o republicanismo de Locke pode ser considerado o republicanismo de um cristão independente, na medida em que o autor de *A razoabilidade do cristianismo*, que chegou a ser apelidado de "o grande padre leigo"[981], possuía, em seu notório anticlericalismo, uma compreensão muito pessoal do cristianismo, derivada de um calvinismo não radical.

Se o conceito de liberdade política de Locke pode ser aproximado ao ideal de não-dominação, característico da liberdade republicana, no que toca à noção de liberdade religiosa do filósofo, pode-se depreender que, não

[980] Cf. MIQUEU, *Spinoza, Locke et l'idée de citoyenneté. Une génération républicaine à l'aube des Lumières, Op. cit., passim.*

[981] HIGGINS-BIDDLE, *Introduction*, In: LOCKE, *Op. cit.*, p. xxii.

obstante Locke revele em suas obras sobre religião uma vigorosa oposição à prática de dominação secular, o que reverbera a ideia de liberdade como não-dominação, é também no âmbito da concepção de liberdade religiosa que se delineia em sua filosofia a ideia de um espaço de ausência total de interferência da autoridade política, que por estar relacionado à salvação das almas deve ser afetado exclusivamente à esfera das sociedades eclesiásticas e à consciência do indivíduo. Assim, de forma associada à expressão da liberdade republicana, pode-se identificar, em alguns aspectos da concepção da liberdade religiosa para Locke, uma expressão da liberdade como não-interferência, característica da tradição liberal de liberdade, em uma antecipação do conceito de liberdade que viria a ser elaborado de forma sistemática nos séculos XVIII e XIX por filósofos como Jeremy Bentham e Stuart Mill.

Desse modo, ao situarmos a concepção de liberdade de Locke no âmbito da perspectiva de dupla filiação do conceito de liberdade política proposta por Spitz[982], segundo a qual a liberdade moderna possui uma dupla origem, sendo a primeira de configuração jurídico-liberal, e a segunda de matriz republicana, estando a última, até recentemente, escondida pela excessiva primazia da liberdade liberal, o que deixou o conceito órfão de um dos pais, podemos concluir que o conceito de liberdade de Locke – ao aprofundar aspectos do republicanismo inglês no âmbito do "momento da supremacia popular", conforme procuramos mostrar ao longo deste trabalho, e projetar, ao mesmo tempo, uma dimensão da liberdade como não-interferência, que viria a ser explorada posteriormente pelos autores liberais – pode ser compreendido como uma expressão integral da liberdade moderna, encontrada em todo o seu esplendor na obra de Locke.

A recuperação do campo problemático em que a obra política de Locke foi concebida, que retira da orfandade o conceito moderno de liberdade, restituindo-lhe a maternidade republicana e afastando a longa tradição de interpretação baseada na paternidade exclusiva da liberdade liberal, permite, assim, a compreensão do conceito de liberdade formulado pelo autor a partir dos recursos e das perspectivas disponíveis em seu tempo, enriquecendo as dimensões de sua análise de modo a possibilitar a escuta de todos os seus acordes, como se passássemos a ouvir em nosso tempo o rico repertório de composições para instrumentos de corda da Inglaterra do século XVII

[982] Jean-Fabien SPITZ, *La liberté politique - Essai de généalogie conceptuelle.* Paris: Presses Universitaires de France, 1995.

diretamente nas "violas *da gamba*", para as quais essas peças musicais eram compostas, e não apenas pela aproximação resultante de sua execução em contemporâneas "violas *da braccio*"[983].

[983] A família de instrumentos de corda designada "violas da gamba", classificadas de acordo com o registro em viola soprano, viola tenor e viola baixo, era formada por instrumentos de seis cordas que se tocavam com apoio nas pernas. Eram os instrumentos predominantes na Inglaterra nos séculos XVI e XVII, de modo que as composições inglesas desse período foram concebidas para serem executadas em seus diferentes registros. A partir do século XVIII, começaram a ser progressivamente substituídas pelas "violas da braccio", concebidas para serem executadas apoiadas no ombro e no braço do músico. Cf. Henrique Autran DOURADO, *Dicionário de termos e expressões da música*, São Paulo: Editora 34, 2004, p. 355-356.

REFERÊNCIAS

FONTES PRIMÁRIAS:

ARISTÓTELES. *Ética a Nicômaco.* São Paulo: Atlas, 2009.

BACON, Francis. *The advancement of learning.* New York: P. F. Collier and Son, 1901.

CÍCERO, Marco Túlio. *Dos deveres.* São Paulo: Martins Fontes, 1999.

—. *De officiis.* Londres: William Heinemann ltd.; Nova York: Putnam's sons, 1928.

—. *Philippics 7-14.* Cambridge: Harvard University Press, 2010.

—. *The Political Works of Marcus Tullius Cicero: Comprising his Treatise on the Commonwealth; and his Treatise on the Laws.* London: Edmund Spettigue, 1841-42.

CONSTANT, Benjamin. *Da liberdade dos antigos comparada à dos modernos.* In: *Revista Filosofia Política 2.* Porto Alegre: L&PM, 1985, p. 9-25.

DESCARTES, René. *Discurso do método.* São Paulo: Nova Cultural, 1996.

FILMER, Robert. *Patriarcha and other writings.* (Cambridge texts in the history of political thought). New York: Cambridge University Press, 1991.

—. *Patriarcha. Of the Natural Power of Kings. By the Learned Sir. Robert Filmer Baronet.* Londres: Richard Chiswell, 1680. Disponível em http://oll.libertyfund.org/titles/221. Acesso em 30/03/2016

HARRINGTON, James. *The Commonwealth of Oceana.* Cambridge: Cambridge University Press, 1992.

—. *The Oceana and Other Works of James Harrington, with an Account of His Life by John Toland.* Londres: Becket and Cadell, 1771.

—. The prerogative of popular government. London, 1657.

HOBBES, Thomas. *Behemoth ou o Longo Parlamento.* Belo Horizonte: Editora UFMG, 2001.

—. *De cive: elementos filosóficos a respeito do cidadão.* Petrópolis: Vozes, 1993.

—. *Leviatã ou matéria, forma e poder de um Estado eclesiástico e civil.* São Paulo: Nova Cultural, 1999.

HOOKER, Richard. *Of the laws of ecclesiastical polity.* Cambridge: Cambridge University Press, 1997.

LOCKE, John. *An essay concerning toleration.* Oxford: Oxford U. K., 2006.

—. *A letter concerning toleration.* Indianapolis: Hackett Publishing Company, 1983.

—. *Carta sobre a tolerância.* Lisboa: Edições 70, 1987.

—. *Dois tratados sobre o governo.* São Paulo: Martins Fontes, 2005.

—. *Ensaios políticos.* São Paulo: Martins Fontes, 2007.

—. *Ensaio sobre o entendimento humano.* São Paulo: Martins Fontes 2012.

—. *Of The Conduct of the Understanding.* Keele: Keele University Press, 2000.

—. *Original letters of John Locke, Algernon Sidney and Lord Shaftesbury.* London: Routledge/ Thoemmes, 1997.

—. *Que faire des pauvres?* Paris: Presses Universitaires de France, 2013.

—. *The Reasonableness of Christianity, as Delivered in the Scriptures.* In: *The Works of John Locke in Nine Volumes,* Vol. 6, .London: Rivington, 1824.

—. *The Reasonableness of Christianity as Delivered in the Scriptures.* Oxford: Clarendom Press, 1999.

—. *Segundo tratado sobre o governo civil e outros escritos.* Petrópolis: Vozes, 1994.

—. *The Works of John Locke in Nine Volumes,* Vol. 6, .London: Rivington, 1824.

MAQUIAVEL, Nicolau. *Discursos sobre a primeira década de Tito Lívio.* São Paulo: Martins Fontes, 2007.

—. *O Príncipe.* São Paulo: Abril Cultural, 1973.

MILTON, John. *Escritos políticos.* São Paulo: Martins Fontes, 2005.

—. *The readie and easie way to establish a free commonwealth.* London, 1660.

MONSTESQUIEU, *Do espírito das leis.* São Paulo, Nova Cultural, 1997.

NEDHAM, Marchamont. *The case of the commonwealth of England.* London, 1650.

—. *The excellencie of a free state.* London, 1656.

—. *Interest will not lie. Or a view of England's true interest.* London, 1659.

NEVILLE, Henry. *Plato redivivus or a dialogue concerning government.* London: A. Millar, 1763.

—. *Plato Redivivus; or, A Dialogue Concerning Government.* Gloucester: Dodo press, 2009.

—. *The Isle of Pines.* In: *Three early modern utopias – Utopia, New Atlantis and The Isle of Pines.* Oxford: Oxford University Press, 1999, p. 187-213.

SIDNEY, Algernon. *Discourses concerning government.* Indianapolis: Liberty Fund, 1996.

—. *Court Maxims.* Cambridge: Cambridge University Press, 1996.

SUÁREZ, Francisco. *Defesa da fé católica.* Porto Alegre: Concreta, 2015.

TITO LÍVIO. *História de Roma.* São Paulo: Paumape, 1989.

VOLTAIRE. *Dicionário Filosófico.* São Paulo: Abril Cultural, 1978.

FONTES SECUNDÁRIAS:

ALMEIDA, Maria Cecília P. *Escravos, súditos e homens: a noção de consentimento na polêmica Locke-Filmer.* (Dissertação de mestrado). Faculdade de Filosofia Letras e Ciências Humanas da Universidade de São Paulo, São Paulo, 2006.

—. *A tolerância e sua medida em John Locke e Pierre Bayle.* In: Princípios, Natal, v.17, nº 27, jan/jun. 2010, p. 31-52.

APPLEBY, Joyce. *Republicanism in old and new contexts.* In: *The William and Mary Quarterly*, v. 43, nº 1, 1986, p. 20-34.

ARANOVICH, Patrícia Fontoura. *Di Fortuna e a Fortuna em Maquiavel.* In: *Cadernos de Ética e Filosofia Política 18*, 1/2011, p. 221-230.

—. *História e política em Maquiavel.* São Paulo: Discurso Editorial, 2007.

ASHCRAFT, Richard. *Locke's political philosophy.* In: *The Cambridge Companion to Locke* - Ed. Vere Chappell, p. 226-251. Cambridge: Cambridge University Press, 1994.

—. *Locke's State of Nature: Historical Fact or Moral Fiction?* In: *The American Political Science Review*, vol. 62, 1968, p. 898-915.

—. *Revolutionary Politics And Locke's Two Treatises of Government.* Princeton: Princeton University Press, 1986.

BARROS, Alberto Ribeiro Gonçalves de. *Direito natural em Cícero e Tomás de Aquino.* In: *Direito e Filosofia*. São Paulo: Atlas, 2007.

—. *Matriz inglesa.* In: *Matrizes do republicanismo.* Belo Horizonte: Editora UFMG, 2013, pp. 126-174.

—. *Republicanismo.* In: *Manual de Filosofia Política.* São Paulo: Saraiva, 2012.

—. *Levellers e os direitos e liberdades constitucionais.* In: *Cadernos de Ética e Filosofia Política 17*, nº 2/2010, p. 7-20.

BECKER, Ron. *The ideological commitment of Locke: freemen and servants in the "Two Treatises of Government".* In: *History of political thought*, v. XIII, n 4, 1992.

BERLIN, Isaiah. *Two concepts of liberty.* In: *Four essays on liberty.* Oxford: Oxford University Press, 1969.

BERNARDO, Isadora. *O De Republica de Cícero: natureza, política e história.* (Dissertação de mestrado). FFLCH, 2012

BIGNOTTO, Newton. *Origens do republicanismo moderno.* Belo Horizonte: UFMG, 2001.

— (org.). *Pensar a República.* Belo Horizonte: UFMG, 2002.

BOBBIO, Norberto. *Locke e o direito natural.* Brasília: Editora UnB, 1997.

BOBBIO, Norberto; MATTEUCCI, Nicola; e Gianfranco PASQUINO. *Dizionario di politica.* Torino: UTET, 1983.

BOURNE, Henry Richard Fox. *The life of John Locke.* In: *Jonh Locke collection II.* London: Routledge/Thoemmes, 1997.

BRACTON, Henry. *De legibus et consuetudinibus Angliae.* New Haven: Yale University Press, 1922.

BRUGGER, Bill. *Republicanism theory in political thought.* London: Macmillan Press, 1999.

CARDOSO, Sérgio (org.) *Retorno ao republicanismo.* São Paulo: Humanitas, 2004.

CHAPPELL, Vere (org). *Locke.* Aparecida: Ideias e Letras, 2011.

CLÉRO, Jean Pierre. *Locke.* Paris: Ellipses, 2004.

COX, R. H. *Locke on war and peace.* Oxford: Clarendon Press, 1960.

CRASTON, M. *John Locke: a biography.* Londres: Longmans, Green and Co., 1957.

DAGGER, Richard. *Civic Virtues: rights, citizenship, and republican liberalism.* Oxford: Oxford University Press, 1997.

DOURADO, Henrique Autran. *Dicionário de termos e expressões da música.* São Paulo: Editora 34, 2004.

DUNN, John. *Consent in the political theory of John Locke.* In: *The Historical Journal,* v. 10, nº 2, 1967.

—. *Locke.* Oxford: Oxford University Press, 1986.

—. *The political thought of John Locke – An historical account of the argument of the "Two Treatises of Government".* Cambridge: Cambridge University Press, 2000.

FARR, James. *Locke, Natural Law, and New World Slavery.* In: Political Theory, 2008, v. 36, n. 4, p. 495-522.

FEINGOLD, Mordechai. *The humanities.* In: Nicholas TYACKE (ed.), *The history of the University of Oxford,* vol. IV, Oxford: Oxford University Press, 1997, p. 211-357.

FERGUSON, James. *Robert Ferguson, The Plotter, or The secret of the Rye House conspiracy and the story of a strange career.* Edinburgh: D. Douglas, 1887.

FINK, Z. S. *The classical republicans: an essay in the recovery of a pattern of thought in seventeenth--century England.* Evanston: Northwestern University Press, 1962.

FORTESCUE, John. *On the Laws and Governance of England,* Cambridge: Shelley Lockwood, 1997.

FOUCAULT, Michel. *Nietzsche, Freud, Marx, In: Nietzsche, Cahiers du Royaumont, Paris: Les Editions du Minuit, 1964.*

FUKUDA, Arihiro. *Sovereignty and the sword. Harrington, Hobbes, and Mixed Government in the English Civil Wars.* Oxford: Oxford University Press, 1997.

—. GIRARD, Paul F. e SENN, Félix. *Les lois des Romains.* Napoli: Jovene, 1977.

GOLDIE, Mark. *Locke – political essays.* Cambridge: Cambridge University Press, 1997.

GOUGH, John Wiedhofft. *John Locke's political philosophy: eight studies.* Oxford: Clarendon Press, 1973.

GOYARD-FABRE, Simone. *John Locke et la raison raisonnable,* Paris: Vrin, 1986.

—. *Os princípios filosóficos do direito político moderno.* São Paulo: Martins Fontes, 1999.

GUIZOT. *As Duas Revoluções Inglesas.* Lisboa: Casa Alfredo David, 1913.

HALDENNIUS, Lena. *Locke and the non-arbitrary.* In: *European Journal of Political Theory.* London: Sage publications, 2003, p. 261-279.

HANSON, Donald W. *From Kingdom to Commonwealth: the development of civic consciousness in English political thought.* Cambridge: Harvard University Press, 1970.

HARRIS, Ian. *The mind of John Locke.* Cambridge: Cambridge University Press, 1994.

HARRIS, Tim. Restoration: Charles II and His Kingdoms 1660–1685. London: Allen Lane, 2005.

HILL, Christopher. *Origens intelectuais da revolução inglesa.* São Paulo: Martins Fontes, 1992.

—. *O mundo de ponta-cabeça: ideias radicais durante a revolução inglesa de 1640,* São Paulo: Companhia das Letras, 1987.

—. *Puritanism and Revolution.* New York: Schocken Books, 1958.

—. *The century of Revolution.* London: Routledge, 1993.

HONOHAN, Iseult (ed.). *Republicanism in Theory and Practice.* Abingdon: Routledge, 2006.

HOUSTON, Alan. (ed). *A Nation Transformed. England after the Restoration.* Cambridge: Cambridge University Press, 2001.

JAFFRO, Laurent (coord). *Le sens moral. Une histoire de la philosophie morale de Locke a Kant.* Paris: Presses Universitaires de France, 2000.

JAURÈS, Jean. *Textes choisis.* Paris: Bruno Leprince, *L'encyclopédie du socialisme,* nº 6, 2003.

JOHNSON, Merwyn. Locke on Freedom*: an incisive study of the thought of John Locke.* Austin: Best Printing Company, 1977.

JONES, J. R. *The First Whigs, The Politics of the Exclusion Crisis, 1678-1683.* Oxford: Oxford University Press, 1961.

KALYVAS, Andreas. *Liberal Beginnings: making a republic for the moderns.* Cambridge: Cambridge University Press, 2008.

Kantorowicz, Ernst H. *Os Dois Corpos do Rei,* São Paulo: Cia. das Letras, 1998.

KENYON, John. *The Popish Plot.* London: Phoenix Press, 2000.

KING, Peter. *The life of John Locke: with extracts from his correspondence, journals, and common--place books.* In: *John Locke collection II.* Londres: Routledge/Thoemmes, 1997.

KRAMER, Mattew H. *John Locke and the origins of private property.* Cambridge: Cambridge University Press, 1997.

KUNTZ, Rolf. *Locke, liberdade, igualdade e propriedade.* In: Revista do Instituto de Estudos Avançados da Universidade de São Paulo. Disponível em www.iea.usp.br/artigos

LASKI, Harold. *Political though in England: Locke to Bentham.* Oxford: Oxford University Press, 1949.

LASLETT, Peter. *John Locke – Two treatises of government: a critical edition with an introdution and aparatus criticus.* Cambridge: Cambridge University Press, 1960.

—. *The gentry of Kent in 1640.* In: *Cambridge Historical Journal,* vol. IX, Issue 2, 1948, p. 148-164.

LASSALLE, José María. *Liberales: compromisso cívico con la virtud.* Barcelona: Debate, 2010.

LE GOFF, Jacques. *As raízes medievais da intolerância.* In: *A Intolerância - Academia Universal das Culturas.* Org. Françoise Barret-Ducrocq. Rio de Janeiro: Bertrand Brasil, 2000.

LENZ, John W. *Locke's Essays on the Law of Nature*. In: *Philosophy and Phenomenological Research*, vol. 17, nº 1, 1956, p. 105-113.

LEYDEN, von. *John Locke, Essays on the law of nature*. Oxford: Clarendon Press: 1954.

LESSAY, Franck. *Le débat Locke-Filmer*. Paris: PUF, 1998.

—. *Filmer, Hobbes, Locke: les cassures dans l'espace de la théorie politique*. Paris: Archives de Philosophie 55, cahier 4, 1992.

LOVEJOY, Arthur O. *A grande cadeia do ser*. São Paulo: Palíndromo, 2005.

MACPHERSON, C. B. *A teoria política do individualismo possessivo, de Hobbes a Locke*. Rio de Janeiro: Paz e Terra, 1979.

MADEIRA, Hélcio M. França (trad.), *Digesto de Justiniano*. São Paulo, Editora Revista dos Tribunais, 2000.

MAHLBERG, Gaby. *Henry Neville and English Republican Culture in the Seventeenth Century – Dreaming of Another Game*. Manchester: Manchester University Press, 2009.

MALCOLM, Joyce Lee (ed.). *The Struggle for Sovereignty: Seventeenth-Century English Political Tracts*. Indianapolis: Liberty Fund, 1999.

MANNING, D. J., *Liberalism*. London: Dent, 1976.

MARVELL, Andrew. *The Prose Works of Andrew Marvell*. New Haven and London: Yale University Press, 2003.

MARSHALL, John. *John Locke. Resistance, religion and responsibility*. Cambridge: Cambridge University Press, 1994.

MICHAUD, I. *Locke*. Rio de Janeiro: Zahar Editor, 1991.

MILLER, John. *Popery and Politics in England, 1660-1688*. Cambridge: Cambridge University Press, 1973.

MIQUEU, Christophe. *Spinoza, Locke et l'idée de citoyenneté. Une génération républicaine à l'aube des Lumières*. Paris: Classiques Garnier, 2012.

MORAES, Helvio. *A republican's criticism of patriarchal rule in Henry Neville's The Isle of Pines*. In: *MORUS – Utopia e Renascimento*, nº 8, 2012, p. 77-94.

MORRILL, John (ed.) *Revolution and Restoration*. London : Collins & Brown Limited, 1992.

NUNES, Silvio Gabriel Serrano. *Constitucionalismo e resistência em Théodore de Bèze: secularização e universalidade do direito de resistir na obra Du Droit des Magistrats sur leurs sujets de 1574*. (Dissertação de mestrado), FFLCH, 2011.

OAKLEY, Francis. *Locke, Natural Law and God*. In: *History of Political Thought*, vol. XVIII, n. 4, 1997, p. 624-651.

PAGDEN, Anthony (ed.). *The languages of political theory in early-modern Europe*. Cambridge: Cambridge University Press, 1987.

PARRY, Geraint. *John Locke*. New York: Routledge, 2004.

PATTERSON, Annabel. *Early Modern Liberalism*. Cambridge: Cambridge University Press, 1997.

PETTIT, Philip. *Republicanism: a theory of freedom and government.* Oxford: Oxford University Press, 1999.

POCOCK, John. *Editorial and Historical Introductions.* In: *The Political Works of James Harrington.* Cambridge: Cambridge University Press, 1977, p. xv.

—.*Linguagens do ideário político.* São Paulo: EDUSP, 2013.

—. *The machiavellian moment: florentine political thought and the Antlantic Republican tradition.* Princeton: Princeton University Press, 1975.

— (ed.). *The varieties of British political thought, 1500-1800.* Cambridge: Cambridge University Press, 1996.

—. *Editorial and Historical Introductions,* In: *The Political Works of James Harrington.* Cambridge: Cambridge University Press, 1977, p. xv

POULIN, R. *La politique morale de John Locke.* Paris: Presses Universitaires de France, 1960.

PROAST, Jonas. *The argument of the Letter concerning toleration, briefly consider'd and answer'd.* New York: Garland Press, 1984.

ROBERTSON, John. *A short history of free thought,* London: S. Sonnenschein & Co; New York: The Macmillan Co,1899.

ROBBINS, Caroline. The Eighteenth-*Century Commonwealthman: Studies in the Transmission, Development and Circumstance of English Liberal Thought from the Restoration of Charles II until the War with the Thirteen Colonies.* Indianapolis: Liberty Fund, 2004.

SANDOZ, Eliis (ed.). *The Roots of Liberty: Magna Carta, Ancient Constitution, and the Anglo--AmericanTradition of Rule of Law.* Indianapolis: Liberty Fund, 2008.

SANTILLÁN, José F. Fernández. *Locke e Kant. Ensayos de Filosofía Política.* México: Ed. FCE, 1992.

SANTOS, Antônio Carlos dos. *Os elementos republicanos na tolerância de John Locke,* Rev. Kriterion, vol. 55, nº 130, Belo Horizonte, dez. 2014.

—. *John Locke e o argumento da economia para a tolerância.* In: *Trans/Form/Ação,* Marília, v. 36, nº 1, p. 9-24, Jan/Abril, 2013.

—. *Pierre Bayle: ateísmo e tolerância,* In: *Variações filosóficas: entre a ética e a política,* São Cristóvão: EDUFS, 2002.

—. *Tolerância e política em John Locke.* In: *A aventura do conhecimento e a pesquisa social em Sergipe.* Aracaju: Criação Editora, 2012, v. 1, p. 377-380.

SCOTT, J. *Commonwealth Principles: Republican Writing of the English Revolution.* Cambridge: Cambridge University Press, 2004.

SCHOCHET, Gordon. *The autoritharian family and political attitudes in 17th century England: – Patriarchalism in political thought.* New Brunswick: Transaction Books, 1988.

SELIGER, M. *Locke's Theory of Revolutionary Action.* Western Political Quarterly, nº 3, 1963.

SELLERS, Mortimer N.S. *The sacred fire of liberty: republicanism, liberalism and the law.* London: Macmillam Press, 1998.

SEVERINO, Antônio Joaquim. *Metodologia do trabalho científico*. São Paulo: Cortez, 2000.

SILVA, Saulo Henrique Souza. *Tolerância civil e religiosa em John Locke*. Aracaju: UFSE, 2014.

SIMMONS, A. J. *The Lockean Theory of Rights*. Princeton: Princeton University Press, 1992.

SKINNER, Quentin. *As fundações do pensamento político moderno*. São Paulo: Saraiva, 2006.

—. *Hobbes and Republican Liberty*. Cambridge: Cambridge University Press, 2008.

—. *Liberdade antes do liberalismo*. São Paulo: Ed. UNESP, 1999.

— (ed.). *Republicanism: a shared European heritage*. Cambridge: Cambridge University Press, 2002.

SOMMERVILLE, J. P. *Royalists and patriots: Politics and ideology in England 1603-1640*. Londres e Nova York: Routledge, 2014.

SOUSA, Rodrigo Ribeiro de. *O conceito de liberdade no* Segundo Tratado sobre o governo *de John Locke*. Dissertação (Mestrado em Filosofia) - Faculdade de Filosofia, Letras e Ciências Humanas, Universidade de São Paulo, São Paulo, 2011.

SOUZA, Paulo Clinger de. *A dialética da liberdade em Locke*. Londrina: EDUEL, 2003.

SPITZ, Jean-Fabien. *John Locke et les fondements de la liberté moderne*. Paris: Presses Universitaires de France, 2001.

—. *La liberté politique – Essai de généalogie conceptuelle*. Paris: Presses Universitaires de France, 1995.

—. *Le moment républicain en France*. Paris: Gallimard, 2005.

STEVENS, Jacqueline. *The reasonableness of John Locke's majority: property rights, consent and resistance in the Second Treatise*. In: *Political Teory*, vol 24, nº 3, 1996, p. 423-463.

STILLMAN, Peter. *Monarchy, Disorder and Politics in The Isle of Pines*. Utopian Studies, Vol. 17, nº 1, Philadelphia: Penn State University Press, 2006.

STRAUSS, Leo. *Natural right and history*. Chicago: University of Chicago Press, 1965.

TAYLOR, Charles. *As fontes do self – A construção da identidade moderna*. São Paulo: Loyola, 2005.

THOMAS, D. A. Lloyd. *Locke on government*. Londres: Routledge, 2006.

THOMPSON, Maryn. *Significant silences in Locke's* Two Treatises of Government: *constitutional history, contract and Law*. In: *The Historical Journal*, 31, 2, 1987, p. 275-294.

TREVELYAN, George M. *A revolução inglesa*. Brasília: UNB, 1982.

TULLY, James. *A Discourse on Property*. Cambridge: Cambridge University Press, 1982.

—. *An approach to political philosophy: Locke in contexts*. Cambridge: Cambridge University Press, 2003.

UNDERDOWN, David. *A freeborn people: politics and the nation in seventeenth-century England*. Oxford: Clarendon Press, 1996.

VIROLI, Maurizio. *Republicanism*. New York: Hill and Wang, 2002.

WALDMANN, Felix. *The Library of John Locke: Additions, Corrigenda, and a Conspectus of Pressmarks*. Londres: Bodleian Library Record, 2013, vol. 26, p. 36-58.

WALDRON, Jeremy. *God, Locke, and Equality – Christians Foundations in Locke's Political Thought*. Cambridge: Cambridge University Press, 2002.

WEINSTOCK, D. e Nadeau, C. *Republicanism: history, theory and practice*. London: Frank Cass, 2004.

WESTON, Corinne. *Diverse Viewpoints On Ancient Constitutionalism*. In: Eliis SANDOZ (ed.). *The Roots of Liberty: Magna Carta, Ancient Constitution, and the Anglo-AmericanTradition of Rule of Law*. Indianapolis: Liberty Fund, 2008, p. 160-174.

WESTON, Corinne e GREENBERG, Janelle. *Subjects and Sovereigns: the grand controversy over legal sovereignty in Stuart England*. Cambridge: Cambridge University Press, 1981.

WOOLRYCH, Austin R. *Britain in revolution*. Oxford: Oxford University Press, 2002.

WOOTTON, David (ed.). *Divine Right and Democracy: An Anthology of Political Writing in Stuart England*. Indianapolis: Hackett Publishing Company, 2003.

—. *Republicanism, Liberty and Commercial Society, 1649-1776*. Stanford: Stanford University Press, 1994.

WORDEN, Blair. *Classical republicanism and the puritan revolution*. In: *History and imagination: essays in honour of H. R. Trevor-Roper*. London, Duckworth, 1981.

—. *The English Civil Wars*. London: Phoenix and Orion Books, 2009.

—. *Republicanism, Regicide and Republic: the English Experience*. In: *Republicanism: a shared European heritage*. Cambridge, Cambridge University Press, 2002.

YERBY, George. *People and Parliament: representative rights and the English Revolution*. London: Macmillan, 2008.

YOLTON, John. *Locke and the Way of Ideas*. Oxford: Oxford University Press, 1956.

—. (org.) *John Locke, problems and perspectives*. Cambridge: Cambridge University Press, 1969, p. 194-223.